省级精品课程教材
高等院校工商管理类创新课程体系教材

U0648353

高级财务会计

Advanced Financial Accounting

（第二版）

李莉 主编

东北财经大学出版社
Dongbei University of Finance & Economics Press
大连

图书在版编目（CIP）数据

高级财务会计/李莉主编．—2版．—大连：东北财经大学出版社，
2019.8（2021.1重印）

（高等院校工商管理类创新课程体系教材）

ISBN 978-7-5654-3613-0

Ⅰ．高… Ⅱ．李… Ⅲ．财务会计-高等学校-教材 Ⅳ．F234.4

中国版本图书馆 CIP 数据核字（2019）第 154559 号

东北财经大学出版社出版

（大连市黑石礁尖山街217号 邮政编码 116025）

网 址：http://www.dufep.cn

读者信箱：dufep@dufe.edu.cn

大连东泰彩印技术开发有限公司印刷 东北财经大学出版社发行

幅面尺寸：185mm×260mm 字数：471千字 印张：20.5

2019年8月第2版 2021年1月第4次印刷

责任编辑：王 莹 周 晗 责任校对：周 莹

封面设计：张智波 版式设计：钟福建

定价：42.00元

教学支持 售后服务 联系电话：（0411）84710309

版权所有 侵权必究 举报电话：（0411）84710523

如有印装质量问题，请联系营销部：（0411）84710711

"高等院校工商管理类创新课程体系教材"

第二版前言

自2016年本书第一版出版以来，多项企业会计准则陆续修订或颁布，如2017年财政部修订了《企业会计准则第22号——金融工具确认和计量》、2018年修订了《企业会计准则第21号——租赁》，2019年财政部又颁布了《关于修订印发2018年度合并财务报表格式的通知》和《关于修订印发2019年度一般企业财务报表格式的通知》等。最近三年，我国的增值税税率和所得税税收优惠政策等也发生了较大的变动。为了反映相关法规的最新变化，使本书内容更加符合教学需要，我们组织了此次修订工作。本次修订的主要内容有：

1.根据新修订的《企业会计准则第22号——金融工具确认和计量》对第1章"外币折算"和第7章"长期股权投资"进行了修订。

2.根据增值税税率和所得税税收优惠政策变动对第3章"所得税会计"及其他各章涉及增值税的处理进行了修订。

3.修订了部分陈旧的导入案例，更新了部分习题，对课件进行了同步优化。

4.新增加了每章重点内容的思维导图，帮助学生理解和记忆相关知识点。

5.充实了"特别提示"板块。编者依托"高级财务会计"课程网络教学平台的建设，结合近五年来在网站上对学生提问的回复，搜集和提取了学生在学习时遇到的大量难点和易混点，充实后的"特别提示"可以助力学生的自学和思考。

6.新添加了微课视频，探索性地摸索出一条数字时代突破传统的纸质媒体向多平台、陪伴式学习的立体化教材发展之路。

本书由李莉主编，负责总体框架和大纲的制定，绘制了思维导图、录制了微课视频，并对教材进行了最终定稿和完善。各章编写人员及分工如下：吴涛编写第1章，刘丹、李莉编写第2章，毛淑珍编写第3章，姜蔚编写第4章，高丽华编写第5章，李莉、崔建新编写第6章，李莉编写第7、8、9、10章。宋荣兴对教材中的案例进行了统筹和修订。华文健对各章习题及答案进行了修订。

本书第一版得到了国内部分高校师生的认可，这给编写团队带来了极大的信心和鼓励。由于水平有限，本次再版难免存在不足和偏颇，继续恳请各位老师、同学及各界读者给予指正，以便我们能够不断完善。

编　者
2019年5月

第一版前言

本书是青岛理工大学商学院系列教材之一，是山东省精品课程及青岛理工大学特色名校工程建设的成果。

会计是伴随着社会经济的发展而不断发展的。当随着客观环境的变化，传统财务会计未包括的新业务、特殊业务产生时，以及需要根据环境的变化对某些类型的业务进行深入论述时，传统的财务会计无法对相关内容予以涵盖，就需要对其进行补充、延伸和开拓。因此，高级财务会计之所以称为"高级"，是因为它专门研究财务会计中的特殊问题、疑难问题、新问题、仅在个别行业存在的问题以及在现行会计理论和实务研究中尚不成熟的问题。但是，高级财务会计应当涵盖哪些内容，中外相关教材可谓仁者见仁，智者见智。

本书在"博采众长，为我所用"理念的指引下，并与本系列教材的其他教材相配合，将外币折算、租赁、所得税会计、资产负债表日后事项、会计政策、会计估计变更和差错更正、企业合并、长期股权投资、合并财务报表等专题作为主要内容。

本书编写的特点主要体现在以下几个方面：

1.反映学科前沿

本书在编写期间参考了我国财政部和国际会计准则理事会截至2015年8月31日发布的最新会计准则和相关解释公告，以使相关内容更具时效性。对于我国已经出台的新准则，本书完全按最新准则的精神进行编写；对于国际财务报告准则已经更新而我国尚未出台征求意见稿的部分专题，则进行前沿知识的介绍。

2.注重案例的导入和运用

在教学过程中发现，如果对每一专题都配有生动鲜活的导入案例，则既能避免开篇即对深奥晦涩的理论知识进行阐述，又能启发学生理论联系实际，带着问题思考学习的内容，从而取得更好的教学效果。因此，教材在编排中，每一章都以导入案例作为切入点，以引起学生的学习兴趣。

3.体现研究性教学理念

研究性教学的开展可以激发学生探究知识和真理的积极性，提高学生未来从事会计工作的职业判断能力、适应商业环境的应变能力，从而令学生终身受益。本书的"特别提示"栏目体现了编写团队在教学实践中的经验心得，这些提示大多是往届学生所提问题的集中和容易出错的地方，本次编写过程中将其进行归纳和总结，体现了"教学启发科研，科研反哺教学"的良性互动。

4.注重学生自我提升的需求

由于近年来大学的扩招和开设财经类专业的高等院校数量的增加，会计学专业的学生无论是选择就业还是选择考研都面临着激烈的竞争，因此本书在编写的时候兼顾了学生的实际诉求。每章都精选了相应的会计职称和注册会计师考试试题，既可以用于复习巩固知识，又可以备考。教材设置的"拓展阅读"栏目有利于启发学生对知识点的延伸思考。另外，教材的第10章是对特殊业务情况下合并财务报表编制的探讨，难度比较大，可以不作为教学内容，而由学生自学。该章节对于将来有意继续攻读硕士学位的学生来说，能够在拓展理论研究视野、培养创新能力方面起到一定的帮助作用。

本书适合会计学专业和其他相关专业的本科生及有兴趣从事财务会计领域的学习、研究和工作的读者使用。

本书由李莉主编，负责总体框架和大纲的确定，并对教材进行总纂。宋荣兴对教材中的案例进行了统筹和修订。华文健对各章习题及答案进行了审定。各章编写分工如下：吴涛编写第1章，毛淑珍编写第3章，姜蔚编写第4章，高丽华编写第5章，李莉编写第2、6、7、8、9、10章。

在教材编写期间，青岛理工大学商学院王曙光教授和杨成文教授多次关心写作进展，并提供了宝贵的指导和建议，东北财经大学出版社对于本书的出版给予了大力帮助，在此一并表示由衷的感谢！

由于作者水平有限，本书难免存在不足和偏颇，恳请各界同仁不吝指正，以便及时修正。

编　者

2016年1月

目　录

第1章/
外币折算

学习目标：掌握记账本位币的确定方法；掌握外币交易的会计处理；掌握外币财务报表的折算方法。

引导案例

> 海底捞成立于1994年，是一家以经营川味火锅为主、融汇各地火锅特色为一体的品牌火锅店。在简阳、北京、上海、广州、杭州、深圳、成都、韩国、日本、新加坡、美国等城市和国家有百余家直营连锁餐厅。2019年4月28日，海底捞进驻伦敦Soho区，开设英国以及全欧洲的首家旗舰店。海底捞素来以服务人性化而著称，对员工的要求也很高，与国内的劳务成本相比，海底捞在伦敦分店的人工成本比国内高出几倍。毫无疑问，该分店销售收入的取得、员工工资支出、食材的采购支出以及店面租赁费的支出都采用英镑进行结算，那么海底捞的伦敦分店应该选择哪种货币作为记账本位币呢？本章将对上述问题进行解答。

1.1 记账本位币的确定

1.1.1 记账本位币的定义

记账本位币，是指企业经营所处的主要经济环境中的货币。主要经济环境通常是指企业主要产生和支出现金的环境，使用该环境中的货币最能反映企业主要交易的经济结果。

从会计的角度理解，记账本位币以外的货币就是外币。如果企业的记账本位币是人民币，那么各种其他国家或地区的币种对该企业而言都是外币，发生的业务就是外币交易；如果企业以人民币以外的货币作为记账本位币，那么人民币反而成为该企业的外币。

区分外汇与外币

外汇是一个国家重要的国际储备，也是用来清偿国际债务的主要支付手段。广义的外汇是指一国拥有的一切以外币表示的资产。狭义的外汇是指以外国货币表示的，为各国普遍接受的，可用于国际债权债务结算的各种支付手段。外币通常指本国货币以外的其他国家或地区的货币，包括各种纸币和铸币等。

一方面，外汇不等于外币，外汇除包括外币，还包括外币有价证券、外币支付凭证；另一方面，外币也不等于外汇，外币并不都是外汇，因为外汇的实质是国际支付手段，只有可以自由兑换的外币才是外汇，如果某种货币不能自由兑换，它就不能成为国际支付手段，也就不是外汇。

1.1.2 记账本位币的确定

企业确定记账本位币时应考虑以下因素：

（1）从日常活动收入的角度看，所选择的货币能够对企业商品和劳务销售价格起主要作用，通常以该货币进行商品和劳务的计价和结算；

（2）从日常活动支出的角度看，所选择的货币能够对商品和劳务所需人工、材料和其他费用产生主要影响，通常以该货币进行上述费用的计价和结算；

（3）融资活动获得的货币以及保存从经营活动中收取款项所使用的货币。

根据本章的引导案例，海底捞伦敦分店的销售价格按照英镑进行结算，对劳务所需的人工、食材的采购、店面租赁费的支付也是以英镑结算，因此可以选择英镑作为记账本位币。

在确定企业的记账本位币时，上述因素的重要程度因企业具体情况不同而不同，需要企业管理层根据实际情况进行判断。一般情况下，综合考虑前两项因素，第三项为参考因素，依据其对企业收支现金的影响程度而定。在综合考虑前两个因素无法确定企业记账本位币的情况下，第三个因素才会起重要作用。

区分记账本位币、功能货币与列报货币

我国《企业会计准则第19号——外币折算》中规定的"记账本位币"与《国际会计准则第21号——外汇汇率变动的影响》中使用的"功能货币"本质相同，均为企业经营所处主要经济环境中的货币。"记账本位币"与《国际会计准则第21号——外汇汇率变动的影响》中使用的"列报货币"的侧重点各有不同，前者侧重企业记账选择的作为基本计量尺度的货币，后者则是列报财务报表时所使用的货币。同一企业的记账本位币和列报货币可能相同，也可能不同。《中华人民共和国会计法》（以下简称《会计法》）规定，企业通常应选择人民币作为记账本位币。业务收支以人民币以外的货币为主的企业，可以选定一种货币作为记账本位币，但是编报的财务报表应当折算为人民币。

1.1.3 境外经营记账本位币的确定

境外经营，是指企业在境外的子公司、合营企业、联营企业、分支机构。在境内的子公司、合营企业、联营企业、分支机构，采用不同于企业记账本位币的，也视同境外经营。由此可见，境外经营并不是以地理位置是否在境外为判定标准，而是要看其选定的记账本位币是否与企业相同。

企业选择境外经营的记账本位币时，除考虑以上三个因素外，还应考虑下列因素：

1）境外经营对其所从事的活动是否拥有很强的自主性

如果境外经营所从事的活动只是企业经营活动的延伸，该企业的境外经营应选择与企业记账本位币相同的货币作为记账本位币；如果境外经营所从事的活动具有很大的自主性，那么境外经营应根据所处的主要经济环境选择记账本位币。

2）境外经营活动中与企业的交易是否在境外经营活动中占有较大比重

如果境外经营与企业的交易在境外经营活动中所占的比例较大，境外经营应当选择与企业记账本位币相同的货币作为记账本位币；否则境外经营应根据所处的主要经济环境选择记账本位币。

3）境外经营活动产生的现金流量是否直接影响企业的现金流量，是否可以随时汇回

如果境外经营活动产生的现金流量能直接影响企业的现金流量，并可随时汇回，境外经营应当选择与企业记账本位币相同的货币作为记账本位币；否则境外经营应根据所处的主要经济环境选择记账本位币。

4）境外经营活动产生的现金流量是否足以偿还其现有债务和可预期的债务

如果境外经营活动产生的现金流量在企业不提供资金的情况下，不能偿还其现有债务和可预期的债务，境外经营应当选择与企业记账本位币相同的货币作为记账本位币；否则境外经营应根据所处的主要经济环境选择记账本位币。

1.1.4 记账本位币的变更

企业管理层根据实际情况确定的记账本位币只有一种，该货币一经确定，不得随意改变，除非企业经营所处的主要经济环境发生了重大变化。当企业因经营所处的主要经济环境发生重大变化，确需变更记账本位币的，应采用变更当日的即期汇率将所有项目折算为变更后的记账本位币，折算后的金额作为新的记账本位币的历史成本。由于采用的是同一即期汇率折算，所以不会产生汇兑差额。此时企业需要提供确凿的证据证明企业所处的经营环境确实发生了重大变化，并应当在附注中披露变更的理由。

如果记账本位币发生变更，企业的比较财务报表应以可比当日的即期汇率折算资产负债表和利润表的所有项目。

1.2 外币交易的会计处理

1.2.1 外币交易的定义及内容

外币交易，是指企业以记账本位币以外的货币计价或者结算的交易。外币交易主要包括以下几种：

1）买入或者卖出以外币计价的商品或者劳务

这通常是指以外币买卖商品，或者以外币结算劳务合同。这里所说的商品，可以是存货、固定资产等有实物形态的商品，也可以是无形资产、债权或股权等无实物形态的商品。

2）借入或者借出外币资金

这是指企业向银行或非银行金融机构借入以记账本位币以外的货币表示的资金，或者发行以外币计价或结算的债券等。

3）外币兑换

这是指企业与银行进行货币兑换业务。

4）其他以外币计价或者结算的交易

比如接受外币资本投资、外币现金捐赠等。

需要说明的是，以下外币交易适用其他相关会计准则：与购建或生产符合资本化条件资产相关的外币借款产生的汇兑差额，适用《企业会计准则第17号——借款费用》；外币项目的套期，适用《企业会计准则第24号——套期保值》；现金流量表中的外币折算，适用《企业会计准则第31号——现金流量表》。

1.2.2 外币交易的核算程序

1）外币交易的记账方法

外币交易的记账方法有两种：一种是外币统账制；另一种是外币分账制。外币统账制是以记账本位币作为统一记账金额的记账方法，发生外币业务时立即折算为记账本位币入账。外币分账制，则是在日常核算时按照外币原价记账，分币种核算损益和编制财务报表，在资产负债表日将外币财务报表折算为记账本位币表示的财务报表，并与记账本位币财务报表进行汇总，编制企业整体的财务报表。

两种方法只是账务处理方法不同，其产生的汇兑差额在确认、计量和列报上的最终结果是一致的。目前我国绝大多数企业采用外币统账制，外币交易频繁、外币币种较多的金融企业，则可以采用外币分账制进行日常核算。本章主要按照外币统账制进行讲解。

2）外币统账制的账户设置

外币统账制下企业需要对外币货币性项目设置明细账，具体格式见表1-1。

表1-1　　　　　　　　　　　　　　　　**银行存款（外币）**

日期	摘要	借方			贷方			余额		
		外币	汇率	记账本位币	外币	汇率	记账本位币	外币	汇率	记账本位币

所谓货币性项目是指企业持有的货币资金和将以固定或可确定的金额收取的资产或者偿付的负债。货币性项目包括货币性资产和货币性负债。货币性资产包括库存现金、银行存款、应收账款、其他应收款、债权投资、长期应收款等；货币性负债包括短期借款、应

付票据、应付账款、应付职工薪酬、长期借款、应付债券、长期应付款等。非货币性项目，则是指货币性项目以外的项目。如存货、交易性交融资产、其他债权投资、其他权益工具投资、长期股权投资、固定资产、交易性金融负债、主营业务收入、股本、资本公积等。

3）外币统账制会计核算的基本程序

第一步，对于发生的外币交易，应当在初始确认时，采用交易发生日的即期汇率或即期汇率的近似汇率折算为记账本位币金额，按照折算后的记账本位币金额登记有关账户，在登记有关记账本位币账户的同时，按照外币金额登记相应的外币账户。

微课1.1　货币性项目有哪些

第二步，在资产负债表日，将所有外币货币性项目的外币余额，按照期末即期汇率折算为记账本位币金额，并与原记账本位币金额进行比较，差额记入"财务费用——汇兑差额"科目。如属于利息资本化范畴，则计入相关资产的成本。

1.2.3　汇率的选择

汇率是两种货币之间兑换的比率，也可看作是一个国家或地区的货币对另一种货币的价值。汇率会因为利率，通货膨胀，国家的政治、经济等因素而变动。

根据《企业会计准则第19号——外币折算》的规定，企业在处理外币交易和对外币财务报表进行折算时，应当采用交易发生日的即期汇率或按照系统合理的方法确定的、与交易发生日即期汇率近似的汇率折算。

所谓即期汇率，通常是指中国人民银行公布的当日人民币外汇牌价的中间价。但是在企业发生货币兑换交易时，仅用中间价是不能反映银行进行货币买卖的损益，需要使用买入价或卖出价折算。买入价和卖出价是针对银行买入或卖出其他货币的价格，买入价和卖出价的算术平均数就是中间价。银行作为追求利润的金融企业，卖出价一定会高于买入价，以获取差价盈利。

拓展阅读

现钞买入价与现汇买入价

在中国人民银行每天公布的外汇牌价中，有两个容易混淆的汇率——现钞买入价和现汇买入价。现钞买入价是指银行买入外币现钞、客户卖出外币现钞的价格；现汇买入价则是指银行买入外币现汇、客户卖出外币现汇的价格。比如2019年2月25日，100美元的现钞买入价是662.11元人民币，现汇买入价是667.54元人民币。都是银行买入外汇，为什么定价不同呢？这是因为银行在收到外汇现钞的时候，在验别真伪、进行清点、保管和运输环节都要花费人工成本，所以收到外币现钞比外币现汇支付的金额要少。需要注意的是，在计算即期汇率的时候，使用的是现汇买入价，而非现钞买入价。

当汇率变动不大时，为简化核算，企业在外币交易日或对外币财务报表的某些项目进行折算时，也可以选择即期汇率的近似汇率。即期汇率的近似汇率是指按照系统合理的方法确定的、与交易发生日即期汇率近似的汇率。它可以按照当期平均汇率进行计算，或以外币交易金额作为权重计算加权平均汇率。

确定即期汇率近似汇率的方法应在前后各期保持一致。如果汇率波动使得采用即期汇率的近似汇率折算不适当时，应当采用交易发生日的即期汇率折算。

1.2.4 外币交易的会计处理

1）交易日的会计处理

在外币统账制下，企业对于发生的外币交易应当在初始确认时，根据折算汇率将外币金额折算为记账本位币金额登记有关账户；在登记有关记账本位币账户的同时，按照外币金额登记相应的外币账户。

（1）买入或者卖出以外币计价的商品或者劳务

【例1-1】甲企业的记账本位币为人民币，属于增值税一般纳税企业。20×1年5月4日，从国外购入原材料，共计80 000美元，当日的即期汇率为1美元=6.56元人民币，进口关税为52 480元人民币，按增值税税率13%缴纳的进口增值税为75 046.4元人民币，货款尚未支付，进口关税及增值税已由银行存款支付。甲企业的账务处理如下：

借：原材料 577 280
　　应交税费——应交增值税（进项税额） 75 046.4
　　贷：应付账款——美元（80 000×6.56） 524 800
　　　　银行存款——人民币 127 526.4

在该例中，"原材料"是非货币性项目，"应交税费"和"银行存款（人民币）"虽是货币性项目，但不是外币，只有"应付账款（美元）"是外币货币性项目，需要同时登记外币金额、折算汇率和记账本位币金额。具体在账户中的登记情况见表1-2。

表1-2　　　　　　　　　　　　　　应付账款（美元）

日期	摘要	借方			贷方			余额		
		外币	汇率	记账本位币	外币	汇率	记账本位币	外币	汇率	记账本位币
5月4日					80 000	6.56	524 800			

【例1-2】甲企业的记账本位币为人民币。20×1年12月1日，向国外乙企业出口一批商品，货款为100 000美元，尚未收到，当日汇率为1美元=6.75元人民币。假定不考虑增值税等相关税费，甲企业的账务处理如下：

借：应收账款——美元（100 000×6.75） 675 000
　　贷：主营业务收入 675 000

具体在账户中的登记情况见表1-3。

表1-3　　　　　　　　　　　　　　应收账款（美元）

日期	摘要	借方			贷方			余额		
		外币	汇率	记账本位币	外币	汇率	记账本位币	外币	汇率	记账本位币
12月1日		100 000	6.75	675 000						

（2）借入或者借出外币资金

【例1-3】甲企业的记账本位币为人民币。20×1年3月25日，从中国银行借入50 000欧元，期限为6个月，当日的即期汇率为1欧元=7.87元人民币。甲企业的账务处理如下：

借：银行存款——欧元（50 000×7.87）　　　　　　　　　　　393 500

贷：短期借款——欧元（50 000×7.87）　　　　　　　　　　　　　　393 500

具体在账户中的登记情况见表1-4、表1-5。

表1-4　　　　　　　　　　　　　　　银行存款（欧元）

日期	摘要	借方			贷方			余额		
		外币	汇率	记账本位币	外币	汇率	记账本位币	外币	汇率	记账本位币
3月25日		50 000	7.87	393 500						

表1-5　　　　　　　　　　　　　　　短期借款（欧元）

日期	摘要	借方			贷方			余额		
		外币	汇率	记账本位币	外币	汇率	记账本位币	外币	汇率	记账本位币
3月25日					50 000	7.87	393 500			

（3）外币兑换业务

当企业买入外币时，取得的外币按照即期汇率折算，支付的本位币按照银行的卖出价进行折算，二者的差额作为财务费用；当企业卖出外币时，支付的外币按照即期汇率折算，收到的本位币按照银行的买入价进行折算，二者的差额也作为财务费用。

【例1-4】甲企业对其外币业务采用业务发生时的即期汇率进行折算。20×1年3月18日，从银行购入50 000欧元，银行当日的欧元卖出价为1欧元=7.63元人民币，即期汇率为1欧元=7.54元人民币。甲企业的账务处理如下：

借：银行存款——欧元 （50 000×7.54）　　　　　　　　　　　377 000

财务费用——汇兑差额　　　　　　　　　　　　　　　　　　4 500

贷：银行存款——人民币　　　　　　　　　　　　　　　　　　　381 500

具体在账户中的登记情况见表1-6。

表1-6　　　　　　　　　　　　　　　银行存款（欧元）

日期	摘要	借方			贷方			余额		
		外币	汇率	记账本位币	外币	汇率	记账本位币	外币	汇率	记账本位币
3月18日		50 000	7.54	377 000						

【例1-5】甲企业对其外币业务采用业务发生时的即期汇率进行折算。20×1年3月20日将50 000美元兑换为人民币，银行当日的美元买入价为1美元= 6.64元人民币，即期汇率为1美元= 6.65元人民币。甲企业的账务处理如下：

借：银行存款——人民币 332 000

　　财务费用——汇兑差额 500

　贷：银行存款——美元（50 000×6.65） 332 500

具体在账户中的登记情况见表1-7。

表1-7　　　　　　　　　　　　　银行存款（美元）

日期	摘要	借方			贷方			余额		
		外币	汇率	记账本位币	外币	汇率	记账本位币	外币	汇率	记账本位币
3月20日					50 000	6.65	332 500			

（4）接受外币资本投入

企业接受外币资本投入，无论是否有合同约定汇率，都应采用交易发生日即期汇率折算，不得采用合同约定汇率和即期汇率的近似汇率折算，因此外币投入资本与相应的货币性项目的记账本位币金额之间不产生外币资本折算差额。

《关于外商投资的公司审批登记管理法律适用若干问题的执行意见》规定，外商投资公司的注册资本应按发生（缴款）当日中国人民银行公布的汇率的中间价计算，不再使用合同汇率，也不使用即期汇率的近似汇率，与其相对应的资产类科目也不使用即期汇率的近似汇率。

【例1-6】国内甲企业的记账本位币为人民币。20×1年3月26日，与某外商签订投资合同，当日收到外商投入资本80 000美元，当日汇率为1美元=6.6元人民币，假定投资合同约定汇率为1美元=6.5元人民币。甲企业的账务处理如下：

借：银行存款——美元 （80 000×6.6） 528 000

　贷：实收资本 528 000

具体在账户中的登记情况见表1-8。

表1-8　　　　　　　　　　　　　银行存款（美元）

日期	摘要	借方			贷方			余额		
		外币	汇率	记账本位币	外币	汇率	记账本位币	外币	汇率	记账本位币
3月26日		80 000	6.6	528 000						

2）资产负债表日的会计处理

资产负债表日，企业应当分别外币货币性项目和外币非货币性项目进行处理。

（1）外币货币性项目

对于外币货币性项目，企业应当采用资产负债表日的即期汇率进行折算，调增或调减外币货币性项目的记账本位币金额，该金额与交易发生时已经登记入账的记账本位币之间的差额作为汇率波动产生的汇兑差额，该差额通常计入财务费用，满足资本化条件的计入在建工程等相关资产项目。即：

期末汇兑差额=期末外币余额×期末即期汇率-已经登记入账的记账本位币账户余额

【例1-7】承【例1-1】，20×1年5月31日，货款仍未归还，当日的汇率为1美元=6.58元人民币。

在该笔业务中，外币货币性项目"应付账款"在20×1年5月31日应折算为人民币金额 526 400 元（80 000×6.58），与交易日已经折算为记账本位币的金额 524 800 元相差 1 600 元，应调增应付账款的金额，并将该差额计入当期损益。甲企业的账务处理如下：

借：财务费用——汇兑差额　　　　　　　　　　　　　　　　　　　1 600
　　贷：应付账款——美元　　　　　　　　　　　　　　　　　　　　　　1 600

具体在账户中的登记情况见表1-9。

表1-9　　　　　　　　　　　　　　　　　应付账款（美元）

日期	摘要	借方			贷方			余额		
		外币	汇率	记账本位币	外币	汇率	记账本位币	外币	汇率	记账本位币
5月4日					80 000	6.56	524 800			
5月31日							1 600	80 000	6.58	526 400

【例1-8】承【例1-2】，20×1年12月31日，货款仍未收到，当日的即期汇率为1美元=6.71元人民币。

在该笔业务中，外币货币性项目"应收账款"在20×1年12月31日应折算为人民币金额 671 000 元（100 000×6.71），与交易日已经折算为记账本位币的金额 675 000 元相差 4 000 元，应调减应收账款的金额，并将该差额计入当期损益。甲企业的账务处理如下：

借：财务费用——汇兑差额　　　　　　　　　　　　　　　　　　　4 000
　　贷：应收账款——美元　　　　　　　　　　　　　　　　　　　　　　4 000

具体在账户中的登记情况见表1-10。

表1-10　　　　　　　　　　　　　　　　　应收账款（美元）

日期	摘要	借方			贷方			余额		
		外币	汇率	记账本位币	外币	汇率	记账本位币	外币	汇率	记账本位币
12月1日		100 000	6.75	675 000						
12月31日							4 000	100 000	6.71	671 000

【例1-9】承【例1-3】，20×1年3月31日的即期汇率为1欧元=7.9元人民币，借款尚未归还。

在该笔业务中，外币货币性项目"银行存款"在20×1年3月31日应折算为人民币金额 395 000 元（50 000×7.9），与交易日已经折算为记账本位币的金额 393 500 元相差 1 500 元，应调增银行存款的金额，并将该差额计入当期损益。甲企业的账务处理如下：

借：银行存款——欧元　　　　　　　　　　　　　　　　　　　　　1 500
　　贷：财务费用——汇兑差额　　　　　　　　　　　　　　　　　　　　1 500

具体在账户中的登记情况见表1-11。

表1-11　　　　　　　　　　　　　　　　　银行存款（欧元）

日期	摘要	借方			贷方			余额		
		外币	汇率	记账本位币	外币	汇率	记账本位币	外币	汇率	记账本位币
3月25日		50 000	7.87	393 500						
3月31日				1 500				50 000	7.9	395 000

外币货币性项目"短期借款"在20×1年3月31日应折算为人民币金额395 000元（50 000×7.9），与交易日已经折算为记账本位币的金额393 500元相差1 500元，应调增短期借款的金额，并将该差额计入当期损益。甲企业的账务处理如下：

借：财务费用——汇兑差额   1 500

    贷：短期借款——欧元   1 500

具体在账户中的登记情况见表1-12。

表1-12   短期借款（欧元）

日期	摘要	借方			贷方			余额		
		外币	汇率	记账本位币	外币	汇率	记账本位币	外币	汇率	记账本位币
3月25日					50 000	7.87	393 500			
3月31日							1 500	50 000	7.9	395 000

由于银行存款和短期借款两个项目均为货币性项目，产生的汇兑差额实质上相互抵销。

【例1-10】甲企业对发生的外币业务按业务发生时的即期汇率折合为人民币记账。该企业20×7年12月31日有关科目余额见表1-13。

表1-13   甲企业相关科目余额表   单位：元

科目名称	欧元	汇率	人民币
银行存款	20 000	8	160 000
应收账款	100 000	8	800 000
应付账款	40 000	8	320 000
长期借款（工程项目尚未达到预定可使用状态）	20 000	8	160 000

该企业20×8年1月份发生下列经济业务，不考虑增值税等相关税费：

①该企业收回客户前欠账款60 000欧元存入银行，当日即期汇率为1欧元=8.2元人民币。

②将20 000欧元存款兑换为人民币存款，兑换当日汇率为：买入价1欧元=8.1元人民币，卖出价1欧元=8.3元人民币，当日即期汇率为1欧元=8.2元人民币。

③用银行存款20 000欧元偿还应付账款，当日即期汇率为1欧元=8.3元人民币。

④用银行存款20 000欧元归还长期借款，当日即期汇率为1欧元=8.3元人民币。20×8年1月31日工程仍未达到预定可使用状态。

20×8年1月31日国家公布的汇率为1欧元=8.35元人民币。

①收回前欠货款时

借：银行存款——欧元（60 000×8.2）   492 000

    贷：应收账款——欧元（60 000×8.2）   492 000

②将欧元兑换人民币时

借：银行存款——人民币 162 000

财务费用——汇兑差额 2 000

贷：银行存款——欧元（20 000×8.2） 164 000

③偿还欠款时

借：应付账款——欧元（20 000×8.3） 166 000

贷：银行存款——欧元（20 000×8.3） 166 000

④归还借款时

借：长期借款——欧元（20 000×8.3） 166 000

贷：银行存款——欧元（20 000×8.3） 166 000

⑤月末，对外币货币性项目进行调整时的情况见表1-14。

表1-14 汇兑差额调整表 单位：元

账户名称	欧元余额	月末汇率	调整后的人民币余额	调整前的人民币金额	差额（借或贷）
银行存款	20 000	8.35	167 000	156 000①	11 000（借）
应收账款	40 000	8.35	334 000	308 000②	26 000（借）
应付账款	20 000	8.35	167 000	154 000③	13 000（贷）
长期借款	0	8.35	0	−6 000④	6 000（贷）

注：① 156 000=期初160 000+借方发生额492 000−贷方发生额（164 000+166 000+166 000）

② 308 000=期初800 000−贷方发生额492 000

③ 154 000=期初320 000−贷方发生额166 000

④ −6 000=期初160 000−借方发生额166 000

借：银行存款——欧元 11 000

应收账款——欧元 26 000

贷：应付账款——欧元 13 000

财务费用——汇兑差额 24 000

借：在建工程 6 000

贷：长期借款——欧元 6 000

（2）外币非货币性项目

外币非货币性项目在初始确认时根据当时的外币金额以及业务发生时的即期汇率折算为记账本位币，该金额作为外币非货币性项目的历史成本，并按该历史成本进行持续计量。在这种情况下，如果按照每个资产负债表日的即期汇率进行折算，会使这些项目的价值不断波动，对相关资产的折旧、摊销、资产减值损失等不断进行调整，既增加了工作量，又违背了历史成本原则。因此，在实际工作中并不对非货币性项目设置外币账户，同时也不在资产负债表日对该类项目进行汇兑差额的调整。

①对于以历史成本计量的外币非货币性项目，由于已在交易发生日按当日即期汇率折

算，资产负债表日不应改变其原记账本位币金额，因此不产生汇兑差额。

【例1-11】甲企业的记账本位币为人民币。20×1年2月5日进口一台不需要安装的设备，设备价款250 000欧元尚未支付，当日的即期汇率为1欧元=7.6元人民币。适用的增值税税率为13%，增值税以银行存款支付。甲企业的账务处理如下：

借：固定资产　　　　　　　　　　　　　　　　　　　　　　　　1 900 000

　　应交税费——应交增值税（进项税额）　　　　　　　　　　　247 000

　　贷：应付账款——欧元（250 000×7.6）　　　　　　　　　　　　　1 900 000

　　　　银行存款——人民币　　　　　　　　　　　　　　　　　　　　247 000

由于固定资产属于非货币性项目，因此，20×1年2月28日不需要按当日即期汇率进行调整。

②对于以成本与可变现净值孰低计量的存货，如果其可变现净值以外币确定，则在确定存货的期末可变现净值时，应先将可变现净值折算为记账本位币，再与记账本位币反映的存货成本进行比较。

【例1-12】甲企业以人民币为记账本位币。20×1年3月18日以每台5 000美元的价格从美国购入设备6台，并于当日支付了货款，即期汇率为1美元=6.63元人民币。20×1年12月31日，已售出4台设备，国内市场仍无该设备供应，但该设备在国际市场的价格已降至每台4 000美元，即期汇率为1美元=6.62元人民币。

存货作为非货币性项目，本来不需要在资产负债表日进行调整，但由于存货在期末需要采用成本与可变现净值孰低计量，如果购入存货的可变现净值是以外币反映，则计提存货跌价准备时应当考虑汇率对可变现净值的影响。

假定不考虑增值税等相关税费，甲企业的账务处理如下：

①3月18日，购入设备时：

借：库存商品　　　　　　　　　　　　　　　　　　　　　　　　198 900

　　贷：银行存款——美元（30 000×6.63）　　　　　　　　　　　　　198 900

②12月31日，计提存货跌价准备时：

由于库存2台该设备市场价格下跌，其可变现净值低于成本，应计提存货跌价准备的金额=5 000×2×6.63-4 000×2×6.62=66 300-52 960=13 340（元）。

借：资产减值损失　　　　　　　　　　　　　　　　　　　　　　13 340

　　贷：存货跌价准备　　　　　　　　　　　　　　　　　　　　　　13 340

思　考

以下两种情况是否需要计提存货跌价准备？

（1）如果期末存货的价格为5 100美元，即期汇率为1美元=6.4元人民币；

（2）如果期末存货的价格为4 900美元，即期汇率为1美元=6.8元人民币。

微课1.2 对【例1-12】的拓展思考

③对于以公允价值计量的股票、基金等非货币性项目，如果期末的公允价值以外币反

映，则应先将该外币金额按照公允价值确定日的即期汇率折算为记账本位币金额；再与原记账本位币金额进行比较，其差额作为公允价值变动损益或其他综合收益。该差额是股票市价变动和汇率变动的综合结果。

【例1-13】国内甲企业的记账本位币为人民币。20×1年12月2日，该企业以每股5美元的价格购入美国A公司股票20 000股作为交易性金融资产，当日即期汇率为1美元=6.5元人民币，款项已付。20×1年12月31日，购入的A公司股票的市价变为每股5.2美元，当日即期汇率为1美元=6.6元人民币。假定不考虑相关税费的影响。甲企业的账务处理如下：

①20×1年12月2日，购入股票时：

借：交易性金融资产——成本　　　　　　　　　　　　　650 000
　　贷：银行存款——美元 （100 000×6.5）　　　　　　　　　　650 000

②20×1年12月31日，公允价值变动时：

由于该交易性金融资产以外币计价，在资产负债表日确定其公允价值时，需同时考虑股票市价和汇率变动的影响。该交易性金融资产在资产负债表日以人民币表示的公允价值为686 400元（5.2×20 000×6.6），与原入账时的历史成本650 000元的差额为36 400元人民币，全部计入公允价值变动损益。该公允价值变动金额中既包含股票公允价值变动的影响，又包含汇率变动的影响，无须进一步区分。

借：交易性金融资产——公允价值变动　　　　　　　　　36 400
　　贷：公允价值变动损益　　　　　　　　　　　　　　　　　36 400

③20×2年3月31日，股票变卖时：

上述所购股票按当日市价每股5.5美元全部售出，当日汇率为1美元=6.7元人民币，对于股票市价的变动和汇率的变动不加以区分，差额全部作为投资收益处理。

借：银行存款——美元（110 000×6.7）　　　　　　　　737 000
　　贷：交易性金融资产——成本　　　　　　　　　　　　　　650 000
　　　　　　　　　　——公允价值变动　　　　　　　　　　　36 400
　　　　投资收益　　　　　　　　　　　　　　　　　　　　　50 600

如果上述金融资产被分为其他权益工具投资，企业按10%提取法定盈余公积，则相关的账务处理如下：

借：其他权益工具投资——成本　　　　　　　　　　　　650 000
　　贷：银行存款——美元（100 000×6.5）　　　　　　　　　650 000
借：其他权益工具投资——公允价值变动　　　　　　　　36 400
　　贷：其他综合收益　　　　　　　　　　　　　　　　　　　36 400
借：银行存款——美元 （110 000×6.7）　　　　　　　　737 000
　　贷：其他权益工具投资——成本　　　　　　　　　　　　　650 000
　　　　　　　　　　　——公允价值变动　　　　　　　　　　36 400
　　　　盈余公积——法定盈余公积　　　　　　　　　　　　　5 060
　　　　利润分配——未分配利润　　　　　　　　　　　　　　45 540
借：其他综合收益　　　　　　　　　　　　　　　　　　36 400

贷：盈余公积——法定盈余公积	3 640
利润分配——未分配利润	32 760

—— 拓展阅读

单一交易观和两项交易观

在外币商品购销交易中，只要商品交易与款项结算未同时进行，就存在汇率变动是否影响销售方销售收入和购货方购货成本的问题。

单一交易观认为外币交易的发生与日后货款的结算是一项业务不可分割的两个部分，由于汇率的变动，用记账本位币计价入账的采购商品的成本和销售商品的收入，在购销货款没有结算之前，价值是暂时的、不确定的，因此在汇率发生变化时应对原交易记录进行相应的调整。两项交易观则认为外币交易的发生与日后货款的结算是两个独立的事项，因此款项结算前因汇率变动产生的汇兑差额与购货方购货成本和销售收入的计量无关，因此汇率发生变化时不对原交易记录进行相应的调整。

单一交易观要随汇率的变动不断调整购货成本或销售收入的账面金额，违背了历史成本和权责发生制原则，同时也无法客观反映企业因赊购、赊销财务决策导致的外币交易汇率风险，因此无法向企业管理层提供决策有用的信息。目前《国际会计准则第21号——外汇汇率变动的影响》建议采用两项交易观处理外币交易事项，美国财务会计准则委员会在第52号公告《外币交易和外币报表折算的会计处理》中也建议采用该方法，我国外币交易的处理实质上采用的也是两项交易观，因此单一交易观实质上已被两项交易观取代。

1.3 外币财务报表的折算

1.3.1 外币财务报表折算的意义

外币财务报表折算是指为了特定目的将以某一货币表示的财务报表转换为另一种货币表示。在当今经济全球化、一体化迅猛发展的形势下，国内企业不断向境外拓展业务，随着越来越多境外子公司或分支机构的建立，跨国公司、境外业务势必日益增多，与境外企业的经济往来更加频繁，外币财务报表的折算问题也具有了更现实和重要的意义：

（1）外币财务报表折算是公司合并财务报表编制的前提。通过对子公司外币财务报表的折算，编制跨国集团公司的合并财务报表，以满足母公司股东和债权人等信息需求者的需要，反映集团综合财务状况和经营成果。

（2）满足母公司考核、评价国外子公司的财务状况、经营成果的需要。

（3）提供特种财务报表，以满足境外股东和其他报表使用者的需要。

（4）为了在境外证券市场上发行股票和债券，需要按一定的汇率将本国货币表示的财务报表折算为外币表示的财务报表，以向境外的投资者和债权人提供财务信息。

1.3.2 外币财务报表折算的主要会计问题

由于汇率经常变动，外币财务报表折算问题成为财务会计的难题之一，主要面临以下两个问题：

1）折算汇率的选择

对外币财务报表各个项目进行折算时，可供选择的汇率有现行汇率（资产负债表日即期汇率）、历史汇率（交易发生日的即期汇率）、平均汇率三种。在进行外币财务报表折算时，首先要确定以何种汇率进行折算。在实务中，不同的折算方法对汇率的选择是不同的，并且对所有报表项目并非采用单一汇率折算，而是对不同的报表项目采用不同的汇率进行折算。

2）外币财务报表折算差额的处理

外币财务报表折算差额是指外币财务报表折算时，由于财务报表的不同项目采用不同的汇率折算而产生的差额。

（1）外币财务报表折算差额的影响因素

① 处于汇率变动风险下的相关资产和负债项目相比的差额；

② 汇率变动方向，即汇率是上升还是下降。

以上两个因素共同影响着外币财务报表折算差额。当汇率上升或下降时，如果处于外汇风险下的资产金额与负债金额相等，那么资产和负债产生的折算差额相互抵销；如果处于外汇风险下的资产金额大于负债金额，当外币升值时就会产生折算利得，贬值时则会产生折算损失；如果处于外汇风险下的资产金额小于负债金额，当外币升值时就会产生折算损失，贬值时则会产生折算利得。

（2）外币财务报表折算差额的会计处理

对于外币财务报表折算差额的会计处理，主要有递延法和当期损益法两种处理方法。

①递延法

递延法是指将外币财务报表折算差额作为所有者权益中的一个项目递延处理，不与所有者权益的其他项目合并列示。这种处理方法的理由是，外币财务报表折算差额只是将外币表示的报表以母公司的记账本位币重新折算产生的调整数额，并非已实现的损益。因此，如果将这一折算差额计入当期损益，就会误导财务报表的使用者。递延法下各期的折算损失或折算利得可以相互抵销，最终在企业清算时作为清算损益处理。递延法使得财务报表有关项目能保持原有的比例关系，有利于财务分析。

② 当期损益法

当期损益法是将本期发生的外币财务报表折算差额，以汇兑损益项目列入利润表。这种处理方法的理由是，汇率变动是客观存在的，对合并财务报表的影响也不容忽视，如果采用递延法就会掩盖汇率变动的客观影响，因此，将外币财务报表折算差额计入当期损益，才能向报表使用者提供真实的财务信息。但是，采用当期损益法在汇率大幅度波动时，会造成大额的汇兑损益，势必对净利润有较大影响，从而引起报表使用者对财务报表信息产生误解。并且，企业按利润总额纳税以及进行股利分配时，容易把资本当作利润分掉，不利于企业资本的保全。

（3）外币交易汇兑差额与外币财务报表折算差额的区别

① 二者产生的原因不同。外币交易汇兑差额或者是在交易过程中发生的，如外币兑换业务，或者是在资产负债表日对外币货币性项目进行调整时产生的差异；外币财务报表折算差额则是将以外币表示的财务报表折算为另一种货币表示的财务报表而产生的差额。

② 二者的性质不同。外币交易汇兑差额包括已实现和未实现的部分，外币兑换业务产生的为已经实现的汇兑差额，期末对外币货币性项目调整产生的则为未实现的汇兑差额；按照递延法的观点，外币财务报表折算差额全部是未实现的部分。

③ 二者记录的方式不同。外币交易汇兑差额在会计账簿中记录；而外币财务报表折算差额通常不记录在会计账簿中，只在折算后的财务报表中反映。

1.3.3 外币财务报表折算的方法

外币财务报表折算方法主要有现行汇率法、流动与非流动项目法、货币与非货币项目法和时态法。

1）现行汇率法

现行汇率法又称期末汇率法或单一汇率法。它是以现行汇率（资产负债表日即期汇率）为主要折算汇率的外币财务报表折算方法，是四种方法中最简单的折算方法。但是，在按历史成本计量的会计模式下，以现行汇率来折算历史成本金额，在理论上没有依据。

（1）采用现行汇率法折算外币财务报表的基本原则

① 资产负债表中的资产与负债项目均按资产负债表日的即期汇率进行折算。

② 所有者权益项目中除"未分配利润"项目外，均按发生时的历史汇率折算。"未分配利润"项目则是从折算后的所有者权益变动表中"本年年末余额"项目转入。

③ 资产负债表中折算差额通过倒挤确定，作为所有者权益的项目单独列示。

④ 利润表中的收入和费用项目按编表期内的平均汇率折算。

（2）现行汇率法的优缺点

优点：现行汇率法简单易行，容易为报表使用者理解，能反映现实的价值，并使报表原结构基本保持不变，据此计算出来的多种财务比率符合公司的实际情况。

缺点：现行汇率法将外币财务报表中以历史成本表示的资产按资产负债表日的即期汇率折算，折算结果既非资产的历史成本，也非资产的现行市价，而是资产的历史成本与资产负债表日即期汇率的乘积，这种不同时点的乘积使折算后的资产价值失去了意义。另外，现行汇率法假设所有的资产、负债都暴露在汇率风险之下，且遭受汇率风险的程度是相同的，这与事实不相符。

2）流动与非流动项目法

流动与非流动项目法是将资产负债表的项目区分为流动性项目与非流动性项目两大类，将流动性项目按现行汇率折算、非流动性项目按历史汇率折算的一种外币财务报表折算方法。

这种方法的理论依据是，非流动资产在短期内不会转变为现金，非流动负债在短期内不需要偿还，因此非流动性项目不受现行汇率的影响。

（1）采用流动与非流动项目法折算外币财务报表的基本原则

① 流动资产和流动负债按照资产负债表日的即期汇率折算。

② 对于非流动性项目的资产和负债，按照入账时的历史汇率折算。

③ 资产负债表中的"未分配利润"项目属于平衡数，可倒挤确定或从折算后的所有者权益变动表中转入。

④ 利润表中的折旧费、摊销费项目，按相关资产取得时的历史汇率折算；其他项目

按会计报告期的平均汇率折算。

（2）流动与非流动项目法的优缺点

优点：流动资产和流动负债采用现行汇率折算，便于对公司营运资金进行核算分析。

缺点：这一方法规定流动性项目按照现行汇率折算，非流动性项目按照历史汇率折算，缺乏足够的理论依据，掩盖了非流动性项目也会受汇率变动的影响，如长期应收款、长期应付款、长期借款、应付债券等项目也承受汇率变动的风险。另外，流动性项目的折算汇率与计价基础不一致，影响了折算后项目金额的意义，如存货这一流动资产项目采用现行汇率而非历史汇率进行折算，不符合会计核算的历史成本原则，因此该方法目前只有少数国家采用。

3）货币与非货币项目法

货币与非货币项目法是将资产负债表的项目，按照性质划分为货币性项目与非货币性项目两大类，将货币性项目按现行汇率折算，非货币性项目按历史汇率折算的一种外币财务报表折算方法。

该方法的理论依据是，外币货币性项目在以后期间将要收回或付出固定的金额，它们的价值会因市场汇率的变动而变动，因此应按现行汇率折算。

（1）货币与非货币项目法折算外币财务报表的基本原则

① 资产负债表中的货币性项目，按照资产负债表日的现行汇率折算。

② 资产负债表中的非货币性项目和所有者权益项目（除未分配利润项目外），按照原入账时的历史汇率折算，"未分配利润"项目可倒挤确定或从折算后的所有者权益变动表中转入。

③ 利润表中的折旧费、摊销费项目，按相关资产取得时的历史汇率折算；其他项目按会计报告期的平均汇率折算。

（2）货币与非货币项目法的优缺点

优点：体现了汇率变动对资产、负债项目的不同影响，反映了货币性项目承受汇率风险的事实。

缺点：不同项目对不同折算汇率的选择未必与资产、负债项目的分类存在直接联系，因此该方法并没有解决外币财务报表折算的实际问题，即外币会计计量的问题。在境外子公司独立性强、收付业务很少使用母公司的货币的情况下，按该方法折算将因汇率变动导致的折算差额计入当期损益，利润表反映的利润信息就会失真。

4）时态法

时态法，也称时间度量法，是对货币与非货币项目法的完善和发展，是以资产、负债项目的计量属性作为选择折算汇率依据的一种外币财务报表折算方法。在时态法下，库存现金、应收及应付项目（包括流动性项目与非流动性项目）按照资产负债表日的现行汇率折算，其他以货币价格计量的资产和负债根据其特征，按照发生时的历史汇率或现行汇率进行折算。

该方法的理论依据是：外币折算只是一种计量变更程序，是对既定价值的重新表述，只改变了计量单位，并不改变项目的计量属性。折算后的财务报表应保持资产、负债项目在报表中的计量属性。

（1）采用时态法折算外币财务报表的基本原则

①库存现金、应收和应付项目，按照现行汇率进行折算。

②按历史成本反映的非货币性资产，按历史汇率折算。

③按现行成本反映的非货币性资产，按现行汇率折算。

④所有者权益项目中除"未分配利润"项目外均按照历史汇率折算，"未分配利润"项目作为一个平衡数列入。

⑤利润表中的折旧费、摊销费项目，按相关资产取得时的历史汇率折算；其他项目按会计报告期的平均汇率折算。

（2）时态法的优缺点

优点：时态法是根据各资产和负债项目的计量属性选择折算汇率，比较灵活，只改变了外币财务报表项目的计量单位，并没有改变其计量属性，符合资产和负债的计量基础。

缺点：操作较复杂，把折算损益列入当前损益中，改变了原外币财务报表各项目之间的比例关系。

综上所述，四种外币财务报表的折算方法各有优缺点，虽然采用现行汇率法进行外币财务报表折算缺乏足够的理论支持，但其突出的优点在于保持了报表折算前后大多数财务指标的一致性，且简单易行，容易理解。目前，我国外币财务报表折算实质上采用的就是现行汇率法。

1.3.4 我国对境外经营财务报表的折算

1）折算方法

当将企业的境外经营通过合并、权益法核算等纳入到企业的财务报表中时，需要将企业境外经营的财务报表折算为以企业记账本位币反映的财务报表，在对企业境外经营财务报表进行折算前，应当调整境外经营的会计期间和会计政策，使之与企业会计期间和会计政策相一致，根据调整后的会计政策和会计期间编制相应货币（非记账本位币）的财务报表，然后按照以下方法对境外经营财务报表进行折算：

（1）资产负债表中的资产和负债项目，采用资产负债表日的即期汇率折算，所有者权益项目除"未分配利润"项目外，其他项目采用发生时的即期汇率折算。

（2）利润表中的收入和费用项目，采用交易发生日的即期汇率或即期汇率近似的汇率折算。

按照上述方法折算后产生的外币财务报表折算差额，在资产负债表的"其他综合收益"项目中单独列示。比较财务报表的折算比照上述规定处理。

【例1-14】甲企业以人民币作为记账本位币，乙企业为其拥有的境外子公司。为了编制合并财务报表，甲企业需要将乙公司的外币财务报表折算为以人民币表示的财务报表。20×4年12月31日的即期汇率为1欧元=7.46元人民币，20×4年的平均汇率为1欧元=8.0元人民币，子公司实收资本发生日的即期汇率为1欧元=8.2元人民币。20×3年12月31日的累计盈余公积为350万欧元，折算成人民币为2 947万元，累计未分配利润为300万欧元，折算成人民币为2 526万元。年末按当年实现净利润的10%提取盈余公积。该企业外币财务报表及折算后的财务报表见表1-15至表1-17。

表1-15

资产负债表（简表）

20×4年12月31日　　　　　　　　　　单位:万元

资产	期末数（欧元）	汇率	人民币金额	负债和股东权益	期末数（欧元）	汇率	人民币金额
流动资产：				流动负债：			
货币资金	3 000	7.46	22 380	应付账款	500	7.46	3 730
应收账款	4 600	7.46	34 316	应付职工薪酬	1 500	7.46	11 190
存货	3 400	7.46	25 364	流动负债合计	2 000	—	14 920
流动资产合计	11 000	—	82 060	非流动负债：			
非流动资产：				长期借款	2 700	7.46	20 142
长期应收款	2 600	7.46	19 396	非流动负债合计	2 700	—	20 142
固定资产	6 600	7.46	49 236	负债合计	4 700	—	35 062
无形资产	2 800	7.46	20 888	股东权益：			
非流动资产合计	12 000	—	89 520	实收资本	16 000	8.20	131 200
				其他综合收益			−13 355*
				盈余公积	515	—	4 267
				未分配利润	1 785	—	14 406
				股东权益合计	18 300	—	136 518
资产总计	23 000	—	171 580	负债和股东权益总计	23 000	—	171 580

注：*为外币财务报表折算差额。

表1-16

利润表（简表）

20×4年　　　　　　　　　　单位:万元

项目	本期金额（欧元）	折算汇率	人民币金额
一、营业收入	8 000	8.0	64 000
减：营业成本	4 800	8.0	38 400
销售费用	200	8.0	1 600
管理费用	800	8.0	6 400
财务费用	200	8.0	1 600
二、营业利润	2 000	—	16 000
加：营业外收入	300	8.0	2 400
减：营业外支出	100	8.0	800
三、利润总额	2 200	—	17 600
减：所得税费用	550	8.0	4 400
四、净利润	1 650	—	13 200
五、其他综合收益的税后净额	0	—	−13 355
六、综合收益总额	1 650	—	−155

表 1-17 所有者权益变动表（简表）

20×4年 单位:万元

项目	实收资本			其他综合收益	盈余公积			未分配利润		股东权益合计
	欧元	汇率	人民币		欧元	汇率	人民币	欧元	人民币	
一、本年年初余额	16 000	8.2	131 200		350	—	2 947	300	2 526	136 673
二、本年增减变动金额										
（一）综合收益总额				−13 355				1 650	13 200	−155
（二）所有者投入和减少资本										
（三）利润分配										
提取盈余公积					165	8.0	1 320	−165	−1 320	—
三、本年年末余额	16 000	8.2	131 200	−13 355	515	—	4 267	1 785	14 406	136 518

2）恶性通货膨胀经济中境外经营的财务报表折算

（1）恶性通货膨胀的概念

恶性通货膨胀是一种不能控制的通货膨胀，有诸多的恶劣影响，物价急速上涨会使货币快速失去价值。发生恶性通货膨胀会对一国汇率水平有较大影响，阻碍财政政策和货币政策作用的发挥，导致大量现金外流，整体购买力下降，从而严重破坏经济秩序，影响人们的生活水平，削弱国家的竞争力。

（2）恶性通货膨胀的判断标准

恶性通货膨胀没有一个普遍公认的标准界定，根据《〈企业会计准则第19号——外币折算〉应用指南》，恶性通货膨胀通常按照以下特征进行判断：

①最近3年累计通货膨胀率接近或超过100%；

②利率、工资和物价与物价指数挂钩；

③公众不是以当地货币而是以相对稳定的外币为单位作为衡量货币金额的基础；

④公众倾向于以非货币性资产或相对稳定的外币来保存自己的财富，持有的当地货币立即用于投资以保持购买力；

⑤即使信用期限很短，赊销、赊购交易仍按补偿信用期预计购买力损失的价格成交。

拓展阅读

津巴布韦的恶性通货膨胀

通货膨胀是指整体物价水平普遍持续上升，货币的购买力因此持续萎缩。在经济发展过程中，2%~3%的通货膨胀率反而会像润滑油一样刺激经济的发展，而恶性通货膨胀一旦发生将使经济完全失控，最终导致社会物价的持续飞速上涨。

2009年1月，津巴布韦发行了一套世界上最大面额的新钞，这套面额在万亿以上的新钞包括10万亿、20万亿、50万亿和100万亿津元四种。在该国的餐厅里，一个汉堡就要约1 500万津元，正可谓：在津巴布韦，人人都是"亿万富翁"。根据2008年7月的官方统计，该国通胀率达到231 000 000%。

2009年4月，津政府宣布不再流通本国货币，美元、南非兰特、博茨瓦纳普拉、英镑和欧元成了该国法定货币。在以后的几年里，津政府又允许了澳元、日元、印度卢比成为法定货币。2015年7月，津政府又规定将人民币作为津巴布韦法定货币。于是津巴布韦成了世界上唯一一个9种货币共存的国度，唯独没有他们自己的本国货币。2015年6月，津政府宣布，从2015年6月15日起至2015年9月30日止，民众可把津元拿到银行兑换美元。175千万亿津元可换5美元，每个津元账户最少可得5美元。

（3）恶性通货膨胀经济中境外经营的财务报表折算

根据我国《企业会计准则第19号——外币折算》，企业对处于恶性通货膨胀经济中境外经营的财务报表，应当按照下列规定进行折算：对资产负债表项目运用一般物价指数予以重述，对利润表项目运用一般物价指数变动予以重述，再按照最近资产负债表日的即期汇率进行折算。

对资产负债表项目重述时，因为库存现金、应收账款、其他应收款等货币性项目已经以资产负债表日的计量单位表述，所以不需要再进行重述；对于通过协议与物价变动挂钩的资产和负债，应依据协议调整；在非货币性项目中，有些是以资产负债表日的计量单位列示的，如存货已经按可变现净值列示了，就不需要再进行重述，其他如固定资产、无形资产、投资等非货币性项目，应从购置日起以一般物价指数变动予以重述。

对利润表项目重述时，所有项目金额都要从初始确认之日开始，以一般物价指数变动重述，以使利润表的项目都以资产负债表日的计量单位表述。由于重述而产生的差额计入当期净利润。

对资产负债表和利润表项目重述后，再按资产负债表日的即期汇率将资产负债表和利润表折算为记账本位币报表。

当境外经营不再处于恶性通货膨胀经济中时，应当停止重述，按照停止之日的价格水平重述的财务报表进行折算。

3）境外经营的处置

企业可能通过出售、清算、返还股东或放弃全部或部分权益等方式处置其在境外经营中的权益。企业在处置境外经营时，应当将资产负债表中所有者权益项目下列示的、与该境外经营相关的外币财务报表折算差额，自所有者权益项目转入处置当期损益；部分处置境外经营的，应当按处置的比例计算处置部分的外币财务报表折算差额，转入处置当期损益。

1.3.5 外币财务报表折算业务的披露

企业应当在附注中披露与外币财务报表折算有关的下列信息：

（1）企业及其境外经营选定的记账本位币及选定的原因，记账本位币发生变更的，说明变更理由。

（2）采用近似汇率的，披露近似汇率的确定方法。

（3）计入当期损益的汇兑差额。

（4）处置境外经营对外币财务报表折算差额的影响。

本章小结与思维导图

本章着重讲解了记账本位币的确定、外币交易的会计处理和外币财务报表的折算方法。

记账本位币，是指企业经营所处的主要经济环境中的货币。记账本位币以外的货币就是外币。

外币业务的记账方法有两种：外币统账制和外币分账制。目前我国绝大多数企业采用外币统账制。

对于外币货币性项目需要设置单独的外币账户，期末对外币货币性项目进行调整。

外币财务报表折算是指为了特定目的将以某一货币表示的财务报表转换为另一种货币表示，主要解决折算汇率的选择和折算差额的处理问题。

外币财务报表折算方法主要有现行汇率法、流动与非流动项目法、货币与非货币项目法和时态法。目前我国外币财务报表的折算实质上实行的是现行汇率法。

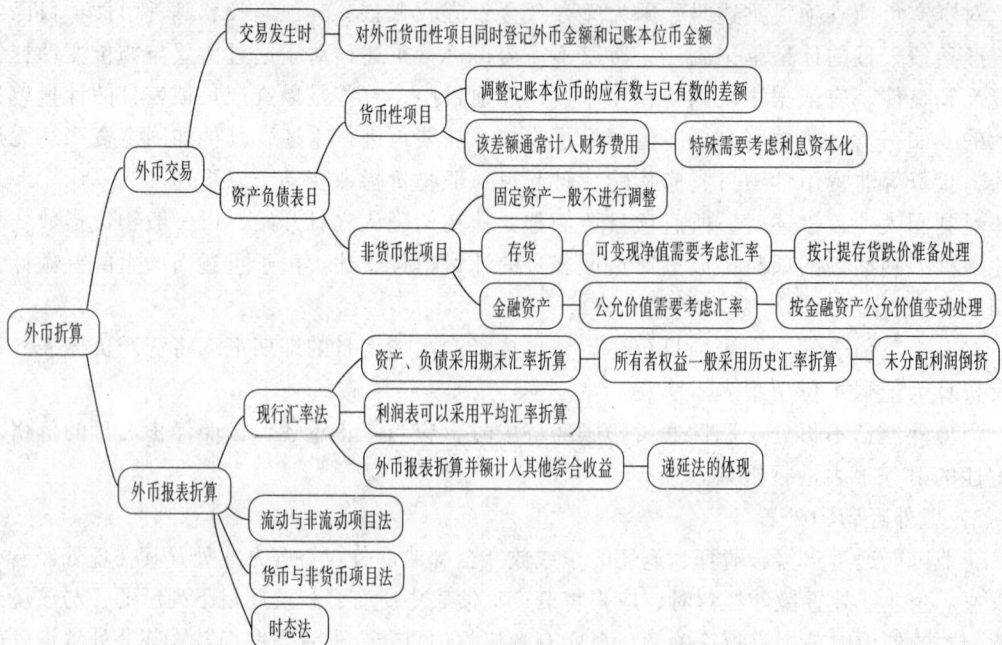

章末习题

一、单项选择题

1.企业发生的下列外币业务中,不得使用即期汇率的近似汇率进行折算的是（　　）。

A.取得的外币借款　　　　　　　　B.投资者以外币投入的资本

C.以外币购入的固定资产　　　　　D.销售商品取得的外币营业收入

2.甲公司外币业务采用业务发生时的即期汇率进行折算,按月计算汇兑损益。5月20日,甲公司对外销售产品发生应收账款500万欧元,当日的市场汇率为1欧元=10.30元人民币。5月31日的市场汇率为1欧元=10.28元人民币;6月1日的市场汇率为1欧元=10.32元人民币;6月30日的市场汇率为1欧元=10.35元人民币。7月10日收到该应收账款,当日市场汇率为1欧元=10.34元人民币。该应收账款6月份应当确认的汇兑收益为（　　）万元人民币。

微课1.3　第1章单项选择题第2题的讲解

A.-10　　　　　　B.15　　　　　　C.25　　　　　　D.35

3.甲公司以人民币为记账本位币,外币业务采用交易发生时的即期汇率折算。20×5年11月20日,以每台1 000美元的价格从美国购入国际最新型号的A商品10台,并于当日以美元支付了货款。20×5年12月31日,甲公司已售出A商品2台,国内市场仍无A商品,但A商品在国际市场上的价格已降至每台950美元。11月20日的即期汇率为1美元=6.20元人民币,12月31日的即期汇率为1美元=6.10元人民币。假定不考虑增值税等相关税费,甲公司20×5年12月31日应计提的存货跌价准备为（　　）元人民币。

A.2 440　　　　　　B.3 240　　　　　　C.0　　　　　　D.2 480

4.国内甲公司的记账本位币为人民币,外币交易采用交易发生时的即期汇率折算。20×5年12月5日,甲公司以每股7港元的价格购入乙公司的H股10 000股作为交易性金融资产,当日即期汇率为1港元=0.80元人民币,款项已支付。20×5年12月31日,当月购入的乙公司H股股票的市价变为每股8港元,当日即期汇率为1港元=0.90元人民币。假定不考虑相关税费的影响。甲公司20×5年12月31日应确认的公允价值变动损益为（　　）元人民币。

A.10 000　　　　　　B.16 000　　　　　　C.1 000　　　　　　D.2 000

5.下列各项外币资产由于汇率变动带来的影响,不应计入财务费用的是（　　）。

A.应收账款　　B.银行存款　　C.交易性金融资产　　D.债权投资

二、多项选择题

1.下列各项中,期末应按资产负债表日即期汇率折算的有（　　）。

A.以外币购入的存货　　　　　　B.外币债权债务

C.以外币购入的固定资产　　　　D.以外币标价的交易性金融资产

微课1.4　第1章多项选择题第1、2题的讲解

2.下列报表项目中,根据现行汇率法在外币财务报表折算时应按资产负债表日即期汇率折算的有（　　）。

A.存货   B.应收票据

C.固定资产   D.交易性金融资产

3.下列关于我国外币财务报表折算的表述中，正确的有（ ）。

A.外币财务报表折算差额应在其他综合收益项目中列示

B.采用历史成本计量的资产项目应按资产确认时的即期汇率折算

C.采用公允价值计量的资产项目应按资产负债表日即期汇率折算

D."未分配利润"项目以外的其他所有者权益项目应按发生时的即期汇率折算

4.下列项目中属于货币性项目的有（ ）。

A.银行存款 B.应收账款 C.应付账款   D.存货

5.按照我国现行会计准则的规定，哪些交易在发生时可能会产生汇兑差额（ ）。

A.外币投入资本业务   B.外币借贷业务

C.企业将外币卖给银行   D.企业从银行买入外币

三、业务题

甲公司以人民币作为记账本位币，其外币交易采用交易日的即期汇率折算，按月计算汇兑差额。甲公司在银行开设有英镑账户。甲公司有关外币账户20×3年5月31日的余额见表1-18。

表1-18   甲公司有关外币账户

项目	外币账户余额（英镑）	汇率	人民币账户余额（元）
银行存款	800 000	9.55	7 640 000
应收账款	400 000	9.55	3 820 000
应付账款	200 000	9.55	1 910 000

甲公司20×3年6月份发生的有关外币交易或事项如下：

①6月5日，以人民币向银行买入200 000英镑。当日即期汇率为1英镑=9.69元人民币，当日银行卖出价为1英镑=9.75元人民币。

②6月12日，从英国购入一批原材料，总价款为400 000英镑。该原材料已验收入库，货款尚未支付。当日即期汇率为1英镑=9.64元人民币。另外，以银行存款支付该原材料的进口关税644 000元，增值税585 000元。

③6月16日，出口销售一批商品，销售价款为600 000英镑，货款尚未收到。当日即期汇率为1英镑=9.41元人民币。假设不考虑相关税费。

④6月25日，收到应收账款300 000英镑，款项存入银行。当日即期汇率为1英镑=9.54元人民币。

⑤6月30日，即期汇率为1英镑=9.64元人民币。

要求：（1）编制相关会计分录；

（2）计算期末产生的汇兑差额，并编制相关会计分录。

四、思考题

1.什么是记账本位币？记账本位币如何确定？

2.什么是外币交易？外币交易的内容有哪些？

3.如何确认外币货币性项目期末的汇兑差额？

4.为什么要进行外币财务报表折算？哪些情况下需进行外币财务报表折算？

5.在我国现行会计准则下，如何进行外币财务报表折算？

第1章习题答案

第2章/
租　赁

学习目标：了解租赁的相关概念和分类；掌握承租人对融资租赁和经营租赁的会计处理；掌握出租人对融资租赁和经营租赁的会计处理；掌握售后租回交易的会计处理。

引导案例

美国电动车及能源公司特斯拉于2018年12月19日在上海自贸区注册了一家融资租赁公司——特斯拉融资租赁（中国）有限公司。特斯拉在华设立融资租赁公司，看好的是融资租赁行业在中国的发展前景，深入布局中国新能源汽车市场。2015年8月31日，国务院办公厅印发《关于加快融资租赁业发展的指导意见》（下称"《意见》"）。《意见》表示，改革制约融资租赁发展的体制机制，加快重点领域融资租赁发展，支持融资租赁创新发展，加强融资租赁事中事后监管。2018年12月17日，中国（上海）自由贸易试验区管理委员会发布《中国（上海）自由贸易试验区关于进一步促进融资租赁产业发展的若干措施》，提及支持融资租赁企业设立和发展，支持融资租赁企业准入便利化。

特斯拉汽车在进驻中国初期，因为车价较高，曾经让很多特斯拉粉丝望而却步，消费者喜欢追求"物美价廉"的事物，也希望能享受"物美价廉"的消费，于是，特斯拉在2013年6月与银行达成战略合作，通过分期月供降低购车门槛。特斯拉此举是希望淡化特斯拉汽车只是富人玩具的色彩，以推动新能源汽车消费的普及。融资租赁作为一种特殊的金融服务，具有普惠的属性，能降低承租人的资金成本。特斯拉成立融资租赁公司的本意也是降低购车门槛，以快速拓展中国市场。所以，随着特斯拉租赁业务的逐步开展，未来不仅能带动我国新能源汽车的消费，同时也能促进国内融资租赁的发展。

那么什么是融资租赁？租赁业务包括哪些类型？不同租赁业务的会计处理有什么差别？融资租赁会计的主要内容是什么？本章将对这些问题进行深入探讨。

2.1　租赁概述

租赁是企业经营活动中比较常见的一种融资活动。在租赁期间，承租人可以通过分期支付小量的租赁费用而得到大型设备资产的使用权。租赁可以缓解购买设备时的现金流量压力，尤其是企业现金流转处于困境时，租赁方式凭借手续简便、引进速度快等优势成为一种较为理想的融资渠道，相当于"花明天的钱，圆今天的梦"。从另一个角度看，租赁行为可降低设备因陈旧或贬值而承担的风险，随着现代高新技术的日益发展，购入设备可能随时因技术过时而不得不提前报废，因此当企业临时需要某项设备时，自购并不明智。

2.1.1　与租赁相关的概念

1）租赁

租赁是指在约定的期间内，出租人将资产使用权让与承租人以获取租金的协议。租赁的主要特征是转移资产的使用权，而不是转移资产的所有权，并且这种转移是有偿的，取得使用权以支付租金为代价。

租赁的上述特征使其有别于资产购置和不把资产的使用权从合同的一方转移给另一方的服务性合同，如劳务合同、运输合同以及无偿提供使用的借用合同。在某些情况下，企业签署的协议所包含的交易虽然未采取租赁的法律形式，但该交易或交易的组成部分就经济实质而言属于租赁业务。确定一项租赁协议是否属于或者是否包含租赁业务，应重点考虑以下两个因素：一是履行该协议是否依赖某项特定资产；二是协议是否转移了资产的使用权。属于租赁业务的，按照租赁会计准则进行会计处理；其他部分按相关会计准则处理。

另外，对于采取租赁法律形式的一系列交易，企业应当判断其是否相关联，是否应当作为一项交易进行会计处理。企业进行判断时，如果不把这一系列交易作为一个整体就无法理解其总体经济影响，那么，该涉及租赁法律形式的一系列交易是相关联的，应当作为一项交易进行会计处理。

2）租赁期

租赁期是指租赁协议规定的不可撤销的租赁期间。如果承租人有权选择续租该资产，并且在租赁开始日就可以合理确定承租人将会行使这种选择权，不论是否再支付租金，续租期也包括在租赁期之内。

比如20×7年12月1日，A企业与B企业签订了一项租赁协议，该协议规定A企业自20×8年1月1日至20×8年6月30日，以每月50万元的价格租赁B企业的资产，同时合同规定，20×8年6月30日租赁期满后A企业有权选择20×8年7月是否续租。

如果A企业在20×8年1月1日就能确定20×8年6月30日将继续租赁该资产，则无论6月30日是否支付租金，该笔租赁业务的期限均为7个月，如果A企业在20×8年1月1日不能确定20×8年6月30日是否继续租赁该项资产，则租期为6个月。

3）租赁开始日

租赁开始日是指租赁协议日与租赁各方就主要条款作出承诺日中的较早者。在租赁开始日，承租人和出租人应当将租赁认定为融资租赁或经营租赁，并确定在租赁期开始日应确认的金额。

4）租赁期开始日

租赁期开始日是指承租人有权行使其使用租赁资产权利的日期，表明租赁行为的开始。在租赁期开始日，承租人应当对租入资产、最低租赁付款额和未确认融资费用进行初始确认；出租人应当对应收融资租赁款、未担保余值和未实现融资收益进行初始确认。

5）担保余值

就承租人而言，担保余值是指由承租人或与其有关的第三方担保的资产余值；就出租人而言，是指就承租人而言的担保余值加上独立于承租人和出租人的第三方担保的资产余值。其中，资产余值是指在租赁开始日估计的租赁期届满时租赁资产的公允价值。为了促使承租人谨慎地使用租赁资产，尽量减少出租人自身的风险和损失，租赁协议有时要求承租人或与其有关的第三方对租赁资产的余值进行担保，此时的担保余值是针对承租人而言的。除此以外，担保人还可能是独立于承租人和出租人的第三方，如担保公司，此时的担保余值是针对出租人而言的。

6）未担保余值

未担保余值是指租赁资产余值中扣除就出租人而言的担保余值以后的资产余值。对出租人而言，如果租赁资产余值中包含未担保余值，表明这部分余值的风险和报酬并没有转移，其风险应由出租人承担。因此，未担保余值不能作为应收融资租赁款的组成部分。

如一项租赁资产的余值为100万元，承租人担保的金额为40万元，与承租人有关的第三方担保的金额为30万元，与承租人和出租人无关的第三方担保的金额为20万元，此时就承租人而言的担保余值为70万元，就出租人而言的担保余值为90万元，未担保余值为10万元。

7）最低租赁付款额

最低租赁付款额是指在租赁期内，承租人应支付或可能被要求支付的款项（不包括或有租金和履约成本），加上由承租人或与其有关的第三方担保的资产余值，但是出租人支付但可退还的税金不包括在内。

如果承租人有购买租赁资产的选择权，且所订立的购买价款预计将远低于行使选择权时租赁资产的公允价值，那么在租赁开始日就可以合理确定承租人将会行使这种选择权，购买价款应当计入最低租赁付款额。

或有租金，是指金额不固定、以时间长短以外的其他因素（如销售量、使用量、物价指数等）为依据计算的租金。

履约成本，是指租赁期内为租赁资产支付的各种使用费用，如技术咨询和服务费、人员培训费、维修费、保险费等。

8）最低租赁收款额

最低租赁收款额是指最低租赁付款额加上独立于承租人和出租人的第三方对出租人担保的资产余值。

比如C企业与D企业签订了一项协议，C企业租赁D企业的一台全新固定资产，租赁期为15年，租金共500万元，自租赁开始日分5年平均支付，且租赁期满后，C企业仅需另外支付3万元即可取得该资产的所有权，预计届时该租赁资产的公允价值为70万元。C企业的全资子公司C1和独立于C、D的E企业分别提供价值为10万元和30万元的财产担保。同时协议还规定，C企业每年向D企业支付10万元的技术咨询和人员培训费，且按其销售收入的1%向D企业支付补充租金，假定C企业每年的销售收入为1 000万元。

C企业的最低租赁付款额=租金+优惠购买价+C1企业提供的担保余值

=500+3+10=513（万元）

D企业的最低租赁收款额=C企业的最低租赁付款额+E企业提供的担保余值

=513+30=543（万元）

9）初始直接费用

初始直接费用是指在租赁谈判和签订租赁合同的过程中发生的可直接归属于租赁项目的费用。

2.1.2 租赁的分类

承租人和出租人应当在租赁开始日将租赁分为融资租赁和经营租赁。如果一项租赁实质上转移了与资产所有权相关的全部风险和报酬，则该项租赁应归类为融资租赁。如果一项租赁实质上没有转移与资产所有权相关的全部风险和报酬，则该项租赁应归类为经营租赁。

一项租赁是融资租赁还是经营租赁，取决于交易的实质而不是合同的形式。企业对租赁进行分类时，应当全面考虑租赁期届满时租赁资产所有权是否转移给承租人、承租人是否有购买租赁资产的选择权、租赁期占租赁资产使用寿命的比例等各种因素。满足下列标准之一的，即可确认为融资租赁。

（1）在租赁期届满时，资产的所有权转移给承租人，即如果在租赁协议中约定，或者根据其他条件在租赁开始日就可以合理地判断，租赁期届满时出租人会将资产的所有权转移给承租人，那么该项租赁应当认定为融资租赁。

（2）承租人有购买租赁资产的选择权，所订立的购买价款预计远低于行使选择权时租赁资产的公允价值，因此在租赁开始日就可以合理地确定承租人将会行使这种选择权。准则中并没有给出"远低于"的具体标准，需要企业结合具体情况进行必要的判断。

例如，出租人和承租人签订了一项租赁协议，租赁期限为3年，租赁期届满时承租人有权以100元的价格购买租赁资产，在签订租赁协议时估计该租赁资产租赁期届满时的公允价值为40 000元，由于购买价格远低于公允价值，如果没有特别的情况，承租人在租赁期届满时将会购买该项资产。在这种情况下，即可判断该项租赁为融资租赁。

（3）即使资产的所有权不转移，但租赁期占租赁资产使用寿命的大部分。这里的"大部分"通常是指租赁期占租赁开始日租赁资产尚可使用寿命的75%以上（含75%）。

　　这条标准强调的是租赁期占租赁资产尚可使用寿命的比例，而非租赁期占该项资产全部可使用年限的比例。如果租赁资产是旧资产，在租赁前已使用年限超过资产自全新时起算可使用年限的75%以上时，则这条判断标准不适用，不能使用这条标准确定租赁的分类。例如，某项租赁设备全新时可使用年限为10年，已经使用了3年，从第4年开始租出，租赁期为6年，由于在租赁开始日该设备尚可使用年限为7年，租赁期占租赁设备尚可使用年限的85.7%（6÷7×100%），满足融资租赁的条件。如果从第4年开始出租，租赁期为5年，租赁期占租赁设备尚可使用年限的71.4%（5÷7×100%），则不应确定为融资租赁（假设也不满足其他判断标准）。如果该设备已经使用了8年，从第9年开始租出，租赁期为2年，此时该设备尚可使用年限为2年，尽管租赁期占租赁设备尚可使用年限的100%（2÷2×100%），但由于在开始此次租赁前该设备的已使用年限超过了全新时可使用年限的75%，因此不能根据该标准确定其为融资租赁。

　　（4）承租人在租赁开始日最低租赁付款额的现值几乎相当于租赁开始日租赁资产的公允价值；出租人在租赁开始日最低租赁收款额的现值几乎相当于租赁开始日租赁资产的公允价值。这里的"几乎相当于"通常指在90%以上（含90%）。

　　（5）租赁资产性质特殊，如果不作较大改造，只有承租人才能使用。这条标准是指租赁资产是出租人根据承租人对资产型号、规格等方面的特殊要求专门购买或建造的，具有专购、专用性质。这些租赁资产如果不作较大的重新改造，其他企业通常难以使用。在这种情况下，该项租赁也应当认定为融资租赁。

　　需要说明的是，上述划分依据中的量化标准（75%、90%）只是指导性标准，企业在具体运用时，必须根据准则规定的相关条件并结合租赁合同的条款，按照实质重于形式的原则进行判断。对于同时涉及土地和建筑物的租赁，企业通常应当将土地和建筑物分开考虑，将最低租赁付款额根据土地部分租赁权益和建筑物部分租赁权益的相对公允价值的比例进行分配。在我国，由于土地的所有权归国家所有，土地租赁不能归类为融资租赁。对于建筑物的租赁，按照租赁准则规定的标准进行相应的分类。如果土地和建筑物无法分离和不能可靠计量的，应归类为一项融资租赁，除非两部分都明显是经营租赁，在后一种情况下，整个租赁应归类为经营租赁。

2.2　承租人的会计处理

2.2.1　承租人对经营租赁的会计处理

　　1）租金的会计处理

　　在经营租赁下，与租赁资产所有权有关的风险和报酬并没有实质上转移给承租人，承租人不承担租赁资产的主要风险。承租人对经营租赁的会计处理比较简单，承租人不必将所取得的租入资产的使用权资本化，相应地，也不必将所承担的付款义务列作负债。其主要问题是解决应支付的租金与当期费用的关系。承租人在经营租赁下发生的租金应当在租赁期内的各个期间按直线法确认为费用，如果其他方法更合理，也可以采用其他方法。

会计处理为：确认各期租金费用时，借记"长期待摊费用"等科目，贷记"其他应付款"等科目。实际支付租金时，借记"其他应付款"等科目，贷记"银行存款""库存现金"等科目。

此外，为了保证租赁资产的安全和有效使用，承租人应设置"经营租赁资产"备查簿作备查登记，以反映和监督租赁资产的使用、归还和结存情况。

【例2-1】20×7年1月1日，A公司向B公司租入办公设备一台，租期3年。设备价值为100万元，预计使用年限为10年。租赁合同规定，租赁开始日A公司向B公司一次性预付租金15万元，第1年年末支付租金15万元，第2年年末支付租金20万元，第3年年末支付租金25万元。租赁期届满后B公司收回设备，3年的租金总额为75万元。

此项租赁没有满足融资租赁的任何一条标准，应作为经营租赁处理。A公司在确认租金费用时，不能依据各期实际支付租金的金额确定，而应采用直线法分摊确认各期的租金费用。此项租赁费用总额为75万元，每年应分摊的租金费用为25万元。A公司账务处理如下：

（1）20×7年1月1日

借：长期待摊费用   150 000

 贷：银行存款   150 000

（2）20×7年12月31日

借：管理费用   250 000

 贷：长期待摊费用   100 000

   银行存款   150 000

（3）20×8年12月31日

借：管理费用   250 000

 贷：长期待摊费用   50 000

   银行存款   200 000

（4）20×9年12月31日

借：管理费用   250 000

 贷：银行存款   250 000

2）初始直接费用的会计处理

承租人在经营租赁中发生的初始直接费用，应当计入当期损益。其账务处理为：借记"管理费用"等科目，贷记"银行存款"等科目。

3）或有租金的会计处理

由于或有租金的金额不确定，无法采用系统合理的方法对其进行分摊。在经营租赁下，承租人在实际支付或有租金时计入当期损益。其账务处理为：借记"销售费用"等科目，贷记"银行存款"等科目。

4）相关信息的披露

对于重大的经营租赁，承租人应当在附注中披露下列信息：

（1）资产负债表日后连续三个会计年度每年将支付的不可撤销的经营租赁最低租赁付款额。

（2）以后年度将支付的不可撤销的经营租赁最低租赁付款额总额。

2.2.2 承租人对融资租赁的会计处理

1）租赁期开始日的会计处理

在租赁期开始日，承租人应当将租赁开始日租赁资产的公允价值与最低租赁付款额的现值两者中较低者作为租入资产的入账价值，将最低租赁付款额作为长期应付款的入账价值，差额作为未确认融资费用。

承租人发生的初始直接费用应计入融资租赁固定资产的入账价值。

承租人在计算最低租赁付款额的现值时，如果知悉出租人的租赁内含利率，应当采用出租人的租赁内含利率作为折现率；否则，应当采用租赁合同规定的利率作为折现率。如果出租人的租赁内含利率和租赁合同规定的利率均无法知悉，应当采用同期银行贷款利率作为折现率。其中，租赁内含利率，是指在租赁开始日，使最低租赁收款额的现值与未担保余值的现值之和等于租赁资产公允价值与出租人的初始直接费用之和的折现率。

2）未确认融资费用的分摊

在融资租赁下，承租人向出租人支付的租金中包含了本金和利息两部分。承租人支付租金时，一方面应减少长期应付款，另一方面应同时将未确认融资费用按一定的方法确认为当期融资费用。在先付租金（即每期期初等额支付租金）的情况下，租赁期第一期支付的租金不含利息，只需减少长期应付款，不必确认当期融资费用。

承租人应当采用实际利率法分摊未确认融资费用。在采用实际利率法的情况下，根据租赁开始日租赁资产和负债的入账价值基础不同，融资费用分摊率的选择也不同。未确认融资费用分摊率的确定具体分为下列几种情况：

（1）以出租人的租赁内含利率为折现率将最低租赁付款额折现，且以该现值作为租赁资产入账价值的，应当将租赁内含利率作为未确认融资费用的分摊率。

（2）以合同规定利率为折现率将最低租赁付款额折现，且以该现值作为租赁资产入账价值的，应当将合同规定利率作为未确认融资费用的分摊率。

（3）以银行同期贷款利率为折现率将最低租赁付款额折现，且以该现值作为租赁资产入账价值的，应当将银行同期贷款利率作为未确认融资费用的分摊率。

（4）以租赁资产公允价值为入账价值的，应当重新计算分摊率。该分摊率是使最低租赁付款额的现值等于租赁资产公允价值的折现率。

【例2-2】20×7年1月1日，甲公司从乙公司融资租赁一条生产线。租赁期为30年，租赁资产的公允价值为10 000万元，每年年末支付租金280万元，甲公司担保租赁期届满时资产余值为4 000万元。

最低租赁付款额的现值=租赁资产公允价值

$280 \times (P/A, i, 30) + 4\,000 \times (P/F, i, 30) = 10\,000$

当i=1.5%时，左边=9 283.05；

当i=1%时，左边=10 193.85。

利用插值法计算：

$$\frac{10\,193.85 - 9\,283.05}{1.5\% - 1\%} = \frac{10\,193.85 - 10\,000}{i - 1\%}$$

经计算，分摊率 i = 1.11%。

当存在优惠购买选择权时，在租赁期届满时，未确认融资费用应全部摊销完毕，租赁负债应当减少为优惠购买金额。在承租人或与其有关的第三方对租赁资产提供了担保或由于在租赁期届满时没有续租而支付违约金的情况下，在租赁期届满时，未确认融资费用应当全部摊销完毕，租赁负债应减少至担保余值。

3）租赁资产折旧的计提

承租人应对融资租入的固定资产计提折旧，主要涉及两个问题：一是折旧方法；二是折旧期间。

（1）折旧方法。对于融资租赁资产计提折旧时，承租人应采用与自有应折旧资产一致的折旧方法。同自有应折旧资产一样，租赁资产的折旧方法一般有年限平均法、工作量法、双倍余额递减法、年数总和法等。如果承租人或与其有关的第三方对租赁资产余值提供了担保，则应计折旧总额为租赁开始日固定资产的入账价值扣除担保余值后的余额；如果承租人或与其有关的第三方未对租赁资产余值提供担保，则应计折旧总额为租赁开始日固定资产的入账价值。

（2）折旧期间。确定租赁资产的折旧期间时，应视租赁合同而定。如果能够合理确定租赁期届满时承租人将会取得租赁资产所有权，即认为承租人拥有该项资产的全部使用寿命，因此，应以租赁开始日租赁资产的寿命作为折旧期间；如果无法合理确定租赁期届满后承租人是否能够取得租赁资产的所有权，则应以租赁期与租赁资产寿命两者中较短者作为折旧期间。

4）履约成本的会计处理

承租人发生的履约成本通常应计入当期损益。

5）或有租金的会计处理

在融资租赁下，承租人对或有租金的处理与经营租赁下相同。因此，在或有租金实际发生时，记入"销售费用"科目。

6）租赁期届满时的会计处理

租赁期届满时，承租人对租赁资产的处理通常有三种情况：返还、优惠续租和留购。

（1）返还租赁资产。租赁期届满，承租人向出租人返还租赁资产时，通常借记"长期应付款——应付融资租赁款""累计折旧"科目，贷记"固定资产——融资租入固定资产"科目。

（2）优惠续租租赁资产。如果承租人行使优惠续租选择权，应视同该项租赁一直存在而作出相应的账务处理。如果租赁期届满时没有续租，根据租赁协议规定须向出租人支付违约金时，借记"营业外支出"科目，贷记"银行存款"等科目。

（3）留购租赁资产。在承租人享有优惠购买选择权的情况下，支付购买价款时，借记"长期应付款——应付融资租赁款"科目，贷记"银行存款"等科目；同时，将固定资产从"融资租入固定资产"明细科目转入有关明细科目。

7）相关会计信息的列报与披露

承租人应当在资产负债表中，将与融资租赁相关的长期应付款减去未确认融资费用的差额，分别"长期应付款"和"一年内到期的长期负债"列示。承租人应当在附注中披露与融资租赁有关的下列信息：

（1）各类租入固定资产的期初和期末原价、累计折旧额。

（2）资产负债表日后连续三个会计年度每年将支付的最低租赁付款额以及以后年度将要支付的最低租赁付款总额。

（3）未确认融资费用的余额以及分摊未确认融资费用所采用的方法。

【例2-3】20×1年12月28日，A公司与B公司签订了一份租赁合同。合同主要条款如下：

（1）租赁标的物：程控生产线。

（2）租赁开始日：生产线运抵A公司生产车间之日（即20×2年1月1日）。

（3）租赁期：从租赁期开始日起算36个月（即20×2年1月1日—20×4年12月31日）。

（4）租金支付方式：自租赁期开始日起每年年末支付租金100万元。

（5）该生产线在20×2年1月1日的公允价值为260万元。

（6）租赁合同规定的年利率为8%。

（7）该生产线为全新设备，估计使用年限为5年。

（8）20×3年和20×4年两年，A公司每年按生产线生产产品的年销售收入的1%向B公司支付经营分享收入。

A公司采用实际利率法确认本期应分摊的未确认融资费用，采用年限平均法计提固定资产折旧。20×3年、20×4年A公司分别实现产品销售收入1 000万元和1 500万元。20×4年12月31日，将该生产线退还B公司。A公司在租赁谈判和签订租赁合同过程中发生可归属于租赁项目的手续费、差旅费1万元。

A公司的账务处理如下：

（1）租赁开始日的会计处理

第一步，判断租赁类型。

在本例中，租赁期（3年）占租赁资产尚可使用年限（5年）的60%（小于75%），没有满足融资租赁的第三条标准；但是最低租赁付款额的现值为2 577 100元（计算过程见后）大于租赁资产公允价值的90%，即2 340 000元（2 600 000×90%），满足融资租赁的第四条标准。因此，A公司应当将该项租赁认定为融资租赁。

第二步，计算租赁开始日最低租赁付款额的现值，确定租赁资产的入账价值。

在本例中，A公司不知道出租人的租赁内含利率，因此，应选择租赁合同规定的利率作为最低租赁付款额的折现率。

最低租赁付款额=各期租金之和+承租人担保的资产余值

=1 000 000×3+0=3 000 000（元）

计算现值的过程如下：

每期租金的年金现值=1 000 000×（P/A，8%，3）=1 000 000×2.5771=2 577 100（元）

该金额小于租赁资产公允价值2 600 000元，根据孰低原则，租赁资产的入账价值选择最低租赁付款额的现值。

第三步，计算未确认融资费用。

未确认融资费用=最低租赁付款额-最低租赁付款额的现值

=3 000 000-2 577 100=422 900（元）

第四步，将初始直接费用计入资产价值。

租赁资产的入账价值=最低租赁付款额的现值+初始直接费用

=2 577 100+10 000=2 587 100（元）

20×2年1月1日，租入程控生产线的账务处理为：

借：固定资产——融资租入固定资产　　　　　　　　　　　　2 587 100

　　未确认融资费用　　　　　　　　　　　　　　　　　　　　422 900

　　贷：长期应付款——应付融资租赁款　　　　　　　　　　　　　3 000 000

　　　　银行存款　　　　　　　　　　　　　　　　　　　　　　　10 000

（2）分摊未确认融资费用的会计处理

第一步，确定融资费用分摊率。

由于租赁资产的入账价值选择的是最低租赁付款额的现值，因此，融资费用的分摊率为8%。

第二步，在租赁期内采用实际利率法分摊未确认融资费用，见表2-1。

表2-1　　　　　　　　　　　　　　未确认融资费用分摊表　　　　　　　　　　　　单位：元

日期 （1）	租金 （2）	确认的融资费用 （3）=期初（5）×8%	应付本金减少额 （4）=（2）－（3）	应付本金余额 期末（5）=期初（5）－（4）
20×2.1.1				2 577 100
20×2.12.31	1 000 000	206 168	793 832	1 783 268
20×3.12.31	1 000 000	142 661.44	857 338.56	925 929.44
20×4.12.31	1 000 000	74 070.56[①]	925 929.44[②]	0
合计	3 000 000	422 900	2 577 100	

注：①74 070.56=1 000 000－925 929.44

②925 929.44=925 929.44－0

第三步，账务处理为：

①20×2年12月31日，支付第一期租金。

借：长期应付款——应付融资租赁款　　　　　　　　　　　　1 000 000

　　贷：银行存款　　　　　　　　　　　　　　　　　　　　　　1 000 000

②20×2年1—12月，每月分摊未确认融资费用。

借：财务费用（206 168÷12）　　　　　　　　　　　　　　　17 180.67

　　贷：未确认融资费用　　　　　　　　　　　　　　　　　　　　17 180.67

③20×3年12月31日，支付第二期租金。

借：长期应付款——应付融资租赁款　　　　　　　　　　　　1 000 000

　　贷：银行存款　　　　　　　　　　　　　　　　　　　　　　1 000 000

④20×3年1—12月，每月分摊未确认融资费用。

借：财务费用（142 661.44÷12）　　　　　　　　　　　　　11 888.45

　　贷：未确认融资费用　　　　　　　　　　　　　　　　　　　　11 888.45

⑤20×4年12月31日，支付第三期租金。

借：长期应付款——应付融资租赁款　　　　　　　　　　　　1 000 000

　　贷：银行存款　　　　　　　　　　　　　　　　　　　　　　1 000 000

⑥20×4年1—12月，每月分摊未确认融资费用。

借：财务费用（74 070.56÷12）　　　　　　　　　　　　6 172.55

　　贷：未确认融资费用　　　　　　　　　　　　　　　　　　　6 172.55

（3）计提融资租赁资产折旧的会计处理

由于A公司无法合理确定在租赁期届满时是否能够取得租赁资产的所有权，因此应当在租赁期与租赁资产尚可使用年限两者中较短的期间内计提折旧。在本例中，租赁期为3年，短于租赁资产尚可使用年限5年，因此按照3年计提折旧。由于在增加固定资产的当月不计提折旧，所以折旧期一共为35个月。

每月的折旧额=（固定资产原价-预计净残值）÷35

　　　　　　=（2 587 100-0）÷35=73 917.14（元）

借：制造费用　　　　　　　　　　　　　　　　　　　　73 917.14

　　贷：累计折旧　　　　　　　　　　　　　　　　　　　　　73 917.14

（4）或有租金的会计处理

①20×3年12月31日，应向B公司支付经营分享收入。

借：销售费用　　　　　　　　　　　　　　　　　　　　100 000

　　贷：其他应付款——B公司　　　　　　　　　　　　　　　100 000

②20×4年12月31日，应向B公司支付经营分享收入。

借：销售费用　　　　　　　　　　　　　　　　　　　　150 000

　　贷：其他应付款——B公司　　　　　　　　　　　　　　　150 000

（5）租赁期届满时的会计处理

20×4年12月31日，将该生产线退还B公司。

借：累计折旧　　　　　　　　　　　　　　　　　　　　2 587 100

　　贷：固定资产——融资租入固定资产　　　　　　　　　　　2 587 100

2.3　出租人的会计处理

2.3.1　出租人对经营租赁的会计处理

在经营租赁下，与租赁资产所有权有关的风险和报酬并没有实质上转移给承租人，出租人对经营租赁的会计处理也比较简单，主要问题是解决应收的租金与当期收入之间的关系、经营租赁资产折旧的计提。在经营租赁下，租赁资产的所有权始终归出租人所有，因此，出租人仍应按自有资产的处理方法，将租赁资产反映在资产负债表上。如果经营租赁资产属于固定资产，应当采用对类似应折旧资产通常采用的折旧方法计提折旧。

出租人在经营租赁下收取的租金应当在租赁期内的各个期间按直线法确认为收入，如果其他方法更合理，也可以采用其他方法。

其会计处理为：确认各期租金收入时，借记"应收账款"或"其他应收款"等科目，贷记"租赁收入""其他业务收入"等科目。实际收到租金时，借记"银行存款"等科目，贷记"应收账款""其他应收款"等科目。

【例2-4】承【例2-1】，此项租赁没有满足融资租赁的任何一条标准，B公司应作为经营租赁处理。在确认租金收入时，不能依据各期实际收到的租金金额确定，而应采用直线法分摊确认各期的租金收入。此项租金收入总额为75万元，每年应分摊的租金收入为25万元，账务处理如下：

（1）20×7年1月1日

借：银行存款   150 000

  贷：其他应收款   150 000

（2）20×7年12月31日

借：银行存款   150 000

    其他应收款   100 000

  贷：租赁收入   250 000

（3）20×8年12月31日

借：银行存款   200 000

    其他应收款   50 000

  贷：租赁收入   250 000

（4）20×9年12月31日

借：银行存款   250 000

  贷：租赁收入   250 000

在某些情况下，出租人可能对经营租赁提供激励措施，如免租期、承担承租人某些费用等。在出租人提供了免租期的情况下，应将租金总额在不扣除免租期的整个租赁期内，按直线法或其他合理的方法进行分配，免租期内也应确认租赁收入；在出租人承担了承租人某些费用的情况下，应将该费用从租金收入总额中扣除，并将租金收入余额在租赁期内进行分配。

此外，出租人还应在附注中披露每类租出资产在资产负债表日的账面价值。

2.3.2　出租人对融资租赁的会计处理

1）租赁债权的确认

由于在融资租赁下，出租人将与租赁资产所有权有关的风险和报酬实质上转移给承租人，将租赁资产的使用权长期转让给承租人，并以此获取租金，因此出租人的租赁资产在租赁开始日实际上就变成了收取租金的债权。出租人应在租赁期开始日，将租赁开始日最低租赁收款额与初始直接费用之和作为应收融资租赁款的入账价值，并同时记录未担保余值，将应收融资租赁款、未担保余值之和与其现值的差额确认为未实现融资收益。

其会计处理为：在租赁期开始日，出租人应按最低租赁收款额与初始直接费用之和，借记"长期应收款——应收融资租赁款"科目，按未担保余值，借记"未担保余值"科目，按租赁资产的公允价值（即最低租赁收款额的现值和未担保余值的现值之和），贷记"融资租赁资产"科目，按租赁资产公允价值与其账面价值的差额，借记或贷记"资产处置损益"科目，按发生的初始直接费用，贷记"银行存款"等科目，按借方与贷方的差额，贷记"未实现融资收益"科目。

2）未实现融资收益分配的会计处理

出租人每期收到租金时，按收到的租金，借记"银行存款"科目，贷记"长期应收款——应收融资租赁款"科目。由于在计算内含报酬率时已考虑了初始直接费用的因素，为了避免未实现融资收益被高估，在初始确认时应对未实现融资收益进行调整，借记"未实现融资收益"科目,贷记"长期应收款——应收融资租赁款"科目。在分配未实现融资收益时,出租人应当采用实际利率法计算当期应确认的融资收入,借记"未实现融资收益"科目,贷记"租赁收入"等科目。

3)对应收融资租赁款计提减值准备的会计处理

为了更加真实、客观地反映出租人在融资租赁中的债权,出租人应对应收融资租赁款按照应收取的合同现金流量与预期收取的现金流量之间的差额计提减值准备。其会计处理为:

(1)计提时,借记"信用减值损失"科目,贷记"租赁应收款减值准备"科目。

(2)对于确实无法收回的应收融资租赁款,经批准予以核销时,借记"租赁应收款减值准备"科目,贷记"长期应收款——应收融资租赁款"科目。

(3)已确认并转销的坏账损失,如果以后又收回,按实际收回的金额,借记"长期应收款——应收融资租赁款"科目,贷记"租赁应收款减值准备"科目;同时,借记"银行存款"科目,贷记"长期应收款——应收融资租赁款"科目。

4)未担保余值发生变动的会计处理

出租人应定期对未担保余值进行检查,至少于每年年末检查一次。如果有证据表明未担保余值已经发生减少,应重新计算租赁内含利率,并将由此引起的租赁投资净额(即最低租赁收款额及未担保余值之和与未实现融资收益之间的差额)的减少确认为当期损失,以后各期根据修正后的租赁投资净额和重新计算的租赁内含利率确定应确认的租赁收入。如已确认损失的未担保余值得以恢复,应在原先已确认的损失金额内转回,并重新计算租赁内含利率,以后各期根据修正后的租赁投资净额和重新计算的租赁内含利率确定应确认的融资收入。未担保余值增加时,则不作任何调整。

在未担保余值发生减少时,对前期已确认的融资收入不作追溯调整,只对未担保余值发生减少的当期和以后各期,根据修正后的租赁投资净额和重新计算的租赁内含利率计算应确认的融资收入。其会计处理为:

(1)期末,出租人未担保余值的预计可收回金额低于账面价值时,按其差额借记"资产减值损失"科目,贷记"未担保余值减值准备"科目。同时,将上述减值金额与由此产生的租赁投资净额的减少额之间的差额,借记"未实现融资收益"科目,贷记"资产减值损失"科目。

(2)如果已确认损失的未担保余值得以恢复,应按未担保余值恢复的金额,借记"未担保余值减值准备"科目,贷记"资产减值损失"科目。同时,按原减值额与由此所产生的租赁投资净额的增加额之间的差额,借记"资产减值损失"科目,贷记"未实现融资收益"科目。

5)或有租金的会计处理

出租人在融资租赁下收到的或有租金,应在实际发生时确认为当期收入。其会计处理为:借记"银行存款"等科目,贷记"租赁收入"科目。

6)租赁期届满时的会计处理

租赁期届满时,出租人应区别以下情况进行会计处理:

(1)收回租赁资产

通常可能出现以下四种情况:

① 存在担保余值，不存在未担保余值。

出租人收到承租人返还的租赁资产时，借记"融资租赁资产"科目，贷记"长期应收款——应收融资租赁款"科目。

如果收回租赁资产的价值低于担保余值，则应向承租人收取价值损失补偿金，借记"其他应收款"科目，贷记"营业外收入"科目。

② 存在担保余值，同时存在未担保余值。

出租人收到承租人返还的租赁资产时，借记"融资租赁资产"科目，贷记"长期应收款——应收融资租赁款""未担保余值"等科目。

如果收回租赁资产的价值扣除未担保余值后的余额低于担保余值，也应向承租人收取价值损失补偿金，借记"其他应收款"科目，贷记"营业外收入"科目。

③ 存在未担保余值，不存在担保余值。

出租人收到承租人返还的租赁资产时，借记"融资租赁资产"科目，贷记"未担保余值"科目。

④ 担保余值和未担保余值均不存在。

此时，出租人无须作会计处理，只需作相应的备查登记。

（2）优惠续租租赁资产

① 如果承租人行使优惠续租选择权，则出租人应视同该项租赁一直存在而作相应的会计处理。比如，继续分配未实现融资收益等。

② 如果租赁期届满时承租人没有续租，承租人向出租人返还租赁资产时，会计处理同上述收回租赁资产的会计处理。

（3）留购租赁资产

租赁期届满时，如承租人行使了优惠购买选择权，则出租人按收到的承租人支付的购买资产的价款，借记"银行存款"等科目，贷记"长期应收款——应收融资租赁款"科目。如果还存在未担保余值，还应借记"资产处置损益"科目，贷记"未担保余值"科目。

7）相关会计信息的披露

出租人应在附注中披露与融资租赁有关的下列事项：

（1）资产负债表日后连续三个会计年度每年将收到的最低租赁收款额及以后年度将收到的最低租赁收款额总额。

（2）未实现融资收益的余额。

（3）分配未实现融资收益所采用的方法。

【例2-5】承【例2-3】，B公司的有关资料如下：

（1）该程控生产线账面价值为260万元。

（2）发生初始直接费用10万元。

（3）采用实际利率法确认本期应分配的未实现融资收益。

（4）20×3年、20×4年A公司分别实现产品销售收入1 000万元和1 500万元，根据合同规定，这两年应向A公司收取的经营分享收入分别为10万元和15万元。

（5）20×4年12月31日，从A公司收回该生产线。

B公司的账务处理如下：

（1）租赁开始日的账务处理

第一步，判断租赁类型。

在本例中，租赁期（3年）占租赁资产尚可使用年限（5年）的60%（小于75%），没有满足融资租赁的第三条标准。但是最低租赁收款额的现值为2 700 000元（计算过程见后），大于租赁资产原账面价值的90%，即2 340 000元（2 600 000×90%），满足融资租赁的第四条标准。因此，B公司应当将该项租赁认定为融资租赁。

第二步，计算租赁内含利率。

根据租赁内含利率的定义，租赁内含利率是指在租赁开始日，使最低租赁收款额的现值与未担保余值的现值之和等于租赁资产公允价值与出租人的初始直接费用之和的折现率。

由于本例中不存在独立于承租人和出租人的第三方对出租人担保的资产余值，因此，最低租赁收款额等于最低租赁付款额，即：

最低租赁收款额=1 000 000×3+0=3 000 000（元）

因此，1 000 000×（P/A，i，3）=2 600 000+100 000

即 （P/A，i，3）=2.7

经查表，可知：

年金系数　　　　　　　利率

2.7232　　　　　　　　5%

2.6730　　　　　　　　6%

利用插值法计算：

$$\frac{2.7232 - 2.7}{2.7232 - 2.6730} = \frac{5\% - i}{5\% - 6\%}$$

经计算，租赁内含利率i=5.46%。

特别提示

在实际工作中，可以借助EXCEL中附带的财务公式中的IRR函数计算内部报酬率。

第三步，计算租赁开始日最低租赁收款额及其现值和未实现融资收益。

最低租赁收款额+未担保余值=1 000 000×3+0=3 000 000（元）

最低租赁收款额的现值=1 000 000×（P/A，5.46%，3）

　　　　　　　　　　=2 700 000（元）

未实现融资收益=（最低租赁收款额+未担保余值）-（最低租赁收款额的现值+未担保余值的现值）

　　　　　　=3 000 000-2 700 000

　　　　　　=300 000（元）

20×2年1月1日的账务处理为：

借：长期应收款——应收融资租赁款　　　　　　　　　　　　　　　　3 100 000

　　贷：融资租赁资产　　　　　　　　　　　　　　　　　　　　　　　　　2 600 000

　　　　银行存款　　　　　　　　　　　　　　　　　　　　　　　　　　　　100 000

　　　　未实现融资收益　　　　　　　　　　　　　　　　　　　　　　　　　400 000

由于在计算内含报酬率时已经考虑了初始直接费用的因素，为了避免未实现融资收益高估，在初始确认时应对未实现融资收益进行调整：

借：未实现融资收益 100 000

贷：长期应收款——应收融资租赁款 100 000

（2）未实现融资收益分配的会计处理

第一步，计算租赁期内各租金收取期应分配的未实现融资收益，见表2-2。

表2-2　　　　　　　　　　未实现融资收益分配表　　　　　　　　　单位：元

日期 （1）	租金 （2）	确认的租赁收入 （3）=期初（5）× 5.46%	租赁投资净额 减少额 （4）=（2）-（3）	租赁投资净额余额 期末（5）=期初（5）- （4）
20×2.1.1				2 700 000
20×2.12.31	1 000 000	147 420	852 580	1 847 420
20×3.12.31	1 000 000	100 869.13	899 130.87	948 289.13
20×4.12.31	1 000 000	51 710.87①	948 289.13②	0
合计	3 000 000	300 000	2 700 000	

注：①51 710.87=1 000 000-948 289.13

②948 289.13=948 289.13-0

第二步，账务处理。

①20×2年12月31日，收到第一期租金。

借：银行存款 1 000 000

贷：长期应收款——应收融资租赁款 1 000 000

②20×2年1—12月，每月确认融资收入。

借：未实现融资收益（147 420÷12） 12 285

贷：租赁收入 12 285

③20×3年12月31日，收到第二期租金。

借：银行存款 1 000 000

贷：长期应收款——应收融资租赁款 1 000 000

④20×3年1—12月，每月确认融资收入。

借：未实现融资收益（100 869.13÷12） 8 405.76

贷：租赁收入 8 405.76

⑤20×4年12月31日，收到第三期租金。

借：银行存款 1 000 000

贷：长期应收款——应收融资租赁款 1 000 000

⑥20×4年1—12月，每月确认融资收入。

借：未实现融资收益（51 710.87÷12） 4 309.24

贷：租赁收入 4 309.24

（3）或有租金的会计处理

①20×3年12月31日，应向A公司收取经营分享收入。

借：应收账款——A公司 100 000

贷：租赁收入 100 000

②20×4年12月31日，应向A公司收取经营分享收入。

借：应收账款——A公司　　　　　　　　　　　　　　　　150 000

　　贷：租赁收入　　　　　　　　　　　　　　　　　　　　　　　150 000

（4）租赁期届满时的会计处理

20×4年12月31日，将该生产线从A公司收回，作备查登记即可。

2.4　售后租回交易的会计处理

2.4.1　售后租回交易的定义

售后租回交易是一种特殊形式的租赁业务，是指卖主（承租人）将资产出售后，又将该项资产从买主（出租人）租回，习惯上称为"回租"。通过售后租回交易，资产的原所有者（承租人）在保留对资产的占有权、使用权和控制权的前提下，将固定资本转换为货币资本，在出售时可取得全部价款的现金，而租金则是分期支付的，从而获得了所需的资金；而资产的所有者（出租人）通过售后租回交易，找到了一个风险小、回报有保障的投资机会。

由于在售后租回交易中资产的售价和租金是相互关联的，是以一揽子方式谈判、一并计算的，因此，资产的出售和租回应视为一项交易。

2.4.2　售后租回交易的会计处理

对于售后租回交易，无论是承租人还是出租人，均应按照租赁的分类标准，将售后租回交易认定为融资租赁或经营租赁。对于出租人来讲，售后租回交易（无论是融资租赁还是经营租赁的售后租回交易）同其他租赁业务的会计处理没有什么区别。但对于承租人来讲，由于其既是资产的承租人，同时又是资产的出售者，因此售后租回交易同其他租赁业务的会计处理有所不同。

售后租回交易的会计处理应根据其所形成的租赁类型而定，可按融资租赁和经营租赁分别进行会计处理。

1）售后租回交易形成融资租赁

如果售后租回交易认定为融资租赁，那么，这种交易实质上转移了买主（即出租人）所保留的与该项租赁资产所有权有关的全部风险和报酬，是出租人提供资金给承租人并以该项资产作为担保。因此，售价与资产账面价值之间的差额（无论是售价高于还是低于资产账面价值）在会计上均未实现，售价高于资产账面价值实际上在出售时高估了资产的价值，而售价低于资产账面价值实际上在出售时低估了资产的价值。卖主（承租人）应将售价与资产账面价值的差额予以递延，并按该项租赁资产的折旧进度进行分摊，作为折旧费用的调整。所谓按折旧进度进行分摊是指在对该项租赁资产计提折旧时，按与该项资产计提折旧所采用的折旧率相同的比例对未实现售后租回损益进行分摊。

2）售后租回交易形成经营租赁

售后租回交易认定为经营租赁的，应当分情况进行处理：如有确凿证据表明售后租回交易是按照公允价值达成的，售价与资产账面价值的差额应当计入当期损益。如果售后租回交易不是按照公允价值达成的，有关损益应于当期确认；但若该损失将由低于市价的未来租赁付款额补偿,应将其递延,并按与确认租金费用相一致的方法分摊于预计的资产使用期限内;售价高于公允价值的,其高于公允价值的部分应予递延,并在预计的使用期限内摊销。

3)售后租回交易的会计处理

(1)出售资产时,按固定资产账面净值,借记"固定资产清理"科目;按固定资产已提折旧,借记"累计折旧"科目;按固定资产的账面原价,贷记"固定资产"科目。如果出售的资产已计提减值准备,还应结转已计提的减值准备。

(2)收到出售资产的价款时,借记"银行存款"科目,贷记"固定资产清理"科目;借记或贷记"递延收益——未实现售后租回损益(融资租赁或经营租赁)"科目或"资产处置损益"科目。

(3)租回资产时,如果形成一项融资租赁,按租赁资产的公允价值与最低租赁付款额的现值中较低者,借记"融资租赁资产"科目(假设不需安装);按最低租赁付款额,贷记"长期应付款——应付融资租赁款"科目;按其差额,借记"未确认融资费用"科目。如果形成一项经营租赁,则作备查登记。

(4)各期根据该项租赁资产的折旧进度或租金支付比例分摊未实现售后租回损益时,借记或贷记"递延收益——未实现售后租回损益(融资租赁或经营租赁)"科目,贷记或借记"制造费用""销售费用""管理费用"等科目。

4)售后租回交易的披露

承租人和出租人除应当按照有关规定披露售后租回交易外,还应对售后租回合同中的特殊条款作出披露。这里的"特殊条款"是指售后租回合同中规定的区别于一般租赁交易的条款,比如,租赁标的物的售价等。

2.4.3 不同情况下售后租回交易的举例

1)第一种情况:售后租回交易形成融资租赁,售价高于资产账面价值

【例2-6】承【例2-3】,假定20×2年1月1日,A公司将一条程控生产线按260万元的价格销售给B公司。该生产线20×2年1月1日的账面原值为240万元,尚未开始计提折旧。同时又签订了一份租赁合同将该生产线租回,合同主要条款与【例2-3】的合同条款内容相同,假定不考虑相关税费。

(1)A公司的会计处理:

第一步,判断租赁类型。根据【例2-3】可知该项租赁属于融资租赁。租赁开始日最低租赁付款额的现值及融资费用分摊率的计算过程与结果同【例2-3】。

第二步,计算未实现售后租回损益。

未实现售后租回损益=售价-资产的账面价值=售价-(资产的账面原价-累计折旧)

=2 600 000-(2 400 000-0)=200 000(元)

第三步,在租赁期内采用实际利率法分摊未确认融资费用,同【例2-3】。

第四步,在折旧期内按折旧进度分摊未实现售后租回损益。

在本例中,由于租赁资产的折旧期为35个月,因此,未实现售后租回损益的分摊期也为35个月。

每个月摊销的金额=200 000÷35=5 714.29(元)

第五步，账务处理。

①20×2年1月1日，结转出售固定资产的成本。

借：固定资产清理   2 400 000

    贷：固定资产   2 400 000

②20×2年1月1日，向B公司出售程控生产线。

借：银行存款   2 600 000

    贷：固定资产清理   2 400 000

        递延收益——未实现售后租回损益（融资租赁）   200 000

③20×2年2月28日，确认本月应分摊的未实现售后租回损益。

借：递延收益——未实现售后租回损益（融资租赁）   5 714.29

    贷：制造费用   5 714.29

（2）B公司的会计处理：

20×2年1月1日，向A公司购买程控生产线。

借：融资租赁资产   2 600 000

    贷：银行存款   2 600 000

其他相关会计处理与一般融资租赁业务的会计处理相同，此处略。

2）第二种情况：售后租回交易形成融资租赁，售价低于资产账面价值

【例2-7】沿用【例2-3】，假定20×2年1月1日，A公司将一条程控生产线按260万元的价格销售给B公司。该生产线20×2年1月1日的账面原值为280万元，全新设备未计提折旧。同时又签订了一份租赁合同将该生产线租回，合同主要条款与【例2-3】的合同条款内容相同，假定不考虑相关税费。

（1）A公司的会计处理：

第一步，判断租赁类型。根据【例2-3】可知该项租赁属于融资租赁。租赁开始日最低租赁付款额的现值及融资费用分摊率的计算过程与结果同【例2-3】。

第二步，计算未实现售后租回损益。

未实现售后租回损益=售价-资产的账面价值=售价-（资产的账面原价-累计折旧）

=2 600 000-（2 800 000-0）=-200 000（元）

第三步，在租赁期内采用实际利率法分摊未确认融资费用，同【例2-3】。

第四步，在折旧期内按折旧进度分摊未实现售后租回损益。

在本例中，由于租赁资产的折旧期为35个月，因此，未实现售后租回损益的分摊期也为35个月。

每个月摊销的金额=-200 000÷35=-5 714.29（元）

第五步，账务处理。

①20×2年1月1日，结转出售固定资产的成本。

借：固定资产清理   2 800 000

    贷：固定资产   2 800 000

②20×2年1月1日，向B公司出售程控生产线。

借：银行存款   2 600 000

借：递延收益——未实现售后租回损益（融资租赁）　　　　　　200 000

　　贷：固定资产清理　　　　　　　　　　　　　　　　　　　　　2 800 000

③20×2年2月28日，确认本月应分摊的未实现售后租回损益。

借：制造费用　　　　　　　　　　　　　　　　　　　　　　5 714.29

　　贷：递延收益——未实现售后租回损益（融资租赁）　　　　　5 714.29

（2）B公司的会计处理：

20×2年1月1日，向A公司购买程控生产线。

借：融资租赁资产　　　　　　　　　　　　　　　　　　　2 600 000

　　贷：银行存款　　　　　　　　　　　　　　　　　　　　　2 600 000

其他相关会计处理与一般融资租赁业务的会计处理相同，此处略。

3）第三种情况：售后租回交易形成经营租赁，售价高于资产公允价值

【例2-8】承【例2-1】，20×7年1月1日A公司将一台账面价值90万元的办公设备，按照100万元的价格销售给B公司，并立即签订了一份租赁合同。租赁合同规定，租赁开始日A公司向B公司一次性预付租金15万元，第1年年末支付租金15万元，第2年年末支付租金20万元，第3年年末支付租金25万元。

（1）A公司的会计处理：

第一步，判断租赁类型。根据【例2-1】可知该项租赁属于经营租赁。

第二步，计算未实现售后租回损益。

未实现售后租回损益=售价-资产的账面价值

=1 000 000-900 000=100 000（元）

第三步，在租赁期内按租金支付比例分摊未实现售后租回损益。

在3年租期内平均分摊该损益，每年分摊的金额为33 333.33元（100 000÷3）。

第四步，账务处理。

①20×7年1月1日，结转出售固定资产的成本。

借：固定资产清理　　　　　　　　　　　　　　　　　　　900 000

　　贷：固定资产　　　　　　　　　　　　　　　　　　　　　900 000

②20×7年1月1日，向B公司出售设备。

借：银行存款　　　　　　　　　　　　　　　　　　　　1 000 000

　　贷：固定资产清理　　　　　　　　　　　　　　　　　　　900 000

　　　　递延收益——未实现售后租回损益（经营租赁）　　　　100 000

③20×7年12月31日，确认本年应分摊的未实现售后租回损益。

借：递延收益——未实现售后租回损益（经营租赁）　　　33 333.33

　　贷：管理费用　　　　　　　　　　　　　　　　　　　　　33 333.33

但是，如果有确凿证据表明，售后租回交易是按照公允价值达成的，售价与资产账面价值之间的差额应当直接计入当期损益。在这种情况下，账务处理为：

①20×7年1月1日，结转出售固定资产的成本。

借：固定资产清理　　　　　　　　　　　　　　　　　　　900 000

　　贷：固定资产　　　　　　　　　　　　　　　　　　　　　900 000

②20×7年1月1日，向B公司出售设备。

借：银行存款   1 000 000

 贷：固定资产清理   900 000

   资产处置损益   100 000

（2）B公司的会计处理：

20×7年1月1日，向A公司购买设备。

借：固定资产   1 000 000

 贷：银行存款   1 000 000

其他相关会计处理与一般经营租赁业务的会计处理相同，此处略。

4）第四种情况：售后租回交易形成经营租赁，售价低于资产公允价值且损失将由低于市价的未来租赁付款额补偿

【例2-9】承【例2-1】，20×7年1月1日，A公司将一台账面价值为110万元的办公设备，按照100万元的价格销售给B公司，并立即签订了一份租赁合同，合同主要条款与【例2-1】的合同条款内容相同。

（1）A公司的会计处理：

第一步，判断租赁类型，根据【例2-1】可知该项租赁属于经营租赁。

第二步，计算未实现售后租回损益。

未实现售后租回损益=售价-资产的账面价值

$$=1\ 000\ 000-1\ 100\ 000=-100\ 000（元）$$

第三步，在租赁期内按租金支付比例分摊未实现售后租回损益。

在3年租期内平均分摊该损益，每年分摊的金额为-33 333.33元（-100 000÷3）。

第四步，账务处理。

①20×7年1月1日，结转出售固定资产的成本。

借：固定资产清理   1 100 000

 贷：固定资产   1 100 000

②20×7年1月1日，向B公司出售设备。

借：银行存款   1 000 000

  递延收益——未实现售后租回损益（经营租赁） 100 000

 贷：固定资产清理   1 100 000

③20×7年12月31日，确认本年应分摊的未实现售后租回损益。

借：管理费用   33 333.33

 贷：递延收益——未实现售后租回损益（经营租赁） 33 333.33

但是，如果有确凿证据表明，售后租回交易是按照公允价值达成的，售价与资产账面价值之间的差额应当直接计入当期损益。在这种情况下，账务处理为：

①20×7年1月1日，结转出售固定资产的成本。

借：固定资产清理   1 100 000

 贷：固定资产   1 100 000

②20×7年1月1日，向B公司出售设备。

借：银行存款　　　　　　　　　　　　　　　　　　　　1 000 000
　　资产处置损益　　　　　　　　　　　　　　　　　　　1 00 000
　　贷：固定资产清理　　　　　　　　　　　　　　　　　　　　1 100 000

（2）B公司的会计处理：

20×7年1月1日，向A公司购买设备。

借：固定资产　　　　　　　　　　　　　　　　　　　　1 000 000
　　贷：银行存款　　　　　　　　　　　　　　　　　　　　　1 000 000

其他相关会计处理与一般经营租赁业务的会计处理相同，此处略。

拓展阅读

租赁准则修订完善的介绍

2006年2月，财政部发布《企业会计准则第21号——租赁》（以下简称"原租赁准则"），对企业发生的租赁业务的确认、计量和相关信息的列报进行了规范，发挥了积极的作用。然而，随着市场经济的日益发展和租赁交易的日趋复杂，承租人会计处理中的相关问题逐步显现。在原租赁准则下，承租人和出租人在租赁开始日应当根据与资产所有权有关的全部风险和报酬是否转移，将租赁分为融资租赁和经营租赁。对于融资租赁，承租人在资产负债表中确认租入资产和相关负债；对于经营租赁，承租人在资产负债表中不确认其取得的资产使用权和租金支付义务。由此导致承租人财务报表未全面反映因租赁交易取得的权利和承担的义务，也为实务中构建交易以符合特定类型租赁提供了动机和机会，降低了财务报表的可比性。

为此，国际会计准则理事会于2016年1月修订发布了《国际财务报告准则第16号——租赁》，自2019年1月1日起实施，其核心变化是取消了承租人关于融资租赁与经营租赁的分类，要求承租人对所有租赁（选择简化处理的短期租赁和低价值资产租赁除外）确认使用权资产和租赁负债，并分别确认折旧和利息费用。

在此背景下，为进一步规范租赁的确认、计量和相关信息的列报，同时保持我国企业会计准则与国际财务报告准则持续全面趋同，借鉴国际租赁准则，并结合我国实际，2018年12月7日，财政部修订发布了《企业会计准则第21号——租赁》（以下简称"新租赁准则"）。新租赁准则在租赁定义和识别、承租人会计处理方面作了较大修改，出租人会计处理基本延续现有规定。修订的主要内容如下：

（1）完善了租赁的定义，增加了租赁识别、分拆、合并等内容。

（2）取消承租人经营租赁和融资租赁的分类，要求对所有租赁（短期租赁和低价值资产租赁除外）确认使用权资产和租赁负债。

（3）改进承租人后续计量，增加选择权重估和租赁变更情形下的会计处理。

（4）丰富出租人披露内容，为报表使用者提供更多有用信息。

新租赁准则规定，对于不属于境内外同时上市的企业以及在境外上市并采用国际财务报告准则或企业会计准则编制财务报表的企业，自2021年1月1日起施行。本教材将在后续更新中按新租赁准则的规定进行阐述。

本章小结与思维导图

本章全面论述了租赁的相关概念和分类、承租人的会计处理和出租人的会计处理。

企业应当全面考虑租赁期届满时租赁资产所有权是否转移给承租人、承租人是否有购买租赁资产的选择权、租赁期占租赁资产使用寿命的比例等因素，在租赁开始日将租赁分为融资租赁和经营租赁。

对于融资租赁，承租人应当在租赁期开始日将租赁资产的公允价值与最低租赁付款额现值两者中较低者作为租入资产的入账价值，将最低租赁付款额作为长期应付款的入账价值，其差额作为未确认融资费用，并在租赁期内采用实际利率法分摊。对于经营租赁，承租人应在租赁期内各个期间按照直线法或其他更系统合理的方法将发生的租金费用计入当期损益。

对于融资租赁，出租人应在租赁期开始日将最低租赁收款额与初始直接费用之和作为应收融资租赁款的入账价值，同时记录未担保余值；将最低租赁收款额、初始直接费用及未担保余值之和与其现值之和的差额确认为未实现融资收益。对于经营租赁，出租人应在租赁期内各个期间按照直线法或其他更系统合理的方法将收取的租金确认为收入。

售后租回交易形成融资租赁的，应视同出租人提供资金给承租人并以该项资产作为担保；形成经营租赁的，应当根据交易价格是否公允分不同情况进行处理。

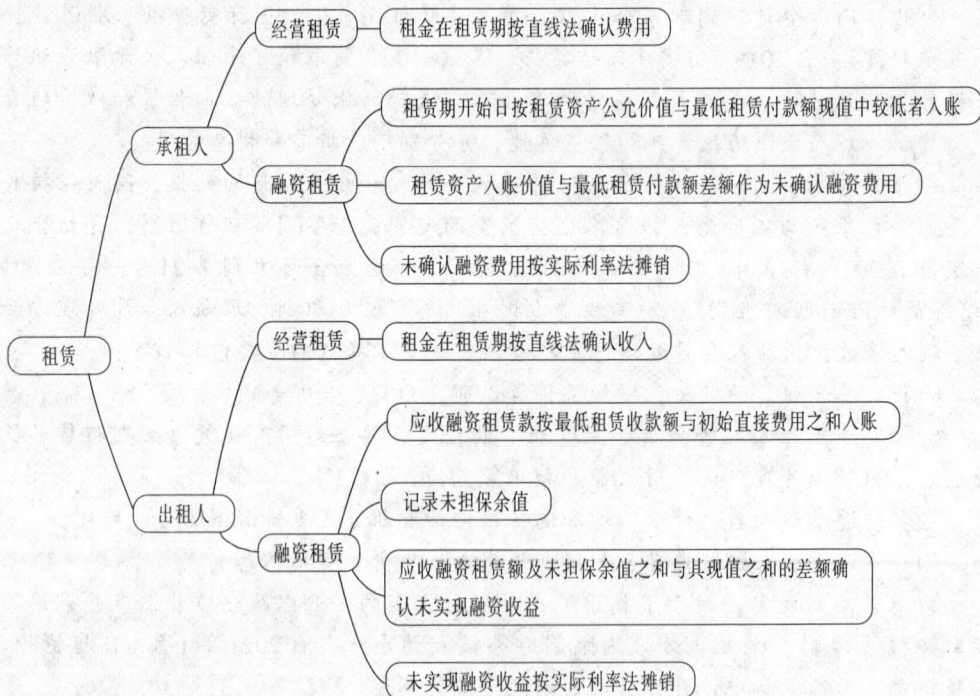

章末习题

一、单项选择题

1.某项融资租赁合同，租赁期为8年，承租人每年年末支付租金100万元，承租人担保的资产余值为50万元，与承租人有关的A公司担保余值为20万元，租赁期间，履约成本共60万元，或有租金20万元。就承租人而言，最低租赁付款额为（　）万元。

A.870　　　　　　B.940　　　　　　C.850　　　　　　D.920

2.甲公司于20×5年1月1日采用经营租赁方式从乙公司租入机器设备一台，租期为4年，设备价值为200万元，预计使用年限为12年。租赁合同规定：第1年免租金，第2年至第4年的租金分别为36万、34万、26万元；20×5年甲公司应确认租金费用为（　）万元。

A.0　　　　　　　B.24　　　　　　C.32　　　　　　D.50

3.某项融资租赁，租赁期开始日为20×4年12月31日，最低租赁付款额现值为700万元，承租人另外发生安装费20万元，设备于20×5年6月20日达到预定可使用状态并交付使用，承租人担保余值为60万元，未担保余值为30万元，租赁期为6年，设备尚可使用年限为8年。承租人对租入的设备采用年限平均法计提折旧，预计净残值为0。该设备在20×5年应计提的折旧为（　）万元。

A.60　　　　　　B.44　　　　　　C.65.45　　　　　D.48

4.在售后租回交易形成融资租赁的情况下，对所售资产的售价与其账面价值之间的差额，应当使用的会计处理方法是（　）。

A.计入当期收益

B.计入递延收益

C.售价高于账面价值的差额计入递延收益，反之计入当期损益

D.售价高于账面价值的差额计入当期损益，反之计入递延收益

5.在售后租回交易形成经营租赁的情况下，若售价是按照公允价值达成的，售价与其账面价值之间的差额，应当采用的会计处理方法是（　）。

A.计入其他综合收益　　　　　　　　B.计入递延收益

C.计入当期损益　　　　　　　　　　D.计入留存收益

二、多项选择题

1.关于初始直接费用处理，下列说法中正确的有（　）。

A.承租人融资租赁业务发生的初始直接费用应计入租入资产的价值

B.承租人融资租赁业务发生的初始直接费用应计入管理费用

C.承租人经营租赁业务发生的初始直接费用通常计入当期损益

D.出租人经营租赁业务发生的初始直接费用通常计入当期损益

2.下列项目中，应认定为融资租赁的有（　）。

A.在租赁期届满时，与租赁资产所有权有关的风险和报酬不转移给承租人

B.承租人有购买租赁资产的选择权，所订立的购价预计将远低于行使选择权时租赁资产的公允价值，因而在租赁开始日就可以合理确定承租人将会行使这种选择权

C.租赁期占租赁资产尚可使用年限的大部分，但是如果租赁资产在开始租赁前已使用年限超过该资产全新时可使用年限的大部分，则该标准不适用

D.租赁资产性质特殊，如果不作较大修整，只有承租人才能使用

3.承租人在租赁业务中发生的下列各项费用中，属于履约成本的有（　　　　）。

A.佣金
B.人员培训费

C.维修费
D.印花税

4.下列项目中，构成最低租赁付款额的有（　　　　）。

A.每期支付的租金

B.承租人担保的资产余值

C.与承租人和出租人无关的第三方担保的资产余值

D.履约成本

5.关于承租人经营租赁的会计处理，下列说法中正确的有（　　　　）。

A.或有租金在实际发生时计入当期损益

B.为签订租赁合同发生的律师费用计入当期损益

C.经营租赁租入设备承租人按照租赁开始日的公允价值确认为固定资产

D.经营租赁租入设备承租人按照与自有固定资产相同的折旧方法计提折旧

三、业务题

甲公司20×5年与租赁相关交易或事项如下：

（1）甲公司为扩大生产规模，决定从乙公司租入一台专用生产设备。20×4年11月11日双方签订租赁合同，主要条款包括：租赁期自20×5年1月1日至20×8年12月31日共4年；自租赁开始日起，甲公司每年年末向乙公司支付租金200万元；租赁期满，甲公司可行使租赁设备优惠购买权，购买价款为10万元。该设备租赁期开始日的公允价值为700万元，合同规定的年利率为8%。

（2）租赁开始日，甲公司支付租赁设备相关的直接费用5万元，另支付设备安装调试费5万元。甲公司该租入设备于20×5年1月20日调试完毕并投入使用。

（3）甲公司采用实际利率法分摊未确认融资费用，采用年限平均法计提折旧，甲公司预计该设备自租赁期开始日起尚可使用5年，预计净残值为零。20×5年12月31日，甲公司支付第一笔租金。

（4）甲公司租赁期满时行使优惠购买权。

已知：（P/A, 8%, 4）=3.3121，（P/F, 8%, 4）=0.7350。

要求：（1）计算该租赁产生的长期应付款、未确认融资费用以及融资租入固定资产的入账价值，并编制相关会计分录。

（2）计算20×5年应计提的折旧，应确认的财务费用。

四、思考题

1.什么是租赁？如何对租赁进行分类？可分为哪些类别？

2.租赁开始日、租赁期、租赁期开始日之间的关系是什么？

3.最低租赁付款额和最低租赁收款额的含义分别是什么，二者的区别是什么？

4.或有租金、履约成本、租赁内含利率在租赁会计处理的意义是什么？

5.售后租回业务有什么特征？在售后租回交易中，形成融资租赁和经营租赁的条件是什么？二者在会计处理上有哪些具体区别？

第2章习题答案

第3章/
所得税会计

学习目标：了解所得税会计核算方法的历史沿革；掌握与所得税会计相关的基本概念；掌握资产负债表债务法的应用。

引导案例

青岛海尔股份有限公司在2006年年报中披露，公司于2007年1月1日起按照财政部新修订的会计准则的要求，对所得税费用的核算由应付税款法变更为资产负债表债务法。2007年海尔公司执行了2006年版《企业会计准则》，采用资产负债表债务法核算所得税，并在资产负债表中确认相应的递延所得税资产2 472 799.96元和递延所得税负债2 384 644.75元。

对于所得税费用的核算，财政部为什么要求上市公司采用资产负债表债务法？资产负债表债务法下如何核算所得税费用？采用资产负债表债务法会对企业财务状况、经营成果产生什么影响？本章将对上述问题进行解析。

3.1　所得税会计概述

企业所得税是对我国境内的企业和其他取得收入的组织的生产经营所得和其他所得征收的一个税种。它既体现了国家对企业的宏观管理，为国家建设筹集财政资金、调节产业结构、促进经济发展，又能促进企业改善经营管理，体现企业对国家应承担的社会义务。由于个人独资企业、合伙企业属于自然人性质企业，不具有法人资格，股东承担无限责任，因此按照中国法律、行政法规成立的个人独资企业、合伙企业，不属于企业所得税的纳税义务人，不缴纳企业所得税。

企业的应纳税所得额是按照税法规定进行计算的，而会计利润是按照会计准则的要求核算出来的结果，二者之间可能会存在差异，对此差异进行处理的理论和方法就是所得税会计。

3.1.1　所得税会计的产生与发展

所得税会计是税法和会计准则相互分离的必然结果，其产生和发展大致经历了三个阶段。

1）所得税会计与财务会计合二为一的共同发展时期

这一时期，税法和会计经历了一段相互承认、相互修正、共同发展的时期。税法借鉴会计的可行方法和合理的思想内容，促进了其发展，而税法的改进也加速了优良的会计实务的推广和使用，从而使得会计程序和概念得到修正和发展。这一时期，由于会计准则与税法在收入、费用、利润、资产、负债等方面的确认和计量基本一致，这就使得按会计准则规定计算的税前会计利润与按照税法规定计算的应纳税所得额也基本一致。

2）所得税会计和财务会计的逐步分离时期

税法和会计两者联系密切，但由于各自的服务宗旨、工作目标和研究对象的差异，最终导致了二者停止相互效仿，朝着各自的学科方向发展。税法和会计的差别主要体现在：

（1）目标不同。会计的目标是提供企业真实、完整的财务状况、经营成果和现金流量信息，以帮助会计信息的使用者作出合理决策；税法则以课税为目的，就所得税而言，即确定企业经营在一定时期内的应纳税所得额，进而确定企业应缴纳的所得税。

（2）依据不同。会计核算和税法处理分别依据不同的原则。会计的确认、计量、记录和报告应当依据企业会计准则的规定；而税法的处理则依据国家有关税收法律、法规的规定。

（3）核算基础不同。会计的核算基础是权责发生制，而税法则按照收付实现制和权责发生制混合计量，许多情况下以现金的实际收入和费用的实际支付作为标准。

3）所得税会计的产生和发展时期

随着税法和财务会计偏离程度的加深，如果不对按这两种规定计算的所得额的差异进行会计处理和协调，将导致企业税后利润不真实，所得税会计由此产生和发展。我国于1994年6月颁布了《企业所得税会计处理的暂行规定》，标志着我国产生了所得税会计，其核心内容是研究如何处理会计利润和应纳税所得之间的差异。2006年2月财政部颁布了《企业会计准则第18号——所得税》，进一步规范和完善了资产负债表债务法的核算。

3.1.2　所得税会计核算方法沿革

所得税会计核算方法经历了"应付税款法"和"纳税影响会计法"两个阶段。"纳税影响会计法"按是否根据变化了的税率调整递延所得税余额，分为"递延法"和"债务法"两种。债务法又按照着眼于利润表还是资产负债表分为"利润表债务法"和"资产负债表债务法"两种。这些方法之间的关系如图3-1所示。

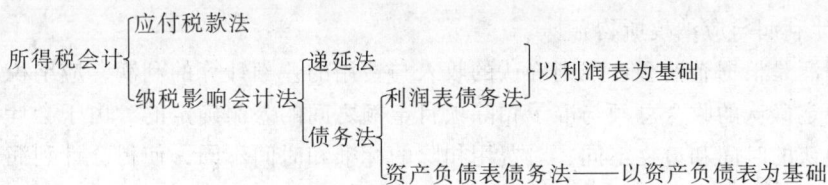

图 3-1　所得税会计核算的方法

1）应付税款法

应付税款法是将本期税前会计利润与应纳税所得额之间的所有差异（包括永久性差异和时间性差异）均在当期确认为所得税费用，不递延到以后各期的方法。我国1994年颁布的《企业所得税会计处理的暂行规定》中规定，企业所得税的会计核算可以采用"应付税款法"。

采用应付税款法，企业当期利润表中的所得税费用与按照税法计算的应交所得税一致。因此，在应付税款法下，所得税费用的金额是按照本期应纳税所得额与适用所得税税率计算的应交所得税的金额。应付税款法的最大优点是简单、易于操作，但这种方法也存在明显的缺点：

（1）从利润表的角度来看，由于应付税款法对时间性差异的所得税影响不进行跨期分摊，会导致确认的所得税费用与税前会计利润之间不配比，容易引起报表使用者的误解。

（2）从资产负债表的角度看，应付税款法只在资产负债表上反映法定的应交所得税，而不确认由于所得税因素会导致未来经济利益流出企业的递延所得税负债，以及会导致未来经济利益流入企业的递延所得税资产，这就使得资产负债表不能如实反映企业的财务状况和经营成果。

很明显，应付税款法基于收付实现制的核算基础，不符合收入和费用配比的原则，不能正确反映企业会计利润与应纳税所得额不一致情况下企业实际的所得税费用。国际会计准则和美国会计准则在20世纪60年代就取消了这种处理方法。

2）以利润表为基础的纳税影响会计法

纳税影响会计法是将本期税前会计利润和应纳税所得额之间产生的时间性差异造成的对所得税的影响金额递延和分配到以后各期。该方法相对于应付税款法的根本特点在于，其反映了时间性差异的跨期影响。《企业所得税会计处理的暂行规定》规定，除了可以采用"应付税款法"外，也可以采用"以利润表为基础的纳税影响会计法"，即选择纳税影响会计法中的任意一种进行所得税会计处理，包括递延法和以利润表为基础的债务法。

递延法和债务法均将本期由于时间性差异而产生的对所得税的影响金额保留递延到这一差异发生相反变化的以后期间予以转回。区别在于当税率发生变化或开征新税时，是否调整由于税率变化或开征新税对递延税款余额的影响。

3）资产负债表债务法

2006年《企业会计准则第18号——所得税》颁布后，以利润表为基础的纳税影响会计法被取消，企业所得税会计处理一律采用资产负债表债务法。这也是引导案例中青岛海尔变更所得税核算方法的原因。资产负债表债务法具体的处理方法将在3.2节进行探讨。

3.1.3 所得税会计的基本概念

1）会计利润与应纳税所得额

会计利润是根据企业会计准则确认的收入与费用的差额计算的利润，应纳税所得额是根据税法规定确认的收入总额与准予扣除项目金额之间的差额确定的。由于会计准则和税法对收入确认的时间和口径不同，对费用扣除的标准和时间不同，使得会计利润和应纳税所得额往往不一致。会计利润与应纳税所得额的关系可用如下公式表达：

应纳税所得额 = 会计利润 + 纳税调整增加额 - 纳税调整减少额

2）永久性差异、时间性差异和暂时性差异

（1）永久性差异

永久性差异是指企业一定时期的税前会计利润与应纳税所得额之间由于计算口径不同而产生的，且不能在以后各期转回的差异。这种差异在本期发生，不会在以后各期转回，一旦发生即永远存在，使得按会计准则计算出的会计利润和按税法规定计算出的应纳税所得额永远不一致，故称为永久性差异。按永久性差异产生的原因和性质，可将其分为四类：

①某项收益，会计确认而税法不确认所产生的永久性差异。例如，企业购买的国债所产生的国债利息收入，按会计准则规定，应将该利息收入作为投资收益，计入利润总额。而我国税法规定，国债利息收入不计入应纳税所得额，不缴纳所得税。

②某项收益，会计不确认而税法确认所产生的永久性差异。例如，企业接受的捐赠收入，税法规定应计入应纳税所得额，征收所得税。而2001年的《企业会计制度》曾规定，该捐赠所得应计入企业当期的"待转资产价值"中，并不影响当期的收益。当然在新的企业会计准则体系（2006）中，已经不再设置"待转资产价值"了。

③某项费用或损失，会计确认而税法不确认所产生的永久性差异。这里主要存在两种情况：

第一，口径范围不同，即会计上作为费用或损失项目处理，可以抵减所得税，而税法上不作为扣除项目处理，不允许抵税，例如，各种税收滞纳金和罚款。

第二，标准不同，即有些费用和损失，会计和税法上都允许抵减所得税，但是税法规定只能在一定标准范围内抵减，会计上抵减的金额超过了税法规定的标准，超过部分要缴纳所得税。例如，企业支付给职工的超过计税标准的工资费用，超过标准的业务招待费等。

④某项费用或损失，会计不确认而税法确认所产生的永久性差异。例如，为了鼓励企业自行研发，企业内部研发无形资产发生的费用化支出，税法规定可在企业据实扣除的基础上加计75%扣除。对于该75%加计扣除的部分，会计上并没有确认，而税法则允许扣除。

永久性差异对所得税的影响见表3-1。

表3-1　　　　　　　　　　　　　永久性差异对所得税的影响

项目	会计	税法	对所得税的影响
某项收益	确认	不确认	纳税调减
某项收益	不确认	确认	纳税调增
某项费用或损失	确认	不确认	纳税调增
某项费用或损失	不确认	确认	纳税调减

综上所述，在仅存在永久性差异的情况下，应纳税所得额等于税前会计利润加或减发生的永久性差异，按照应纳税所得额和现行所得税税率计算的应交所得税即为当期所得税费用。

（2）时间性差异

时间性差异是以利润表为基础的纳税影响会计法的基本概念。时间性差异是指企业的税前会计利润和应纳税所得额虽然计算的口径一致，但由于二者确认的时间不同而产生的差异。这种差异在某一时期产生以后，应按税法规定在当期调整，但可以在以后一期或若干期内转回，最终使得整个纳税期间税前会计利润和应纳税所得额相互一致，因此称为时间性差异。按时间性差异产生的原因和性质，可将其分为四类：

①某项收益，会计当期确认，而税法当期不确认，以后才确认，因此产生了时间性差异。例如，企业长期股权投资采用权益法核算时，在每年年末确认投资收益；但是按照税法规定不予确认，待以后被投资单位进行利润分配宣告分配股利或利润时才确认相应的投资收益。

② 某项收益，会计当期不确认，以后才确认，但税法规定当期就应当确认，因此产生了时间性差异。例如，企业提前收取租金、利息等收入，会计按照权责发生制原则确认为合同负债，在收款时不确认收入；而税法按照收付实现制原则，应确认为当期的应纳税所得额。

③ 某项费用或损失，会计当期确认，税法当期不确认，以后才确认，因此产生了时间性差异。例如，企业预提的产品售后保修费，会计上在计提时确认为销售费用，而税法规定，该项费用在预提时不予扣除，待实际发生时才可扣除。

④ 某项费用或损失，会计当期不确认，以后才确认，但税法规定当期就应当确认，因此产生了时间性差异。例如，企业对固定资产采用年限平均法计提折旧，税法规定采用双倍余额法，在该固定资产使用的前期，计入会计利润的折旧金额小于计入应纳税所得额的折旧金额。

上述四类时间性差异，按照对应纳税所得额的影响，又可以分为两类：应纳税时间性差异和可抵扣时间性差异。

应纳税时间性差异是指未来应增加应纳税所得额的时间性差异。上述的第①类和第④类属于应纳税时间性差异。可抵扣时间性差异则是指未来可以从应纳税所得额中扣除的时间性差异。上述的第②类和第③类属于可抵扣时间性差异。

时间性差异对所得税的影响见表3-2。

表3-2　　　　　　　　时间性差异对所得税的影响

项目	会计	税法	对所得税的影响
某项收益	当期确认	当期不确认，以后确认	当期纳税调减，未来纳税调增
某项收益	当期不确认，以后确认	当期确认	当期纳税调增，未来纳税调减
某项费用或损失	当期确认	当期不确认，以后确认	当期纳税调增，未来纳税调减
某项费用或损失	当期不确认，以后确认	当期确认	当期纳税调减，未来纳税调增

综上所述，在仅存在时间性差异的情况下，应纳税所得额等于会计利润减去应纳税时间性差异加上可抵扣时间性差异。

（3）暂时性差异

暂时性差异是资产负债表债务法下的基本概念。由于会计和税法的目的不同，因此往往对相同的资产和负债项目采用了不同的计量属性，从而导致资产、负债项目的账面价值与计税基础产生了差异，这些差异随着时间的推移，即随着资产的耗用或处置、负债的偿还而逐渐消失，因此称之为暂时性差异。它由如下公式计算得出：

暂时性差异＝资产（或负债）的账面价值－资产（或负债）的计税基础

根据暂时性差异对未来所得税的影响情况，又可以进一步分类为应纳税暂时性差异和可抵扣暂时性差异。3.2节将对暂时性差异进行深入探讨。

（4）永久性差异、时间性差异和暂时性差异的区别和联系

①永久性差异和时间性差异。

永久性差异和时间性差异都属于会计利润与应纳税所得额之间的差异。区别在于：永久性差异未来不能转回，时间性差异未来能转回；永久性差异只影响当期所得税，时间性差异既影响当期所得税，又影响未来期间的所得税。

②永久性差异和暂时性差异。

永久性差异和暂时性差异性质不同，一般情况下，永久性差异不影响资产、负债的账面价值与计税基础，因此与暂时性差异无关。另外，永久性差异只对当期所得税费用产生影响。虽然根据暂时性差异确认的递延所得税资产或递延所得税负债会对当期所得税费用产生影响，但暂时性差异主要着眼于对未来所得税产生的影响。

③时间性差异和暂时性差异。

某些交易或事项的发生，产生了时间性差异，一定会同时产生暂时性差异，而且差异类型相同，金额相等，即：如果产生了应纳税时间性差异时，一定会产生金额相等的应纳税暂时性差异；产生可抵扣时间性差异时，一定会产生金额相等的可抵扣暂时性差异。

但是有些交易或事项的发生，产生了暂时性差异，并不一定产生时间性差异。如交易或事项的发生既不影响会计利润又不影响应纳税所得额时，不会产生时间性差异，但会产生暂时性差异。如其他权益工具投资的公允价值变动，会计准则规定计入其他综合收益，不影响会计利润和应纳税所得额，所以不产生时间性差异，但会导致该资产账面价值与计税基础不同，因此产生了暂时性差异。

由此可见，产生暂时性差异的情况比产生时间性差异的范围要广。

3）应纳所得税额和所得税费用

应纳所得税额是每期期末企业应向税务部门缴纳的所得税，在没有缴纳之前，形成企业的一项负债，它由下列公式计算得出：

应纳所得税额＝应纳税所得额×所得税税率

所得税费用是企业的一项费用，从当期利润总额中扣除所得税费用才能得到净利润。在资产负债表债务法下，所得税费用包括当期所得税和递延所得税。所得税费用的确认和计量将在3.4节中详述。

3.2 资产、负债的计税基础

2006年，我国财政部颁布的企业会计准则体系最突出的变化是核心价值理念由"配比收益"转变为"全面收益"，会计视角由"收入费用观"转变为"资产负债观"，反映在所得税的处理方法上，即摒弃了利润表债务法，改为资产负债表债务法。

资产负债表债务法要求企业从资产负债表出发，通过比较资产负债表中列示的资产、

负债按照会计准则确定的账面价值与按照税法确定的计税基础，对于二者的差异分别应纳税暂时性差异和可抵扣暂时性差异，确认相关的递延所得税负债和递延所得税资产，并在此基础上确定每一会计期间利润表中的所得税费用。

3.2.1　资产负债表债务法的核算程序

（1）比较资产或负债的账面价值与计税基础，根据二者的差额计算暂时性差异。

（2）分析和评价暂时性差异，对于符合确认条件的应纳税暂时性差异，确认递延所得税负债的期末应有余额；对于符合确认条件的可抵扣暂时性差异，确认递延所得税资产的期末应有余额。

（3）比较递延所得税负债或递延所得税资产的期末应有余额与调整前余额，确定期末应调整增加或减少的递延所得税负债和递延所得税资产的金额。

（4）分析涉税交易或事项的性质，确定对递延所得税负债或递延所得税资产期末余额的调整额应计入所得税费用、所有者权益项目还是商誉项目。

（5）就企业当期发生的交易或事项，按照适用的税法规定，将会计利润调整为当期的应纳税所得额，将应纳税所得额与适用的所得税税率计算的结果确认为当期应交所得税。

（6）根据当期应交所得税和递延所得税，确认所得税费用。

对于资产负债表债务法的基本账务处理为：

借：所得税费用（倒挤）

递延所得税资产

递延所得税负债

贷：应交税费——应交所得税

或递延所得税资产

或递延所得税负债

3.2.2　资产的计税基础

资产的计税基础，是指企业收回资产账面价值过程中，计算应纳税所得额时按照税法规定可以自应税经济利益中抵扣的金额，即某一项资产在未来期间计税时按照税法规定可以税前扣除的金额。通俗地说，就是站在税法的角度看待某项资产应有的金额。

资产在初始确认时，其计税基础一般为取得成本，但在资产持续使用的过程中，由于会计准则与税法存在的差异，按照会计准则确认的资产的账面价值往往与按照税法确认的资产的计税基础产生差异，形成了暂时性差异。

1）固定资产

以各种方式取得的固定资产，初始确认时按照会计准则规定确定的入账价值基本上是被税法认可的，即取得时账面价值一般等于计税基础。

固定资产在持有期间进行后续计量时，由于会计与税法规定就折旧方法、折旧年限以及固定资产减值准备的提取等处理的不同，可能造成固定资产的账面价值与计税基础的差异。

（1）折旧方法、折旧年限的差异。会计准则规定，企业应当根据与固定资产有关的经济利益和预期实现方式合理选择折旧方法，如可以按年限平均法计提折旧，也可以按照双倍余额递减法、年数总和法等计提折旧。税法中除某些可以加速折旧的情况外，基本上可以税前扣除的是按照年限平均法计提的折旧；另外，税法还就每一类固定资产的最低折旧年限作出了规定，而会计准则规定折旧年限是由企业根据固定资产的性质和使用情况合理确定的。如果企业进行会计处理时确定的折旧年限与税法规定不同，也会产生固定资产持有期间账面价值与计税基础的差异。

【例3-1】甲企业于20×6年年末以750万元购入一项生产用固定资产，按照该项固定资产的预计使用情况，甲企业在会计核算时估计其使用寿命为5年。计税时，按照适用税法规定，其最低折旧年限为10年。假定会计与税法规定均按年限平均法计提折旧，净残值均为零。20×7年固定资产未发生减值。

20×7年12月31日该项固定资产的账面价值=750-750÷5=600（万元）

按照税法的规定，该固定资产应按10年计提折旧，因此站在税法的角度重新计算固定资产的价值，即：

该固定资产的计税基础=750-750÷10=675（万元）

该项固定资产的账面价值600万元与计税基础675万元之间形成了75万元的暂时性差异。

（2）因计提固定资产减值准备产生的差异。会计准则规定，期末固定资产出现减值迹象时，应按固定资产的可收回金额与账面价值的差额计提固定资产减值准备。但税法规定，企业计提的资产减值准备在发生实质性损失前不允许税前扣除，这就会造成固定资产的账面价值与计税基础的差异。

【例3-2】甲企业于20×6年12月20日取得的某项固定资产，原价为750万元，使用年限为10年，会计上采用年限平均法计提折旧，净残值为零。税法规定，该类固定资产由于技术进步、产品更新换代较快，可采用双倍余额递减法计提折旧，净残值为零。20×8年12月31日，企业估计该项固定资产的可收回金额为550万元。

20×8年12月31日，该项固定资产的账面价值为600万元（750-750÷10×2），该金额大于可收回金额，根据两者之间的差额计提了50万元的固定资产减值准备。计提减值准备之后固定资产的账面价值为550万元（600-50）。

按照税法的规定，该固定资产按双倍余额递减法计提折旧，不允许扣除计提的减值准备，因此站在税法的角度重新计算固定资产的价值，该固定资产的计税基础为480万元（750-750×20%-600×20%）。

固定资产的账面价值550万元与计税基础480万元之间形成了70万元的暂时性差异。

2）无形资产

除内部研究开发形成的无形资产外，其他方式取得的无形资产，初始确认时按照会计准则规定确定的入账价值与按照税法规定确定的计税基础之间一般不存在差异。无形资产的差异主要产生于内部研究开发形成的无形资产以及使用寿命不确定的无形资产。

（1）内部研究开发形成的无形资产，会计上确定的成本为开发阶段符合资本化条件以后至达到预定用途前发生的支出，除此之外，研究开发过程中发生的其他支出应予以费用化计入当期损益。税法规定，自行开发的无形资产，以开发过程中该资产符合资本化条件后至达到预定用途前发生的支出为计税基础。

微课3.1　对研发形成无形资产的涉税思考

　　为进一步激励企业加大研发投入，支持科技创新，企业开展研发活动中实际发生的研发费用，未形成无形资产计入当期损益的，在按规定据实扣除的基础上，再按照实际发生额的75%在税前加计扣除；形成无形资产的，在上述期间按照无形资产成本的175%在税前摊销。

　　【例3-3】甲企业当期为开发新技术发生研究开发支出2 000万元，其中研究阶段支出500万元，开发阶段符合资本化条件前发生的支出为300万元，符合资本化条件后至达到预定用途前发生的支出为1 200万元。开发形成的无形资产在20×1年12月达到预定用途。该无形资产按10年进行摊销。

　　甲企业当期发生的研究开发支出中，按照会计准则规定应予以费用化的金额为800万元，按照税法规定可在当期税前扣除的金额为1 400万元（800×175%），二者的差额600万元为永久性差异。

　　20×1年12月31日，按照会计准则确认的无形资产账面价值为1 190万元（1 200-1 200÷10÷12），按照税法规定重新计算的无形资产的价值，即该无形资产的计税基础为2 082.5万元（1 190×175%），二者的差额892.5万元形成了暂时性差异。

　　（2）无形资产后续计量时，会计与税法的差异主要产生于是否需要摊销以及是否需要提取无形资产减值准备。

　　会计准则规定，应根据无形资产的使用寿命情况，区分为使用寿命有限的无形资产与使用寿命不确定的无形资产。对于使用寿命不确定的无形资产，不要求摊销，但在持有期间每年年末进行减值测试。税法规定，企业取得无形资产的成本应在一定期限内摊销。对于使用寿命不确定的无形资产，会计处理时虽不予以摊销，但计税时按照税法规定确定的摊销额允许税前扣除，因此形成了该类无形资产账面价值与计税基础之间的差异。

　　在对无形资产计提减值准备的情况下，因税法规定计提的无形资产减值准备在转变为实质性损失前不允许税前扣除，即无形资产的计税基础不会随减值准备的提取发生变化，从而造成无形资产的账面价值与计税基础之间的差异。

　　【例3-4】20×1年1月1日，乙企业以1 500万元取得某项无形资产，根据各方面情况判断，乙企业无法合理预计其使用期限，将其作为使用寿命不确定的无形资产。20×1年12月31日，对该项无形资产进行减值测试，提取了200万元的减值准备。税法规定，对该项无形资产按照10年的期限采用直线法摊销，摊销金额允许税前扣除。

　　20×1年12月31日该无形资产的账面价值=1 500-200=1 300（万元）

　　20×1年12月31日该无形资产的计税基础=1 500-1 500÷10=1 350（万元）

　　无形资产的账面价值1 300万元与计税基础1 350万元之间形成了50万元的暂时性差异。

　　3）以公允价值计量且其变动计入当期损益的金融资产

　　按照《企业会计准则第22号——金融工具确认和计量》的规定，以公允价值计量且其变动计入当期损益的金融资产在会计期末的账面价值为其在该日的公允价值。税法规定，企业以公允价值计量的金融资产，持有期间公允价值的变动不计入应纳税所得额，在实际处置时，将处置取得的价款扣除历史成本后的差额计入处置期间的应纳税所得额。按照该规定，以公允价值计量的金融资产在持有期间市价的波动在计税时不予考虑，有关金融资产在某一会计期末的计税基础为其取得成本，从而造成公允价值变动时，以公允价值计量的金融资产账面价值与计税基础之间的差异。

【例3-5】20×2年10月20日，甲公司自公开市场取得一项权益性投资，支付价款2 000万元，作为交易性金融资产核算。20×2年12月31日，该投资的市价为2 200万元。

该项交易性金融资产的期末公允价值为2 200万元，因此在20×2年12月31日的账面价值为2 200万元。

因税法规定以公允价值计量的金融资产在持有期间公允价值的变动不计入应纳税所得额，其在20×2年12月31日的计税基础应维持原取得成本不变，为2 000万元。

交易性金融资产的账面价值2 200万元与计税基础2 000万元之间产生了200万元的暂时性差异。

企业持有的其他权益工具投资计税基础的确定，与以公允价值计量且其变动计入当期损益的金融资产类似，可比照上述处理规定。

【例3-6】20×0年10月20日，甲公司自公开市场取得一项权益性投资，支付价款1 500万元，作为其他权益工具投资核算。20×0年12月31日，该投资的市价为1 575万元。

按照会计准则规定，该其他权益工具投资在会计期末应以公允价值计量，其账面价值为期末的公允价值1 575万元。

税法规定，对以公允价值计量的资产的计税基础维持原取得时的历史成本不变，所以其计税基础为1 500万元。

其他权益工具投资账面价值1 575万元与计税基础1 500万元之间产生了75万元的暂时性差异。

4）其他资产

因会计准则规定与税法规定不同，企业持有的其他资产的账面价值与计税基础之间也可能存在差异。

（1）投资性房地产

企业对持有的投资性房地产进行后续计量时，会计准则规定可以采用两种模式：一种是成本模式，采用该种模式计量的投资性房地产，其计税基础的确定与固定资产、无形资产相同；另一种是在符合规定条件的情况下，可以采用公允价值模式进行后续计量。采用该模式进行计量的投资性房地产，其计税基础的确定与交易性金融资产和其他权益工具投资相同。

【例3-7】甲企业于20×1年1月1日将自用房屋用于对外出租，该房屋的成本为750万元，预计使用年限为20年。转为投资性房地产之前，已使用4年，企业按照年限平均法计提折旧，预计净残值为零。转为投资性房地产核算后，预计能够持续可靠取得该投资性房地产的公允价值，甲企业采用公允价值模式对该投资性房地产进行后续计量。假定税法规定的折旧方法、折旧年限及净残值与会计规定相同。该项投资性房地产在20×1年12月31日的公允价值为900万元。

该投资性房地产在20×1年12月31日的账面价值为公允价值900万元，计税基础为取得成本扣除按照税法规定允许扣除的折旧额后的金额，即计税基础为562.5万元（750-750÷20×5）。

该投资性房地产的账面价值900万元与计税基础562.5万元之间产生了337.5万元的暂时性差异。

（2）其他计提了减值准备的各项资产

资产计提了减值准备后，其账面价值会随之下降，而税法规定资产在发生实质性损失之前，不允许税前扣除，即计税基础不会因减值准备的提取而发生变化，造成在计提资产减值准备以后，资产的账面价值与计税基础之间产生差异。

【例3-8】甲企业20×2年购入原材料成本为5 000万元，因部分生产线停工，当年未领用任何原材料，20×2年12月31日估计原材料的可变现净值为4 000万元。假定该原材料在20×2年的期初余额为零。

该项原材料因期末可变现净值低于成本，应计提的存货跌价准备为1 000万元（5 000-4 000）。计提存货跌价准备后，该项原材料的账面价值为4 000万元。

原材料的计税基础不会因存货跌价准备的提取而发生变化，其计税基础为5 000万元不变。

存货的账面价值4 000万元与计税基础5 000万元之间产生了1 000万元的暂时性差异。

【例3-9】20×2年12月31日，甲企业应收账款余额为6 000万元，期末对应收账款计提了600万元的坏账准备。税法规定，各项资产减值准备在发生实质性损失前不允许税前扣除。假定该公司应收账款及坏账准备的期初余额均为零。

该项应收账款在20×2年12月31日的账面价值为5 400万元（6 000-600），因有关的坏账准备不允许税前扣除，其计税基础仍为6 000万元。

应收账款账面价值5 400万元与计税基础6 000万元之间产生了600万元的暂时性差异。

3.2.3 负债的计税基础

负债的计税基础，是指负债的账面价值减去未来期间计算应纳税所得额时按照税法规定可予抵扣的金额。用公式表示为：

负债的计税基础=账面价值-未来期间计算应纳税所得额时按照税法规定可予税前抵扣的金额

由上述公式可以看出，负债的账面价值中扣除税法允许扣除的金额，剩余的就是税法不允许抵扣的金额。对于大多数负债来说，它们的确认与偿还一般不会影响企业的损益，也不会影响企业的应纳税所得额，如应付账款、短期借款等，未来期间计算应纳税所得额时按照税法规定可予抵扣的金额为零，不允许抵扣的就为负债本身的价值，因此计税基础和账面价值是相等的。但是，在某些情况下，负债的确认可能会影响企业的损益，进而影响不同期间的应纳税所得额，使得账面价值与计税基础之间产生暂时性差异。

1）企业因销售商品提供售后服务等原因确认的预计负债

按照《企业会计准则第13号——或有事项》的规定，企业对于预计提供售后服务将发生的支出在满足有关确认条件时，确认为当期的销售费用，同时确认预计负债。而税法规定，与销售产品相关的支出应于发生时税前扣除，即未来按照实际的发生额可以全部税前扣除，因此该类事项产生的预计负债在期末的计税基础为其账面价值与未来期间全部可税前扣除的金额之间的差额，即为零。

特别提示

此时，还可以按照下列思路进行理解：企业提供售后服务确认的预计负债，站在所得税的视角，认为发生时都可以计入费用，因此将该项目视为费用。由于费用和负债是两个并列的会计要素，因此它就不能同时是负债，所以该负债的计税基础是零。

【例3-10】甲企业20×7年因销售产品承诺提供3年的保修服务，在当年利润表中确认了500万元的销售费用，同时确认为预计负债，当年未发生任何保修支出。按照税法规定，与产品售后服务相关的费用在实际发生时允许税前扣除。

该项预计负债在20×7年12月31日的账面价值为500万元。

该项预计负债的计税基础=账面价值-未来期间计算应纳税所得额时按照税法规定可予抵扣的金额

=500-500=0

该项预计负债的账面价值500万元与计税基础零之间产生了500万元的暂时性差异。

其他交易或事项中确认的预计负债，应按照税法规定的计税原则确定计税基础。在某些情况下，因有些事项确认的预计负债，税法规定无论是否实际发生均不允许税前扣除，即未来期间按照税法规定可予抵扣的金额为零，此时该预计负债的账面价值等于计税基础。

【例3-11】20×7年12月20日，甲公司由于为乙公司银行借款提供担保，乙公司未如期偿还借款，遂被银行提起诉讼，要求履行担保责任。12月31日，该案件尚未结案。甲公司预计很可能履行的担保责任为300万元。税法规定，企业为其他单位债务提供担保发生的损失不允许在税前扣除。

该项预计负债在20×7年12月31日的账面价值为300万元。

该项预计负债的计税基础=账面价值-未来期间计算应纳税所得额时按照税法规定可予抵扣的金额

=300-0=300（万元）

由于该负债的账面价值等于计税基础，不产生暂时性差异。

2）合同负债

企业在收到客户预付的款项时，因不符合收入确认条件，会计上将其确认为负债。税法中对于收入的确认原则一般与会计准则规定相同，即会计上未确认收入时，计税时一般也不计入应纳税所得额，该部分经济利益在未来期间计税时需要缴税，可予税前扣除的金额为零，因此计税基础等于账面价值。

如果不符合会计准则规定的收入确认条件，但按照税法规定应计入当期应纳税所得额时，未来期间对该部分无须再缴税，未来期间可全部抵扣，因此合同负债的计税基础为零。

3）应付职工薪酬

（1）货币性应付职工薪酬

《企业会计准则第9号——职工薪酬》规定，企业为获得职工提供的服务给予的各种形式的报酬以及其他相关支出均应作为企业的成本费用，在未支付之前确认为负债。税法中对于合理的职工薪酬基本允许税前扣除，但如果税法中规定了税前扣除标准的，按照会计准则规定计入成本费用支出的金额超过规定标准的部分，即对该部分永久性差异应进行纳税调整。因超过部分在发生当期不允许税前扣除，在以后期间也不允许税前扣除，因此应付职工薪酬的计税基础等于账面价值。

【例3-12】20×1年12月甲企业计入成本费用的职工工资总额为4 000万元，至20×1年12月31日尚未支付。按照税法规定，当期计入成本费用的4 000万元工资支出中，可予税前扣除的合理部分为3 000万元。

20×1年12月31日，应付职工薪酬的账面价值为4 000万元。

微课3.3 对【例3-12】的讲解

$$该应付职工薪酬的计税基础 = 账面价值 - 未来期间计算应纳税所得额时按照税法规定可予抵扣的金额$$
$$= 4\ 000 - 0 = 4\ 000（万元）$$

应付职工薪酬的账面价值4 000万元与计税基础4 000万元相同，不形成暂时性差异。

（2）以现金结算的股份支付形成的应付职工薪酬

对于以现金结算的股份支付形成的非货币性职工薪酬，企业在每一个资产负债日根据有关规定计算确认应付职工薪酬时，其相关费用已计入当期损益。但是当期该事项并未实际发生，按税法规定，当期不予以扣除，待未来实际发生时才允许扣除，即未来可按应付职工薪酬的价值扣除，因此计税基础为零。

【例3-13】20×5年1月1日，甲公司为其100名中层以上管理人员每人授予100份现金股票增值权。甲企业规定，这些人员从20×5年1月1日起必须在公司连续服务3年，即自20×8年1月1日起，可根据股价的增长幅度获得现金。该增值权应在20×5年12月31日之前行使完毕。20×5年12月31日，甲公司确认的应付职工薪酬为100万元。

该应付职工薪酬账面价值为100万元。

由于税法规定该应付职工薪酬形成的管理费用在当期并没有实际发生，等待将来兑现时才允许扣除，因此：

$$应付职工薪酬的计税基础 = 账面价值 - 未来期间计算应纳税所得额时按照税法规定可予抵扣的金额$$
$$= 100 - 100 = 0$$

应付职工薪酬的账面价值100万元与计税基础零之间形成了100万元的暂时性差异。

4）其他负债

其他负债如企业应交的行政罚款和滞纳金等，在尚未支付之前确认为企业的营业外支出，同时作为其他应付款反映。税法规定，行政罚款和滞纳金不能税前扣除，即该部分费用无论是在发生当期还是在以后期间均不允许税前扣除，实质上形成的就是永久性差异。此时负债的计税基础为账面价值减去未来期间计税时可予税前扣除的金额（为零）之间的差额，即计税基础等于账面价值。

其他交易或事项产生的负债，其计税基础的确定应当遵从适用税法的相关规定。

【例3-14】甲企业20×2年12月因违反当地有关环保法规的规定，接到环保部门的处罚通知，要求支付罚款500万元。税法规定，企业因违反国家有关法律法规支付的罚款和滞纳金，计算应纳税所得额时不允许税前扣除。至20×2年12月31日，该项罚款尚未支付。

上述业务形成的其他应付款账面价值为500万元。

该项负债的计税基础=账面价值-未来期间计算应纳税所得额时按照税法规定可予抵扣的金额

$$=500-0=500（万元）$$

该项负债的账面价值500万元与计税基础500万元相同，不形成暂时性差异。

3.2.4　应纳税暂时性差异和可抵扣暂时性差异

暂时性差异是指资产、负债的账面价值与其计税基础不同产生的差额。根据暂时性差异对未来期间应纳税所得额的影响，分为应纳税暂时性差异和可抵扣暂时性差异。

1）应纳税暂时性差异

应纳税暂时性差异，是指在确定未来收回资产或清偿负债期间的应纳税所得额时，将导致产生应纳税金额的暂时性差异，即在未来期间不考虑该事项影响的应纳税所得额的基础上，由于该暂时性差异的转回，会进一步增加转回期间的应纳税所得额和应交所得税金额，在其产生当期应当确认相关的递延所得税负债。应纳税暂时性差异通常产生于以下两种情况：

（1）资产的账面价值大于计税基础。

资产的账面价值代表的是企业在持续使用或最终出售该项资产时将取得的经济利益的总额，而计税基础代表的是资产在未来期间可予税前扣除的总金额。资产的账面价值大于其计税基础，该项资产在未来期间产生的经济利益不能全部税前抵扣，两者之间的差额需要交税，因此产生了应纳税暂时性差异。承【例3-2】，固定资产的账面价值550万元，大于计税基础480万元，它们之间形成的70万元暂时性差异会造成未来期间应纳税所得额的增加，因此形成的是应纳税暂时性差异。

（2）负债的账面价值小于计税基础。

根据负债的计税基础公式可知，当负债的账面价值小于计税基础时，即未来期间计税时按照税法规定可予税前扣除的金额小于零，即增加未来期间的应纳税所得额，因此形成的是应纳税暂时性差异。

2）可抵扣暂时性差异

可抵扣暂时性差异是指在确定未来收回资产或清偿负债期间的应纳税所得额时，将导致产生可抵扣金额的暂时性差异。该差异在未来期间转回时会减少转回期间的应纳税所得额，减少未来期间的应交所得税。在可抵扣暂时性差异产生当期，符合确认条件时，应当确认相关的递延所得税资产。可抵扣暂时性差异一般产生于以下两种情况：

（1）资产的账面价值小于计税基础。

该情况意味着资产在未来期间产生的经济利益少，按照税法规定允许税前扣除的金额多，两者之间的差额可以减少企业在未来期间的应纳税所得额并减少应交所得税，符合有关条件时，应当确认相关的递延所得税资产。承【例3-1】，该项固定资产的账面价值600万元，小于计税基础675万元，它们之间形成的75万元暂时性差异，可以使未来期间在其自身账面价值的基础上多扣除75万元，使未来期间应纳税所得额减少，因此形成的是可抵扣暂时性差异。

（2）负债的账面价值大于计税基础。

根据负债的计税基础公式可知，当负债的账面价值大于计税基础时，即未来期间计税时按照税法规定可予税前扣除的金额大于零，即应减少未来期间的应纳税所得额，因此形成的是可抵扣暂时性差异。

暂时性差异的分析判断见表3-3。

表3-3 暂时性差异分析判断表

	账面价值>计税基础	账面价值<计税基础
资产	应纳税暂时性差异	可抵扣暂时性差异
负债	可抵扣暂时性差异	应纳税暂时性差异

3.2.5 特殊项目产生的暂时性差异

1）未作为资产、负债确认的项目产生的暂时性差异

某些交易或事项发生以后，因为不符合资产、负债确认条件而未体现为资产负债表中的资产或负债，但按照税法规定能够确认其计税基础的，其账面价值零与计税基础之间的差异也构成暂时性差异，如广告费用和业务宣传费支出。一般企业（不包括烟草企业）发生的符合条件的广告费和业务宣传费支出不超过当年销售收入15%的部分，准予扣除；超过部分，准予在以后纳税年度结转扣除。对于化妆品制造或销售、医药制造和不包括酒类的饮料制造企业，不超过当年销售收入30%的部分，准予扣除；超过部分，准予在以后纳税年度结转扣除。该类费用在发生时按照会计准则规定即计入当期损益，不形成资产负债表中的资产，但按照税法规定可以确定其计税基础，两者之间的差异也形成暂时性差异。

【例3-15】甲家电生产企业20×2年支付了2 000万元广告费支出，发生时已作为销售费用计入当期损益。甲企业20×2年实现销售收入10 000万元。

该广告费支出因按照会计准则规定在发生时已计入当期损益，不体现为期末资产负债表中的资产，如果将其视为资产，其账面价值为0。

因按照税法的规定，该类支出税前列支有一定的标准限制，根据当期甲家电生产企业销售收入的15%计算，当期可予税前扣除1 500万元（10 000×15%），当期未能税前扣除的500万元可以向以后年度结转，其计税基础为500万元。

该项资产的账面价值0与其计税基础500万元之间产生了500万元的暂时性差异，该暂时性差异在未来期间可减少企业的应纳税所得额，为可抵扣暂时性差异。

特别提示

如果广告费用尚未支付，形成其他应付款，其账面价值为2 000万元，该负债的计税基础等于账面价值2 000万元减去未来可抵扣的500万元，即15 00万元，负债的账面价值高于计税基础，形成的也是可抵扣暂时性差异500万元。

2）可抵扣亏损及税款抵减产生的暂时性差异

按照税法规定可以结转以后年度的未弥补亏损及税款抵减，虽不是因资产、负债的账面价值与计税基础不同产生的，但与可抵扣暂时性差异具有同样的作用，均能够减少未来期间的应纳税所得额，进而减少未来期间的应交所得税，会计处理上视同可抵扣暂时性差异。

【例3-16】甲公司于20×1年发生经营亏损2 000万元，按照税法规定，该亏损可用于抵减以后5个年度的应纳税所得额。该公司预计未来5年期间能够产生足够的应纳税所得

额弥补该亏损。

该经营亏损从性质上可以减少未来期间企业的应纳税所得额，属于可抵扣暂时性差异。企业预计未来期间能够产生足够的应纳税所得额利用该可抵扣亏损时，应确认相关的递延所得税资产。

常见资产、负债项目暂时性差异一览表见表3-4。

表3-4　　　　　　　　　　　　**常见资产、负债项目暂时性差异一览表**

项目 （1）	账面价值 （2）	计税基础 （3）	暂时性差异 （4）	备注 （5）
存货	历史成本-跌价准备	历史成本	（2）-（3）	
应收账款	历史成本-坏账准备	历史成本	（2）-（3）	
交易性金融资产	公允价值	历史成本	（2）-（3）	
债权投资 （国债）	摊余成本	摊余成本	0	国债利息是永久性差异，不影响暂时性差异
其他债权投资 （企业债券）	公允价值	摊余成本	（2）-（3）	递延所得税资产或递延所得税负债需计入其他综合收益
其他权益工具投资	公允价值	历史成本	（2）-（3）	递延所得税资产或递延所得税负债需计入其他综合收益
投资性房地产 （成本模式）	历史成本-会计折旧或摊销-减值	历史成本-税法折旧或摊销	（2）-（3）	
投资性房地产 （公允价值模式）	公允价值	历史成本-税法折旧或摊销	（2）-（3）	
固定资产	历史成本-会计折旧-减值	历史成本-税法折旧	（2）-（3）	
内部研发形成的无形资产	开发支出-摊销-减值	1.75×（开发支出-摊销）	（2）-（3）	不确认递延所得税资产
其他方式形成的无形资产	历史成本-摊销-减值	历史成本-摊销	（2）-（3）	
商誉	非同一控制下吸收合并时的合并成本-被购买方可辨认净资产公允价值	0	（2）	不确认递延所得税负债
产品售后形成的预计负债	期末余额	0	（2）	
其他方式形成的预计负债	期末余额	期末余额	0	永久性差异不影响暂时性差异
会计与税法确认收入同步时的合同负债	期末余额	期末余额	0	
会计与税法确认收入不同步时的合同负债	期末余额	0	（2）	
股份支付形成的应付职工薪酬	期末余额	0	（2）	
除股份支付之外形成的应付职工薪酬	期末余额	期末余额	0	永久性差异不影响暂时性差异
其他应付款 （行政罚款和滞纳金）	期末余额	期末余额	0	永久性差异不影响暂时性差异

3.3 递延所得税负债与递延所得税资产的确认和计量

企业在确认了应纳税暂时性差异和可抵扣暂时性差异之后,应当按照所得税会计准则规定的原则确认相关的递延所得税负债和递延所得税资产。

3.3.1 递延所得税负债的确认和计量

1) 递延所得税负债的确认

(1) 除所得税准则中明确规定可不确认递延所得税负债的情况以外,企业应当确认所有应纳税暂时性差异产生的递延所得税负债。除与直接计入所有者权益的交易或事项以及企业合并中取得资产、负债相关的以外,在确认递延所得税负债的同时,应增加利润表中的所得税费用。

【例3-17】甲企业于20×3年12月1日购入一台管理用设备,取得成本为420万元,会计上采用年限平均法计提折旧,预计使用年限为6年,预计净残值为0,因该资产长年处于强震动状态,计税时按年数总和法计提折旧,使用年限及净残值与会计相同。甲企业适用的所得税税率为25%。

①20×4年12月31日:

该固定资产的账面价值=420−420÷6×1=350(万元)

该固定资产的计税基础=420−420×6÷21=300(万元)

账面价值与计税基础之间的差额50万元,形成了应纳税暂时性差异。

当年确认的递延所得税负债=50×25%=12.5(万元)

编制的会计分录为:

借:所得税费用   125 000

贷:递延所得税负债   125 000

②20×5年12月31日:

该固定资产的账面价值=420−420÷6×2=280(万元)

该固定资产的计税基础=420−420×11÷21=200(万元)

账面价值与计税基础之间的差额80万元,形成了应纳税暂时性差异。

递延所得税负债余额=80×25%=20(万元)

由于递延所得税负债余额能够结转下年,所以结合上年递延所得税负债期末余额12.5万元,本期确认的递延所得税负债为7.5万元(20−12.5)。

编制的会计分录为:

借:所得税费用   75 000

贷:递延所得税负债   75 000

③20×6年12月31日:

该固定资产的账面价值=420−420÷6×3=210(万元)

该固定资产的计税基础=420−420×15÷21=120(万元)

账面价值与计税基础之间的差额90万元,形成了应纳税暂时性差异。

递延所得税负债余额=90×25%=22.5(万元)

结合上年递延所得税负债期末余额20万元,本期确认的递延所得税负债为2.5万元

（22.5-20）。

编制的会计分录为：

借：所得税费用   25 000

 贷：递延所得税负债   25 000

④20×7年12月31日：

该固定资产的账面价值=420-420÷6×4=140（万元）

该固定资产的计税基础=420-420×18÷21=60（万元）

账面价值与计税基础之间的差额80万元，形成了应纳税暂时性差异。

递延所得税负债余额=80×25%=20（万元）

结合上年递延所得税负债期末余额22.5万元，本期确认的递延所得税负债为-2.5万元（20-22.5），也就是说，递延所得税负债减少2.5万元。

编制的会计分录为：

借：递延所得税负债   25 000

 贷：所得税费用   25 000

⑤20×8年12月31日：

该固定资产的账面价值=420-420÷6×5=70（万元）

该固定资产的计税基础=420-420×20÷21=20（万元）

账面价值与计税基础之间的差额50万元，形成了应纳税暂时性差异。

递延所得税负债余额=50×25%=12.5（万元）

结合上年递延所得税负债期末余额20万元，本期确认的递延所得税负债为-7.5万元（12.5-20），也就是说，递延所得税负债减少7.5万元。

编制的会计分录为：

借：递延所得税负债   75 000

 贷：所得税费用   75 000

⑥20×9年12月31日：

该固定资产的账面价值=420-420÷6×6=0（万元）

该固定资产的计税基础=420-420×21÷21=0（万元）

账面价值与计税基础之间的差额为零，递延所得税负债余额应为0，结合上年递延所得税负债期末余额12.5万元，本期确认的递延所得税负债为-12.5万元（0-12.5），也就是说，递延所得税负债减少12.5万元。

编制的会计分录为：

借：递延所得税负债   125 000

 贷：所得税费用   125 000

【例3-18】甲企业与乙企业签订了一项租赁协议，约定甲企业将其原先自用的一栋写字楼出租给乙企业使用，租赁期开始日为20×5年3月31日。20×5年3月31日，该写字楼的账面余额为50 000万元，已计提累计折旧10 000万元，公允价值为46 000万元，甲企业对该项投资性房地产采用公允价值模式进行后续计量。假定转换前该写字楼的计税基础与账面价值相等，税法规定，该写字楼预计尚可使用年限为20年，采用年限平均法计提折旧，无残值。20×5年12月31日，该项写字楼的公允价值为48 000万元。甲企业适用的所得税税率为25%。

①20×5年3月31日：

该投资性房地产的账面价值为该日公允价值46 000万元。

计税基础为计提折旧后的账面价值=50 000-10 000=40 000（万元）

产生的应纳税暂时性差异=46 000-40 000=6 000（万元）

应确认递延所得税负债=6 000×25%=1 500（万元）

因为转换时投资性房地产的公允价值大于原固定资产账面价值的差额计入所有者权益项目——其他综合收益，所以此时确认的递延所得税负债对应的科目也为所有者权益项目——其他综合收益。

编制的分录为：

借：其他综合收益　　　　　　　　　　　　　　　　　　　　15 000 000

　　贷：递延所得税负债　　　　　　　　　　　　　　　　　　　　15 000 000

②20×5年12月31日：

该投资性房地产的账面价值为期末的公允价值48 000万元。

计税基础为计提折旧后的账面价值=（50 000-10 000）-（50 000-10 000）÷20×9÷12=38 500（万元）

产生的应纳税暂时性差异=48 000-38 500=9 500（万元）

应确认递延所得税负债=9 500×25%=2 375（万元）

期末确认的递延所得税负债为875万元（2 375-1 500）。由于该投资性房地产期末公允价值的变动计入了损益类项目——公允价值变动损益，所以其确认的递延所得税负债也对应损益类项目——所得税费用。

编制的分录为：

借：所得税费用　　　　　　　　　　　　　　　　　　　　　　8 750 000

　　贷：递延所得税负债　　　　　　　　　　　　　　　　　　　　8 750 000

（2）不确认递延所得税负债的特殊情况。

在有些情况下，虽然资产、负债的账面价值与其计税基础不同，产生了应纳税暂时性差异，但出于各种考虑，所得税准则中规定不确认相应的递延所得税负债，主要包括：

①商誉的初始确认。

本教材第6章"企业合并"将探讨的非同一控制下的控股合并中形成的商誉，并不在购买方个别财务报表中确认，而反映在合并财务报表中。本节探讨的商誉仅指非同一控制下的吸收合并形成的、在购买方个别财务报表中确认的商誉。此时商誉的金额等于企业合并成本大于合并中取得的被购买方可辨认净资产公允价值份额的差额。但如果按照税法规定，企业合并符合免税合并，合并双方可以向税务机关申请按免税合并处理。所谓免税合并，是指合并企业不确认全部资产的转让所得或损失，不计算缴纳所得税。由于购买方确认的商誉未在被购买方原账面上确认，因此其计税基础为零，所以产生了商誉的账面价值与计税基础之间的暂时性差异，但会计准则规定不确认与之相关的递延所得税负债。

【例3-19】甲公司以增发市场价值为6 000万元的本企业普通股为对价购入乙公司100%的净资产，假定该项企业合并符合税法规定的免税合并条件，且乙公司原股东选择进行免税处理。购买日乙公司各项可辨认资产、负债的公允价值及其计税基础见表3-5。

表3-5 乙公司可辨认资产、负债价值一览表 单位：万元

项目	账面价值（已调整为公允价值）	计税基础	暂时性差异	
			应纳税暂时性差异	可抵扣暂时性差异
固定资产	2 700	1 550	1 150	
应收账款	2 100	2 100	—	
存货	1 740	1 240	500	
其他应付款	(300)	0		300
应付账款	(1 200)	(1 200)	—	—
不包括递延所得税的可辨认净资产的公允价值	5 040	3 690	1 650	300

乙公司适用的所得税税率为25%，该项交易中应确认递延所得税资产、递延所得税负债和商誉的计算过程如下：

递延所得税资产=300×25%=75（万元）

递延所得税负债=1 650×25%=412.5（万元）

企业合并产生的递延所得税资产和递延所得税负债对应企业合并产生的商誉项目，进行的会计处理为：

借：递延所得税资产　　　　　　　　　　　　　　　　　　750 000

商誉　　　　　　　　　　　　　　　　　　　　　　3 375 000

贷：递延所得税负债　　　　　　　　　　　　　　　　4 125 000

在不考虑递延所得税资产和递延所得税负债的情况下，合并产生的商誉为960万元（6 000-5 040），确认了递延所得税资产和递延所得税负债导致增加了商誉337.5万元，所以企业最终确认的商誉为1 297.5万元（960+337.5），具体由下列计算过程得出：

企业合并成本　　　　　　　　　　　　　　　　　　　6 000万元

可辨认净资产公允价值　　　　　　　　　　　　　　　5 040万元

+递延所得税资产　　　　　　　　　　　　　　　　　　75万元

-递延所得税负债　　　　　　　　　　　　　　　　　412.5万元

考虑递延所得税后可辨认净资产的公允价值　　　　　4 702.5万元

商誉　　　　　　　　　　　　　　　　　　　　　1 297.5万元

商誉账面价值1 297.5万元与计税基础0之间产生了应纳税暂时性差异，不再进一步确认相关的递延所得税负债。

特别提示

> 这是因为一旦确认商誉形成的递延所得税负债，该负债使可辨认净资产的公允价值减少，商誉的价值将加大，其与计税基础之间的应纳税暂时性差异将进一步加大，如此一来，形成了无休无止的"死循环"，因此不再确认商誉产生的递延所得税负债。
>
> 需要说明的是，商誉在后续计量过程中如果因计提减值准备与税法规定不同产生了可抵扣暂时性差异的，还是应当确认递延所得税资产的。

②除企业合并以外的其他交易或事项，如果该项交易或事项发生时既不影响会计利润也不影响应纳税所得额，则所产生的资产、负债的初始确认金额与其计税基础不同，形成应纳税暂时性差异的，交易或事项发生时不确认相应的递延所得税负债。该规定主要考虑到由于交易发生时既不影响会计利润，也不影响应纳税所得额，确认递延所得税负债的直接结果是增加有关资产的账面价值或降低所确认负债的账面价值，使得资产、负债在初始确认时，违背历史成本原则，影响会计信息的可靠性。

③与子公司、联营企业、合营企业投资等相关的应纳税暂时性差异，一般应确认相应的递延所得税负债，但同时满足以下两个条件的除外：一是投资企业能够控制暂时性差异转回的时间；二是该暂时性差异在可预见的未来很可能不会转回。满足上述条件时，投资企业可以运用自身的影响力决定暂时性差异的转回，如果不希望其转回，则在可预见的未来该项暂时性差异将不会转回，对未来期间计税不会产生影响，从而无须确认相应的递延所得税负债。

应予以说明的是，企业在运用上述条件不确认与联营企业、合营企业相关的递延所得税负债时，应有确凿的证据表明其能够控制有关暂时性差异转回的时间。一般情况下，企业对联营企业的生产经营决策仅能够实施重大影响，并不能够主导被投资单位包括利润分配政策在内的主要生产经营决策的制定，满足《企业会计准则第18号——所得税》规定的能够控制暂时性差异转回时间的条件一般是通过与其他投资者签订协议等，达到能够控制被投资单位利润分配政策等情况。

对于采用权益法核算的长期股权投资，其账面价值与计税基础产生的有关暂时性差异应确认相关的所得税影响，并考虑该项投资的持有意图：

如果企业拟长期持有该项投资，则因初始投资成本的调整产生的暂时性差异预计未来期间不会转回，对未来期间所得税没有影响；因确认投资损益产生的暂时性差异，如果在未来期间逐期分回现金股利或利润时免税，也不存在对未来期间的所得税影响。因确认应享有被投资单位其他权益变动而产生的暂时性差异，在长期持有的预计未来期间也不会转回。因此，在准备长期持有的情况下，对于采用权益法核算的长期股权投资账面价值与计税基础之间的差异一般不确认相关的所得税影响。

在投资企业改变持有意图拟对外出售的情况下，按照税法的规定，企业在转让或者处置投资资产时，投资资产的成本准予扣除。在持有意图由长期持有转变为拟近期出售的情况下，因长期股权投资的账面价值与计税基础不同产生的有关暂时性差异，均应确认相关的所得税影响。

2）递延所得税负债的计量

企业应当在资产负债表日对递延所得税负债，根据适用税法的规定，按照预期收回该资产或清偿该负债期间的适用税率计量，即递延所得税负债应以相关应纳税暂时性差异未来转回期间适用的所得税税率计算。无论应纳税暂时性差异转回期间如何，相关的递延所得税负债不要求折现。

3.3.2 递延所得税资产的确认和计量

1）递延所得税资产的确认

（1）企业应当确认由可抵扣暂时性差异产生的递延所得税资产，确认金额以很可能取得用来抵扣可抵扣暂时性差异的应纳税所得额为限。

可抵扣暂时性差异是使未来产生可抵扣金额的暂时性差异，因此可抵扣暂时性差异的转回可以抵扣转回期间的应纳税所得额。但是，只有当企业有足够的应纳税所得额用以抵销该抵扣时，该抵扣导致的所得税支付额的减少所带来的经济利益才能真正实现。因此，只有当很可能获得能利用可抵扣暂时性差异的应纳税所得额时，企业才能确认一项递延所得税资产。

特别提示

俗话说"巧妇难为无米之炊"，如果没有大米，巧妇有再好的厨艺也无法施展。同样的道理，如果企业未来无法实现足够的应纳税所得额，那么空有再多的可抵扣暂时性差异也枉然。

（2）资产负债日，如果有确凿证据表明未来期间很可能获得足够的应纳税所得额用来抵扣可抵扣暂时性差异，应当确认以前期间未确认的递延所得税资产。

（3）企业对与子公司、联营企业、合营企业投资相关的可抵扣暂时性差异，当同时满足以下两个条件时，应当确认相应的递延所得税资产：

①暂时性差异在可预见的未来很可能转回；

②未来很可能获得用来抵扣暂时性差异的应纳税所得额。

对联营企业和合营企业的投资产生的可抵扣暂时性差异，主要产生于权益法下确认的投资损失以及计提的减值准备。

（4）不确认递延所得税资产的情况。

当交易同时具有以下特征时，因资产或负债的初始确认产生可抵扣暂时性差异，不确认递延所得税资产：

①该项交易不是企业合并。

②交易发生时既不影响会计利润也不影响应纳税所得额。如【例3-3】通过研究开发形成的无形资产的账面价值和计税基础之间的可抵扣暂时性差异，不进一步确认递延所得税资产。

特别提示

这是因为该无形资产不是因为企业合并交易产生的，因此不能将递延所得税资产对应合并产生的商誉项目；该无形资产由研发支出结转而来，确认时既不影响会计利润也不影响应纳税所得额，所以也不能将递延所得税资产对应所得税费用项目；因为该事项不影响企业的所有者权益项目，因此递延所得税资产无法对应其他综合收益或其他所有者权益项目。如果确认了递延所得税资产，为了保证会计等式的平衡，只能对应调整无形资产的价值，这样一方面动摇了历史成本的计量基础，另一方面造成了无形资产的账面价值和计税基础的再次背离，陷入无休无止的"死循环"，因此不进一步确认该可抵扣暂时性差异形成的递延所得税资产。

2）递延所得税资产的计量

同递延所得税负债的计量原则一致，企业在确认递延所得税资产时，应当以预期收回该资产期间的适用所得税税率为基础计算确定。无论相关的可抵扣暂时性差异转回期间如何，递延所得税资产均不要求折现。

资产负债表日，企业应当对递延所得税资产的账面价值进行复核。如果未来期间很可能无法获得足够的应纳税所得额用以抵扣递延所得税资产的利益，应当减计递延所得税资产的账面价值。减计的递延所得税资产，除原来确认时计入所有者权益的，减计的金额也应计入所有者权益外，其他的情况均应增加所得税费用。以后期间根据新的环境和情况判断能够产生足够的应纳税所得额利用可抵扣暂时性差异，使得递延所得税资产产生的经济利益能够实现的，应相应恢复递延所得税资产的账面价值。

适用税率发生变化的，应对已确认的递延所得税资产重新进行计量，除直接在权益中确认的交易或事项产生的递延所得税资产也计入所有者权益项目外，应当将其影响数计入变化当期的所得税费用。

3.4 所得税费用的确认和计量

所得税会计的主要目的是利用税法中确认的当期应交税费，结合递延所得税资产和递延所得税负债的影响，确认出利润表中的所得税费用。按照资产负债表债务法，利润表中的所得税费用包括当期所得税和递延所得税两个部分。

3.4.1 当期所得税

当期所得税是企业按照税法规定计算确定的针对当期发生的交易和事项，应缴纳给税务部门的所得税金额。企业在确定当期应交所得税时，对于当期发生的交易或事项，由于会计处理与税法处理不同，所以应在会计利润的基础上，按照适用税收法规的规定进行调整，计算出当期应纳税所得额，根据应纳税所得额与适用所得税税率计算确定当期应交所得税，即：

应纳税所得额=会计利润+纳税调整增加额-纳税调整减少额

应纳所得税额=应纳税所得额×所得税税率

3.4.2 递延所得税

递延所得税是指按照所得税会计准则的规定，应予确认的递延所得税资产和递延所得税负债当期发生额的综合结果，但不包括计入所有者权益的交易或事项的所得税影响，用公式表示为：

$$递延所得税 = \left(递延所得税负债的期末余额 - 递延所得税负债的期初余额\right) - \left(递延所得税资产的期末余额 - 递延所得税资产的期初余额\right)$$

应予说明的是，企业因确认递延所得税资产和递延所得税负债产生的递延所得税，一般应当计入所得税费用，但以下两种情况除外：

（1）某项交易或事项按照会计准则规定应计入所有者权益的，由该交易或事项产生的递延所得税资产或递延所得税负债及其变化也应计入所有者权益，不构成利润表中的所得税费用。如【例3-18】中投资性房地产转换日以及【例3-20】的会计处理。

【例3-20】丙公司20×9年9月取得的其他权益工具投资的成本为200万元。20×9年12月31日，其公允价值为240万元。丙公司适用的所得税税率为25%。

①20×9年12月31日确认公允价值变动时：

借：其他权益工具投资——公允价值变动　　　　　　　　　　　400 000
　　贷：其他综合收益　　　　　　　　　　　　　　　　　　　　　400 000

②确认应纳税暂时性差异的所得税影响：

借：其他综合收益（400 000×25%）　　　　　　　　　　　　　100 000
　　贷：递延所得税负债　　　　　　　　　　　　　　　　　　　　100 000

特别提示

> 直接计入所有者权益的交易或事项主要有：会计政策变更采用追溯调整法或对前期差错更正采用追溯重述法调整期初留存收益、其他权益工具投资的公允价值变动计入其他综合收益、自用房地产转为采用公允价值模式计量的投资性房地产时公允价值大于原账面价值差额计入其他综合收益等。

（2）企业合并中取得的资产、负债，其账面价值与计税基础不同，应确认相关递延所得税的，该递延所得税的确认影响合并中产生的商誉或是计入当期损益（廉价购买利得）的金额，不影响所得税费用。举例见【例3-19】。

3.4.3 所得税费用

计算确定了当期所得税和递延所得税以后，利润表中应予确认的所得税费用为两者之和，即：

所得税费用 = 当期所得税+递延所得税

【例3-21】甲公司20×8年度利润表中的利润总额为1 200万元，该公司适用的所得税税率为25%，预计未来期间适用的所得税税率不会发生变化，未来期间能够产生足够的应纳税所得额用以抵扣暂时性差异，递延所得税资产及递延所得税负债不存在期初余额。

该公司20×8年发生的有关交易和事项中，会计处理与税法规定存在差别的有：

①20×7年12月31日取得的一项固定资产，成本为600万元，使用年限为10年，预计

净残值为0，会计处理按双倍余额递减法计提折旧，税法要求按年限平均法计提折旧。税法规定的使用年限及预计净残值与会计规定相同。

②向关联企业捐赠现金200万元。

③20×8年度发生研究开发支出500万元，其中200万元予以费用化；截至20×8年12月31日，该研发资产仍在开发过程中。税法规定，企业费用化的研究开发支出按175%税前扣除，资本化的研究开发支出按资本化金额的175%确定应予摊销的金额。

④应付违反环保法规定罚款100万元。

⑤年初存货的价值为830万元，期末计提了30万元的存货跌价准备。

（1）计算20×8年度当期应交所得税：

应纳税所得额=1 200+60+200−200×75%+100+30=1 440（万元）

应交所得税=1 440×25%=360（万元）

（2）计算20×8年递延所得税：

该公司20×8年资产负债表相关项目金额及计税基础见表3-6。

表3-6　　　　　　　　　　　甲公司相关项目金额及计税基础　　　　　　　　　　单位：万元

项　目	账面价值	计税基础	差　异	
			应纳税暂时性差异	可抵扣暂时性差异
存货	800	830		30
固定资产	480	540		60
研发支出	300	525		225*
其他应付款	100	100		
合计				315

注：*研发支出形成的可抵扣暂时性差异不确认递延所得税资产。

期末递延所得税资产=（30+60）×25%=22.5（万元）

$$递延所得税=\left(递延所得税负债的期末余额-递延所得税负债的期初余额\right)-\left(递延所得税资产的期末余额-递延所得税资产的期初余额\right)$$

$$=（0−0）−（22.5−0）=−22.5（万元）$$

（3）确认利润表中的所得税费用：

所得税费用=当期所得税+递延所得税

　　　　　=360−22.5=337.5（万元）

借：所得税费用　　　　　　　　　　　　　　　　　　　　　　　3 375 000

　　递延所得税资产　　　　　　　　　　　　　　　　　　　　　　225 000

　　贷：应交税费——应交所得税　　　　　　　　　　　　　　　　　　3 600 000

【例3-22】丁公司为家电制造企业，20×9年年初的递延所得税资产借方余额为190万元，递延所得税负债贷方余额为10万元，具体构成项目见表3-7。

表3-7 　　　　　　　　　　丁公司递延所得税项目构成表　　　　　　　　　单位：万元

项　目	可抵扣暂时性差异	递延所得税资产	应纳税暂时性差异	递延所得税负债
应收账款	60	15		
交易性金融资产			40	10
其他权益工具投资	200	50*		
预计负债	80	20		
可税前抵扣的亏损	420	105		

注：*该金额不影响递延所得税。

该公司20×9年度利润表中利润总额为1 610万元，适用的所得税税率为25%，预计未来期间适用的所得税税率不会发生变化，未来期间能够产生足够的应纳税所得额用于抵扣可抵扣暂时性差异。该公司20×9年发生的相关交易和事项中，会计处理与税法规定存在差别的有：

①年末转回坏账准备10万元。根据税法规定，转回的坏账损失不计入应纳税所得额。

②年末根据交易性金融资产公允价值变动确认公允价值变动损益30万元。根据税法规定，交易性金融资产公允价值变动损益不计入应纳税所得额。

③年末根据其他权益工具投资公允价值变动增加其他综合收益40万元。

④当年实际支付产品保修费用50万元，冲减前期确认的相关预计负债；当年又确认产品保修费用10万元，增加相关预计负债。根据税法的规定，实际支付的产品保修费用允许税前扣除，但预计的产品保修费用不允许税前扣除。

⑤当年发生业务宣传费800万元，至年末尚未支付。该公司当年实现销售收入5 000万元。税法规定，该家电企业发生的业务宣传费支出不超过当年销售收入15%的部分，准予税前扣除；超过部分，准予结转以后年度税前扣除。

（1）计算20×9年当期应交所得税：

应纳税所得额=1 610-420-10-30-50+10+（800-5 000×15%）=1 160（万元）

应交所得税=1 160×25%=290（万元）

（2）计算20×9年度递延所得税：

该公司20×9年12月31日有关资产、负债的账面价值、计税基础及相应的暂时性差异见表3-8。

微课3.4 【例3-22】预计负债的讲解

表3-8　　　　　　　　　　　　丁公司相关项目金额及计税基础　　　　　　　　单位：万元

项　目	账面价值	计税基础	差　异	
			应纳税暂时性差异	可抵扣暂时性差异
应收账款	350①	400		50
交易性金融资产	430②	360	70	
其他权益工具投资	400③	560		160*
预计负债	40④	0		40
其他应付款	800	750		50

注：*该金额不影响递延所得税。

①应收账款账面价值=应收账款计税基础−坏账准备=400−（60−10）=350（万元）

②交易性金融资产账面价值=交易性金融资产计税基础+公允价值变动=360+（40+30）=430（万元）

③其他权益工具投资账面价值=其他权益工具投资计税基础+公允价值变动=560−200+40=400（万元）

④预计负债账面价值=预计负债期初余额+本期贷方发生额−本期借方发生额=80−50+10=40（万元）

递延所得税负债的期末余额=70×25%=17.5（万元）

递延所得税负债的期初余额=10万元

递延所得税资产的期末余额=（50+40+50）×25%=35（万元）

（注：此处不考虑不影响递延所得税的部分）

递延所得税资产的期初余额=15+20+105=140（万元）

递延所得税=（17.5−10）−（35−140）

　　　　　=7.5−（−105）=112.5（万元）

（3）计算利润表中应确认的所得税费用：

所得税费用=当期所得税+递延所得税

　　　　　=290+112.5=402.5（万元）

借：所得税费用　　　　　　　　　　　　　　　　　　　　　　4 025 000

　贷：应交税费——应交所得税　　　　　　　　　　　　　　　　2 900 000

　　　递延所得税资产　　　　　　　　　　　　　　　　　　　　1 050 000

　　　递延所得税负债　　　　　　　　　　　　　　　　　　　　　75 000

由其他权益工具投资形成的递延所得税资产，期末余额为40万元（160×25%），期初余额为50万元，单独计入所有者权益项目。

借：其他综合收益　　　　　　　　　　　　　　　　　　　　　100 000

　贷：递延所得税资产　　　　　　　　　　　　　　　　　　　　100 000

3.4.4　适用税率变化时的核算

当所得税适用税率发生变化时，当期所得税应按照当期适用税率进行计算。至于递延所得税，《企业会计准则第18号——所得税》第十七条规定："适用税率发生变化的，应对已确认的递延所得税资产和递延所得税负债进行重新计量"。鉴于递延所得税资产和递延所得税负债的余额是可以结转下期的，因此根据下列公式，即可以完成税率变动时对递

延所得税的计量:

递延所得税资产(负债)发生额=递延所得税资产(负债)期末余额-递延所得税资产(负债)期初余额

其中,期末余额按照未来期间适用的税率计算,期初余额按照原税率计算,借助期末余额与期初余额的轧差,自然将税率变动对递延所得税的影响体现在本期发生额中。

【例3-23】A公司经认定是享受"两免三减半"税收优惠政策的软件企业。A公司于20×1年、20×2年免缴企业所得税,20×3年至20×5年按25%的税率减半缴纳企业所得税。

A公司于20×3年12月20日以82 500元购进一台管理用办公设备,预计使用寿命为5年。会计上采用年限平均法计提折旧,税法规定采用双倍余额递减法计提折旧。近年来A公司业绩平稳,每年税前利润均为500 000元。各年递延所得税计算见表3-9。

表3-9　　　　　　　　　　　　　递延所得税计算表　　　　　　　　　　　单位:元

项目	20×4年	20×5年	20×6年	20×7年	20×8年
税率	12.5%	12.5%	25%	25%	25%
会计折旧	16 500	16 500	16 500	16 500	16 500
账面价值	66 000	49 500	33 000	16 500	0
税收折旧	33 000	19 800	11 880	8 910	8 910
计税基础	49 500	29 700	17 820	8 910	0
暂时性差异	16 500	19 800	15 180	7 590	0
递延所得税负债期末余额	2 062.5	2 475	3 795	1 897.5	0
递延所得税负债期初余额	0	2 062.5	2 475	3 795	1 897.5
递延所得税负债本期发生额	2 062.5	412.5	1 320	-1 897.5	-1 897.5

(1)20×4年

借:所得税费用　　　　　　　　　　　　　　　　　　　　　　62 500

　贷:应交税费——应交所得税((500 000-16 500)×12.5%)　　60 437.5

　　递延所得税负债　　　　　　　　　　　　　　　　　　　2 062.5

(2)20×5年

借:所得税费用　　　　　　　　　　　　　　　　　　　　　　62 500

　贷:应交税费——应交所得税((500 000-3 300)×12.5%)　　62 087.5

　　递延所得税负债　　　　　　　　　　　　　　　　　　　412.5

(3)20×6年

借:所得税费用　　　　　　　　　　　　　　　　　　　　　　127 475

　贷:应交税费——应交所得税((500 000+4 620)×25%)　　126 155

　　递延所得税负债　　　　　　　　　　　　　　　　　　　1 320

（4）20×7年

借：所得税费用 125 000

　　递延所得税负债 1 897.5

　　贷：应交税费——应交所得税（（500 000+7 590）×25%） 126 897.5

（5）20×8年

借：所得税费用 125 000

　　递延所得税负债 1 897.5

　　贷：应交税费——应交所得税（（500 000+7 590）×25%） 126 897.5

3.4.5　所得税的列报

企业对所得税的核算结果，除利润表中列示的所得税费用以外，在资产负债表中形成的应交税费以及递延所得税资产和递延所得税负债应当遵循《企业会计准则第18号——所得税》中的规定。其中递延所得税资产和递延所得税负债一般应当作为非流动资产和非流动负债在资产负债表中列示，所得税费用应当在利润表中单独列示，同时还应在附注中披露与所得税有关的下列信息：

（1）所得税费用（收益）的主要组成部分。

（2）所得税费用（收益）与会计利润关系的说明。

（3）未确认递延所得税资产的可抵扣暂时性差异、可抵扣亏损的金额（如果存在到期日，还应披露到期日）。

（4）对每一类暂时性差异和可抵扣亏损，在列报期间确认的递延所得税资产或递延所得税负债的金额，确认递延所得税资产的依据。

（5）未确认递延所得税负债的，与对子公司、联营企业及合营企业投资相关的暂时性差异金额。

本章小结与思维导图

本章全面论述了资产负债表债务法的原理，资产、负债的计税基础和暂时性差异的计算，递延所得税资产和递延所得税负债以及所得税费用的确认和计量。

所得税会计是纳税会计与财务会计相分离而派生出来的，是税法与会计准则相互影响、相互作用的结果。由于对会计利润和应纳税所得之间差异的处理方法持有不同的观点，从而产生了不同的所得税会计处理方法。

资产负债表债务法中，资产与负债的账面价值与计税基础的差额形成了暂时性差异。暂时性差异又可以分为应纳税暂时性差异和可抵扣暂时性差异。除特殊情况外，企业应当确认所有应纳税暂时性差异产生的递延所得税负债；企业应当以很可能取得用来抵扣可抵扣暂时性差异的应纳税所得额为限，确认由可抵扣暂时性差异产生的递延所得税资产。

根据应纳税所得额计算的当期所得税和暂时性差异确认的递延所得税，共同组成了利润表中的所得税费用。

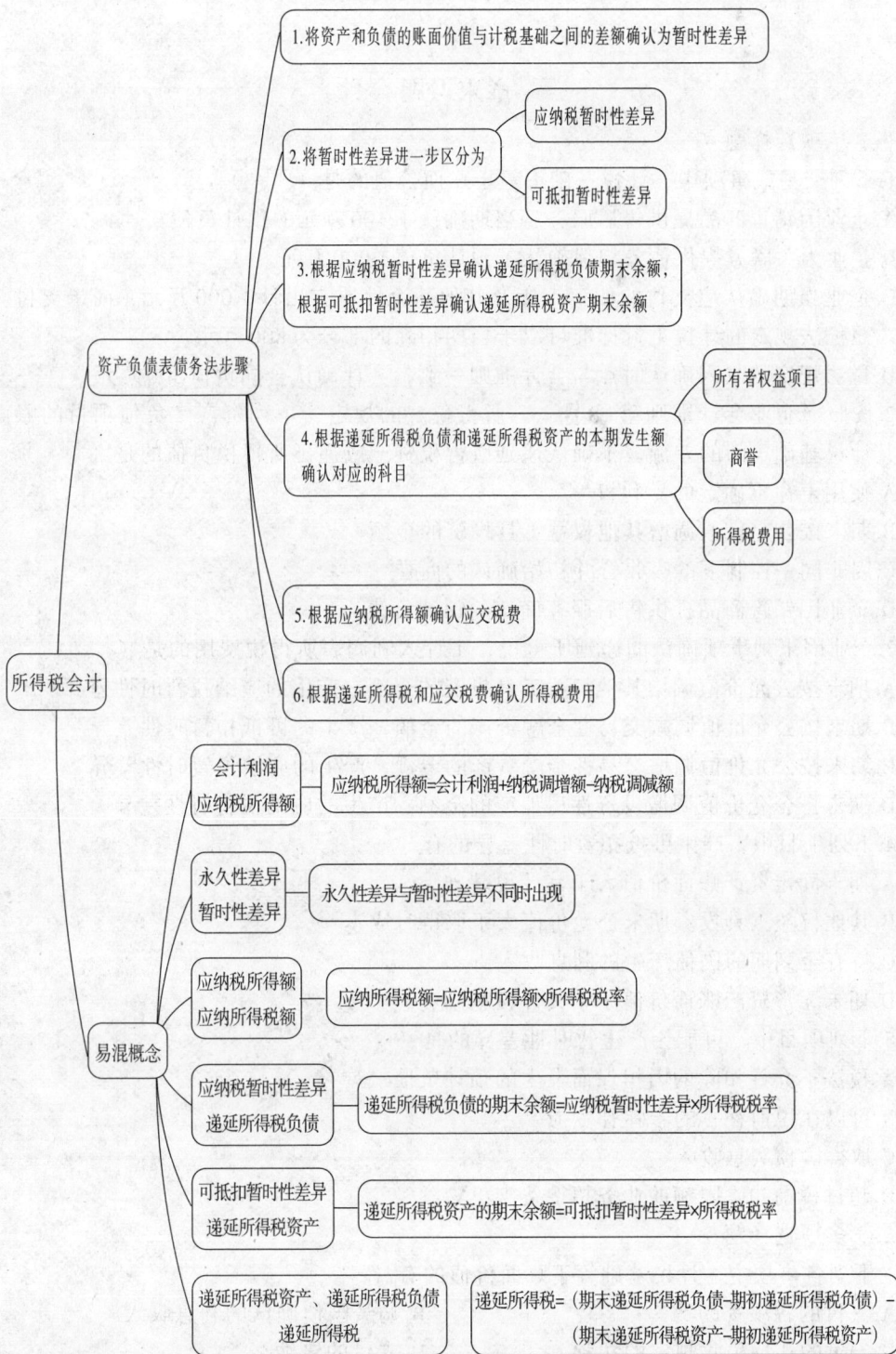

资产负债表债务法步骤
- 1.将资产和负债的账面价值与计税基础之间的差额确认为暂时性差异
- 2.将暂时性差异进一步区分为
  - 应纳税暂时性差异
  - 可抵扣暂时性差异
- 3.根据应纳税暂时性差异确认递延所得税负债期末余额，根据可抵扣暂时性差异确认递延所得税资产期末余额
- 4.根据递延所得税负债和递延所得税资产的本期发生额确认对应的科目
  - 所有者权益项目
  - 商誉
  - 所得税费用
- 5.根据应纳税所得额确认应交税费
- 6.根据递延所得税和应交税费确认所得税费用

所得税会计

易混概念
- 会计利润 应纳税所得额 —— 应纳税所得额=会计利润+纳税调增额-纳税调减额
- 永久性差异 暂时性差异 —— 永久性差异与暂时性差异不同时出现
- 应纳税所得额 应纳所得税额 —— 应纳所得税额=应纳税所得额×所得税税率
- 应纳税暂时性差异 递延所得税负债 —— 递延所得税负债的期末余额=应纳税暂时性差异×所得税税率
- 可抵扣暂时性差异 递延所得税资产 —— 递延所得税资产的期末余额=可抵扣暂时性差异×所得税税率
- 递延所得税资产、递延所得税负债 递延所得税 —— 递延所得税=（期末递延所得税负债-期初递延所得税负债）-（期末递延所得税资产-期初递延所得税资产）

章末习题

一、单项选择题

1.下列交易或事项中，计税基础不等于账面价值的是（　　　）。

A.企业因销售商品提供售后服务于当期确认了100万元的预计负债

B.企业为关联方提供债务担保确认了预计负债1 000万元

C.企业当期确认应支付的职工工资及其他薪金性质支出计1 000万元，尚未支付。按照税法规定的计税工资标准可以于当期扣除的部分为800万元

D.税法规定的收入确认时点与会计准则一致，会计确认合同负债500万元

2.按照《企业会计准则第18号——所得税》的规定，下列资产、负债项目的账面价值与其计税基础之间的差额，不确认递延所得税资产或递延所得税负债的是（　　　）。

A.使用寿命不确定的专利权

B.期末按公允价值调增其他权益工具投资的金额

C.因非同一控制下的吸收合并初始确认的商誉

D.企业因销售商品提供售后服务确认的预计负债

3.企业因下列事项确认的递延所得税，不计入利润表所得税费用的是（　　　）。

A.期末按公允价值调增其他权益工具投资的金额，产生的应纳税暂时性差异

B.期末按公允价值调减交易性金融资产的金额，产生的可抵扣暂时性差异

C.期末按公允价值调增交易性金融资产的金额，产生的应纳税暂时性差异

D.期末按公允价值调增投资性房地产的金额，产生的应纳税暂时性差异

4.下列项目中，产生可抵扣暂时性差异的有（　　　）。

A.期末固定资产账面价值大于其计税基础

B.其他权益工具投资期末公允价值大于取得时成本

C.持有至到期的国债产生的利息收入

D.期末无形资产账面价值小于其计税基础

5.下列项目中，可能会产生暂时性差异的是（　　　）。

A.税法不允许扣除的因担保而发生的预计负债

B.可以在税前补亏的未弥补亏损

C.取得国债利息收入

D.超过税前扣除限额的业务招待费支出

二、多项选择题

1.下列各事项中，计税基础等于账面价值的有（　　　）。

A.支付的各项赞助费　　　　　　　　B.购买国债确认的利息收入

C.支付的违反税收规定的罚款　　　　D.支付的滞纳金

2.下列各项交易形成的负债中，计税基础不为零的是（　　　）。

A.赊购商品形成的应付账款

B.从银行取得短期借款

C.产品售后形成的预计负债

D.各项税收滞纳金和罚款确认的其他应付款

3.在发生的下列交易或事项中，会产生应纳税暂时性差异的有（　　）。

A.企业对应收账款计提坏账准备

B.企业购入交易性金融资产，购入当期期末公允价值小于其初始确认金额

C.企业购入无形资产，作为使用寿命不确定的无形资产进行核算，期末没有计提减值准备

D.企业购入其他权益工具投资，购入当期期末公允价值大于初始确认金额

4.下列项目中，应确认递延所得税负债的有（　　）。

A.固定资产账面价值大于其计税基础

B.固定资产账面价值小于其计税基础

C.交易性金融资产账面价值大于其计税基础

D.预计负债账面价值大于其计税基础

5.下列项目中，会产生可抵扣暂时性差异的有（　　）。

A.预提产品售后保修费用

B.计提存货跌价准备

C.会计计提的折旧大于税法规定的折旧

D.会计计提的折旧小于税法规定的折旧

三、业务题

大海公司20×9年1月1日递延所得税资产为6万元，递延所得税负债为9万元，该公司适用的所得税税率为25%。该公司20×9年利润总额为4 960万元，涉及所得税会计的交易或事项如下：

微课3.5　第3章课后业务题讲解

（1）20×9年1月1日，以2 000万元自证券市场购入当日发行的一项3年期到期还本付息国债。该国债票面金额为2 000万元，票面年利率和实际利率均为5%。大海公司将该国债作为持有至到期投资核算。税法规定，国债利息收入免交所得税。

（2）20×8年12月15日，大海公司购入一项管理用设备，支付购买价款、运输费、安装费等共计1 200万元。12月26日，该设备经安装达到预定可使用状态。大海公司预计该设备使用年限为10年，预计净残值为零，采用年限平均法计提折旧。税法规定，该类固定资产的折旧年限为20年。假定大海公司的该设备预计净残值和采用的折旧方法符合税法规定。

（3）20×9年6月20日，大海公司因废水超标排放被环保部门处以100万元罚款，罚款已用银行存款支付。税法规定，企业违反国家法规所支付的罚款不允许在税前扣除。

（4）20×9年9月12日，大海公司自证券市场购入某股票，支付价款200万元（假定不考虑交易费用）。大海公司将该股票作为交易性金融资产核算。12月31日，该股票的公允价值为220万元。税法规定，交易性金融资产持有期间公允价值变动金额不计入应纳税所得额，待出售时一并计入应纳税所得额。

（5）20×9年10月10日，大海公司由于为乙公司银行借款提供担保，乙公司到期未偿还借款，被银行提起诉讼，要求其履行担保责任。12月31日，该诉讼尚未判决。大海公

司预计履行该担保责任很可能支出的金额为 1 000 万元。税法规定，企业为其他单位债务提供担保发生的损失不允许在税前扣除。

（6）其他有关资料如下：

①大海公司上述交易或事项均按照企业会计准则的规定进行了处理。

②大海公司预计在未来期间有足够的应纳税所得额用于抵扣可抵扣暂时性差异。

要求：（1）根据上述交易或事项，填列大海公司 20×9 年 12 月 31 日的暂时性差异计算表（见表 3-10）。

表 3-10

大海公司暂时性差异计算表
20×9 年 12 月 31 日
单位：万元

项　目	账面价值	计税基础	差　异	
			应纳税暂时性差异	可抵扣暂时性差异
债权投资				
固定资产				
交易性金融资产				
预计负债				

（2）计算大海公司 20×9 年应纳税所得额和应交所得税。

（3）计算大海公司 20×9 年应确认的递延所得税和所得税费用。

（4）编制大海公司 20×9 年确认所得税费用的会计分录。

四、思考题

1.什么是应付税款法？采用应付税款法核算所得税存在什么问题？

2.永久性差异、时间性差异和暂时性差异有什么区别和联系？

3.递延所得税资产和递延所得税负债分别应如何确认？

第 3 章习题答案

学习目标：理解资产负债表日后事项的定义及相关概念；掌握资产负债表日后事项的判断标准；掌握资产负债表日后调整事项的会计处理方法。

引导案例

健民集团（600976）是一家从事药品研发、制造、批发与零售的医药公司。其所拥有的"健民""龙牡"等商标为中国驰名商标。其在2018年的财务报告中公布了本年新增的预计负债1 976 806.99元。根据年报附注可知，这项预计负债是由于集团有一项与武汉市第八医院的未决诉讼引起的。2012年，健民集团与武汉市第八医院约定共同出资建立武汉市健民医院有限责任公司，其中健民集团出资占比65%，第八医院占比35%。2013年，双方又签订《租赁经营合同》，约定将健民医院租赁给第八医院进行经营。但是由于种种原因，健民医院未能如期建立运行。健民集团认为这是由于第八医院的原因造成的，于2016年向武汉市人民法院提起诉讼，要求第八医院承担集团因筹备健民医院产生的全部损失。第八医院则认为，双方应按各自投资比例承担损失。经武汉市人民法院审理并于2018年9月下达判决书，判决双方按照各自出资比例承担筹建过程中产生的全部损失，其中健民集团需向第八医院支付其超额承担部分的损失1 976 806.99元。健民集团根据上述判决结果计提了2018年预计负债，但是也对该判决结果表示不服，并向武汉市中级人民法院提起上诉，截止到年度资产负债表日，该案件正在审理中。

未决诉讼的日后判决将如何对公司经营产生影响，企业对于发生在资产负债表日后事项涵盖期间的未决诉讼如何进行处理？还有哪些日后事项对企业的财务状况、经营成果产生影响？本章将对上述问题进行探讨。

4.1 资产负债表日后事项概述

4.1.1 资产负债表日后事项的定义

资产负债表日后事项是指资产负债表日至财务报告批准报出日之间发生的有利或不利事项，包括资产负债表日后调整事项（简称"调整事项"）和资产负债表日后非调整事项

（简称"非调整事项"）。为理解资产负债表日后事项，还需要明确以下几个问题：

1）资产负债表日

资产负债表日是指会计期末，包括会计年度末和会计中期末。根据《企业会计准则第32号——中期财务报告》，中期是指短于一个完整会计年度的报告期间，包括半年度、季度和月度。按照《会计法》的规定，我国会计年度采用公历年度，即1月1日至12月31日。因此，我国年度资产负债表日是指每年的12月31日；中期资产负债表日则是指各会计中期末。例如，提供第一季度财务报告时，资产负债表日是3月31日，提供半年度财务报告时，资产负债表日是6月30日。

如果母公司在国外或子公司在国外，无论国外公司如何确定会计期间，其向国内提供的财务报表均应按照我国《会计法》和《企业会计准则——基本准则》对会计期间的规定，提供相应期间的财务报表，不能以国外公司确定的会计期间作为依据。

2）财务报告批准报出日

财务报告批准报出日是指董事会或类似机构批准财务报告报出的日期，通常是指对财务报告的内容负有法律责任的单位或个人批准财务报告向企业外部公布的日期。根据《中华人民共和国公司法》（以下简称《会计法》）的规定，董事会有权制订公司的年度财务预算方案、决算方案、利润分配方案和弥补亏损方案，董事会有权批准对外公布财务报告。对于上市公司而言，财务报告批准报出日就是董事会批准财务报告报出的日期；对于其他企业而言，财务报告批准报出日则是经理（厂长）会议或类似机构批准财务报告报出的日期。

3）有利或不利事项

有利或不利事项，是指资产负债表日后对企业财务状况和经营成果具有一定影响，既包括有利影响又包括不利影响的事项。对于有利或不利事项在会计核算中应采取同一原则进行处理。不能"报喜不报忧"，也不能"报忧不报喜"。

特别提示

并不是发生在资产负债表日后事项涵盖期间的全部事项都是资产负债表日后事项。只有与资产负债表日存在状况有关的事项，或虽然与资产负债表日存在状况无关，但对企业财务状况具有重大影响的事项才是本章探讨的资产负债表日后事项。如果在此期间内发生的是企业的常规业务，如正常的销售商品和发放职工工资，那么它们并不是本章所探讨的资产负债表日后事项。

4.1.2 资产负债表日后事项涵盖的期间

资产负债表日后事项涵盖的期间是自资产负债表次日至财务报告批准报出日为止的一段期间。若财务报告批准报出以后、实际报出之前又发生与资产负债表日后事项有关的事项，并由此影响财务报告对外公布日期的，应以董事会或类似机构再次批准财务报告对外公布的日期为截止日期。需要注意的是，日后事项涵盖期间不包括资产负债表日当天。

【例4-1】甲上市公司20×5年的年度财务报告于20×6年3月24日编制完成，注册会计师完成报表审计工作并签署审计报告的日期为20×6年4月14日，董事会批准财务报告对外公布的日期为20×6年4月20日，财务报告实际对外公布的日期为20×6年4月24日，股东大会召开日期为20×6年5月14日。

根据资产负债表日后事项涵盖期间的规定，甲上市公司20×5年度财务报告资产负债表日后事项涵盖的期间为20×6年1月1日—4月20日（财务报告批准报出日）。如果在20×6年4月20日—24日（财务报告实际报出日）之间又发生了重大事项，需要调整财务报告相关项目的金额或需要在财务报告附注中予以披露，假设经调整或说明后的财务报告再经董事会批准报出的日期为20×6年4月26日，实际报出的日期为20×6年4月29日，则资产负债表日后事项涵盖的期间为20×6年1月1日—4月26日。

特别提示

> 如果由此影响审计报告内容，按照独立审计准则的规定，注册会计师可以签署双重报告日期，即保留原定审计报告日，并就该日后事项注明新的审计报告日；或更改审计报告日期，即将原定审计报告日推迟至完成追加审计程序时的审计报告日。

4.1.3 资产负债表日后事项的内容

资产负债表日后事项包括两类：一类是对资产负债表日存在的状况提供进一步证据的事项，即调整事项；一类是资产负债表日后才发生的事项，即非调整事项。

1）调整事项

调整事项是指资产负债表日后至财务报告批准报出日之间发生的、对资产负债表日已经存在的情况提供了新的或进一步证据的事项。

如果资产负债表日及所属会计期间已经存在某种情况，但当时并不知道其存在或者不能知道确切结果，某事项的发生对资产负债表日的情况提供了新的或进一步的证据，能够证实该情况的存在或者确切结果，或是证据表明的情况与原来的估计和判断不完全一致，这表明依据资产负债表日存在状况编制的财务报告已不再具备有用性，加之财务报告尚未报出，应依据新发生的情况对资产负债表日所反映的收入、费用、资产、负债以及所有者权益进行调整，所以该事项属于资产负债表日后事项中的调整事项。由此可见，调整事项的特点是：

（1）在资产负债表日或以前已经存在，资产负债表日后得以证实；

（2）对按资产负债表日存在状况编制的财务报告产生重大影响。

【例4-2】20×5年8月，甲公司因产品质量问题被消费者起诉，直到20×5年12月31日法院尚未判决。甲公司考虑到败诉、进行赔偿的可能性很大，为此确认了500万元的预计负债。20×6年2月20日，在甲公司20×5年度财务报告对外报出之前，法院判决消费者胜诉，要求甲公司支付赔偿款700万元。

首先，法院的判决发生在资产负债表日后至财务报告批准报出日这个特定时间段内。其次，甲公司在20×5年12月31日预计自己败诉的可能性很大，但由于法院尚未作出最终判决，根据该未决诉讼，甲公司确认了500万元的预计负债。20×6年2月20日，法院判决结果为甲公司预计负债的存在提供了进一步的证据，据此确定该事项为资产负债表日后调整事项。此时，按照20×5年12月31日存在状况编制的财务报告所提供的信息已不能真实反映企业的实际情况，加之财务报告尚未对外报出，所以应据此对财务报告相关项目的金额进行调整。

2）非调整事项

非调整事项是指资产负债表日后至财务报告批准报出日之间发生或存在的、不涉及资产负债表日存在状况的事项。

非调整事项是资产负债表日后发生的事项，它的发生不影响资产负债表日企业的财务报告金额，只说明资产负债表日后发生了某些情况，若不加以说明将会影响财务报告使用者作出正确决策，因此，需要进行披露。由此可见，非调整事项的特点是：

（1）资产负债表日并未发生或存在，完全是日后新发生的；

（2）对理解和分析财务报告有重大影响。

【例4-3】承【例4-2】，甲公司因产品质量问题于20×6年1月20日又被消费者起诉，要求甲公司赔偿900万元。20×6年3月20日，在甲公司20×5年度财务报告对外报出之前，法院判决消费者胜诉，要求甲公司支付赔偿款700万元。

法院的判决尽管发生在资产负债表日后至财务报告批准报出日这个特定时间段内，但是该诉讼在20×5年12月31日并不存在，完全是日后新发生的，并不影响甲公司按20×5年12月31日财务状况编制的财务报告。但对于这类事项如不加以说明，将会影响财务报告使用者作出正确决策。据此确定该事项为非调整事项，以适当的方式进行披露即可。

3）调整事项与非调整事项的区别

资产负债表日后发生的某一事项究竟是调整事项还是非调整事项，取决于该事项表明的情况在资产负债表日或资产负债表日之前是否已经存在。若该情况在资产负债表日或之前已经存在，资产负债表日后提供了证据对以前已存在的事项作出进一步说明，则属于调整事项；若该情况在资产负债表日尚未存在，但在财务报告批准报出日之前才发生，则属于非调整事项。

例如，因债务人破产而使应收账款发生损失，如果债权人在12月31日或之前根据所掌握的资料判断债务人有破产清算的可能，或债权人正处于破产清算的过程中，在资产负债表日债权人已经按该项应收账款的10%计提了坏账准备。如果在资产负债表日后至财务报告批准报出日之间，接到债务人的通知表明其宣告破产清算，债权人只能收回40%的债权。由于应收账款可能受到损失的状况在资产负债表日已经存在，只是在资产负债表日后提供了受损的进一步证据，表明原估计的坏账准备不足，应重新调整。因此，这一事项应当作为调整事项。

如果在12月31日债务人财务状况良好，没有任何财务状况恶化的信息，债权人按照当时所掌握的资料按应收账款的2%计提了坏账准备，但在债权人财务报告批准报出前，有证据证明债务人由于火灾产生重大损失，债权人的应收账款有可能全部收不回来，由于这一情况在资产负债表日并不存在，是资产负债表日后才发生的事项，因此，应作为非调整事项在财务报告附注中进行披露。

我国《企业会计准则第29号——资产负债表日后事项》以列举的方式，说明了哪些属于调整事项，哪些属于非调整事项，这并不是说准则已列举了所有的调整事项和非调整事项。应根据前文的判断标准，确定资产负债表日后事项中哪些属于调整事项，哪些属于非调整事项。

需要说明的是，资产负债表日后事项，已经作为调整事项调整财务报告有关项目金额的，除法律、法规以及其他会计制度另有规定外，不需要在财务报告附注中进行披露，以免造成附注信息超载。

4.2 资产负债表日后调整事项

4.2.1 调整事项的内容

调整事项通常包括以下内容：

（1）资产负债表日后诉讼案件结案，法院判决证实了企业在资产负债表日已经存在现时义务，需要调整原先确认的与该诉讼案件相关的预计负债，或确认一项新负债；

（2）资产负债表日后取得确凿证据，表明某项资产在资产负债表日发生了减值或者需要调整该项资产原先确认的减值金额；

（3）资产负债表日后进一步确定了资产负债表日前购入资产的成本或售出资产的收入；

（4）资产负债表日后发现了财务报表舞弊或差错。

4.2.2 调整事项的处理原则

资产负债表日后发生的调整事项，应当如同资产负债表所属期间发生的事项一样，进行相关账务处理，并对资产负债表已经编制的财务报告进行调整。这里的财务报告包括资产负债表、利润表及所有者权益（或股东权益）变动表等内容，但不包括现金流量表正表。

4.2.3 调整事项的调整步骤

1）步骤一：调整相应的科目

（1）涉及损益的事项，通过"以前年度损益调整"科目核算。

由于资产负债表日后事项发生在次年，上年度的损益类科目已经结转无余额。因此，涉及损益类项目的调整，均通过"以前年度损益调整"科目进行。该科目是一个损益类科目，核算企业本年度发生的、调整以前年度损益的事项，以及本年度发现的重要前期差错更正涉及调整以前年度损益的事项。当企业调整增加以前年度利润或减少以前年度亏损时，借记有关科目，贷记本科目；当企业调整减少以前年度利润或增加以前年度亏损时，作相反的会计处理。

微课 4.1 为什么直接在"利润分配——未分配利润"中进行调节

（2）涉及利润分配调整的事项，直接通过"利润分配——未分配利润"科目核算。

（3）不涉及损益及利润分配的事项，则直接调整相关科目。

2）步骤二：调整所得税

如第 3 章"所得税会计"所述，所得税需要从应交税费和递延所得税两个角度进行考虑。

从应交税费的角度，要考虑调整事项发生在所得税汇算清缴之前还是之后。若调整事项发生在报告年度所得税汇算清缴之前，应调整报告年度的应纳税所得额和应纳所得税额；若调整事项发生在报告年度所得税汇算清缴之后，则只能调整报告年度次年的应纳所得税额。

从递延所得税的角度，要考虑调整事项的发生是产生了新的暂时性差异还是使原有的暂时性差异消失。如果产生了新的暂时性差异，需要进而确认相应的递延所得税资产或递延所得税负债；如果原有的暂时性差异因为调整事项的发生而消失，则应转销报告年度报表中确认的递延所得税资产或递延所得税负债。

3）步骤三：结平"以前年度损益调整"科目

调整完成后，应将"以前年度损益调整"科目的贷方或借方余额，转入"利润分配——未分配利润"科目。与其他损益类科目相同，该科目结转后也无余额。

4）步骤四：调整盈余公积

由于调整事项影响了未分配利润，因此应按提取盈余公积的比例调整盈余公积。

通过上述账务处理后，还应同时调整财务报告相关项目的金额，包括：

（1）资产负债表日编制的财务报告相关项目的期末或本年发生数；

（2）当期编制的财务报告相关项目的期初数或上年数；

（3）经过上述调整后，如果涉及附注内容的，还应当调整报表附注。

4.2.4 调整事项的具体会计处理

为简化会计处理，本节所有的例题均作如下假设：甲公司财务报告批准报出日是次年3月31日，所得税税率为25%，按净利润的10%提取法定盈余公积，提取法定盈余公积后不再进行其他分配；调整事项按税法规定均可调整应缴纳的所得税；涉及递延所得税资产的，均假定未来期间很可能取得用来抵扣暂时性差异的应纳税所得额。

（1）资产负债表日后诉讼案件结案，法院判决证实了企业在资产负债表日已经存在现时义务，需要调整原先确认的与该诉讼案件相关的预计负债，或确认一项新负债。

由于案件在资产负债表日之前已经立案，直到资产负债表日尚未结案，这项资产负债表日未决诉讼对该日的财务状况产生了影响。在财务报告批准报出日之前，法院的判决结果到达，使得企业获得了新的或进一步的证据，因此应在财务报告中确认为一项新负债；或者在资产负债表日已确认但需要根据判决结果调整已确认负债的金额。

【例4-4】甲、乙公司签订一项销售合同，合同中订明甲公司应于20×5年8月销售给乙公司一批商品。由于甲公司未按合同发货，致使乙公司蒙受重大经济损失。乙公司于20×5年11月向法院提起诉讼，要求甲公司赔偿其经济损失900万元。至20×5年12月31日，人民法院尚未判决，但甲公司对该诉讼事项确认了600万元的预计负债，乙公司未确认应收赔偿款。20×6年2月8日，法院判决甲公司应赔偿乙公司经济损失800万元，双方均服从判决。判决当日甲公司向乙公司支付了800万元赔偿款。甲、乙公司20×5年所得税汇算清缴均在20×6年3月10日完成。假定该项预计负债产生的损失不允许在预计时税前抵扣，但能在损失实际发生时进行税前抵扣。

甲公司的账务处理如下：

步骤一：调整相应的科目

①结转报告年度因该事项确认的预计负债。

借：预计负债   6 000 000

 贷：其他应付款——乙公司   6 000 000

②追加确认法院判决应赔偿的金额。

借：以前年度损益调整——营业外支出　　　　　　　　　　2 000 000

　　贷：其他应付款——乙公司　　　　　　　　　　　　　　　　　2 000 000

③实际支付赔偿款。

借：其他应付款——乙公司　　　　　　　　　　　　　　　8 000 000

　　贷：银行存款　　　　　　　　　　　　　　　　　　　　　　　8 000 000

特别提示

　　资产负债表日后事项如涉及现金收支项目，均不调整报告年度资产负债表的货币资金项目和现金流量表正表各项目数字，第③笔分录只作为20×6年2月发生的业务。这是因为该金额在20×6年2月才进行支付，并没有影响到20×5年12月31日的货币资金数额，所以不能调整该日资产负债表中的货币资金。并且现金流量表正表是按照收付实现制编制的，该赔偿额毕竟没有在报告年度支付，所以也不能调整。

微课4.2　日后事项不能调整货币资金的原因

步骤二：调整所得税

①调整应交所得税。

　　根据题目的假定，该项预计负债产生的损失不允许在预计时税前抵扣，只有在损失实际发生时才允许税前抵扣。由于法院的判决在所得税汇算清缴之前到达，即企业报告年度可以少交所得税200万元（800×25%）。

借：应交税费——应交所得税　　　　　　　　　　　　　2 000 000

　　贷：以前年度损益调整——所得税费用　　　　　　　　　　　　2 000 000

②调整递延所得税。

　　调整事项发生前，预计负债账面价值为600万元，计税基础为0，产生了可抵扣暂时性差异600万元，因此甲公司在资产负债表中确认了递延所得税资产150万元（600×25%）；调整事项发生后，预计负债已经转销，账面价值与计税基础均为0，二者之间不存在暂时性差异，因此应转销原先确认的递延所得税资产。

借：以前年度损益调整——所得税费用　　　　　　　　　1 500 000

　　贷：递延所得税资产　　　　　　　　　　　　　　　　　　　　1 500 000

步骤三：结平"以前年度损益调整"科目

　　根据上述调整分录，"以前年度损益调整"余额为借方150万元，编制的分录为：

借：利润分配——未分配利润　　　　　　　　　　　　　1 500 000

　　贷：以前年度损益调整　　　　　　　　　　　　　　　　　　　1 500 000

步骤四：调整盈余公积

　　调整事项的发生使未分配利润减少150万元，因此需调减盈余公积15万元（150×10%）。

借：盈余公积——法定盈余公积　　　　　　　　　　　　　150 000

　　贷：利润分配——未分配利润　　　　　　　　　　　　　　　　　150 000

调整报告年度财务报告相关项目如下：

①资产负债表项目的调整。

调减递延所得税资产 1 500 000 元，调增其他应付款 8 000 000 元，调减应交税费 2 000 000 元，调减预计负债 6 000 000 元；调减盈余公积 150 000 元，调减未分配利润 1 350 000 元。

②利润表项目的调整。

调增营业外支出 2 000 000 元，调减所得税费用 500 000 元，调减净利润 1 500 000 元，调减综合收益总额 1 500 000 元。

③所有者权益变动表项目的调整。

调减综合收益总额 1 500 000 元，调减提取盈余公积 150 000 元，调减本年年末余额 1 350 000 元。

④调整 20×6 年 2 月份资产负债表相关项目的年初数。

微课 4.3 资产负债表日未决诉讼的调整

由于发生了资产负债表日后调整事项，甲公司除了调整 20×5 年度资产负债表相关项目外，还应当调整 20×6 年 2 月份资产负债表相关项目的年初数，即按 20×5 年 12 月 31 日调整后的金额填列。

乙公司的账务处理如下：

步骤一：调整相应的科目

①确认法院判决获得赔偿的金额。

借：其他应收款——甲公司   8 000 000
    贷：以前年度损益调整——营业外收入   8 000 000

②记录收到的赔款。

借：银行存款   8 000 000
    贷：其他应收款——甲公司   8 000 000

同理，该笔分录只作为 20×6 年 2 月的业务，不据此调整 20×5 年财务报告。

步骤二：调整所得税

调整应交所得税。

借：以前年度损益调整——所得税费用（8 000 000×25%）   2 000 000
    贷：应交税费——应交所得税   2 000 000

本题不影响递延所得税，所以无须调整。

步骤三：结平"以前年度损益调整"科目

借：以前年度损益调整——本年利润   6 000 000
    贷：利润分配——未分配利润   6 000 000

步骤四：调整盈余公积

因调整事项的发生，未分配利润增加 600 万元，应补提盈余公积 60 万元（600×10%）。

借：利润分配——未分配利润   600 000
    贷：盈余公积   600 000

调整报告年度财务报表相关项目如下：

①资产负债表项目的调整。

调增其他应收款 8 000 000 元，调增应交税费 2 000 000 元，调增盈余公积 600 000 元，调增未分配利润 5 400 000 元。

②利润表项目的调整。

调增营业外收入 8 000 000 元，调增所得税费用 2 000 000 元，调增净利润 6 000 000 元，调增综合收益总额 6 000 000 元。

③所有者权益变动表项目的调整。

调增综合收益总额 6 000 000 元，调增提取盈余公积 600 000 元，调增本年年末余额 5 400 000 元。

④调整 20×6 年 2 月份资产负债表相关项目的年初数。

由于发生了资产负债表日后调整事项，乙公司除了调整 20×5 年度资产负债表相关项目外，还应当调整 20×6 年 2 月份资产负债表相关项目的年初数，即按 20×5 年 12 月 31 日调整后的金额填列。

（2）资产负债表日后取得确凿证据，表明某项资产在资产负债表日发生了减值或者需要调整该项资产原先确认的减值金额。

这一事项是指在资产负债表日，根据当时的资料判断某项资产可能发生了损失或减值，但没有最后确定是否会发生，因而按照当时的最佳估计金额反映在财务报告中。但在资产负债表日至财务报告批准报出日之间，所取得的确凿证据能证明该事实成立，即某项资产已经发生了损失或减值，则应对资产负债表日所作的估计予以修正。

【例4-5】20×5 年 6 月，甲公司售出 200 万元（含增值税）产品给乙公司，乙公司于 7 月份收到所购商品并验收入库。按合同约定，乙公司应于收到货物后两个月内付款，但由于乙公司财务状况不佳，至 20×5 年 12 月 31 日仍未付款。甲公司编制 20×5 年度财务报告时已为该项债权计提了 10 万元坏账准备。20×6 年 2 月 10 日（所得税汇算清缴前），甲公司收到法院通知，乙公司宣告破产清算，无力偿还所欠部分货款，甲公司预计可收回该债权的 60%。

本例中，甲公司收到法院通知是在资产负债表日后事项涵盖期间发生，甲公司原对应收乙公司账款计提了 10 万元的坏账准备，新的证据表明应计提的坏账准备为 80 万元（200×40%），因此判断该事项属于资产负债表日后调整事项，差额 70 万元应当调整 20×5 年度财务报告相关项目的金额。

步骤一：调整相应的科目

补提坏账准备。

借：以前年度损益调整——信用减值损失　　　　　　　　　700 000

　　贷：坏账准备　　　　　　　　　　　　　　　　　　　　　700 000

步骤二：调整所得税

调整递延所得税。

调整事项发生前，应收账款账面价值为 190 万元（200-10），计税基础为 200 万元，产生可抵扣暂时性差异 10 万元，因此在财务报告中确认了递延所得税资产 2.5 万元（10×25%）；调整事项发生后，应收账款账面价值 120 万元（200-80），计税基础仍为 200 万元，产生可抵扣暂时性差异 80 万元，因此应确认的递延所得税资产为 20 万元（80×25%）。结合递延所得税资产已有余额，应继续确认递延所得税资产17.5万元（20-2.5）。

借：递延所得税资产   175 000

  贷：以前年度损益调整——所得税费用   175 000

思 考

为什么此时不考虑对应交税费的影响？

这是因为《中华人民共和国企业所得税法》规定，资产在发生实质性损失之前，不允许税前扣除。本例中尽管乙公司宣告破产清算，但进入破产清算程序后能偿还甲公司的具体金额仍然不确定。因此甲公司预计可收回该项应收账款的60%仍然只是会计估计，而不是实质性损失，所以不调整应交税费。

步骤三：结平"以前年度损益调整"科目

借：利润分配——未分配利润   525 000

  贷：以前年度损益调整   525 000

步骤四：调整盈余公积

借：盈余公积——法定盈余公积（525 000×10%）   52 500

  贷：利润分配——未分配利润   52 500

调整报告年度财务报告相关项目如下：

①资产负债表项目的调整。

调减应收账款700 000元，调增递延所得税资产175 000元，调减盈余公积52 500元，调减未分配利润472 500元。

②利润表项目的调整。

调增信用减值损失700 000元，调减所得税费用175 000元，调减净利润525 000元，调减综合收益总额525 000元。

③所有者权益变动表项目的调整。

调减综合收益总额525 000元，调减提取盈余公积52 500元，调减本年年末余额472 500元。

④调整20×6年2月份资产负债表相关项目的年初数。

由于发生了资产负债表日后调整事项，甲公司除了调整20×5年度资产负债表相关项目外，还应当调整20×6年2月份资产负债表相关项目的年初数，即按20×5年12月31日调整后的金额填列。

（3）资产负债表日后进一步确定了资产负债表日前购入资产的成本或售出资产的收入。

这类调整事项包括两方面的内容：

①若资产负债表日前购入的资产已经按暂估金额等入账，资产负债表日后获得证据，可以进一步确定该资产的成本，则应对已入账的资产成本进行调整。例如，购建的固定资产已经达到预定可使用状态，但尚未办理竣工决算，企业已经办理暂估入账。资产负债表日后办理决算，此时应根据竣工决算的金额调整暂估入账的固定资产成本。

②企业在资产负债表日已根据收入确认条件确认资产销售收入，但资产负债表日后获

得关于资产收入的进一步证据，如发生销售退回等，此时也应调整财务报告相关项目的金额。

【例4-6】20×5年10月25日，甲公司向乙公司销售商品240万元，甲公司为增值税一般纳税人，增值税税率为13%，款项未收。该批产品成本200万元，至年末该笔货款仍未收到，甲公司未对该应收账款计提坏账准备。当年12月，乙公司提出产品有质量问题要求甲公司给予折让，至年末双方未达成一致。20×6年2月8日，该批货物被退回。甲公司于20×6年2月20日完成20×5年所得税汇算清缴。

甲公司的账务处理如下：

步骤一：调整相应的科目

①冲减销售收入。

借：以前年度损益调整——主营业务收入　　　　　　　　　　　　　2 400 000

　　应交税费——应交增值税（销项税额）　　　　　　　　　　　　312 000

　　贷：应收账款——乙公司　　　　　　　　　　　　　　　　　　　　　2 712 000

②冲减销售成本。

借：库存商品　　　　　　　　　　　　　　　　　　　　　　　　　2 000 000

　　贷：以前年度损益调整——主营业务成本　　　　　　　　　　　　　　2 000 000

步骤二：调整所得税

由于销售退回发生在甲公司报告年度所得税汇算清缴之前，因此在所得税汇算清缴时，应扣除该部分销售退回所实现的应纳税所得额。

借：应交税费——应交所得税（（2 400 000-2 000 000）×25%）　　100 000

　　贷：以前年度损益调整——所得税费用　　　　　　　　　　　　　　　100 000

本题不影响递延所得税，所以无须调整。

步骤三：结平"以前年度损益调整"科目

借：利润分配——未分配利润　　　　　　　　　　　　　　　　　　300 000

　　贷：以前年度损益调整　　　　　　　　　　　　　　　　　　　　　　300 000

步骤四：调整盈余公积

借：盈余公积——法定盈余公积（300 000×10%）　　　　　　　　　30 000

　　贷：利润分配——未分配利润　　　　　　　　　　　　　　　　　　　30 000

调整报告年度财务报告相关项目如下：

①资产负债表项目的调整。

调减应收账款2 712 000元，调增存货2 000 000元，调减应交税费412 000元，调减盈余公积30 000元，调减未分配利润270 000元。

②利润表项目的调整。

调减营业收入2 400 000元，调减营业成本2 000 000元，调减所得税费用100 000元，调减净利润300 000元，调减综合收益总额300 000元。

③所有者权益变动表项目的调整。

调减综合收益总额300 000元，调减提取盈余公积30 000元，调减本年年末余额270 000元。

④调整20×6年2月份资产负债表相关项目的年初数。

由于发生了资产负债表日后调整事项，甲公司除了调整20×5年度资产负债表相关项目外，还应当调整20×6年2月份资产负债表相关项目的年初数，即按20×5年12月31日调整后的金额填列。

（4）资产负债表日后发现了财务报表舞弊或差错。

本教材第5章的5.3节"前期差错及其更正"将对该问题进行深入探讨。

4.3 资产负债表日后非调整事项

4.3.1 常见的非调整事项

资产负债表日后常见的非调整事项主要有：

（1）资产负债表日后发生重大诉讼、仲裁、承诺；

（2）资产负债表日后资产价格、税收政策、外汇汇率发生重大变化；

（3）资产负债表日后因自然灾害导致资产发生重大损失；

（4）资产负债表日后发行股票和债券以及其他巨额举债；

（5）资产负债表日后资本公积转增资本；

（6）资产负债表日后发生巨额亏损；

（7）资产负债表日后发生企业合并或处置子公司；

（8）资产负债表日后，企业利润分配方案中拟分配的或经审议批准宣告发放的现金股利或利润。

> **特别提示**
>
> 资产负债表日后事项涵盖期间，董事会利润分配方案中拟分配的以及经股东大会审议批准宣告发放的股利或利润的行为，并不会导致企业在资产负债表日形成现时义务，因此，不确认为资产负债表日负债。即虽然该事项的发生可导致企业负有支付股利或利润的义务，但支付义务在资产负债表日尚不存在，不应调整资产负债表日的财务报告。因此，该事项为非调整事项。

4.3.2 非调整事项的处理原则

资产负债表日后非调整事项，是表明资产负债表日后发生的情况的事项。非调整事项的发生与资产负债表日存在状况无关，不影响资产负债表日企业的财务报告，只说明资产负债表日后发生了某些情况，如不加以说明将会影响财务报告使用者作出正确决策，因此应在附注中进行披露。

本章小结与思维导图

本章全面论述了资产负债表日后事项的定义、涵盖期间、调整事项与非调整事项的内容及其会计处理方法。

资产负债表日后事项是指资产负债表日至财务报告批准报出日之间发生的有利或不利事项。

资产负债表日后发生的某一事项究竟是调整事项还是非调整事项，取决于该事项表明的情况在资产负债表日或资产负债表日以前是否已经存在。

资产负债表日后调整事项是指对资产负债表日已经存在的情况提供了新的或进一步证据的事项。对于调整事项，应当进行相应的会计处理，并且调整资产负债表日的财务报告。

资产负债表日后非调整事项是表明资产负债表日后发生情况的事项，与资产负债表日存在的状况无关。对于非调整事项不应当调整资产负债表日的财务报告，需在附注中进行披露。

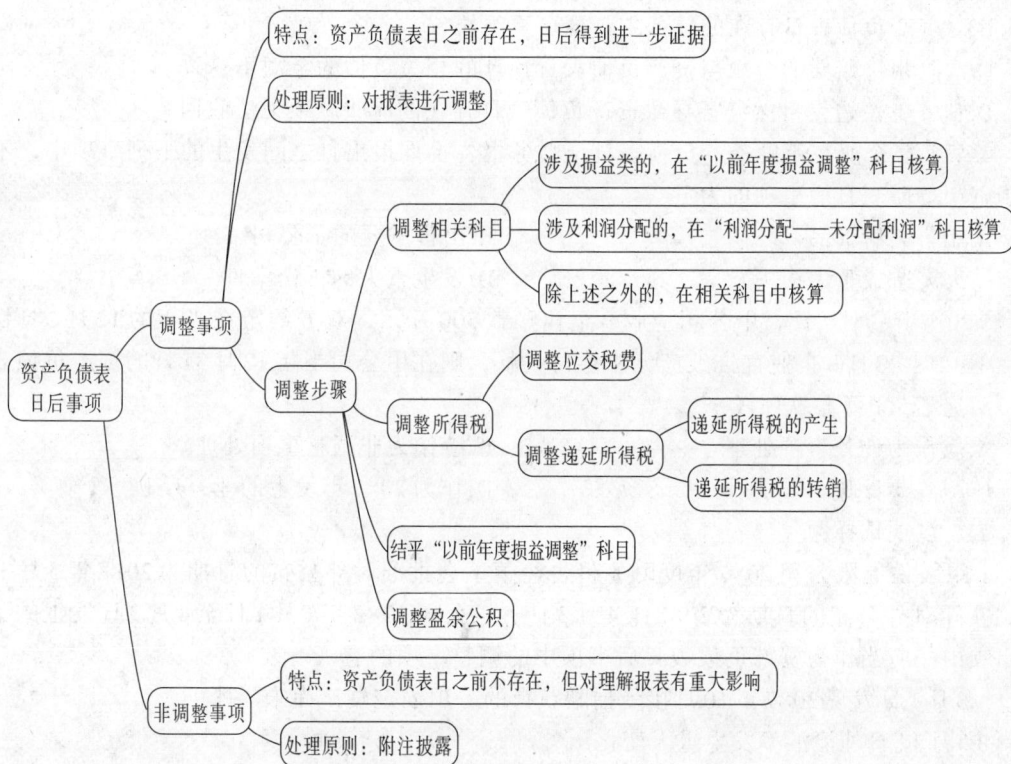

```
资产负债表
日后事项
├─ 调整事项
│   ├─ 特点：资产负债表日之前存在，日后得到进一步证据
│   ├─ 处理原则：对报表进行调整
│   └─ 调整步骤
│       ├─ 调整相关科目
│       │   ├─ 涉及损益类的，在"以前年度损益调整"科目核算
│       │   ├─ 涉及利润分配的，在"利润分配——未分配利润"科目核算
│       │   └─ 除上述之外的，在相关科目中核算
│       ├─ 调整所得税
│       │   ├─ 调整应交税费
│       │   └─ 调整递延所得税
│       │       ├─ 递延所得税的产生
│       │       └─ 递延所得税的转销
│       ├─ 结平"以前年度损益调整"科目
│       └─ 调整盈余公积
└─ 非调整事项
    ├─ 特点：资产负债表日之前不存在，但对理解报表有重大影响
    └─ 处理原则：附注披露
```

章末习题

一、单项选择题

1.20×8年1月10日甲公司向乙公司销售一批商品并确认收入实现，20×8年2月20日，乙公司因产品质量原因将上述商品退货。甲公司20×7年财务报告批准报出日为20×8年3月31日。甲公司对此项退货业务正确的处理方法是（　　）。

A.作为资产负债表日后事项中的调整事项处理

B.作为资产负债表日后事项中的非调整事项处理

C.冲减20×8年1月份相关收入、成本和税金等相关项目

D.冲减20×8年2月份相关收入、成本和税金等相关项目

2.资产负债表日后调整事项在进行调整处理时，不能在报表中调整的项目是（　　）。

微课4.4　第4章单项选择题第1题讲解

A.货币资金收支项目

B.涉及应收账款的事项

C.涉及所有者权益的事项

D.涉及损益调整的事项

3.资产负债表日至财务报告批准报出日之间发生的下列事项，属于调整事项的是（　　）。

A.为子公司的银行借款提供担保

B.对资产负债表日存在的债务签订债务重组协议

C.法院判决赔偿的金额与资产负债表日预计的相关负债的金额不一致

D.债务单位遭受自然灾害导致资产负债表日存在的应收款项无法收回

4.某零售企业在年度资产负债表日至财务报告批准报出日之间发生的下列事项中，不属于资产负债表日后事项的为（　　）。

A.销售名牌商品　　　　　　　　B.出售重要的子公司

C.火灾造成重大损失　　　　　　D.发生重大的诉讼案件

5.20×7年2月2日，甲公司应收B企业账款500万元，双方约定在当年的12月2日偿还，但12月20日B企业宣告破产无法偿付欠款，则在甲公司当年12月31日的资产负债表中，对这笔500万元款项（　　）。

A.应作为调整事项处理　　　　　B.应作为非调整事项处理

C.不需要反映　　　　　　　　　D.作为20×7年发生的业务反映

二、多项选择题

1.甲股份有限公司20×7年度财务报告经董事会批准对外公布的日期为20×8年3月30日，实际对外公布的日期为20×8年4月3日。该公司20×8年1月1日至4月3日发生的下列事项中，应当作为资产负债表日后事项中的调整事项的有（　　）。

A.3月1日发现20×7年10月接受捐赠获得的一项固定资产尚未入账

B.3月11日外汇汇率发生重大变化

C.3月2日经批准将资本公积转增资本

D.3月10日甲公司被法院判决败诉并要求支付赔款1 000万元，对此项诉讼甲公司已于20×7年末确认预计负债800万元

2.资产负债表日后非调整事项的特点有（　　）。

A.在资产负债表日或以前已经存在

B.在资产负债表日并未发生或存在

C.对理解和分析报告年度的财务报告产生重大影响

D.日后事项涵盖期间发生的事项

3.下列发生于年度资产负债表日至财务报告批准报出日之间的各事项中，应调整报告年度财务报表相关项目金额的有（　　）。

A.董事会通过报告年度利润分配预案

B.发现报告年度财务报告存在重要会计差错

C.资产负债表日未决诉讼结案，实际判决金额与已确认预计负债不同

D.新证据表明存货在报告年度资产负债表日的可变现净值与原估计不同

4.下列在年度资产负债表日至财务报告批准报出日之间发生的事项中，属于资产负债表日后事项的有（　　　）。

A.支付生产工人工资　　　　　　　　B.固定资产和投资发生严重减值

C.股票和债券的发行　　　　　　　　D.火灾造成重大损失

5.甲公司在资产负债表日至财务报告批准报出日之间发生的下列事项中，属于资产负债表日后非调整事项的有（　　　）。

A.发生重大仲裁

B.甲公司的股东A公司将持有甲公司51%的股份转让给B公司

C.外汇汇率发生重大变动

D.新的证据表明，在资产负债表日对坏账准备计提的金额严重不足

三、业务题

甲公司为一般纳税企业，适用的增值税税率为13%、所得税税率为25%。甲公司按净利润的10%提取法定盈余公积，假定该企业计提的各种资产减值准备和因或有事项确认的负债均作为暂时性差异处理。甲公司20×8年度的财务报告于20×9年4月30日批准报出，所得税汇算清缴日为4月30日。自20×9年1月1日至4月30日发生如下事项：

（1）1月30日，接到通知，某一债务企业乙公司宣告破产，其所欠应收账款200万元预计只能收回40%。甲公司在20×8年12月31日以前已被告知乙企业资不抵债面临破产，并已经计提坏账准备20万元。

（2）3月4日，收到丙公司一批200万元的退货，该产品是甲公司20×8年12月销售给丙公司的产品，成本160万元，丙公司验收货物时发现不符合合同要求需要退货，甲公司收到丙公司的通知后希望再与丙公司协商，因此编制20×8年利润表时仍确认了收入，并将应收账款226万元（含增值税）列入资产负债表"应收账款"项目，对此项应收账款没有计提坏账准备。

（3）3月20日，甲公司发现在20×8年12月31日计算A库存产品的可变现净值时发生差错，该库存产品的成本为1 500万元，预计可变现净值应为1 200万元。20×8年12月31日，甲公司误将A库存产品的可变现净值预计为1 000万元。

（4）甲公司与丁公司签订供销合同，合同规定甲公司在20×8年11月供应给丁公司一批货物，由于甲公司未能按照合同发货，致使丁公司发生重大经济损失。丁公司要求甲公司赔偿经济损失200万元，法院对该诉讼案在12月31日尚未判决，甲公司已确认预计负债120万元。20×9年3月25日，经法院一审判决，甲公司需要赔偿丁公司经济损失150万元，甲公司不再上诉，当日支付赔偿款。

（5）3月31日，因自然灾害导致资产发生重大损失1 000万元。

（6）3月10日，甲公司发现20×8年12月1日取得的一项交易性金融资产，其期末公允价值变动计入了其他综合收益，确认所得税影响时也计入了其他综合收益。该交易性金融资产取得时成本为500万元，20×8年12月31日，其公允价值为520万元。

微课4.5　第4章业务题第（6）问讲解

要求：（1）指出上述事项中哪些属于资产负债表日后调整事项，哪些属于非调整事项；

（2）对资产负债表日后调整事项，编制相关调整分录。

四、思考题

1.资产负债表日后调整事项有哪些？

2.资产负债表日后非调整事项有哪些？

3.资产负债表日后调整事项如何进行会计处理？

第4章习题答案

第5章/
会计政策、会计估计变更和差错更正

学习目标：理解会计政策、会计政策变更的概念，掌握会计政策变更的会计处理方法；理解会计估计、会计估计变更的概念，掌握会计估计变更的会计处理方法；理解前期差错的概念，掌握前期差错的会计处理方法。

引导案例

2017年1月，财政部修订印发了《企业会计准则第22号——金融工具确认和计量》《企业会计准则第37号——金融工具列报》等具体会计准则，并要求在境内外同时上市的企业以及在境外上市并采用国际财务报告准则或企业会计准则编制财务报告的企业，自2018年1月1日起施行；其他境内上市企业自2019年1月1日起施行。

2019年1月5日，雅戈尔（600177）发布了《雅戈尔集团股份有限公司关于会计政策变更的公告》，公告指出公司自2019年第一季度报告起，按新准则要求进行财务报告的披露。此次会计政策变更涉及的项目包括：

1.金融资产的分类

变更前，公司按照持有金融资产的意图和目的不同，将金融资产分为四类：可供出售金融资产、贷款和应收款、以公允价值计量且其变动计入当期损益的金融资产、持有至到期投资。变更后，公司以企业持有金融资产的业务模式和合同现金流量特征作为金融资产的判断依据，将金融资产分为三类：以摊余成本计量的金融资产、以公允价值计量且其变动计入其他综合收益的金融资产、以公允价值计量且其变动计入当期损益的金融资产。

2.金融资产减值的会计处理

变更前，公司对金融资产减值的会计处理采用的是已发生损失法；变更后，采用预期损失法，该法考虑金融资产未来预期信用损失情况，更加及时、足额地计提金融资产减值准备，揭示和防控金融资产信用风险。

什么是会计政策变更？哪些情况下可以变更会计政策？会计政策变更如何进行会计处理？什么是会计估计变更？会计政策变更与会计估计变更如何区分？本章将对上述问题进行探讨。

5.1 会计政策及其变更

5.1.1 会计政策

1) 会计政策的概念

会计政策，是指企业在会计确认、计量和报告中所采用的原则、基础和会计处理方法。原则是指企业按照企业会计准则规定的、适合于企业会计核算所采用的特定会计原则。基础是指为了将会计原则应用于交易或者事项而采取的会计基础。会计处理方法，是指企业在会计核算中从诸多可选择的会计处理方法中所选择的、适合于本企业的具体会计处理方法。

2) 会计政策的特点

(1) 会计政策的选择性。

会计政策是在允许的会计原则、计量基础和会计处理方法中作出指定或具体选择。由于企业经济业务的复杂性和多样化，某些经济业务在符合会计原则和计量基础的要求下，可以有多种会计处理方法，即存在不止一种可供选择的会计政策。例如，投资性房地产的后续计量可以在成本模式和公允价值模式之间进行选择。

(2) 会计政策的强制性。

我国的会计准则和会计制度属于部门规章，会计政策所包括的具体会计原则、计量基础和具体会计处理方法由会计准则或会计制度规定，具有一定的强制性。企业必须在法规允许的范围内选择适合本企业实际情况的会计政策，即企业在发生某项经济业务时，必须从允许的会计原则、计量基础和会计处理方法中选择出适合本企业特点的会计政策。

(3) 会计政策的层次性。

会计政策包括会计原则、会计基础和具体会计处理方法三个层次。会计原则包括一般原则和特定原则，会计政策所指的会计原则是指某一类会计业务核算所应遵循的特定原则，而不是笼统地指所有的会计原则。例如，借款费用是费用化还是资本化，即属于特定会计原则。可靠性、相关性、实质重于形式等属于会计信息质量要求，是为了满足会计信息质量要求而制定的原则，是统一的、不可选择的，不属于特定原则。

会计基础包括会计确认基础和会计计量基础。可供选择的会计确认基础包括权责发生制和收付实现制。会计计量基础主要包括历史成本、重置成本、可变现净值、现值和公允价值等。由于我国企业采用权责发生制作为会计确认基础，不具备选择性，所以会计政策所指的会计基础，主要是会计计量基础，即计量属性。

具体会计处理方法，是指企业根据国家统一的会计准则、制度允许选择的、对某一类会计业务的具体处理方法作出的具体选择。例如《企业会计准则第1号——存货》允许企业在先进先出法、加权平均法和个别计价法之间对发出存货实际成本的确定方法作出选择，这些方法就是具体会计处理方法。

3) 重要的会计政策

《企业会计准则第30号——财务报表列报》规定，企业应当披露重要的会计政策，并结合企业的具体实际披露其重要会计政策的确定依据和财务报表项目的计量基础。

企业披露的重要会计政策包括：

（1）发出存货成本的计量，是指企业确定发出存货成本所采用的会计处理。例如，企业发出存货成本的计量是采用先进先出法，还是其他方法。

（2）长期股权投资的后续计量，是指企业取得长期股权投资后的会计处理。例如，企业对被投资单位的长期股权投资是采用成本法，还是采用权益法核算。

（3）投资性房地产的后续计量，是指企业在资产负债表日对投资性房地产进行后续计量所采用的会计处理。例如，企业对投资性房地产的后续计量是采用成本模式，还是公允价值模式。

（4）固定资产的初始计量，是指对取得的固定资产初始成本的计量。例如，企业取得的固定资产初始成本是以购买价款，还是以购买价款的现值为基础进行计量。

（5）无形资产的确认，是指对无形资产项目的支出是否确认为无形资产。例如，企业内部研究开发项目开发阶段的支出是确认为无形资产，还是在发生时计入当期损益。

（6）非货币性资产交换的计量，是指非货币性资产交换事项中对换入资产成本的计量。例如，非货币性资产交换是以换出资产的公允价值作为确定换入资产成本的基础，还是以换出资产的账面价值作为确定换入资产成本的基础。

（7）借款费用的处理，是指借款费用的处理方法，即采用资本化还是采用费用化。

（8）合并政策，是指编制合并财务报表所采用的原则。例如，母公司与子公司的会计年度不一致的处理原则，合并范围的确定原则等。

5.1.2 会计政策变更及条件

1）会计政策变更的概念

会计政策变更，是指企业对相同的交易或者事项由原来采用的会计政策改用另一会计政策的行为。一般情况下，为保证会计信息的可比性，使财务报告使用者在比较企业一个以上期间的财务报表时，能够正确判断企业的财务状况、经营成果和现金流量的趋势，企业在不同的会计期间应采用相同的会计政策，不应也不能随意变更会计政策；否则，势必削弱会计信息的可比性，使财务报告使用者在比较企业的经营成果时发生困难。

需要注意的是，企业不能随意变更会计政策并不意味着企业的会计政策在任何情况下均不能变更。

2）会计政策变更的条件

会计政策变更，并不意味着以前期间的会计政策是错误的，只是由于情况发生了变化，或者掌握了新的信息、积累了更多的经验，使得变更后的会计政策能够更好地反映企业的财务状况、经营成果和现金流量。如果以前期间会计政策的选择和运用是错误的，则属于前期差错，应按5.3节"前期差错及其更正"的会计处理方法进行处理。

符合下列条件之一，企业可以变更会计政策：

（1）法律、行政法规或国家统一的会计制度等要求变更。

这种情况是指依照法律、行政法规以及国家统一的会计制度的规定，要求企业采用新的会计政策。在这种情况下，企业应按规定改变原会计政策，采用新的会计政策。例如本章引导案例中，雅戈尔按照新金融工具确认和计量准则对金融资产分类的变更。

（2）会计政策变更能够提供更可靠、更相关的会计信息。

这种情况是指，由于经济环境、客观情况的改变，使企业原来采用的会计政策所提供的会计信息不能恰当地反映企业的财务状况、经营成果和现金流量等情况，在这种情况下，应改变原有会计政策，按新的会计政策进行核算，以对外提供更可靠、更相关的会计信息。例如，某企业一直采用成本模式对投资性房地产进行后续计量，如果该企业能够从房地产交易市场上持续地取得同类或类似房地产的市场价格及其他相关信息，从而能够对投资性房地产的公允价值作出合理的估计，因此改为采用公允价值模式进行后续计量，这种变更就属于该类型。

需要注意的是，除法律、行政法规或者国家统一的会计制度等要求变更会计政策应当按照规定执行和披露外，企业因满足上述第二个条件变更会计政策时，必须有充分、合理的证据表明其变更的合理性，并说明变更会计政策后，能够提供关于企业财务状况、经营成果和现金流量等更可靠、更相关会计信息的理由。对会计政策的变更，应经股东大会或董事会等类似机构批准。如无充分、合理的证据表明会计政策变更的合理性或者未经股东大会等类似机构批准擅自变更会计政策的，或者连续、反复地自行变更会计政策的，视为滥用会计政策，按照前期差错更正的方法进行处理。

3）不属于会计政策变更的情形

对会计政策变更的认定，直接影响到会计处理方法的选择，因此，在会计实务中，企业应当正确认属于会计政策变更的情形。下列两种情况不属于会计政策变更：

（1）本期发生的交易或者事项与以前相比具有本质差别而采用新的会计政策。这是因为，会计政策是针对特定类型的交易或事项，如果发生的交易或事项与其他交易或事项有本质区别，那么企业实际上是为新的交易或事项选择了适当的会计政策，并没有改变原有的会计政策。

（2）对初次发生的或不重要的交易或者事项采用新的会计政策。对初次发生的某类交易或事项采用适当的会计政策，根本不涉及"改变"的问题。至于对不重要的交易或事项采用新的会计政策，不按会计政策变更进行会计处理并不影响会计信息的可比性，所以也不作为会计政策变更。

5.1.3 会计政策变更的会计处理

发生会计政策变更，有两种处理方法，即追溯调整法和未来适用法，两种方法适用于不同情形。

1）追溯调整法

追溯调整法，是指对某项交易或事项变更会计政策，视同该项交易或事项初次发生时即采用变更后的会计政策，并以此对财务报表相关项目进行调整的方法。采用追溯调整法时，对于比较财务报表期间的会计政策变更，应调整各期间净损益项目和财务报表其他相关项目，视同该政策在比较财务报表期间一直采用。对于比较财务报表可比期间以前的会计政策变更的累积影响数，应调整比较财务报表最早期间的期初留存收益，财务报表其他相关项目的金额也应一并调整。

微课 5.1 追溯调整法的相关问题解答

追溯调整法通常通过以下步骤进行：

第一步，计算会计政策变更的累积影响数；

第二步，编制相关项目的调整分录；

第三步，调整列报前期最早期初财务报表相关项目及其金额；

第四步，附注说明。

其中，会计政策变更的累积影响数，是指按照变更后的会计政策对以前各期追溯计算的列报前期最早期初留存收益应有金额与现有金额之间的差额。根据上述定义，会计政策变更的累积影响数是以下两个金额的差额：

（1）在变更会计政策当期，按变更后的会计政策对以前各期追溯计算，所得到的列报前期最早期初留存收益金额。

（2）在变更会计政策当期，列报前期最早期初留存收益金额。

特别提示

（1）上述的留存收益金额，包括盈余公积和未分配利润等项目，不考虑由于损益的变化而应当补分的股利或利润。即由于会计政策变化，增加了以前期间可供分配的利润，但在计算会计政策变更当期期初的留存收益时，不应当考虑由于以前期间净利润的变化而需要分配的现金股利。

（2）对于上述第（2）项，即为上期资产负债表所反映的期初留存收益，可以从上年资产负债表中获得；需要计算的是第（1）项，即按变更后的会计政策对以前各期追溯计算，所得到的上期期初留存收益金额。

（3）会计政策变更累积影响数，实际上就是变更年度所有者权益变动表中"上年金额"栏目中"盈余公积"①和"未分配利润"②项目的合计金额，见表5-1。

表5-1　　　　　　　　　　所有者权益变动表（局部）

项目	本年金额			上年金额		
	……	盈余公积	未分配利润	……	盈余公积	未分配利润
一、上年年末余额						
加：会计政策变更					①	②
前期差错更正						
二、本年年初余额						
……						

累积影响数通常可以通过以下各步计算获得：

（1）根据新会计政策重新计算受影响的前期交易或事项；

（2）计算两种政策下的差异；

（3）计算差异的所得税影响金额；

（4）确定前期中的每一期的税后差异；

（5）计算会计政策变更的累积影响数。

【例5-1】甲公司对所得税采用资产负债表债务法核算，适用的所得税税率为25%，按净利润的10%提取法定盈余公积。20×5年1月1日，甲公司将对外出租的一幢办公楼由成本模式计量改为公允价值模式计量。

该办公楼于20×1年12月31日对外出租,出租时办公楼的原价为10 000万元,已提折旧为2 000万元,预计尚可使用年限为20年,采用年限平均法计提折旧,假定甲公司计提折旧的方法及预计使用年限符合税法规定。

从20×1年1月1日起,甲公司所在地就存在活跃的房地产交易市场,公允价值能够持续可靠取得,甲公司对外出租的办公楼在20×1年12月31日、20×2年12月31日、20×3年12月31日、20×4年12月31日和20×5年12月31日的公允价值分别为8 000万元、9 000万元、9 600万元、10 100万元和10 200万元。

甲公司20×5年1月1日进行会计政策变更,比较财务报表列报前期最早期初为20×4年1月1日。

(1)计算改变投资性房地产计量模式的累积影响数,见表5-2。

表5-2 会计政策变更累积影响数计算表 单位:万元

年度	新政策影响当期损益	旧政策影响当期损益	税前差异	所得税影响	税后差异
20×2年	1 000①	-400④	1 400	350	1 050
20×3年	600②	-400④	1 000	250	750
小计	1 600	-800	2 400	600	1 800
20×4年	500③	-400④	900	225	675
合计	2 100	-1 200	3 300	825	2 475

注:①20×2年公允价值的变动=9 000-8 000=1 000(万元)

②20×3年公允价值的变动=9 600-9 000=600(万元)

③20×4年公允价值的变动=10 100-9 600=500(万元)

④每年计提折旧额=(10 000-2 000)÷20=400(万元)

(2)进行相关的会计处理。

①20×1年12月31日,将固定资产转换为投资性房地产时。

借:投资性房地产 100 000 000

　累计折旧 20 000 000

　贷:固定资产 100 000 000

　　投资性房地产累计折旧(摊销) 20 000 000

②20×2年、20×3年按成本模式计量,每年计提折旧时。

借:其他业务成本 4 000 000

　贷:投资性房地产累计折旧(摊销) 4 000 000

③20×5年1月1日,将投资性房地产由成本模式转为公允价值模式计量时。

A.编制业务发生时至20×4年初调整分录。

借:投资性房地产——成本 80 000 000

　　　　　——公允价值变动 16 000 000

　投资性房地产累计折旧(摊销) 28 000 000

贷：投资性房地产		100 000 000
递延所得税负债		6 000 000
利润分配——未分配利润		18 000 000
借：利润分配——未分配利润	1 800 000	
贷：盈余公积		1 800 000

B.编制20×4年调整分录。

借：投资性房地产——公允价值变动	5 000 000	
投资性房地产累计折旧（摊销）	4 000 000	
贷：递延所得税负债		2 250 000
利润分配——未分配利润		6 750 000
借：利润分配——未分配利润	675 000	
贷：盈余公积		675 000

特别提示

由于投资性房地产采用公允价值模式计量，账面价值为每年年末的公允价值，而投资性房地产的计税基础为原有的历史成本。由于公允价值不断上涨，资产的账面价值大于计税基础，产生了应纳税暂时性差异，确认的是递延所得税负债。

（3）财务报表调整和重述。

甲公司在编制20×5年度的财务报表时，应调整20×5年资产负债表的年初数、利润表有关项目的上年金额、所有者权益变动表有关项目的上年金额和本年金额。

①资产负债表项目的调整。

调增投资性房地产年初余额3 300万元，调增递延所得税负债年初余额825万元，调增盈余公积年初余额247.5万元，调增未分配利润年初余额2 227.5万元。

②利润表项目的调整。

调减营业成本上年金额400万元，调增公允价值变动损益500万元，调增所得税费用上年金额225万元，调增净利润上年金额675万元，调增综合收益总额上年金额675万元。

③所有者权益变动表项目的调整。

调增会计政策变更项目中盈余公积上年金额180万元，未分配利润上年金额1 620万元，所有者权益合计上年金额1 800万元。

调增会计政策变更项目中盈余公积本年金额67.5万元，未分配利润607.5万元，所有者权益合计本年金额675万元。

2）未来适用法

未来适用法，是指将变更后的会计政策应用于变更日及以后发生的交易或者事项，或者在会计估计变更当期和未来期间确认会计估计变更影响数的方法。

在未来适用法下，不需要计算会计政策变更产生的累积影响数，也无须重编以前年度的财务报表。企业会计账簿记录及财务报表上反映的金额，变更之日仍然保留原有金额，不因会计政策变更而改变以前年度的既定结果，只在现有金额的基础上按新的会计政策进行核算。

【例5-2】乙公司原本对发出存货采用后进先出法计价，由于2006年我国颁布了新的企业会计准则，乙公司从2007年1月1日起改用先进先出法。2007年1月1日，存货的价值为250万元，乙公司当年购入存货的实际成本为1800万元，2007年12月31日按先进先出法计算确定的存货价值为850万元，当年销售额为2000万元，假设该年度其他费用为120万元，所得税税率为25%。2007年12月31日按后进先出法计算的存货价值为580万元。

乙公司由于法律环境变化而改变会计政策，因而属于会计政策变更。由于采用先进先出法对以前年度的存货不能进行合理的调整，因此采用未来适用法进行处理，即对存货采用先进先出法计价从2007年及以后才适用，不需要计算2007年1月1日以前按先进先出法计算的存货应有的余额以及对留存收益的影响金额。计算确定会计政策变更对当期净利润的影响数见表5-3。

表5-3 　　　　　　　　　会计政策变更对当期净利润的影响数计算表 　　　　　　　单位：元

项目	先进先出法	后进先出法
营业收入	20 000 000	20 000 000
减：营业成本	12 000 000	14 700 000
其他费用合计	1 200 000	1 200 000
利润总额	6 800 000	4 100 000
减：所得税费用	1 700 000	1 025 000
净利润	5 100 000	3 075 000
差额	2 025 000	

其中：

采用先进先出法计算的营业成本=期初存货成本+购入存货的实际成本−期末存货成本

$$=2\ 500\ 000+18\ 000\ 000-8\ 500\ 000=12\ 000\ 000（元）$$

采用后进先出法计算的营业成本=期初存货成本+购入存货的实际成本−期末存货成本

$$=2\ 500\ 000+18\ 000\ 000-5\ 800\ 000=14\ 700\ 000（元）$$

3）会计政策变更会计处理方法的选择

（1）企业依据法律、行政法规或者国家统一的会计制度等要求变更会计政策的情况：

①国家发布相关会计处理办法的，按照国家发布的相关规定执行；

②国家没有发布相关会计处理办法的，应当采用追溯调整法处理。

（2）会计政策变更能够提供更可靠、更相关的会计信息的，应当采用追溯调整法处理，但确定该项会计政策变更累积影响数不切实可行的除外。

所谓不切实可行，是指企业在采取所有合理的方法后，仍然不能获得采用某项规定所必需的相关信息，而导致无法采用该项规定。现实中，企业因账簿、凭证超过法定保存期限而销毁，或因不可抗力而毁坏、遗失，如火灾、水灾等，或因人为因素，如盗窃、故意毁坏等，可能使当期期初确定会计政策变更对以前各期累积影响数无法计算，即不切实可行。

（3）确定会计政策变更对列报前期影响数不切实可行的，应当从可追溯调整的最早期初开始应用变更后的会计政策。

若确定会计政策变更对以前各期累积影响数不切实可行的，应当采用未来适用法处理。

5.1.4　会计政策的披露

企业应当在附注中披露与会计政策变更有关的下列信息：

（1）会计政策变更的性质、内容和原因，包括：对会计政策变更的简要阐述、变更的日期、变更前采用的会计政策和变更后所采用的新会计政策及会计政策变更的原因。

（2）当期和各个列报前期财务报表中受影响的项目名称和调整金额，包括：采用追溯调整法时，计算出的会计政策变更的累积影响数；当期和各个列报前期财务报表中需要调整的净损益及其影响金额，以及其他需要调整的项目名称和调整金额。

（3）无法进行追溯调整的，说明该事实和原因以及开始应用变更后的会计政策的时点、具体应用情况，包括：无法进行追溯调整的事实；确定会计政策变更对列报前期影响数不切实可行的原因；在当期期初确定会计政策变更对以前各期累积影响数不切实可行的原因；开始应用新会计政策的时点和具体应用情况。

需要注意的是，在以后期间的财务报表中，不需要重复披露在以前期间附注中已披露的会计政策变更的信息。

5.2　会计估计及其变更

5.2.1　会计估计

1）会计估计的概念

会计估计，是指企业对其结果不确定的交易或事项以最近可利用的信息为基础所作的判断。

2）会计估计的特点

（1）会计估计的存在是由于经济活动中内在的不确定性因素的影响。

在会计核算中，有些经济业务本身具有不确定性，需要根据经验作出估计；同时，采用权责发生制原则编制财务报表这一事项本身，也使得有必要估计未来交易或事项的影响。可以说，在会计核算和信息披露过程中，会计估计是不可避免的。例如，企业确定固定资产折旧年限和净残值，需要根据固定资产消耗方式、性能、技术发展等情况进行估计等。

（2）会计估计应当以最近可利用的信息或资料为基础。

由于经营活动内在的不确定性，企业在会计核算中，不得不经常进行估计。某些会计估计的目的是确定资产或负债的账面价值，例如坏账准备、担保责任引起的负债；有些会计估计的目的是确定将在某一时间记录的收益或费用的金额，例如某一时期的折旧、摊销的金额，在某一期间内按照投入法或产出法确定的履约进度核算建造工程实现收入的金额等。企业在进行会计估计时，通常应根据当时的情况和经验，以一定的信息或资料为基础进行。但是随着时间的推移、环境的变化，进行会计估计的基础可能会发生变化。由于最新的信息是最接近目标的信息，以其为基础所作的估计最接近实际，所以进行会计估计时，应以最近可利用的信息或资料为基础。

（3）进行会计估计不会削弱会计确认和计量的可靠性。

进行合理的会计估计是会计核算中必不可少的部分，它不会削弱会计核算的可靠性。企业为了定期、及时地提供有用的会计信息，将延续不断的经营活动人为划分为一定的期间，并在权责发生制的基础上对企业的财务状况和经营成果进行定期确认和计量。例如，在会计分期的情况下，许多企业的交易跨越若干个会计年度，以至于需要在一定程度上作出估计：某一年度发生的开支，哪些可以合理地预期能够产生其他年度以收益形式表示的利益，从而全部或部分向后递延；哪些可以合理地预期在当期能够得到补偿，从而确认为费用。由于存在会计分期和货币计量的假设，在确认和计量过程中，不得不对许多尚在延续中、结果不确定的交易或事项予以估计入账。但是，估计是建立在具有确凿证据的前提下，并不是随意的。

3）会计估计的常见项目

根据《企业会计准则第30号——财务报表列报》的规定，企业应当披露重要的会计估计，并结合企业的具体实际披露其重要会计估计所采用的关键假设和不确定性因素。企业披露的重要会计估计包括：

（1）存货可变现净值的确定。

（2）公允价值模式下的投资性房地产公允价值的确定。

（3）固定资产的预计使用寿命与净残值，固定资产的折旧方法。

（4）生物资产的预计使用寿命与净残值，各类生产性生物资产的折旧方法。

（5）使用寿命有限的无形资产的预计使用寿命与净残值，无形资产的摊销方法。

（6）可收回金额按照资产组的公允价值减去处置费用后的净额确定的，确定公允价值减去处置费用后的净额的方法；可收回金额按照资产组预计未来现金流量的现值确定的，预计未来现金流量的确定。

（7）合同完工进度的确定。

（8）权益工具公允价值的确定。

（9）债务人债务重组中转让的非现金资产的公允价值、由债务转成股份的公允价值和修改其他债务条件后债务的公允价值的确定。债权人债务重组中受让的非现金资产的公允价值、由债权转成股份的公允价值和修改其他债务条件后债权的公允价值的确定。

（10）预计负债初始计量的最佳估计数的确定。

（11）金融资产公允价值的确定。

（12）承租人对未确认融资费用的分摊，出租人对未实现融资收益的分配。

（13）探明矿区权益、井及相关设施的折旧方法；与油气开采活动相关的辅助设备及设施的折旧方法。

（14）非同一控制下企业合并相关的公允价值的确定。

（15）其他重要的会计估计。

5.2.2　会计估计变更

由于企业经营活动中内在不确定因素的影响，某些财务报表项目不能精确地计量，而只能加以估计。如果赖以进行估计的基础发生了变化，或者由于取得新的信息、积累更多的经验以及后来的发展变化，可能需要对会计估计进行修正。

会计估计变更，是指由于资产和负债的当前状况及预期经济利益和义务发生了变化，从而对资产或负债的账面价值或者资产的定期消耗金额进行调整。

通常情况下，企业可能由于以下原因而发生会计估计变更：

（1）赖以进行估计的基础发生了变化。企业进行会计估计，总是依赖于一定的基础，如果其所依赖的基础发生了变化，则会计估计也应相应作出改变。例如，企业某项无形资产的摊销年限原定为15年，以后获得了国家专利保护，该资产的受益年限已变为10年，则应相应调减摊销年限。

（2）取得了新的信息，积累了更多的经验。企业进行会计估计是就现有资料对未来所作的判断，随着时间的推移，企业有可能取得新的信息、积累更多的经验，在这种情况下，也需要对会计估计进行修订。例如，陕天然气（002267）2019年2月发布公告，公司不断加大对输气管线的技术改造、安全隐患治理改造、定期检修及维护保养；输气管线的主要材料为钢管，其钢级不断提高，生产技术及防腐工艺水平迅速发展，可有效延长钢管的使用寿命。鉴于公司所处的经济环境、技术环境、行业监管环境已发生较大变化，为了更加公允、恰当地反映公司的财务状况和经营成果，天然气管道的折旧年限由20年变更为30年。

应当注意的是，会计估计变更，并不意味着以前期间的会计估计是错误的，只是由于情况发生变化，或者掌握了新的信息，积累了更多的经验，使得变更会计估计能够更好地反映企业的财务状况和经营成果。如果以前期间的会计估计是错误的，则属于会计差错，按5.3节"前期差错及其更正"中的会计处理办法进行处理。

5.2.3　会计政策变更与会计估计变更的划分

1）会计政策变更与会计估计变更的划分基础

企业应当以变更事项的会计确认、计量基础和列报项目是否发生变更作为判断该变更是会计政策变更，还是会计估计变更的划分基础。

（1）以会计确认是否发生变更作为判断基础。

《企业会计准则——基本准则》规定了资产、负债、所有者权益、收入、费用和利润等六项会计要素的确认标准，是会计处理的首要环节。一般地，对会计确认的指定或选择是会计政策，其相应的变更是会计政策变更。例如，某企业按以前的会计准则要求，将某项内部研发项目开发阶段的支出计入当期损益，而当期按照《企业会计准则第6号——无形资产》的规定，该项支出符合无形资产的确认条件，应当确认为无形资产。该事项的会计确认发生变更，即前期将开发费用确认为一项费用，而当期将其确认为一项资产，所以该变更属于会计政策变更。

（2）以计量基础是否发生变更作为判断基础。

《企业会计准则——基本准则》规定了历史成本、重置成本、可变现净值、现值和公允价值等五项会计计量属性，是会计处理的计量基础。一般地，对计量基础的指定或选择是会计政策，其相应的变更是会计政策变更。例如，企业对投资性房地产的后续计量由原来的成本模式改为公允价值模式就属于会计政策变更。

（3）以列报项目是否发生变更作为判断基础。

《企业会计准则第30号——财务报表列报》规定了财务报表项目应采用的列报原则。一般地，对列报项目的指定或选择是会计政策，其相应的变更是会计政策变更。例如，某商业企业按以前的会计准则，将商品采购费用列入销售费用，当期根据《企业会计准则第1号——存货》的规定，将采购费用列入存货成本。因为列报项目发生了变化，所以该变更是会计政策变更。

（4）根据会计确认、计量基础和列报项目所选择的、为取得与资产负债表项目有关的金额或数值（如预计使用寿命、净残值等）所采用的处理方法，不是会计政策，而是会计估计，其相应的变更是会计估计变更。例如，企业已经决定对某项资产采用公允价值进行计量，而公允价值的确定需要根据市场情况选择不同的处理方法。相应地，当企业面对的市场情况发生变化时，其采用的确定公允价值的方法变更是会计估计变更，而不是会计政策变更。

2）划分会计政策变更和会计估计变更的方法

企业可以采用以下具体方法划分会计政策变更与会计估计变更：分析并判断该事项是否涉及会计确认、计量基础选择或列报项目的变更。当至少涉及其中一项划分基础变更的，该事项是会计政策变更；不涉及上述划分基础变更的，该事项可以判断为会计估计变更。

例如，企业按以前的会计准则要求，将与自行购建固定资产相关的一般借款利息计入当期损益，当期根据新会计准则的规定，将符合条件的有关借款费用予以资本化，企业因此将对该事项进行变更。该事项的计量基础未发生变更，即都是以历史成本作为计量基础；该事项的会计确认发生变更，即前期将借款费用确认为一项费用，而当期将其确认为一项资产；同时，会计确认的变更导致该事项在资产负债表和利润表相关项目的列报也发生变更。该事项涉及会计确认和列报项目的变更，所以属于会计政策变更。

又如，企业原采用双倍余额递减法计提固定资产折旧，根据固定资产使用的实际情况，企业决定改用年限平均法计提固定资产折旧。该事项前后采用的两种计提折旧的方法都是以历史成本作为计量基础，对该事项的会计确认和列报项目也未发生变更，只是固定资产折旧、固定资产净值等相关金额发生了变化。因此，该事项属于会计估计变更。

5.2.4 会计估计变更的会计处理

会计估计变更应采用未来适用法处理，即在会计估计变更当期及以后期间采用新的会计估计，不改变以前期间的会计估计，也不调整以前期间的报告结果。

（1）如果会计估计的变更仅影响变更当期，有关估计变更的影响应于当期确认。例如，某企业20×8年按应收账款余额的5%提取坏账准备，20×9年对信用风险进行重新评估，确定预期信用损失率为8%，则企业改按应收账款余额的8%提取坏账准备。这类会计估计的变更，只影响变更当期，因此，应于变更当期确认。

（2）如果会计估计的变更既影响变更当期又影响未来期间的，有关估计变更的影响数应在当期及以后各期确认。例如，固定资产的使用寿命或预计净残值的估计发生的变更，常常影响变更当期及以后使用年限内各个期间的折旧费用。因此，这类会计估计的变更应于变更当期及以后各期确认。

会计估计变更的影响数应计入变更当期与前期相同的项目中。为了保证不同期间的财务报表具有可比性，如果以前期间会计估计变更的影响数计入企业日常经营活动损益，则以后期间也应计入日常经营活动损益；如果以前期间会计估计变更的影响数计入特殊项目，则以后期间也相应计入特殊项目。

（3）企业应当正确划分会计政策变更和会计估计变更，并按不同的方法进行相关会计处理。企业通过判断会计政策变更和会计估计变更的划分基础仍然难以对某项变更进行区分的，应当将其作为会计估计变更处理。

【例5-3】丙股份有限公司于20×2年1月1日起对某管理用设备计提折旧，原价为104 000元，预计使用寿命为10年，预计净残值为4 000元，按年限平均法计提折旧。20×6年年初，由于新技术发展等原因，需要对原估计的使用寿命和净残值作出修正，修正后该设备预计尚可使用年限为2年，预计净残值为2 000元。该公司适用的企业所得税税率为25%。

丙公司对该项会计估计变更的会计处理如下：

（1）不调整以前各期折旧，也不计算累积影响数。

（2）变更日以后改按新的估计计提折旧。

按原估计，每年折旧额为10 000元，已提折旧4年，共计40 000元，该项固定资产账面价值为64 000元（104 000-40 000）。改变预计使用年限后，从20×6年起每年计提的折旧费用为31 000元（（64 000-2 000）÷2）。20×6年账务处理如下：

借：管理费用　　　　　　　　　　　　　　　　　　　　　　　31 000
　　贷：累计折旧　　　　　　　　　　　　　　　　　　　　　　　31 000

5.2.5　会计估计变更的披露

企业应当在附注中披露与会计估计变更有关的下列信息：

（1）会计估计变更的内容和原因；

（2）会计估计变更对当期和未来期间的影响数；

（3）会计估计变更的影响数不能确定的，披露这一事实和原因。

对于【例5-3】所述情形，应在财务报表附注中作如下说明：

本公司一台管理用设备按年限平均法计提折旧，由于新技术发展，该设备已不能按原预计使用寿命计提折旧，本公司于20×6年年初将该设备的预计尚可使用寿命变更为2年，预计净残值变更为2 000元，此估计变更将减少本年度净利润15 750元（（31 000-10 000）×（1-25%））。

5.3　前期差错及其更正

5.3.1　前期差错概述

1）前期差错的概念

前期差错，是指由于没有运用或错误运用下列两种信息，而对前期财务报表造成省略或错报。

（1）编报前期财务报表时预期能够取得并加以考虑的可靠信息；

（2）前期财务报告批准报出时能够取得的可靠信息。

2）前期差错的类型

前期差错通常包括以下几种：

（1）计算以及账户分类错误。例如，企业购入的五年期国债，业务模式是收取合同现金流量；其合同条款规定，在特定日期产生的现金流量仅为本金和未偿付本金金额为基础的利息，但在记账时却计入了其他债权投资，导致账户分类错误。

（2）应用会计政策错误。例如，按照《企业会计准则第17号——借款费用》的规定，为购建固定资产而发生的借款费用，在固定资产达到预定可使用状态前发生的、满足一定条件时应予资本化，计入所购建固定资产的成本；在固定资产达到预定可使用状态后发生的，计入当期损益。如果企业固定资产达到预定可使用状态后发生的借款费用，也计入该项固定资产成本予以资本化，则属于采用法律、行政法规或者国家统一的会计准则、制度等所不允许的会计政策。

（3）疏忽或曲解事实，以及舞弊。例如，企业销售一批商品，客户尚未取得相关商品的控制权，收入确认条件未满足，但企业却在期末确认销售商品的收入。

5.3.2 前期差错更正的会计处理

前期差错按照重要程度分为重要的前期差错和不重要的前期差错。重要的前期差错，是指足以影响财务报表使用者对企业财务状况、经营成果和现金流量作出正确判断的前期差错；反之，则为不重要的前期差错。

前期差错的重要性取决于在相关环境下对遗漏或错误表述的规模和性质的判断。前期差错所影响的财务报表项目的金额或性质，是判断该前期差错是否具有重要性的决定性因素。一般而言，前期差错所影响的财务报表项目的金额越大、性质越严重，其重要性水平越高。

1）不重要的前期差错的会计处理

对于不重要的前期差错，企业不需调整财务报表相关项目的期初数，但应调整发现当期与前期相同的相关项目。属于影响损益的，应直接计入本期与上期相同的损益类项目；不影响损益的，应调整本期与前期相同的相关项目。

【例5-4】20×8年12月31日，甲公司发现20×7年度的一项管理用设备少计提折旧4 800元。这笔折旧相对于折旧费用总额而言金额不大，所以直接计入20×8年相关项目。

借：管理费用 4 800

　　贷：累计折旧 4 800

2）重要的前期差错的会计处理

对于重要的前期差错，企业应当采用追溯重述法更正，但确定前期差错影响数不切实可行的除外。追溯重述法是指在发现前期差错时，视同该项前期差错从未发生过，从而对财务报表相关项目进行调整的方法。前期差错累积影响数是指前期差错发生后对差错期间每期净利润的影响数之和。

对于重要的前期差错，企业应当在发现当期的财务报表中，调整前期比较数据。具体地说，企业应当在重要的前期差错发现当期的财务报表中，通过下述处理对其进行追溯更正：

（1）追溯重述差错发生期间列报的前期比较金额。

（2）如果前期差错发生在列报的最早前期之前，则追溯重述列报的最早前期的资产、负债和所有者权益相关项目的期初余额。

对于发生的重要的前期差错，如影响损益，应将其对损益的影响数调整发现当期的期初留存收益，财务报表其他相关项目的期初数也应一并调整；如不影响损益，应调整财务报表相关项目的期初数。

在编制比较财务报表时，对于比较财务报表期间的重要的前期差错，应调整各该期间的净损益和其他相关项目；对于比较财务报表期间以前的重要的前期差错，应调整比较财务报表最早期间的期初留存收益，财务报表其他相关项目的数字也应一并调整。

确定前期差错累积影响数不切实可行的，可以从可追溯重述的最早期间开始调整留存收益的期初余额，财务报表其他相关项目的期初余额也应当一并调整，也可以采用未来适用法。

【例5-5】20×5年12月31日，甲公司发现20×4年公司漏计一项管理用固定资产的折旧费用20万元，所得税申报表中也未扣除该项费用。假定20×7年甲公司适用所得税税率为25%，无其他纳税调整事项。税法对该固定资产的折旧方法、年限、净残值的规定与会计相同。该公司按净利润的10%和5%提取法定盈余公积和任意盈余公积。

（1）分析前期差错的影响数。

20×4年少计折旧费用200 000元，多计所得税费用50 000元（200 000×25%），多计净利润150 000元；多计应交税费50 000元（200 000×25%），多提法定盈余公积和任意盈余公积15 000元（150 000×10%）和7 500元（150 000×5%）。

（2）编制有关项目的调整分录。

步骤一：调整相应的科目

借：以前年度损益调整——管理费用　　　　　　　　　　　　　　200 000

　　贷：累计折旧　　　　　　　　　　　　　　　　　　　　　　　　200 000

步骤二：调整所得税

①调整应交所得税。

借：应交税费——应交所得税　　　　　　　　　　　　　　　　　　50 000

　　贷：以前年度损益调整——所得税费用　　　　　　　　　　　　　　50 000

②由于税法对该固定资产的折旧方法、年限、净残值的规定与会计相同，本题不产生对递延所得税的影响。

步骤三：结平"以前年度损益调整"账户

借：利润分配——未分配利润　　　　　　　　　　　　　　　　　150 000

　　贷：以前年度损益调整　　　　　　　　　　　　　　　　　　　　150 000

步骤四：调整盈余公积

借：盈余公积——法定盈余公积　　　　　　　　　　　　　　　　15 000

　　　　　　——任意盈余公积　　　　　　　　　　　　　　　　　7 500

贷：利润分配——未分配利润   22 500

（3）财务报表调整和重述。

甲公司在列报20×5年度财务报表时，应调整20×5年度资产负债表有关项目的年初余额，利润表有关项目及所有者权益变动表的上年金额也应进行调整。

①资产负债表项目的调整。

调减固定资产200 000元，调减应交税费50 000元，调减盈余公积22 500元，调减未分配利润127 500元。

②利润表项目的调整。

调增管理费用上年金额200 000元，调减所得税费用上年金额50 000元，调减净利润上年金额150 000元，调减综合收益总额上年金额150 000元。

③所有者权益变动表项目的调整。

调减前期差错更正项目中盈余公积上年金额22 500元、未分配利润上年金额127 500元、所有者权益合计上年金额150 000元。

④财务报表附注说明。

本年度发现20×4年漏计固定资产折旧200 000元，在编制20×5年和20×4年比较财务报表时，已对该项差错进行了更正。更正后，调减20×4年净利润150 000元，调增累计折旧200 000元。

微课5.2　前期
差错与资产负债
表日后事项的
关系

5.3.3　前期差错更正的披露

企业应当在附注中披露与前期差错更正有关的下列信息：

（1）前期差错的性质；

（2）各个列报前期财务报表中受影响的项目名称和更正金额；

（3）无法进行追溯重述的，说明该事实和原因以及对前期差错开始进行更正的时点、具体更正情况。

在以后期间的财务报表中，不需要重复披露在以前期间的附注中已披露的前期差错更正的信息。

本章小结与思维导图

本章全面论述了会计政策、会计估计变更和前期差错更正的确认和计量。

会计政策，是指企业在会计确认、计量和报告中所采用的原则、基础和会计处理方法。会计政策变更既可能是企业依据法律法规或会计准则的规定进行变更，也可能是企业为了提供更可靠、更相关的会计信息而自行进行变更。按照法律法规或会计准则的规定变更会计政策时，企业应按照规定改变原会计政策，执行新的会计政策；企业自行变更会计政策应采用追溯调整法进行会计处理；但如果当期期初确定会计政策变更对以前各期累积影响数不切实可行的，应当采用未来适用法处理。

会计估计，是指企业对其结果不确定的交易或事项以最近可利用的信息为基础所作的判断。会计估计变更通常采用未来适用法。判断会计政策变更和会计估计变更的标准是：会计确认、计量基础、列报项目是否发生变化。

前期差错，是指由于没有运用或错误运用下列两种信息，而对前期财务报表造成省略或错报：（1）编报前期财务报表时预期能够取得并加以考虑的可靠信息。（2）前期财务报告批准报出时能够取得的可靠信息，通常包括计算错误、应用会计政策错误、疏忽或曲解事实以及舞弊产生的影响等。对于重要的前期差错的更正，采用追溯重述法；如果确定前期差错累积影响数不切实可行的，也可以采用未来适用法。

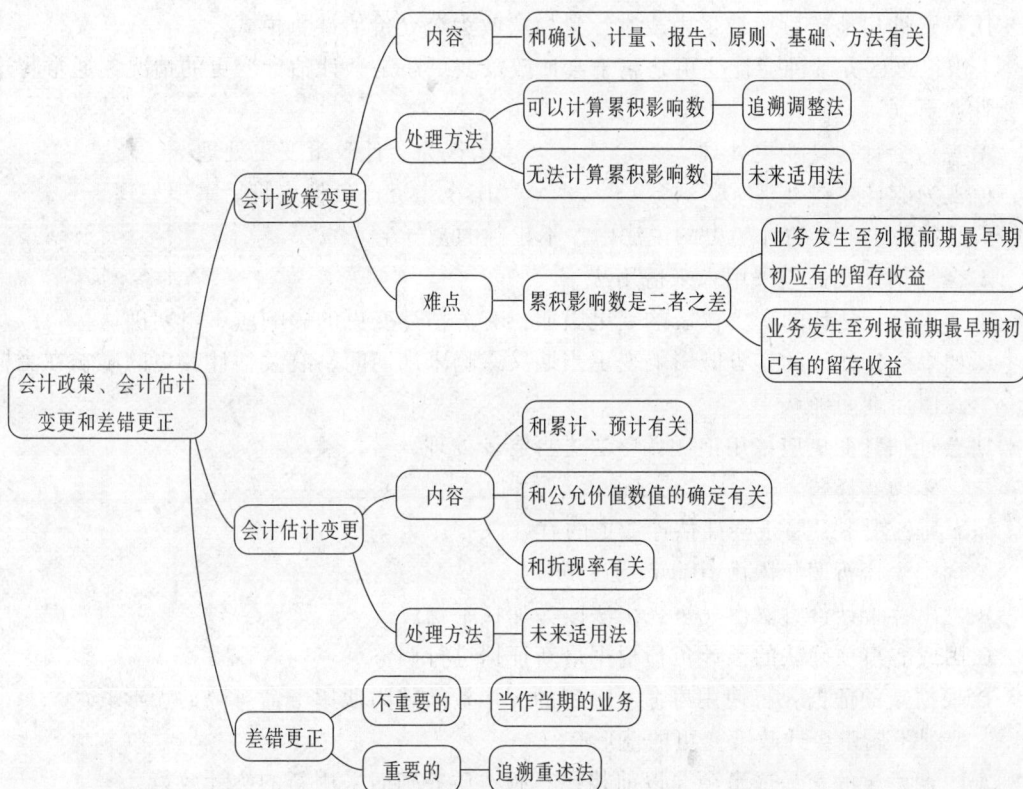

章末习题

一、单项选择题

1.下列项目中，属于会计估计变更的是（　　）。

A.分期付款取得的固定资产由购买价款改为购买价款现值计价

B.商品流通企业采购费用由计入销售费用改为计入取得存货的成本

C.将内部研发项目开发阶段的支出由计入当期损益改为符合规定条件的确认为无形资产

D.固定资产折旧方法由年限平均法改为双倍余额递减法

2.20×8年末，某上市公司发现所使用的甲设备技术更新淘汰速度加速，决定从下年起将设备预计折旧年限由原来的8年改为4年，该经济事项属于（　　）。

A.会计政策变更　　　　　　　　　　　B.会计差错更正

C.会计估计变更　　　　　　　　　　D.以前年度损益调整事项

3.下列各项中，不属于会计政策变更的是（　　　）。

A.缩短固定资产预计可使用年限

B.所得税核算由应付税款法改为资产负债表债务法

C.存货发出由加权平均法改为先进先出法

D.投资性房地产后续计量由成本计量模式改为公允价值计量模式

4.当很难区分某种会计变更是属于会计政策变更还是会计估计变更的情况，通常将这种会计变更（　　　）。

A.视为会计估计变更处理　　　　　　B.视为会计政策变更处理

C.视为会计差错处理　　　　　　　　D.视为资产负债表日后事项处理

5.下列关于会计估计变更的说法中，不正确的是（　　　）。

A.会计估计变更应采用未来适用法

B.如果会计估计的变更仅影响变更当期，有关估计变更的影响应于当期确认

C.如果会计估计的变更既影响变更当期又影响未来期间，有关估计变更的影响在当期
　　及以后期间确认

D.会计估计变更应采用追溯调整法进行会计处理

二、多项选择题

1.下列各项中，属于会计估计变更的有（　　　）。

A.固定资产折旧年限由10年改为15年

B.发出存货计价方法由先进先出法改为加权平均法

C.因或有事项确认的预计负债根据最新证据进行调整

D.根据新的证据，将使用寿命不确定的无形资产转为使用寿命有限的无形资产

2.下列不属于会计政策变更的情形有（　　　）。

A.本期发生的交易或事项与以前相比具有本质差别而采用新的会计政策

B.第一次购并子公司，按成本法进行后续计量

C.对价值为200元的周转材料摊销方法由分次摊销法改为一次摊销法

D.由于持续通货膨胀，企业将存货发出的计价方法由先进先出法改为加权平均法

3.下列各项中，属于会计政策变更的有（　　　）。

A.应收账款计提坏账准备由余额百分比法变更为账龄分析法

B.固定资产的折旧方法由年限平均法变更为年数总和法

C.投资性房地产的后续计量由成本模式变更为公允价值模式

D.发出存货的计价方法由先进先出法变更为加权平均法

4.以下各项中，可以变更会计政策的有（　　　）。

A.因更换了董事长而改变会计政策

B.因被投资企业发生亏损而改变股权投资的核算方法

C.因原采用的会计政策不能可靠地反映企业的真实情况而改变会计政策

D.国家法律法规要求变更会计政策

5.下列各项中，应采用未来适用法进行会计处理的有（　　　）。

A.会计估计变更

B.滥用会计政策变更

C.本期发现的以前年度重大会计差错

D.无法合理确定累积影响数的会计政策变更

三、业务题

1.20×4年1月1日，甲公司开始执行会计准则规定，由于公司保存的会计资料比较齐全，可以通过会计资料追溯计算。该公司的所得税税率为25%，按净利润的10%提取法定盈余公积。有关资料如下：

（1）将全部短期投资重分类为交易性金融资产，其后续计量由成本与市价孰低法改为按公允价值计量。该短期投资20×4年年初账面价值为2 000万元，公允价值为2 300万元，变更日该交易性金融资产的计税基础为2 000万元。

（2）管理用固定资产的预计使用年限由10年改为8年，折旧方法由年限平均法改为双倍余额递减法。该管理用固定资产原来每年折旧额为100万元（与税法规定相同），按双倍余额递减法及8年计算20×4年的折旧额为220万元，变更日该管理用固定资产的计税基础与其账面价值相同。

要求：判断上述业务属于会计政策变更还是会计估计变更，并进行相关的账务处理。

2.乙公司适用的所得税税率为25%，按净利润的10%提取法定盈余公积。在20×5年财务检查中发现下列问题：

（1）20×4年年末某库存商品账面余额为305万元。经检查，该库存商品的预计售价为260万元，预计销售费用和相关税金5万元。当时由于疏忽，将预计售价误计为360万元，因此未计提存货跌价准备。

（2）5月，公司董事会提议的利润分配方案为：提取法定盈余公积500万元，分配现金股利200万元。甲公司根据董事会提议的利润分配方案，将提取的法定盈余公积作为盈余公积，将拟分配的现金股利作为应付股利，并进行账务处理。

微课5.3　第5章业务题第2题第（2）问的讲解

要求：对上述会计差错进行更正。

四、思考题

1.举例说明什么是会计政策变更，什么是会计估计变更，两者的主要区别是什么。

2.追溯调整法和未来适用法各适用于什么情况？对财务报表有何不同的影响？

3.如何更正前期差错？

第5章习题答案

第6章/
企业合并

学习目标：了解企业合并的分类；掌握同一控制下企业合并的会计处理和合并日合并财务报表的编制；掌握非同一控制下企业合并的会计处理和购买日合并财务报表的编制；掌握反向购买时合并资产负债表的编制；理解多次交易分步实现企业合并的处理。

引导案例

2009年11月23日，证监会核准ST雅砻重大重组及发行股份购买资产业务，12月4日ST雅砻完成了其重大资产重组并购交易。ST雅砻本次重组并购方案包括以下两部分：ST雅砻以1元的价格将除三项担保以外的所有资产和负债整体转让给由其大股东北京新联金达指定人士出资设立的深圳同成投资有限公司；再以2.92元/股的价格向上海市闸北区国资委发行3.4亿股股份，以购买其下属的北方城投100%的股份，闸北区国资委以3 000万股ST雅砻的股份作为对价，向六家债权金融机构解除ST雅砻承担的深圳市金珠南方贸易有限公司的5.19亿元逾期借款的担保责任。ST雅砻向闸北区国资委发行股份并以此购买了北方城投100%的股权，成为名义上的母公司和购买方。但交易完成后，北方城投的原股东闸北区国资委实际持有ST雅砻55.04%的股权，成为其控股股东，从而取得上市公司的经营决策控制权，实现了其优质房地产业务资产的间接上市。很显然，该重组交易具备反向购买的所有特征，因此可以将其认定为反向购买。即从会计角度来看，参与合并的北方城投才是购买方，ST雅砻为被购买方。

什么是反向购买？如何认定反向购买？企业合并还有哪些形式？本章将对上述问题进行探讨。

6.1　企业合并概述

6.1.1　企业合并的概念

企业合并是将两个或两个以上单独的企业合并形成一个报告主体的交易或事项。

企业合并的结果通常是一个企业取得了对一个或多个业务的控制权。如果一个企业取得了对另一个或多个企业的控制权，而被购买方（或被合并方）并不构成业务，则该交易或事项不形成企业合并。企业取得了不形成业务的一组资产或净资产时，应将购买成本按购买日所取得各项可辨认资产、负债的公允价值为基础进行分配，不按照《企业会计准则第20号——企业合并》进行处理。

所谓业务是指企业内部某些生产经营活动或资产负债的组合，该组合具有投入、加工处理过程和产出能力，能够独立计算其成本费用或所产生的收入，但一般不构成一个企业、不具有独立的法人资格，如企业的分公司、独立的生产车间、不具有独立法人资格的分部等。

从企业合并的定义看，是否形成企业合并，除要看取得的企业是否构成业务之外，关键还要看有关交易或事项发生前后，是否引起报告主体的变化。报告主体的变化产生于控制权的变化。在交易事项发生以后，一方能够对另一方的生产经营决策实施控制，形成母子公司关系，涉及控制权的转移，该交易或事项发生以后，子公司需要纳入到母公司合并财务报表的范围，从合并财务报表角度形成报告主体的变化；交易事项发生以后，一方能够控制另一方的全部净资产，被合并的企业在合并后失去法人资格的，也涉及控制权及报告主体的变化，形成企业合并。

6.1.2　企业合并的方式

企业合并根据合并方式划分，包括控股合并、吸收合并和新设合并。

1）控股合并（A+B=A+B）

合并方（或购买方，下同）通过企业合并交易或事项取得对被合并方（或被购买方，下同）的控制权，企业合并后能够通过所取得的股权主导被合并方的生产经营决策，并自被合并方的生产经营活动中获益，被合并方在企业合并后仍维持其独立法人资格继续经营，该类合并为控股合并。

在控股合并中，因合并方通过企业合并交易或事项取得了对被合并方的控制权，被合并方成为其子公司，在企业合并发生后，被合并方应当纳入合并方合并财务报表的编制范围，从合并财务报表角度，形成报告主体的变化。

相关链接

吉利收购沃尔沃

吉利收购沃尔沃是中国汽车企业第一宗收购国外豪华汽车企业和品牌的典型案例。2010年3月28日，中国浙江吉利控股集团有限公司与美国福特汽车公司在瑞典哥德堡正式签署收购沃尔沃汽车公司的协议。吉利以18亿美元收购沃尔沃100%的股权以及相关资产。其中2亿美元以票据方式支付，其余以现金方式支付。在新的所有权下，沃尔沃轿车将保留其瑞典总部以及在瑞典和比利时的生产基地，在董事会授权下，管理层将拥有执行商业计划的自主权。

2）吸收合并（A+B=A）

合并方在企业合并中取得被合并方的全部净资产，并将有关资产、负债并入合并方自身的账簿和报表进行核算。企业合并后，注销被合并方的法人资格，由合并方持有合并中取得的被合并方的资产、负债，在新的基础上继续经营，该类合并为吸收合并。

在吸收合并中，因被合并方（或被购买方）在合并发生以后被注销，从合并方（或购买方）角度需要解决的问题是，其在合并日（或购买日）取得的被合并方有关资产、负债入账价值的确定，以及为了进行企业合并支付的对价与所取得被合并方资产、负债的入账价值之间存在差额的处理。

吸收合并后，合并方应将合并中取得的资产、负债作为本企业的资产、负债核算。

相关链接

美的吸收合并小天鹅

美的集团是一家提供多元化产品与服务的科技集团。小天鹅的主要业务是家用洗衣机与干衣机的生产和销售，其核心竞争力是一流的技术研发、拥有国家级企业技术中心与实验室、完善的技术研发系统以及发达的销售网络。

在国家大力支持企业兼并重组及家电行业竞争日益激烈的大背景下，智能家电技术日益成熟，美的集团不断增强创新能力，实现企业转型，巩固其在家电行业的领先地位。截至 2018 年 9 月 30 日，美的集团通过直接或者间接方式共持有小天鹅 52.67% 的股份。2018 年 10 月 23 日，美的集团发布公告，换股吸收合并小天鹅家电，总交易额达到了 143.83 亿元的高价。在本次换股并购交易中，美的集团收购小天鹅 100% 的股份，并购完成后，小天鹅终止上市并且注销法人资格，美的集团承接小天鹅的资产、负债、人员、合同等一切权利与义务。

3）新设合并（A+B=C）

参与合并的各方在企业合并后法人资格均被注销，重新注册成立一家新的企业，由新注册成立的企业持有参与合并各企业的资产、负债，并在新的基础上经营，该类合并为新设合并。

相关链接

申银万国证券的合并之路

1996 年 7 月，上海申银证券公司和上海万国证券公司新设合并为申银万国证券股份有限公司。设立时注册资本为 132 000 万元，是国内最早的一家股份制证券公司，也是当时国内规模最大、经营业务最齐全、营业网点分布最广泛的综合类证券公司之一。

2013 年 11 月，申银万国换股吸收合并宏源证券，得到了中国证监会的批准，合并后的新券商名字仍叫申银万国。宏源证券换股价格为 9.96 元/股，申银万国发行价格为 4.86 元/股。发行的对象为本次合并换股实施股权登记日收市后在证券登记结算机构登记在册的宏源证券全体股东。换股股东所持的每 1 股宏源证券股票可以换取申银万国本次发行的 A 股股票的数量为 2.049 股（9.96÷4.86）。

6.1.3 会计准则中对企业合并的划分

我国《企业会计准则第 20 号——企业合并》将企业合并划分为两类：同一控制下的企业合并与非同一控制下的企业合并。企业合并的类型划分不同，所遵循的会计处理原则也不同。

1）同一控制下的企业合并

同一控制下的企业合并，是指参与合并的企业在合并前后均受同一方或相同的多方最终控制且该控制并非暂时性的。

（1）能够对参与合并各方在合并前后均实施最终控制的一方通常指企业集团的母公司。

同一控制下的企业合并一般发生在企业集团内部，如集团内母子公司之间、子公司与子公司之间等。因为该类合并本质上是集团内部企业之间的资产或权益的转移，不涉及自集团外购入子公司或是向集团外其他企业出售子公司的情况，能够对参与合并企业在合并前后均实施最终控制的一方为集团的母公司。

（2）能够对参与合并的企业在合并前后均实施最终控制的相同多方，是指根据合同或协议的约定，拥有最终决定参与合并企业的财务和经营政策，并从中获取利益的投资者群体。

（3）实施控制的时间性要求，是指参与合并各方在合并前后较长时间内为最终控制方所控制。具体是指在企业合并之前（即合并日之前），参与合并各方在最终控制方的控制时间一般在1年以上（含1年），企业合并后形成的报告主体在最终控制方的控制时间也应达到1年以上（含1年）。

（4）企业之间的合并是否属于同一控制下的企业合并，应综合构成企业合并交易的各方面情况，按照实质重于形式的原则进行判断。通常情况下，同一控制下的企业合并是指发生在同一企业集团内部企业之间的合并。同受国家控制的企业之间发生的合并，不应仅仅因为参与合并各方在合并前后均受国家控制而将其作为同一控制下的企业合并。

形成同一控制一般有以下两种方式，如图6-1和图6-2所示。

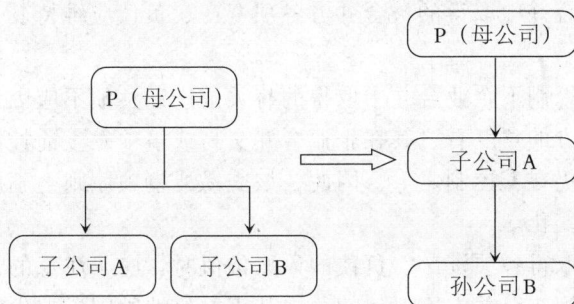

图6-1 同一控制下的企业合并（1）

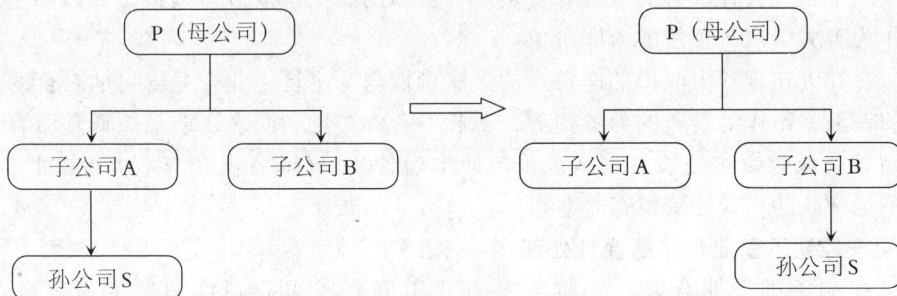

图6-2 同一控制下的企业合并（2）

2）非同一控制下的企业合并

非同一控制下的企业合并，是指参与合并各方在合并前后不受同一方或相同的多方最终控制的合并交易，即除同一控制下的企业合并以外的其他企业合并。

吉利收购沃尔沃属于同一控制合并还是非同一控制合并？为什么？

6.2　同一控制下企业合并的处理

同一控制下的企业合并，是从合并方出发，确定合并方在合并日对于企业合并事项应进行的会计处理。合并方，是指取得对其他参与合并企业控制权的一方；合并日，是指合并方实际取得对被合并方控制权的日期。

6.2.1　同一控制下企业合并的处理原则

同一控制下的企业合并，合并方应遵循权益结合法的原则进行相关的处理。权益结合法，也称股权结合法、权益联营法。该方法视企业合并为参与合并的双方，通过股权交换形成的所有者权益的联合，而非资产的交易。合并后，股东在新企业中的股权相对不变。参与合并各企业的资产和负债继续按其原来的账面价值记录，不确认商誉。

（1）合并方在合并中确认取得的被合并方的资产、负债仅限于被合并方账面上原已确认的资产和负债，合并中不产生新的资产和负债。

同一控制下的企业合并，从最终控制方的角度来看，其在企业合并发生前后能够控制的净资产价值量并没有发生变化，因此，合并中不产生新的资产，但被合并方在企业合并前账面上原已确认的商誉，作为合并中取得的资产加以确认。

（2）合并方在合并中取得的被合并方各项资产、负债应维持其在被合并方的原账面价值不变。

合并方在同一控制下企业合并中取得的有关资产和负债不应因该项合并而改变其账面价值。从最终控制方的角度看，其在企业合并交易或事项发生前控制的资产、负债，在该交易或事项发生后仍在其控制之下，因此，该交易或事项原则上不应引起所涉及资产、负债的计价基础发生变化。

在确定合并中取得各项资产、负债的入账价值时，应予注意的是，被合并方在企业合并前采用的会计政策与合并方不一致的，应基于重要性原则，首先统一会计政策，即合并方应当按照本企业会计政策对被合并方资产、负债的账面价值进行调整，并以调整后的账面价值作为有关资产、负债的入账价值。

（3）合并方在合并中取得的净资产的入账价值与为进行企业合并支付的对价的账面价值之间的差额，不作为资产的处置损益，不影响合并当期利润表，差额应调整所有者权益项目。即首先调整资本公积（资本溢价或股本溢价），资本公积（资本溢价或股本溢价）的余额不足冲减的，应冲减留存收益。

6.2.2　同一控制下企业合并的会计处理

同一控制下的企业合并，根据合并方式不同，应当分别按照以下规定进行会计处理。

1）同一控制下的控股合并

同一控制下的企业合并中，合并方在合并后取得被合并方生产经营决策的控制权，并且被合并方在企业合并后仍然继续经营的，合并方在合并日涉及两个方面的问题：一是对于因该企业合并形成的对被合并方的长期股权投资的确认和计量问题,具体参见本教材第7章"长期股权投资"的规定;二是合并日合并财务报表的编制问题,具体参见本教材第9章"合并财务报表(中)——一般业务"的规定。

特殊的是,对于同一控制下的控股合并,合并方在编制合并财务报表时,应视同合并后形成的报告主体自最终控制方开始实施控制时一直是一体化存续下来的,参与合并各方在合并以前期间实现的留存收益应体现为合并财务报表中的留存收益。在合并财务报表中,应以合并方的资本公积(或经调整后的资本公积)中资本溢价或股本溢价部分为限,在所有者权益内部进行调整,将被合并方在合并日以前实现的留存收益中按照持股比例计算归属于合并方的部分,自资本公积转入留存收益。具体分为以下两种情况:

(1)确认形成控股合并的长期股权投资后,合并方账面资本公积(资本溢价或股本溢价)贷方余额大于或等于被合并方在合并前实现的留存收益中归属于合并方的部分,在合并资产负债表中,应将被合并方在合并前实现的留存收益中归属于合并方的部分自"资本公积"转入"盈余公积"和"未分配利润"。在合并工作底稿中,借记"资本公积"项目,贷记"盈余公积"和"未分配利润"项目。

(2)确认形成控股合并的长期股权投资后,合并方账面资本公积(资本溢价或股本溢价)贷方余额小于被合并方在合并前实现的留存收益中归属于合并方的部分的,在合并资产负债表中,应以合并方资本公积(资本溢价或股本溢价)的贷方余额为限,将被合并方在企业合并前实现的留存收益中归属于合并方的部分自"资本公积"转入"盈余公积"和"未分配利润"。在合并工作底稿中,借记"资本公积"项目,贷记"盈余公积"和"未分配利润"项目。

因合并方的资本公积(资本溢价或股本溢价)余额不足,被合并方在合并前实现的留存收益在合并资产负债表中未予全部恢复的,合并方应当在财务报表附注中进行说明。

【例6-1】A、B公司分别为P公司控制下的两家子公司。A公司于20×7年3月10日自P公司处取得B公司100%的股权,合并后B公司仍保持独立法人资格继续经营。为进行该项企业合并,A公司发行了1 500万股本公司普通股(每股面值1元)作为对价。A、B公司采用的会计政策相同。合并日A、B公司所有者权益的构成见表6-1。

表6-1 所有者权益项目表 单位:万元

项目	A公司	B公司
股本	9 000	1 500
资本公积	2 500	500
盈余公积	2 000	1 000
未分配利润	5 000	2 000
合计	18 500	5 000

A公司在合并日进行的会计处理为:

①确认长期股权投资的成本。

借:长期股权投资 50 000 000

贷：股本		15 000 000
资本公积——股本溢价		35 000 000

②编制合并日的抵销分录。

借：股本	15 000 000	
资本公积	5 000 000	
盈余公积	10 000 000	
未分配利润	20 000 000	
贷：长期股权投资		50 000 000

③恢复B公司留存收益。

由于编制上述第②笔抵销分录，将B公司留存收益全部抵销，对于同一控制合并应在合并财务报表中视同该部分留存收益一体化存续下来，所以应予以恢复。A公司在确认对B公司长期股权投资后，资本公积账面余额为6 000万元（2 500+3 500），假定都为股本溢价。编制的分录为：

借：资本公积（A公司）	30 000 000	
贷：盈余公积		10 000 000
未分配利润		20 000 000

如果A公司资本公积中股本溢价只有2 400万元，则应按照盈余公积和未分配利润的现有比例进行恢复，编制的分录为：

借：资本公积（A公司）	24 000 000	
贷：盈余公积		8 000 000
未分配利润		16 000 000

同时在合并财务报表附注中对未予以恢复的留存收益600万元进行披露说明。

需要注意的是，合并方在编制合并日的合并利润表时，应包含合并方及被合并方自合并当期期初至合并日实现的净利润，双方在当期所发生的交易，应当按照合并财务报表的有关原则进行抵销。例如，同一控制下的企业合并发生于20×7年3月31日，合并方当日编制合并利润表时，应包括合并方及被合并方自20×7年1月1日至20×7年3月31日实现的净利润。这也是同一控制合并一体化存续的体现。

为了帮助企业的会计信息使用者了解合并利润表中净利润的构成，发生同一控制下企业合并的当期，合并方在合并利润表中的"净利润"项下应单列"其中：被合并方在合并前实现的净利润"项目，反映因遵循同一控制下企业合并的编表原则，导致由于该项企业合并被合并方在合并当期带入的损益情况。

2）同一控制下的吸收合并

同一控制下的吸收合并中，合并方主要涉及合并日取得被合并方资产、负债入账价值的确定，以及合并中取得有关净资产与支付的合并对价账面价值之间差额的处理。

（1）合并中取得资产、负债入账价值的确定。

合并方对同一控制下吸收合并中取得的资产、负债应当按照相关资产、负债在被合并方的原账面价值入账。其中，对于合并方与被合并方在企业合并前采用会计政策不同的，在将被合并方的相关资产和负债并入合并方的账簿和报表进行核算之前，首先应基于重要性原则，统一被合并方的会计政策，即应当按合并方的会计政策对被合并方的有关资产、负债的账面价值进行调整，按调整后的账面价值进行确认。

（2）合并差额的处理。

合并方在确认了合并中取得的被合并方的资产和负债的入账价值后，以发行权益性证券方式进行的合并，所确认的净资产入账价值与发行股份面值总额的差额，应计入资本公积（股本溢价），资本公积（股本溢价）的余额不足冲减的，应依次冲减盈余公积和未分配利润；以支付现金、非现金资产方式进行的合并，所确认的净资产入账价值与支付的现金、非现金资产账面价值的差额，相应调整资本公积（资本溢价或股本溢价），资本公积（资本溢价或股本溢价）的余额不足冲减的，应依次冲减盈余公积和未分配利润。

【例6-2】P公司和S公司为同一集团内两家全资子公司，合并前其共同的母公司为A公司。20×7年6月30日，P公司向A公司定向增发1 000万股普通股（每股面值为1元）对S公司进行吸收合并，并于当日取得S公司全部净资产。P公司与S公司在合并前采用的会计政策相同，不考虑相关税费及其他因素。当日P公司、S公司资产、负债情况见表6-2。

表6-2

资产负债表（简表）

20×7年6月30日

单位：万元

项目	P公司	S公司	
	账面价值	账面价值	公允价值
货币资金	4 312.50	450	450
存货	6 200	255	450
应收账款	3 000	2 000	2 000
长期股权投资	5 000	2 150	3 800
固定资产	7 000	3 000	5 500
无形资产	4 500	500	1 500
商誉	0	0	0
资产总计	30 012.50	8 355	13 700
短期借款	2 500	2 250	2 250
应付账款	3 750	300	300
长期借款	375	300	300
负债合计	6 625	2 850	2 850
股本	7 500	2 500	
资本公积	5 000	1 500	
盈余公积	5 000	500	
未分配利润	5 887.50	1 005	
所有者权益合计	23 387.50	5 505	10 850
负债及所有者权益总计	30 012.50	8 355	13 700

该项合并中参与合并的企业在合并前及合并后均为 A 公司最终控制，为同一控制下的企业合并。

因合并后 S 公司失去法人资格，P 公司应按账面价值确认合并中取得的 S 公司的各项资产和负债，P 公司对该项合并应进行的账务处理为：

借：库存现金/银行存款	4 500 000	
库存商品	2 550 000	
应收账款	20 000 000	
长期股权投资	21 500 000	
固定资产	30 000 000	
无形资产	5 000 000	
贷：短期借款		22 500 000
应付账款		3 000 000
长期借款		3 000 000
股本		10 000 000
资本公积		45 050 000

3）合并方为进行企业合并发生的有关费用的处理

合并方为进行企业合并发生的有关费用，指合并方为进行企业合并发生的各项直接相关费用，如为进行企业合并支付的审计费用、进行资产评估的费用以及有关的法律咨询费用等增量费用。

同一控制下企业合并进行过程中发生的各项直接相关的费用，应在发生时予以费用化计入当期损益，借记"管理费用"等科目，贷记"银行存款"等科目。但以下两种情况除外：

（1）以发行债券方式进行的企业合并，与发行债券相关的佣金、手续费等应按照《企业会计准则第 22 号——金融工具确认和计量》的规定进行核算。即该部分费用虽然与筹集用于企业合并的对价直接相关，但其核算应遵照金融工具确认和计量准则的原则，有关的费用应计入负债的初始计量金额中。其中债券如为折价发行，该部分费用应增加折价的金额；如为溢价发行，该部分费用应减少溢价的金额。

（2）发行权益性证券作为合并对价的，与所发行权益性证券相关的佣金、手续费等应按照《企业会计准则第 37 号——金融工具列报》的规定进行核算。即与发行权益性证券相关的费用，应自发行权益性证券的发行收入中扣减，在权益性工具发行有溢价的情况下，自溢价收入中扣除；在权益性证券发行无溢价或溢价金额不足以扣减的情况下，应当冲减盈余公积和未分配利润。

如果企业专设的购并部门并不是与某项企业合并直接相关，而是企业的一个常设部门，其设置的目的就是寻找相关的购并机会等，则维持该部门日常运转的有关费用不属于与企业合并直接相关的费用，应当在发生时予以费用化计入当期损益。

6.3　非同一控制下企业合并的处理

非同一控制下的企业合并，主要涉及购买方及购买日的确定，企业合并成本的确定，合并中取得各项可辨认资产、负债的确认和计量，合并差额的处理等。

6.3.1 非同一控制下企业合并的处理原则

非同一控制下的企业合并，购买方应按照购买法进行相关的处理。购买法，也称购受法，是把购买企业获取被合并企业净资产的行为视为资产交易行为，即将企业合并视为购买企业以一定的价款购进被合并企业的机器设备、存货等资产项目，同时承担该企业所有负债的行为，从而按合并时的公允价值计量被合并企业的净资产，将投资成本（购买价格）超过净资产公允价值的差额确认为商誉的会计方法。

1）确定购买方

采用购买法核算企业合并的前提是确定购买方。购买方是指在企业合并中取得对另一方或多方控制权的一方。合并中一方取得了另一方半数以上有表决权股份的，除非有明确的证据表明不能形成控制，一般认为取得控制权的一方为购买方。至于如何形成控制，具体可参阅本教材第8章"合并财务报表（上）——基本理论"中8.2节的内容。

2）确定购买日

购买日是购买方获得对被购买方控制权的日期，即企业合并交易进行过程中发生控制权转移的日期。同时满足以下条件时，一般可认为实现了控制权的转移，形成购买日。有关的条件包括：

（1）企业合并合同或协议已获股东大会等内部权力机构通过，如对于股份有限公司，其内部权力机构一般指股东大会。

（2）按照规定，合并事项需要经过国家有关主管部门审批的，已获得相关部门的批准。

（3）参与合并各方已办理了必要的财产交接手续。作为购买方，其通过企业合并无论是取得被购买方的股权还是被购买方的全部净资产，能够形成与取得股权或净资产相关的风险和报酬的转移，一般需办理相关的财产交接手续，从而从法律上保障有关风险和报酬的转移。

（4）购买方已支付了购买价款的大部分（一般应超过50%），并且有能力支付剩余款项。

（5）购买方实际上已经控制了被购买方的财务和经营政策，并享有相应的收益和风险。

> **特别提示**
>
> ### 区分交易日和购买日
>
> 交易日是指合并方或购买方在自身的账簿和报表中确认对被投资单位投资的日期。如果企业合并通过一次交易实现，则交易日就是购买日。当企业合并涉及一次以上交易的，如通过多次交易分步实现的企业合并，能够实施控制的交易日是购买日。
>
> 例如，甲企业于20×8年10月20日取得乙公司30%的股权，能够对被投资单位施加重大影响，该日为交易日。20×9年3月10日，又取得了乙公司30%的股权，持股比例达到60%，从而能够对乙公司实施控制，则第二次购买股权的交易日是企业合并的购买日。

3）确定企业合并成本

企业合并成本包括购买方为进行企业合并支付的现金或非现金资产、发行或承担的债券、权益性证券等在购买日的公允价值。

某些情况下，当企业合并合同或协议中规定视未来或有事项的发生，购买方通过发行额外证券、支付额外现金或其他资产等方式追加合并对价，或者要求返还之前已经支付的对价。购买方应当将合并协议约定的或有对价作为企业合并转移对价的一部分，按照其在购买日的公允价值计入合并成本。

非同一控制下的企业合并中发生的与企业合并直接相关的费用，包括为进行合并而发生的会计费用、审计费用、法律服务费用、咨询费用等，与同一控制下企业合并进行过程中发生的有关费用处理原则一致，这里的各项直接相关费用不包括为进行企业合并发行的债务或权益性证券相关的手续费、佣金等，该部分费用应比照6.2节关于同一控制下企业合并中类似费用的原则处理。

4）企业合并成本在取得的可辨认资产和负债之间的分配

非同一控制下的企业合并中，通过企业合并交易，购买方无论是取得对被购买方生产经营决策的控制权，还是取得被购买方的全部净资产，从本质上看，取得的均是对被购买方净资产的控制权。根据合并方式的不同，在控股合并的情况下，购买方在其个别财务报表中应确认所形成的对被购买方的长期股权投资，该长期股权投资代表的是购买方对合并中取得的被购买方各项资产、负债享有的份额；在吸收合并的情况下，合并中取得的被购买方各项可辨认资产、负债等直接体现为购买方账簿及个别财务报表中的资产、负债项目。

（1）购买方在企业合并中取得的被购买方各项可辨认资产和负债，作为本企业的资产、负债（或合并财务报表中的资产、负债）进行确认，在购买日，应当满足资产、负债的确认条件。有关确认条件包括：

① 合并中取得的被购买方的各项资产（无形资产除外），其所带来的未来经济利益预期能够流入企业且公允价值能够可靠计量的，应单独作为资产确认。

② 合并中取得的被购买方的各项负债（或有负债除外），履行有关的义务预期会导致经济利益流出企业且公允价值能够可靠计量的，应单独作为负债确认。

（2）企业合并中取得的无形资产的确认。

非同一控制下的企业合并中，购买方在对企业合并中取得的被购买方资产进行初始确认时，应当对被购买方拥有的但在其财务报表中未确认的无形资产进行充分辨认和合理判断，满足以下条件之一的，应确认为无形资产：

① 源于合同性权利或其他法定权利；

② 能够从被购买方中分离或者划分出来，并能单独或与相关合同、资产和负债一起，用于出售、转移、授予许可、租赁或交换。

企业合并中取得的需要区别于商誉单独确认的无形资产，一般是按照合同或法律产生的权利，某些并非产生于合同或法律规定的无形资产，需要区别于商誉单独确认的条件是能够对其进行区分，即能够区别于被购买企业的其他资产并且能够单独出售、转让、出租等。

应区别于商誉单独确认的无形资产一般包括：商标、版权及与其相关的许可协议、特许权、分销权等类似权利、专利技术、专有技术等。

（3）对于购买方在企业合并时可能需要代被购买方承担的或有负债，在其公允价值能够可靠计量的情况下，应作为合并中取得的负债单独确认。

企业合并中对于或有负债的确认条件，与企业在正常经营过程中因或有事项需要确认负债的条件不同，在购买日，相关的或有事项导致经济利益流出企业的可能性还比较小，但其公允价值能够合理确定的情况下，即需要作为合并中取得的负债确认。

（4）企业合并中取得的资产、负债在满足确认条件后，应以其公允价值计量。

对于被购买方在企业合并之前已经确认的商誉和递延所得税项目，购买方在对企业合并成本进行分配、确认合并中取得可辨认资产和负债时不应予以考虑。

在按照规定确定了合并中应予确认的各项可辨认资产、负债的公允价值后，其计税基础与账面价值不同形成暂时性差异的，应当按照本教材第3章"所得税会计"相关规定确认相应的递延所得税资产或递延所得税负债。

5）企业合并成本与合并中取得的被购买方可辨认净资产公允价值份额差额的处理

购买方对于企业合并成本与确认的可辨认净资产公允价值份额的差额，应视情况分别处理：

（1）企业合并成本大于合并中取得的被购买方可辨认净资产公允价值份额的差额应确认为商誉。

视企业合并方式的不同，在控股合并的情况下，该差额是指在合并财务报表中应予列示的商誉，即长期股权投资的成本与购买日按照持股比例计算确定应享有被购买方可辨认净资产公允价值份额之间的差额；在吸收合并的情况下，该差额是购买方在其账簿及个别财务报表中应确认的商誉。

商誉在确认以后，持有期间不要求摊销，应当按照《企业会计准则第8号——资产减值》的规定对其价值进行测试，按照账面价值与可收回金额孰低的原则计量，对于可收回金额低于账面价值的部分计提减值准备，有关减值准备在提取以后，不能转回。

（2）企业合并成本小于合并中取得的被购买方可辨认净资产公允价值份额的部分，应计入合并当期损益。

在控股合并的情况下，购买方首先要对合并中取得的资产、负债的公允价值、作为合并对价的非现金资产或发行的权益性证券等的公允价值进行复核，如果复核结果表明所确定的各项资产和负债的公允价值确定是恰当的，应将企业合并成本低于取得的被购买方可辨认净资产公允价值份额之间的差额，计入购买方编制的合并利润表中的营业外收入项目，不影响购买方的个别利润表。

在吸收合并的情况下，上述企业合并成本小于合并中取得的被购买方可辨认净资产公允价值份额的差额，应计入购买方合并当期的个别利润表。

6）企业合并成本或有关可辨认资产、负债公允价值暂时确定的情况

对于非同一控制下的企业合并，如果在购买日或合并当期期末，因各种因素影响无法合理确定企业合并成本或合并中取得有关可辨认资产、负债公允价值的，在合并当期期末，购买方应以暂时确定的价值为基础对企业合并交易或事项进行核算。以后取得进一步

的信息表明有关资产、负债公允价值与暂时确定的价值不同的，应分别以下情况进行处理：

（1）购买日后12个月内对有关价值量调整。

在合并当期期末以暂时确定的价值对企业合并进行处理的情况下，自购买日算起12个月内取得进一步的信息表明需对原暂时确定的企业合并成本或所取得的资产、负债的暂时性价值进行调整的，应视同在购买日发生，即应进行追溯调整，同时对以暂时性价值为基础提供的比较报表信息也应进行相关的调整。

（2）超过规定期限后的价值量调整。

自购买日算起12个月以后对企业合并成本或合并中取得的可辨认资产、负债价值的调整，应当按照《企业会计准则第28号——会计政策、会计估计变更和前期差错更正》的规定进行处理，即应视为前期差错更正，在调整相关资产、负债账面价值的同时，应调整所确认的商誉或是计入合并当期利润表中的金额以及相关资产的折旧、摊销等。

7）购买日合并财务报表的编制

非同一控制下的企业合并中形成母子公司关系的，购买方一般应于购买日编制合并资产负债表，反映其于购买日开始能够控制的经济资源情况。在合并资产负债表中，合并中取得的被购买方各项可辨认资产、负债应以其在购买日的公允价值计量，长期股权投资的成本大于合并中取得的被购买方可辨认净资产公允价值份额的差额，体现为合并财务报表中的商誉；长期股权投资的成本小于合并中取得的被购买方可辨认净资产公允价值份额的差额，应计入合并当期损益。因购买日不需要编制合并利润表，该差额体现在合并资产负债表上，应调整合并资产负债表的盈余公积和未分配利润。

6.3.2 会计处理

1）非同一控制下的控股合并

该合并方式下，购买方所涉及的会计处理主要是两个方面：一是购买日因进行企业合并形成的对被购买方的长期股权投资初始投资成本的确定，该成本与作为合并对价支付的有关资产账面价值之间差额的处理。具体参见本教材第7章"长期股权投资"的处理规定；二是购买日合并财务报表的编制，具体参见本教材第9章"合并财务报表（中）——一般业务"的处理规定。

【例6-3】沿用【例6-2】的资料，P公司在该项合并中发行1 000万股普通股，每股面值1元，市场价格为8.75元/股，取得了S公司70%的股权，不考虑所得税的影响。

（1）确认长期股权投资。

借：长期股权投资   87 500 000

  贷：股本   10 000 000

    资本公积——股本溢价   77 500 000

（2）计算确定商誉。

假定S公司除已确认资产外，不存在其他需要确认的资产、负债，则：

P公司计算合并中应确认的合并商誉=企业合并成本-合并中取得被购买方可辨认净资产公允价值份额

=87 500 000-108 500 000×70%

=11 550 000（元）

（3）编制调整及抵销分录。

借：存货 1 950 000

  长期股权投资 16 500 000

  固定资产 25 000 000

  无形资产 10 000 000

  贷：资本公积 53 450 000

借：股本 25 000 000

  资本公积（15 000 000+53 450 000） 68 450 000

  盈余公积 5 000 000

  未分配利润 10 050 000

  商誉 11 550 000

  贷：长期股权投资 87 500 000

   少数股东权益 32 550 000

（4）编制合并工作底稿见表6-3。

表6-3   **合并工作底稿（简表）**

20×7年6月30日   单位：万元

| 项目 | P公司 | S公司 | 合计金额 | 调整、抵销分录 | | 少数股东权益 | 合并金额 |
				借方	贷方		
货币资金	4 312.5	450	4 762.5				4 762.5
存货	6 200	255	6 455	195			6 650
应收账款	3 000	2 000	5 000				5 000
长期股权投资	13 750	2 150	15 900	1 650	8 750		8 800
固定资产	7 000	3 000	10 000	2 500			12 500
无形资产	4 500	500	5 000	1 000			6 000
商誉	0	0	0	1 155			1 155
资产总计	38 762.5	8 355	47 117.5	6 500	8 750		44 867.5
短期借款	2 500	2 250	4 750				4 750
应付账款	3 750	300	4 050				4 050
长期借款	375	300	675				675
负债合计	6 625	2 850	9 475	0	0		9 475
股本	8 500	2 500	11 000	2 500			8 500
资本公积	12 750	1 500	14 250	6 845	5 345		12 750
盈余公积	5 000	500	5 500	500			5 000
未分配利润	5 887.5	1 005	6 892.5	1 005			5 887.5
少数股东权益						3 255	3 255
所有者权益合计	32 137.5	5 505	37 642.5	10 850	5 345	3 255	35 392.5
负债及所有者权益总计	38 762.5	8 355	47 117.5	10 850	5 345	3 255	44 867.5

2）非同一控制下的吸收合并

非同一控制下的吸收合并，购买方在购买日应当将合并中取得的符合确认条件的各项资产和负债，按其公允价值确认为本企业的资产和负债；作为合并对价的有关非货币性资产在购买日的公允价值与其账面价值的差额，应作为资产的处置损益计入合并当期的利润表；确定的企业合并成本与所取得的被购买方可辨认净资产公允价值的差额，视情况分别确认为商誉或是作为企业合并当期的损益计入利润表。

具体处理原则与非同一控制下的控股合并类似，不同点在于非同一控制下的吸收合并中，合并中取得的可辨认资产和负债是作为个别财务报表中的项目列示，合并中产生的商誉也是作为购买方账簿及个别财务报表中的资产列示。

【例6-4】沿用【例6-2】的资料，P公司与S公司不是同一集团内的两家子公司，则此时的吸收合并为非同一控制下的吸收合并。假设P公司定向增发股份时股票的公允价值为11元/股。进行的会计处理如下：

借：库存现金/银行存款	4 500 000
库存商品	4 500 000
应收账款	20 000 000
长期股权投资	38 000 000
固定资产	55 000 000
无形资产	15 000 000
商誉（11×10 000 000−108 500 000）	1 500 000
贷：短期借款	22 500 000
应付账款	3 000 000
长期借款	3 000 000
股本	10 000 000
资本公积	100 000 000

由此可见，非同一控制下的合并吸收的资产和负债按照购买日的公允价值进行确认，商誉的金额为支付的对价公允价值11 000万元与S公司可辨认净资产公允价值10 850万元的差额。

6.4 反向购买

6.4.1 反向购买的含义

以发行权益性证券作为合并对价实施的非同一控制下的企业合并中，通常发行权益性证券的一方为购买方。但如果一项企业合并中发行权益性证券的一方因其生产经营决策在合并后被参与合并的另一方所控制，发行权益性证券的一方（法律上的购买方）在会计上被认定为被购买方时，该类企业合并就称为反向购买。

例如，A公司为一家规模较小的上市公司，B公司为一家规模较大的公司。B公司拟通过收购A公司的方式达到上市目的，但该交易是通过A公司向B公司原股东发行普通股用以交换B公司原股东持有的股权的方式来实现。该项交易后，B公司原控股股东持有A

公司50%以上股权，A公司持有B公司50%以上股权，A公司为法律上的母公司，B公司为法律上的子公司，但从会计的角度来看，A公司为被购买方，B公司为购买方。

6.4.2 反向购买的处理

反向购买中，法律上的子公司（会计上的购买方）的企业合并成本是指其如果以发行权益性证券的方式为获取在合并后报告主体的股权比例，应向法律上母公司（会计上的被购买方）的股东发行的权益性证券数量与其公允价值计算的结果。

购买方的权益性证券在购买日存在公开报价的，通常应以公开报价作为公允价值；购买方的权益性证券在购买日不存在可靠公开报价的，应参照购买方的公允价值和被购买方的公允价值两者之中有更为明显证据支持的一个价值作为基础，确定购买方假定应发行权益性证券的公允价值。

法律上母公司在该项合并中形成的对法律上子公司长期股权投资成本的确定，应当遵从本教材第7章"长期股权投资"的相关规定。

6.4.3 反向购买时合并财务报表的编制

反向购买后，法律上的母公司应当遵从以下原则编制合并财务报表：

（1）合并财务报表中，法律上子公司的资产、负债应以其在合并前的账面价值进行确认和计量。

（2）合并财务报表中的留存收益和其他权益余额应当反映的是法律上子公司在合并前的留存收益和其他权益余额。

（3）合并财务报表中的权益性工具的金额应当反映法律上子公司发行在外的股份面值以及假定在确定该项企业合并成本过程中新发行的权益性工具的金额。但是，在合并财务报表中的权益结构应当反映法律上母公司的权益结构，即法律上母公司发行在外权益性证券的数量和种类。

（4）法律上母公司的有关可辨认资产、负债在并入合并财务报表时，应以其在该日确定的公允价值进行合并，企业合并成本大于合并中取得的法律上母公司可辨认净资产公允价值的份额体现为商誉，小于合并中取得的法律上母公司可辨认净资产公允价值的份额确认为合并当期损益。

（5）合并财务报表的比较信息应当是法律上子公司的比较信息。

（6）法律上子公司的有关股东在合并过程中未将其持有的股份转换为法律上母公司股份的，该部分股东享有的权益份额在合并财务报表中应作为少数股东权益列示。因法律上子公司的部分股东未将其持有的股份转换为法律上母公司的股权，其享有的权益份额仍仅限于法律上子公司的部分，该部分少数股东权益反映的是少数股东按持股比例计算享有法律上子公司合并前净资产账面价值的份额。另外，对于法律上母公司的所有股东，虽然该项合并中其被认为被购买方，但其享有合并形成报告主体的净资产及损益，不应作为少数股东权益列示。

【例6-5】20×4年9月30日A公司向B公司股东定向增发本企业普通股，取得B公司100%控制权。A公司和B公司在合并前的简化资产负债表见表6-4。9月30日，B公司股票的公允价值是40元/股，A公司股票的公允价值是16元/股。A公司一项固定资产的公允价值高于账面价值200万元，除此之外可辨认资产和负债的公允价值等于账面价值。A公司与 B 公司合并前不存在关联方关系。

表 6-4
资产负债表（简表）

20×4 年 9 月 30 日
单位：万元

项目	A公司	B公司
流动资产	500	700
非流动资产	1 300	3 000
资产总计	1 800	3 700
流动负债	300	600
非流动负债	400	1 100
负债合计	700	1 700
股本	100	60
资本公积	200	540
留存收益	800	1 400
股东权益合计	1 100	2 000
负债及股东权益总计	1 800	3 700

（1）确定长期股权投资成本：

A 公司通过定向增发取得 B 公司的 100%股权，需要发行 150 万元（40×60÷16）股份。按发行股份的公允价值作为取得长期股权投资的成本，会计处理为：

借：长期股权投资——B   24 000 000

　贷：股本   1 500 000

　　资本公积   22 500 000

定向增发后，A 公司的股份数为 250 万股，B 公司的股东由于持有 150 万股，持股比例为 60%，成为实质上的控制方，形成典型的反向购买。法律上的被购买方 B 公司成为会计上的购买方。由于合并成本是购买方为进行企业合并支付对价的公允价值，尽管 B 公司没有发行股份，此处应按假定如果 B 公司发行权益性证券取得合并后报告主体的 60%股权，向 A 公司股东发行股份的公允价值作为合并对价。

本例中 B 公司目前的股份数量是 60 万股，需要占 A 公司 60%的股权比例，因此需要增发的股份数为 40 万股（60÷0.6-60）。

该股份的公允价值总额为 1 600 万元（40×40），因此在合并工作底稿（见表 6-5）中，需要编制下列分录：

借：长期股权投资——A   16 000 000

　　　贷：股本　　　　　　　　　　　　　　　　　　　　　　　　　　400 000
　　　　　资本公积　　　　　　　　　　　　　　　　　　　　　　　15 600 000

（2）法律上的母公司（B公司）在编制合并财务报表时，需要进行下列调整处理：

①调整A公司固定资产的价值。

　　借：固定资产　　　　　　　　　　　　　　　　　　　　　　　2 000 000
　　　　贷：资本公积　　　　　　　　　　　　　　　　　　　　　2 000 000

②将B公司的长期股权投资与A公司的所有者权益项目进行抵销。

　　借：股本（1 000 000+1 500 000）　　　　　　　　　　　　　2 500 000
　　　　资本公积（2 000 000+22 500 000+2 000 000）　　　　　26 500 000
　　　　留存收益　　　　　　　　　　　　　　　　　　　　　　8 000 000
　　　　商誉（16 000 000-（11 000 000+2 000 000））　　　　3 000 000
　　　　贷：长期股权投资（24 000 000+16 000 000）　　　　40 000 000

表6-5　　　　　　　　　　合并工作底稿（简表）　　　　　　　　单位：万元

| 项目 | A公司 | B公司 | 合计金额 | 调整、抵销分录 | | 少数股东权益 | 合并金额 |
				借方	贷方		
流动资产	500	700	1 200				1 200
长期股权投资	2 400	0	2 400	1 600	4 000		0
非流动资产	1 300	3 000	4 300	200			4 500
商誉	0	0	0	300			300
资产总计	4 200	3 700	7 900	2 100	4 000		6 000
流动负债	300	600	900				900
非流动负债	400	1 100	1 500				1 500
负债合计	700	1 700	2 400	0	0		2 400
股本	250	60	310	250	40		100
资本公积	2 450	540	2 990	2 650	1 560 200		2 100
留存收益	800	1 400	2 200	800			1 400
少数股东权益						0	0
所有者权益合计	3 500	2 000	5 500	3 700	1 800	0	3 600
负债及所有者权益总计	4 200	3 700	7 900	3 700	1 800	0	6 000

【例6-6】承【例6-5】，B公司股东有80%同意持有A公司的股份，则A公司需要增发的股份为120万股（60×40×0.8÷16）。

（1）在个别报表中，A公司的会计处理为：

借：长期股权投资——B   19 200 000

    贷：股本   1 200 000

        资本公积   18 000 000

B公司需要增发的股份与同意转换为A公司股票的股东比例无关，虚拟增发的股份依然是40万股（100×16÷40），合并成本依然是1 600万元（40×40）。

（2）在合并工作底稿（见表6-6）中的处理为：

表6-6   合并工作底稿（简表）   单位：万元

| 项目 | A公司 | B公司 | 合计金额 | 调整、抵销分录 | | 少数股东权益 | 合并金额 |
				借方	贷方		
流动资产	500	700	1 200				1 200
长期股权投资	1 920	0	1 920	1 600	3 520		0
非流动资产	1 300	3 000	4 300	200			4 500
商誉	0	0	0	300			300
资产总计	3 720	3 700	7 420	2 100	3 520		6 000
流动负债	300	600	900				900
非流动负债	400	1 100	1 500				1 500
负债合计	700	1 700	2 400	0	0		2 400
股本	220	60	280	232	40		88
资本公积	2 000	540	2 540	2 308	1 560 200		1 992
留存收益	800	1 400	2 200	1 080			1 120
少数股东权益						400	400
所有者权益合计	3 020	2 000	5 020	3 620	1 800	400	3 600
负债及所有者权益总计	3 720	3 700	7 420	3 620	1 800	400	6 000

①确认虚拟发行股份。

借：长期股权投资——A   16 000 000

    贷：股本   400 000

        资本公积   15 600 000

②调整A公司的固定资产账面价值。

借：固定资产 2 000 000

　　贷：资本公积 2 000 000

③抵销B公司的长期股权投资与A公司的所有者权益。

借：股本（2 200 000+600 000×0.2） 2 320 000

　　资本公积（20 000 000+2 000 000+5 400 000×0.2） 23 080 000

　　留存收益（8 000 000+14 000 000×0.2） 10 800 000

　　商誉（16 000 000－（11 000 000+2 000 000）） 3 000 000

　贷：长期股权投资（19 200 000+16 000 000） 35 200 000

　　少数股东权益（（600 000+5 400 000+14 000 000）×20%） 4 000 000

需要注意的是，反向购买的合并商誉是按"假定的转移对价"确定的合并成本减去会计上子公司的净资产公允价值的全部，而不是按持股比例计算确定。少数股东权益则是按会计上的母公司股东权益账面价值计算，而不是按公允价值中少数股东享有的份额计算。

6.5 多次交易分步实现控制

如果企业合并不是通过一次交易实现，而是通过多次交易分步实现的，则企业在每一单项交易发生时，应确认对被投资单位的投资。个别报表中对多次交易分步实现合并的会计处理，应按照本教材第7章"长期股权投资"7.3节的规定进行处理。在合并财务报表中，应当区别同一控制和非同一控制分别进行处理。

6.5.1 同一控制下企业合并

在合并财务报表中，合并日原所持股权采用权益法核算、按被投资单位实现净利润和原持股比例计算确认的损益、其他综合收益，以及其他净资产变动的部分，在合并财务报表中予以冲回，即冲回原权益法下确认的损益和其他综合收益，转入资本公积（资本溢价或股本溢价）。

【例6-7】甲公司于20×5年1月1日以货币资金3 400万元取得A公司30%的有表决权股份，对A公司施加重大影响，当日A公司的可辨认净资产的公允价值是11 000万元（与账面价值相等）。

A公司20×5年实现净利润1 000万元，未发放现金股利，因其他权益工具投资公允价值变动增加其他综合收益200万元。

20×6年1月1日，甲公司从集团内部以货币资金5 000万元进一步取得A公司40%的有表决权股份，能够对A公司实施控制。合并日A公司在该日所有者权益的账面价值为12 200万元（与最终控制方持续计算的账面价值相等），其中：股本5 000万元，资本公积5 200万元，其他综合收益200万元，盈余公积480万元，未分配利润1 320万元。

假定：甲公司20×6年1月1日"资本公积——股本溢价"金额为2 000万元，不考虑所得税和内部交易的影响。

（1）个别财务报表中的会计处理

①20×5年1月1日

借：长期股权投资——投资成本 34 000 000

　　贷：银行存款 34 000 000

②20×5年12月31日

借：长期股权投资——损益调整 3 000 000

　　贷：投资收益 3 000 000

借：长期股权投资——其他综合收益 600 000

　　贷：其他综合收益 600 000

③20×6年1月1日

合并日长期股权投资的初始投资成本=12 200×70%=8 540（万元）

新增长期股权投资成本=8 540-（3 400+300+60）=4 780（万元）

借：长期股权投资 47 800 000

　　资本公积——股本溢价 2 200 000

　　贷：银行存款 50 000 000

（2）合并财务报表中的会计处理

①调整权益法核算

借：投资收益 3 000 000

　　贷：资本公积——股本溢价 3 000 000

借：其他综合收益 600 000

　　贷：资本公积——股本溢价 600 000

②编制合并日抵销分录

借：股本 50 000 000

　　资本公积 52 000 000

　　其他综合收益 2 000 000

　　盈余公积 4 800 000

　　未分配利润 13 200 000

　　贷：长期股权投资 85 400 000

　　　少数股东权益（122 000 000×30%） 36 600 000

③将合并日抵销的留存收益予以恢复

借：资本公积——股本溢价 12 600 000

　　贷：盈余公积（4 800 000×70%） 3 360 000

　　　未分配利润（13 200 000×70%） 9 240 000

6.5.2 非同一控制下企业合并

在合并财务报表中，购买方对于购买日之前持有的被购买方的股权，应当按照该股权在购买日的公允价值进行重新计量，并按照以下原则处理：

（1）购买方对于购买日之前持有的被购买方的股权，按照该股权在购买日的公允价值进行重新计量，公允价值与账面价值的差额计入当期投资收益。

（2）购买日之前持有的被购买方的股权于购买日的公允价值，与购买日新购入股权所支付对价的公允价值之和，为合并财务报表中的合并成本。

（3）在按上述计算的合并成本基础上，比较购买日被购买方可辨认净资产公允价值的份额，确定购买日应予确认的商誉，或者应计入发生当期损益的金额。

（4）购买方对于购买日之前持有的被购买方的股权涉及其他综合收益的，与其相关的其他综合收益应当转为购买日所属当期留存收益。

【例6-8】甲公司于20×5年1月1日以货币资金3 100万元取得了乙公司30%的有表决权股份，对乙公司能够施加重大影响，乙公司当日可辨认净资产的公允价值是11 000万元。甲公司与乙公司为非同一控制下的公司。

20×5年1月1日，乙公司除一项固定资产的公允价值与账面价值不同外，其他资产和负债的公允价值与账面价值都相等。购买日该固定资产的公允价值为300万元，账面价值为100万元，剩余使用年限10年，采用年限平均法计提折旧，无残值。

乙公司20×5年实现净利润1 000万元，未发放现金股利，因其他权益工具投资公允价值变动增加其他综合收益200万元。

20×6年1月1日，甲公司以货币资金5 220万元进一步取得乙公司40%有表决权股份，因此取得了控制权。乙公司在该日所有者权益的账面价值为12 000万元，其中：股本5 000万元，资本公积1 200万元，其他综合收益1 000万元，盈余公积480万元，未分配利润4 320万元。可辨认净资产的公允价值是12 300万元。

20×6年1月1日，乙公司固定资产公允价值为390万元，账面价值为90万元，剩余使用年限9年，采用年限平均法计提折旧，无残值。

假定：甲公司原来持有的乙公司30%的股权在购买日的公允价值为3 915万元。不考虑所得税和内部交易的影响。

（1）个别财务报表中的会计处理

①20×5年1月1日

借：长期股权投资——投资成本　　　　　　　　　　　　　　31 000 000
　　贷：银行存款　　　　　　　　　　　　　　　　　　　　　　31 000 000
借：长期股权投资——投资成本　　　　　　　　　　　　　　2 000 000
　　贷：营业外收入　　　　　　　　　　　　　　　　　　　　　2 000 000

②20×5年12月31日

借：长期股权投资——损益调整（［10 000 000-（3 000 000-1 000 000）÷10］×30%）
　　　　　　　　　　　　　　　　　　　　　　　　　　　　　2 940 000
　　贷：投资收益　　　　　　　　　　　　　　　　　　　　　　2 940 000
借：长期股权投资——其他综合收益　　　　　　　　　　　　600 000
　　贷：其他综合收益　　　　　　　　　　　　　　　　　　　　600 000

③20×6年1月1日

借：长期股权投资　　　　　　　　　　　　　　　　　　　　52 200 000
　　贷：银行存款　　　　　　　　　　　　　　　　　　　　　　52 200 000
借：长期股权投资　　　　　　　　　　　　　　　　　　　　36 540 000

　　　贷：长期股权投资——投资成本　　　　　　　　　　　　　　　　33 000 000

　　　　　　　　　　　——损益调整　　　　　　　　　　　　　　　　 2 940 000

　　　　　　　　　　　——其他综合收益　　　　　　　　　　　　　　　 600 000

　　因此，个别财务报表中长期股权投资的账面价值=5 220+3 654=8 874（万元）。

　　（2）合并财务报表中的会计处理

　　甲公司对乙公司投资形成的商誉=（5 220+3 915）−12 300×（30%+40%）=525（万元）

　　①将乙公司固定资产账面价值调整为公允价值

　　借：固定资产　　　　　　　　　　　　　　　　　　　　　　　　　 3 000 000

　　　　贷：资本公积　　　　　　　　　　　　　　　　　　　　　　　　 3 000 000

　　②将原30%的持股比例长期股权投资账面价值调整为购买日公允价值

　　借：长期股权投资（39 150 000−36 540 000）　　　　　　　　　　 2 610 000

　　　　贷：投资收益　　　　　　　　　　　　　　　　　　　　　　　　 2 610 000

　　借：其他综合收益　　　　　　　　　　　　　　　　　　　　　　　　 600 000

　　　　贷：盈余公积　　　　　　　　　　　　　　　　　　　　　　　　　 60 000

　　　　　　利润分配——未分配利润　　　　　　　　　　　　　　　　　 540 000

　　③编制购买日的抵销分录

　　借：股本　　　　　　　　　　　　　　　　　　　　　　　　　　　50 000 000

　　　　资本公积（12 000 000+3 000 000）　　　　　　　　　　　　　15 000 000

　　　　其他综合收益　　　　　　　　　　　　　　　　　　　　　　　10 000 000

　　　　盈余公积　　　　　　　　　　　　　　　　　　　　　　　　　 4 800 000

　　　　未分配利润　　　　　　　　　　　　　　　　　　　　　　　　43 200 000

　　　　商誉　　　　　　　　　　　　　　　　　　　　　　　　　　　 5 250 000

　　　　贷：长期股权投资（39 150 000+52 200 000）　　　　　　　　 91 350 000

　　　　　　少数股东权益（123 000 000×30%）　　　　　　　　　　　36 900 000

　──── **拓展阅读**

为什么我国没有取消权益结合法？

　　权益结合法和购买法曾经是企业合并实务中采用的两种基本处理方法。但是2001年6月，美国财务会计准则委员会颁布了财务会计准则公告第141号《企业合并》和第142号《商誉和其他无形资产》，明确规定废除权益结合法。2004年3月31日，国际会计准则理事会也在发布的《国际财务报告准则第3号——企业合并》中明确取消了权益结合法。而2006年2月15日，我国财政部发布的《企业会计准则第20号——企业合并》中，将企业合并划分为同一控制下的企业合并和非同一控制下的企业合并。该准则规定，对同一控制下的企业合并，应采用权益结合法进行会计处理；对非同一控制下的企业合并，应采用购买法进行会计处理。对我国而言，为什么在国际上纷纷取消权益结合法的潮流下，却坚持给权益结合法一定的生存空间呢？

　　1.权益结合法有利于当前我国会计人员的操作，从而保证会计信息质量

　　从实务上来说，权益结合法无论在价值的确认还是账务处理等方面都要比购买

法简便，易于操作和掌握，有利于降低会计核算的难度和工作量，有利于更好地保证会计信息的质量。

2. 权益结合法有利于我国企业重组整合做大做强

当前我国正处于国企改革的攻坚阶段，推动企业间的兼并重组是政府的一项重要工作。在这个过程中，会计准则应服务于国家的宏观经济目标，这是会计准则的功能之一。权益结合法对促进企业的合并具有一定的优势，比如，它能突破现金支付能力的约束，能够促使企业做大做强，因此权益结合法应该有其用武之地。

3. 基于对我国目前公允价值的考虑

美国等西方国家证券市场发达，股价能客观反映公司的价值，加上它们的市场经济发达，各种评估机构完善，能比较容易地获得资产的公允价值，这是它们实行购买法的有利条件。而我国的证券市场只是一个新兴的领域，在许多方面还不够完善，股价难以反映公司的公允价值，中介评估机构管理不完善，业务素质不高，评估业务不发达，因此确定被购企业净资产的公允价值具有一定的难度。加之我国上市公司的股权结构特殊，非流通股占的比重较大，对这部分股权的价值评估一直是个难题，这些都对购买法在我国的应用形成制约。因此，结合我国当前情况，权益结合法还有其应用的价值，所以在我国准则制定中予以保留。

本章小结与思维导图

本章全面论述了企业合并的定义、类型以及不同类型企业合并的会计处理。

企业合并是将两个或两个以上单独的企业合并形成一个报告主体的交易或事项，其结果通常是一个企业取得对一个或多个业务的控制权。

企业合并分为同一控制下的企业合并与非同一控制下的企业合并。同一控制下的企业合并是指参与合并的企业在合并前后均受同一方或相同的多方最终控制且该控制并非暂时性的。同一控制下企业合并以外的其他企业合并为非同一控制下的企业合并。

同一控制下合并方在企业合并中取得的资产和负债，应当按照合并日在被合并方的账面价值计量，合并方取得的净资产账面价值与支付的合并对价账面价值（或发行股份面值总额）的差额调整资本公积，资本公积不足冲减的，调整留存收益。

非同一控制下企业合并包括购买方及购买日的确定、企业合并成本的确定、合并中取得各项可辨认资产、负债的确认和计量以及合并差额的处理。

反向购买中，法律上的子公司（会计上的购买方）的企业合并成本是指其如果以发行权益性证券的方式为获取在合并后报告主体的股权比例，应向法律上母公司（会计上的被购买方）的股东发行的权益性证券数量与其公允价值计算的结果。

多次交易分步实现控制应区分同一控制和非同一控制的不同情况进行合并财务报表的编制。

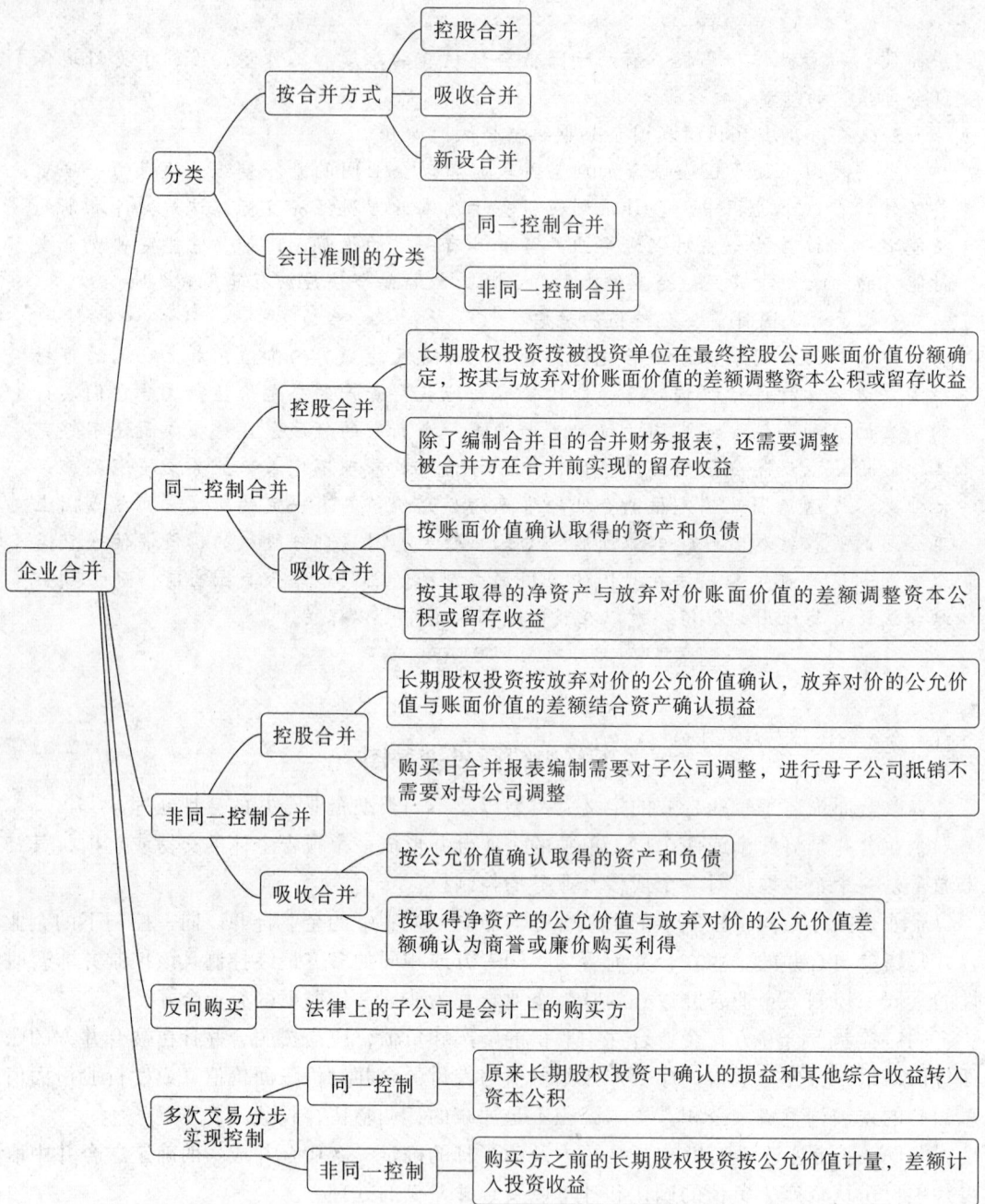

```
                                    ┌─ 控股合并
                    ┌─ 按合并方式 ───┼─ 吸收合并
                    │               └─ 新设合并
        ┌─ 分类 ────┤
        │           └─ 会计准则的分类 ┬─ 同一控制合并
        │                            └─ 非同一控制合并
        │
        │                    ┌─ 控股合并 ┬─ 长期股权投资按被投资单位在最终控股公司账面价值份额确
        │                    │           │  定，按其与放弃对价账面价值的差额调整资本公积或留存收益
        │                    │           │
        │                    │           └─ 除了编制合并日的合并财务报表，还需要调整
        │           ┌─ 同一控制合并 ─┤        被合并方在合并前实现的留存收益
        │           │        │
        │           │        └─ 吸收合并 ┬─ 按账面价值确认取得的资产和负债
        │           │                    │
        │           │                    └─ 按其取得的净资产与放弃对价账面价值的差额调整资本公
        │           │                       积或留存收益
        │           │
 企业合并 ─┤           │        ┌─ 控股合并 ┬─ 长期股权投资按放弃对价的公允价值确认，放弃对价的公允价
        │           │        │           │  值与账面价值的差额结合资产确认损益
        │           │        │           │
        │           │        │           └─ 购买日合并报表编制需要对子公司调整，进行母子公司抵销不
        │           ├─ 非同一控制合并─┤        需要对母公司调整
        │           │        │
        │           │        └─ 吸收合并 ┬─ 按公允价值确认取得的资产和负债
        │           │                    │
        │           │                    └─ 按取得净资产的公允价值与放弃对价的公允价值差
        │           │                       额确认为商誉或廉价购买利得
        │           │
        ├─ 反向购买 ─── 法律上的子公司是会计上的购买方
        │
        │                    ┌─ 同一控制 ── 原来长期股权投资中确认的损益和其他综合收益转入
        └─ 多次交易分步 ─────┤               资本公积
           实现控制          │
                            └─ 非同一控制 ── 购买方之前的长期股权投资按公允价值计量，差额计
                                            入投资收益
```

章末习题

一、单项选择题

1.关于同一控制下的企业合并，下列说法中正确的是（　　）。

A.合并财务报表中不会有商誉

B.参与合并的企业在合并前后均受同一方或相同的多方最终控制且该控制并非暂时性的

C.参与合并的各方在合并前后不受同一方或相同的多方最终控制

D.参与合并的各方在合并前后不受同一方或相同的多方共同控制

2.关于同一控制下的吸收合并，下列说法中不正确的是（　　）。

A.合并方对同一控制下吸收合并中取得的资产、负债应当按照相关资产、负债在被合并方的原账面价值入账

B.以发行权益性证券方式进行的同一控制下吸收合并，所确认的净资产入账价值与发行股份面值总额的差额，应计入资本公积，资本公积不足冲减的，相应冲减盈余公积和未分配利润

C.合并方为进行企业合并发生的各项直接相关费用，包括为进行企业合并而支付的审计费用、评估费用、法律服务费用等，应当于发生时计入合并成本

D.以支付现金、转让非现金资产方式进行的同一控制下吸收合并，所确认的净资产入账价值与支付的现金、非现金资产账面价值的差额，相应调整资本公积，资本公积的余额不足冲减的，应冲减盈余公积和未分配利润

3.下列关于非同一控制下企业合并会计处理的表述中，错误的是（　　）。

A.合并中发生的各项直接费用计入合并成本

B.以实际取得对被购买方控制权的日期确定购买日

C.合并财务报表中合并成本高于合并取得的可辨认净资产公允价值的差额作为商誉确认

D.合并财务报表中合并成本低于合并取得的可辨认净资产公允价值的差额计入当期损益

4.甲公司以一台固定资产和一项专利权作为对价取得同一集团（长江集团）内乙公司100%的股权。固定资产原价1 000万元，累计折旧400万元；专利权原价600万元，累计摊销150万元。合并日乙公司所有者权益账面价值为1 300万元，相对于最终控制方而言的账面价值为1 400万元。假定不考虑增值税等相关税费，甲公司在确认对乙公司的长期股权投资时，确认的资本公积为（　　）万元。

微课6.1　第6章单项选择题第4题的讲解

A.250（贷方）　　　　B.250（借方）　　　　C.550（贷方）　　　　D.350（贷方）

5.甲公司为增值税一般纳税人，适用的增值税税率为13%。20×5年1月1日，甲公司以增发200万股普通股（每股市价1.5元，每股面值1元）和一批存货作为对价，从乙公司处取得B公司70%的股权，能够对B公司实施控制。该批存货的成本为40万元，公允价值为60万元，未发生跌价准备。合并合同规定，如果B公司未来两年的平均净利润增长率超过15%，则甲公司应另向乙公司支付80万元的合并对价。当日，甲公司预计B公司未来两年的平均净利润增长率很可能将超过15%。则甲公司该项企业合并的合并成本为（　　）万元。

A.370.2　　　　B.360　　　　C.447.8　　　　D.440

二、多项选择题

1.关于同一控制下企业合并，下列会计处理中正确的有（　　）。

A.同一控制下企业合并，需要确认被合并方原有商誉

B.同一控制下企业合并，需要确认新的商誉

C.同一控制下企业合并，不确认被合并方原有商誉

D.同一控制下企业合并，不确认新的商誉

2.对于非同一控制下企业合并成本大于合并中取得的被购买方可辨认净资产公允价值份额的部分，下列会计处理中正确的有（　　）。

A.控股合并的情况下，购买方在其账簿及个别财务报表中应确认商誉

B.吸收合并的情况下，购买方在合并财务报表中应列示商誉

C.控股合并的情况下，购买方在合并财务报表中应列示商誉

D.吸收合并的情况下，购买方在其账簿及个别财务报表中应确认为商誉

3.非同一控制下的企业合并购买方在编制合并财务报表时，对合并成本与合并中取得的被购买方可辨认净资产公允价值份额的差额的处理，正确的有（　　）。

A.购买方对合并成本大于合并中取得的被购买方可辨认净资产公允价值份额的差额，应当确认为商誉

B.购买方对合并成本大于合并中取得的被购买方可辨认净资产公允价值份额的差额，应当确认为其他综合收益

C.购买方对合并成本小于合并中取得的被购买方可辨认净资产公允价值份额的差额，应当确认为其他综合收益

D.购买方对合并成本小于合并中取得的被购买方可辨认净资产公允价值份额的差额，首先对取得的被购买方各项可辨认资产、负债及或有负债的公允价值以及合并成本的计量进行复核，经复核后合并成本仍小于合并中取得的被购买方可辨认净资产公允价值份额的，其差额应当计入当期损益

4.下列各项中，不属于《企业会计准则第20号——企业合并》规范的企业合并的有（　　）。

A.购买子公司的少数股权

B.一个企业取得了对另一个企业的控制权，而被购买方并不构成业务

C.两方或多方形成合营企业

D.企业A通过增发自身的普通股自企业B原股东处取得企业B的全部股权，该交易事项发生后，企业B仍持续经营

微课6.2　第6章多项选择题第5题的讲解

5.20×3年1月1日，A公司以现金6 000万元取得B公司20%股权并具有重大影响，采用权益法核算。当日，B公司可辨认净资产公允价值为28 000万元。20×6年1月1日，A公司另外支付现金16 000万元取得B公司40%股权。购买日，A公司原持有的对B公司20%股权的公允价值为8 000万元，账面价值为7 000万元，其中因B公司实现净利润确认的累计净损益为200万元，因B公司其他权益工具投资公允价值变动确认的其他综合收益为800万元。B公司可辨认净资产公允价值为36 000万元。假定不考虑所得税影响，A公司下列

会计处理中正确的有（　　）。

A.购买日合并财务报表中确认投资收益3 900万元

B.购买日合并财务报表中应将原计入其他综合收益的800万元转入合并当期留存收益

C.购买日合并成本为24 000万元

D.购买日应确认的商誉为2 400万元

三、业务题

20×4年12月1日，甲公司取得乙公司10%的股权作为其他权益工具投资，取得时支付现金2 300万元，20×4年12月31日其公允价值为2 350万元。20×5年1月31日，甲公司以定向增发股票的方式购买同一集团内另一企业持有的乙公司45%的股权。为取得该股权，甲公司增发2 000万股普通股，每股面值1元，每股公允价值5.3元，另外支付发行费用50万元，原10%股权在该日的公允价值为2 350万元。取得该股权时，相对于最终控制方而言的乙公司可辨认净资产账面价值为23 000万元，其中：股本10 000万元，资本公积4 000万元，盈余公积960万元，未分配利润8 040万元。进一步取得投资后，甲公司能够对乙公司实施控制。假定甲公司和乙公司采用的会计政策、会计期间相同。甲公司按净利润的10%提取法定盈余公积，不考虑所得税等因素且甲公司有足够的"资本公积——股本溢价"。

要求：（1）编制20×4年12月1日至20×5年1月31日甲公司个别财务报表有关会计分录。

（2）编制合并日合并财务报表中的调整分录和抵销分录。

四、思考题

1.企业合并的类型有哪些？

2.同一控制合并如何编制合并日的合并财务报表？

3.非同一控制吸收合并中商誉是如何确定的？

4.什么是反向购买？如何编制反向购买下的合并资产负债表？

5.如何编制多次交易分步实现的企业合并在合并日（或购买日）的合并财务报表？

第6章习题答案

第7章/
长期股权投资

学习目标：掌握不同方式取得长期股权投资初始成本的计算；掌握长期股权投资权益法的核算；掌握投资比例变化时的会计处理。

—— 引导案例

2018年4月2日，阿里巴巴集团、蚂蚁金服集团与饿了么联合宣布，阿里巴巴已经签订收购协议，联合蚂蚁金服以95亿美元的现金投资对饿了么完成全资收购，这是中国互联网史上最大的一笔现金收购。此前阿里巴巴已于2015年12月25日以12.5亿美金的投资成为饿了么第一大股东，占股27.7%。

此次收购完成后，饿了么融入阿里生态，并将进一步得到阿里巴巴在新零售基础设施、产品、技术、组织等方面的全力支持。收购饿了么标志着阿里巴巴将再次启动本地生活服务体系的全新升级，从而实现新零售、新消费与新生活同步升级。

收购前阿里巴巴对饿了么的持股比例为27.7%，对此长期股权投资按什么方法进行后续计量？收购后饿了么成为阿里巴巴的全资子公司，后续计量应按什么方法核算？持股比例发生变动又应如何进行核算？本章将对上述问题进行探讨。

7.1 长期股权投资的初始计量

7.1.1 长期股权投资的范围

按照2014年修订的《企业会计准则第2号——长期股权投资》的规定，长期股权投资是指投资方对被投资单位实施控制、共同控制、重大影响的权益性投资。

企业能够对被投资单位实施控制的，被投资单位为本企业的子公司。所谓控制就是指投资方拥有对被投资方的权力，通过参与被投资方的相关活动而享有可变回报，并且有能力运用对被投资方的权力影响其回报金额。关于控制的理解和具体判断，参见本教材第8章"合并财务报表（上）——基本理论"的相关内容。

企业与其他方对被投资单位实施共同控制的，被投资单位为本企业的合营企业。所谓共同控制，是指按照相关约定对某项安排所共同的控制，并且该安排的相关活动必须经过分享控制权的参与方一致同意后才能决策。

企业能够对被投资单位施加重大影响的，被投资单位就是本企业的联营企业。所谓重大影响，是指投资方对被投资单位的财务和经营政策有参与决策的权力，但并不能够控制或者与其他方一起共同控制这些政策的制定。关于共同控制和重大影响的具体理解，参见6.2节。

除上述以外其他的权益性投资，包括风险投资机构、共同基金，以及类似主体持有的、在初始确认时按照《企业会计准则第22号——金融工具确认和计量》的规定，以公允价值计量且其变动计入当期损益的金融资产以及其他权益性投资，投资性主体对不纳入合并财务报表的子公司的权益性投资，应当按照《企业会计准则第22号——金融工具确认和计量》的规定核算。

7.1.2 对子公司长期股权投资的初始计量

对子公司的长期股权投资的核算，需要将子公司区分为同一控制合并形成的子公司和非同一控制合并形成的子公司两种情况。

1）同一控制合并形成的子公司的长期股权投资的初始计量

根据第6章"企业合并"，所谓同一控制下的企业合并，是指参与合并的企业在合并前后均受到同一方或相同的多方最终控制且控制并非暂时的。对于同一控制下的企业合并，从能够对参与合并各方在合并前及合并后均实施最终控制的一方来看，最终控制方在企业合并前后能够控制的资产并没有发生变化。

为了取得对同一控制子公司的长期股权投资，合并方支付的对价往往有以下几种方式：

（1）支付现金；

（2）转让非现金资产；

（3）承担被合并方的债务；

（4）向被合并方的其他所有者定向增发权益性工具。

此时，长期股权投资的成本与支付对价的价值无关，是按合并日被合并方所有者权益在最终控制方合并财务报表中的账面价值的份额确定。取得的长期股权投资的价值与付出对价账面价值之间的差额，不影响损益，而应调整所有者权益。若被合并方在合并日的净资产账面价值为负数，长期股权投资成本按零确定，同时在备查簿中进行登记。

具体进行会计处理时，合并方在合并日按取得被合并方所有者权益的账面价值的份额，借记"长期股权投资"科目，按应享有被投资单位已宣告但尚未发放的现金股利或利润，借记"应收股利"科目，按支付对价的账面价值，贷记有关资产、负债科目，按增发的股份贷记"股本"科目。如为贷方差额，贷记"资本公积——资本溢价或股本溢价"科目；如为借方差额，则借记"资本公积——资本溢价或股本溢价"科目，资本公积（资本溢价或股本溢价）不足冲减的，借记"盈余公积""利润分配——未分配利润"科目。

合并方发生的与合并有关的各项初始直接费用，如审计、法律服务、评估咨询等中介费用及其他相关管理费用，应当于发生时直接计入当期"管理费用"科目。与发行权益性工具有关的交易费用，应当冲减资本公积，资本公积不足冲减的，依次冲减盈余公积和利润分配——未分配利润。

在确定长期股权投资的初始成本时，对于被合并方账面所有者权益，应当在考虑以下几个因素的基础上计算确定：

（1）被合并方与合并方的会计政策、会计期间是否一致。如果不同，应基于重要性原则按照合并方的会计政策、会计期间对被合并方资产、负债的账面价值进行调整，在此基础上计算确定被合并方的账面所有者权益，并计算确定长期股权投资的初始投资成本。

（2）被合并方账面所有者权益是指被合并方的所有者权益相对于最终控制方而言的账面价值。例如，甲公司为某一集团的母公司，分别控制乙公司和丙公司。20×7年1月1日，甲公司从本集团外部购入丁公司80%股份（属于非同一控制下的企业合并）并能够控制丁公司的财务和经营政策。购买日，丁公司可辨认净资产的公允价值为5 000万元，账面价值为3 500万元。20×9年1月1日，乙公司购入甲公司持有的丁公司的80%股权，形成了同一控制下的企业合并。20×7年1月1日至20×8年12月31日，丁公司按照购买日净资产的账面价值计算实现的净利润为1 500万元，按照购买日净资产的公允价值计算实现的净利润为1 200万元。无其他所有者权益变动。20×9年1月1日合并日，丁公司的所有者权益相对于甲公司而言的账面价值为：自20×7年1月1日丁公司净资产公允价值5 000万元持续计算至20×8年12月31日的账面价值6 200万元（5 000+1 200）。乙公司购入丁公司的初始投资成本为4 960万元（6 200×80%）。

（3）形成同一控制下控股合并的长期股权投资，如果子公司按照改制时确定的资产、负债经评估确认的价值调整资产、负债账面价值的，合并方应当按照取得子公司经评估确认的净资产的份额，作为长期股权投资的初始投资成本。

【例7-1】20×9年6月30日，P公司向其母公司A公司定向增发1 000万股普通股，取得A公司拥有的对S公司100%的股权，并自当日起能够对S公司实施控制。合并后S公司仍维持其独立法人地位继续经营。20×9年6月30日，S公司净资产对A公司而言的账面价值为4 002万元。不考虑相关税费等因素影响，企业合并前后各公司的会计政策相同。

P公司的会计处理为：

借：长期股权投资——S公司	40 020 000	
贷：股本		10 000 000
资本公积——股本溢价		30 020 000

2）非同一控制合并形成的子公司的长期股权投资的初始计量

非同一控制下的企业合并，是指参与合并各方在合并前后不受同一方或相同的多方最终控制的合并交易。除了同一控制下企业合并以外的其他企业合并都属于非同一控制合并。

非同一控制合并中，购买方应当按照确定的企业合并成本作为长期股权投资的初始投资成本。企业合并成本包括购买方付出的资产、发生或承担的负债、发行的权益性工具的公允价值之和。

购买方发生的与合并有关的各项初始直接费用，也于发生时直接记入当期的"管理费用"科目。与发行权益性工具有关的交易费用，应当冲减资本公积，资本公积不足冲减的，依次冲减盈余公积和利润分配——未分配利润。

具体进行会计处理时，应在购买日按企业合并成本，借记"长期股权投资"科目，按享有被投资单位已宣告但尚未发放的现金股利或利润，借记"应收股利"科目，按合并对价的账面价值，贷记有关资产、负债科目或贷记"股本"科目。增发股份的公允价值与面值总额之间的差额记入"资本公积"科目，放弃的非货币性资产的公允价值与账面价值之间的差额，需按下列情况记入不同的损益类科目。

（1）投出资产为固定资产或无形资产，其账面价值与购买日的公允价值之间的差额记入"资产处置损益"科目；

（2）投出资产为存货，按库存商品或原材料的公允价值确认"主营业务收入"或"其他业务收入"，按其账面价值结转"主营业务成本"或"其他业务成本"科目；

（3）投出资产为金融资产，金融资产的公允价值和账面价值的差额记入"投资收益"（交易性金融资产）或"盈余公积"和"利润分配——未分配利润"（其他权益工具投资）。

【例7-2】20×6年3月31日，甲公司取得乙公司70％的股权。为核实乙公司的资产价值，甲公司聘请专业资产评估机构对乙公司的资产进行评估，支付评估费用300万元。甲公司用作合并对价的土地使用权和专利技术原价为9 690万元，已提取累计摊销1 200万元，公允价值12 600万元。为了实现合并，甲公司还支付了银行存款2 400万元。合并前甲公司与乙公司不存在任何关联方关系。

甲公司的账务处理如下：

借：长期股权投资（126 000 000+24 000 000）　　　　　150 000 000
　　累计摊销　　　　　　　　　　　　　　　　　　　　 12 000 000
　　贷：银行存款　　　　　　　　　　　　　　　　　　　　　　24 000 000
　　　　无形资产　　　　　　　　　　　　　　　　　　　　　　96 900 000
　　　　资产处置损益　　　　　　　　　　　　　　　　　　　　41 100 000
借：管理费用　　　　　　　　　　　　　　　　　　　　 3 000 000
　　贷：银行存款　　　　　　　　　　　　　　　　　　　　　　 3 000 000

【例7-3】20×7年1月1日，甲公司以一台固定资产向乙公司投资，占乙公司注册资本的60％，该固定资产的历史成本为8 000万元，已计提累计折旧500万元，固定资产减值准备200万元，公允价值为7 600万元。合并前甲公司与乙公司不存在任何关联方关系，不考虑其他相关税费。

甲公司的账务处理如下：

借：固定资产清理　　　　　　　　　　　　　　　　　 73 000 000
　　累计折旧　　　　　　　　　　　　　　　　　　　　 5 000 000
　　固定资产减值准备　　　　　　　　　　　　　　　　 2 000 000
　　贷：固定资产　　　　　　　　　　　　　　　　　　　　　　80 000 000
借：长期股权投资　　　　　　　　　　　　　　　　　 76 000 000
　　贷：固定资产清理　　　　　　　　　　　　　　　　　　　　76 000 000
借：固定资产清理　　　　　　　　　　　　　　　　　 3 000 000
　　贷：资产处置损益　　　　　　　　　　　　　　　　　　　　 3 000 000

【例7-4】20×8年4月1日，甲公司与乙公司原投资者A公司签订协议，以存货和承担A公司的短期还贷义务换取A公司持有的乙公司70％股权。甲公司投出存货的公允价值为500万元，增值税税额65万元，账面成本400万元，承担归还短期贷款义务200万元。合并前甲公司与乙公司不存在任何关联方关系。

甲公司账务处理如下：

借：长期股权投资   7 650 000

  贷：短期借款   2 000 000

    主营业务收入   5 000 000

    应交税费——应交增值税（销项税额）   650 000

借：主营业务成本   4 000 000

  贷：库存商品   4 000 000

【例7-5】20×5年5月1日，甲公司以一项交易性金融资产向乙公司投资，占乙公司注册资本的70%，该交易性金融资产的账面价值为3 000万元，其中成本为2 500万元，公允价值变动为500万元，该日的公允价值为3 200万元。合并前甲公司与乙公司不存在任何关联方关系，不考虑其他相关税费。

甲公司账务处理如下：

借：长期股权投资   32 000 000

  贷：交易性金融资产——成本   25 000 000

    ——公允价值变动   5 000 000

    投资收益   2 000 000

综上所述，对同一控制下企业合并取得子公司的长期股权投资与非同一控制下企业合并取得子公司的长期股权投资的比较见表7-1。

表7-1   同一控制下企业合并与非同一控制下企业合并长期股权投资的比较

项目		同一控制下企业合并取得子公司的长期股权投资	非同一控制下企业合并取得子公司的长期股权投资
术语	投资方	合并方	购买方
	被投资方	被合并方	被购买方
	控制权取得日	合并日	购买日
处理方法原理		权益结合法的体现	购买法的体现
初始计量成本		合并日被合并方所有者权益在最终控制方合并财务报表中账面价值的份额	购买日合并成本
长期股权投资的成本与放弃对价账面价值之间的差额		不确认损益，调整所有者权益项目	根据放弃非货币性资产的不同，记入相关的损益类科目
长期股权投资成本与增发股份的面值总额之间的差额		计入资本公积	计入资本公积
与取得长期股权投资有关的初始直接费用		计入管理费用	计入管理费用

7.1.3　对合营企业和联营企业长期股权投资的初始计量

对合营企业和联营企业的长期股权投资，取得时的初始投资成本应遵循以下规定：

（1）以支付现金取得的长期股权投资，应当按照实际支付的购买价款和与取得长期股权投资直接相关的费用、税金及其他必要支出作为长期股权投资的初始投资成本。所支付价款中包含的被投资单位已宣告但尚未发放的现金股利或利润应作为应收项目核算，不构成取得长期股权投资的成本。

【例7-6】20×6年4月1日，甲公司从证券市场上以每股8元购入乙公司发行在外的1 000万股股票作为长期股权投资，占乙公司20%的股权，实际支付价款8 000万元，其中包含已宣告但尚未发放的现金股利500万元，另支付相关税费40万元。

甲公司账务处理如下：

借：长期股权投资　　　　　　　　　　　　　　　　　75 400 000
　　应收股利　　　　　　　　　　　　　　　　　　　 5 000 000
　　贷：银行存款　　　　　　　　　　　　　　　　　　　　 80 400 000

（2）以发行权益性证券取得的长期股权投资，应当按照发行权益性证券的公允价值作为初始投资成本。发行权益性证券支付的手续费、佣金等应自权益性证券的溢价发行收入中扣除，溢价收入不足的，应冲减盈余公积和未分配利润。

【例7-7】20×7年7月1日，丙公司向丁公司股东定向增发股票1 000万股作为对价，取得丁公司25%的表决权。每股面值为1元，发行价为每股3元，另支付发行费用9万元。不考虑相关税费。

丙公司账务处理如下：

借：长期股权投资　　　　　　　　　　　　　　　　30 000 000
　　贷：股本　　　　　　　　　　　　　　　　　　　　 10 000 000
　　　　资本公积——股本溢价　　　　　　　　　　　　 20 000 000
借：资本公积——股本溢价　　　　　　　　　　　　　　 90 000
　　贷：银行存款　　　　　　　　　　　　　　　　　　　　 90 000

（3）投资者投入的长期股权投资，应当按照投资合同或协议约定的价值作为初始投资成本，但合同或协议约定价值不公允的除外。

【例7-8】20×8年7月1日，A公司以其持有的对B公司的长期股权投资作为出资，在C股份公司增资扩股的过程中投入C公司，取得C公司10 000万股普通股，每股面值1元，占C公司30%表决权。作为出资的长期股权投资的公允价值为40 000万元。

该交易中，C公司接受了股东A公司投入的长期股权投资，成为B公司的新股东，进行的账务处理如下：

借：长期股权投资——B公司　　　　　　　　　　 400 000 000
　　贷：股本——A公司　　　　　　　　　　　　　　 100 000 000
　　　　资本公积——股本溢价　　　　　　　　　　 300 000 000

（4）通过非货币性资产交换取得的长期股权投资，其初始投资成本应当参照《企业会计准则第7号——非货币性资产交换》有关规定确定；通过债务重组取得的长期股权投资，其初始投资成本参照《企业会计准则第12号——债务重组》有关规定确定。

7.2　长期股权投资的后续计量

长期股权投资在持有期间，根据投资企业对被投资单位的影响程度分别采用成本法和权益法进行核算。

7.2.1　成本法

1）成本法的定义及其适用范围

成本法，是指长期股权投资的价值按初始投资成本计量，除追加或收回投资外，一般不对长期股权投资的账面价值进行调整的一种会计处理方法。

企业能够对被投资单位实施控制的长期股权投资，即企业对子公司的长期股权投资按照成本法进行后续计量。投资方为投资性主体且子公司不纳入其合并财务报表的除外。

2）成本法的会计核算

（1）初始投资或追加投资时，按照初始投资或追加投资时的成本增加长期股权投资的账面价值。此外，企业在取得长期股权投资时，实际支付的价款或对价中包含已宣告但尚未发放的现金股利或利润，作为应收项目处理，不构成长期股权投资的成本。

（2）被投资单位宣告分派现金股利或利润时，不管该利润分配是属于取得投资前还是取得投资后被投资单位实现的净利润的分配，投资企业一律按照应享有的部分确认为当期的投资收益。

投资企业在确认自被投资单位应分得的现金股利或利润后，应当考虑有关长期股权投资是否发生减值。如果存在减值迹象，应当按照《企业会计准则第8号——资产减值》的规定对长期股权投资进行减值测试，当可收回金额低于长期股权投资账面价值时，应当计提减值准备。

> **特别提示**
>
> 若子公司将未分配利润或盈余公积直接转增股本（实收资本），且未向投资方提供等值现金股利或利润的选择权时，母公司并没有获得收取现金股利或利润的权利，这通常属于子公司自身权益结构的重分类，母公司不应确认相关的投资收益。

【例7-9】20×9年1月15日，甲公司以2 000万元购买非关联方乙公司80%的股份，从而对乙公司施加控制。20×9年4月30日，乙公司宣告分配现金股利30万元。5月12日，甲公司按其持股比例分得24万元。甲公司应作如下会计处理：

（1）20×9年1月15日，进行投资时。

借：长期股权投资　　　　　　　　　　　　　　　　　　　　20 000 000

　　贷：银行存款　　　　　　　　　　　　　　　　　　　　　　　20 000 000

（2）20×9年4月30日，乙公司宣告发放股利时。

借：应收股利　　　　　　　　　　　　　　　　　　　　　　　240 000

　　贷：投资收益　　　　　　　　　　　　　　　　　　　　　　　　240 000

（3）20×9年5月12日，甲公司实际收到股利时。

借：银行存款　　　　　　　　　　　　　　　　　　　　　　　240 000

　　贷：应收股利　　　　　　　　　　　　　　　　　　　　　　　　240 000

7.2.2　权益法

1）权益法的定义及其适用范围

权益法是指投资以初始投资成本计量后，在投资持有期间，根据被投资单位所有者权益的变动，投资企业按应享有（或应分担）被投资企业所有者权益的份额调整其投资账面价值的方法。

投资企业对被投资单位具有共同控制或重大影响的长期股权投资，即对合营企业及联营企业的投资，应当采用权益法核算。但是，风险投资机构、共同基金以及类似主体持有的、在初始确认时按照《企业会计准则第22号——金融工具确认和计量》的规定以公允价值计量且其变动计入当期损益的金融资产，无论以上主体是否对这部分投资具有重大影响，应按照《企业会计准则第22号——金融工具确认和计量》的规定进行确认和计量。投资方对联营企业的权益性投资，其中一部分通过风险投资机构、共同基金、信托公司或包括投连险基金在内的类似主体间接持有的，无论以上主体是否对这部分投资具有重大影响，投资方都可以按照《企业会计准则第22号——金融工具确认和计量》的有关规定，对间接持有的该部分投资选择以公允价值计量且其变动计入当期损益，并对其余部分采用权益法核算。

2）共同控制和重大影响的定义及认定

（1）共同控制的定义及认定

共同控制，是指按照相关约定对某项安排所共同的控制，并且该安排的相关活动必须经过分享控制权的参与方一致同意后才能决策。

在判断是否存在共同控制时，首先应判断是否由所有参与方或参与方组合集体控制该安排，其次再判断该安排相关活动的决策是否必须经过这些参与方一致同意。如果存在两个或两个以上的参与方组合能够集体控制某项安排的，不构成共同控制。

例如一项安排涉及三方：A公司、B公司、C公司，它们在该安排中拥有的表决权分别为50%、30%和20%。A公司、B公司、C公司之间的相关约定规定，75%以上的表决权即可对安排的相关活动作出决策。

由此可见，A公司和B公司是能够集体控制该安排的唯一组合，当且仅当A公司、B公司一致同意时，该安排的相关活动决策方能表决通过，因此A公司、B公司对安排拥有共同控制的权力。

（2）重大影响的定义及认定

重大影响是指投资方对被投资方的财务和经营政策有参与决策的权力，但并不能够控制或者与其他方一起共同控制这些政策的制定。

企业通常可以通过以下一种或几种情形来判断是否对被投资单位具有重大影响：

① 在被投资单位的董事会或类似权力机构中派有代表。这种情况下，由于在被投资单位的董事会或类似权力机构中派有代表，并享有相应的实质性的参与决策权，投资方可以通过该代表参与被投资单位经营政策的制定，达到对被投资单位施加重大影响。

② 参与被投资单位财务和经营政策制定过程，包括股利分配政策等的制定。这种情况下，因可以参与被投资单位的政策制定过程，在制定政策过程中可以为其自身利益提出

建议和意见，从而对被投资单位施加重大影响。

③ 与被投资单位之间发生重要交易。相关的交易因对被投资单位的日常经营具有重要性，进而一定程度上可以影响到被投资单位的生产经营决策。

④ 向被投资单位派出管理人员。这种情况下，通过投资方对被投资单位派出人员，管理人员有权力并负责被投资单位的财务和经营活动，从而能够对被投资单位施加重大影响。

⑤ 向被投资单位提供关键技术资料。因被投资单位的生产经营需要依赖投资单位的技术或技术资料，表明投资方对被投资单位具有重大影响。

一般认为，当投资方直接或通过子公司间接持有被投资单位20%以上但低于50%的表决权股份时，对被投资单位具有重大影响，除非有明确的证据表明该种情况下不能参与被投资单位的生产经营决策，不形成重大影响。在确定能否对被投资单位施加重大影响时，一方面应考虑投资方直接或间接持有被投资单位的表决权股份，同时要考虑投资方及其他方持有的当期可执行潜在表决权在假定转换为对被投资单位的股权后产生的影响，如被投资单位发行的当期可转换的认股权证、股份期权及可转换公司债券等的影响。但在确定应享有的被投资单位实现的净损益、其他综合收益和其他所有者权益变动的份额时，这些潜在表决权所对应的比例不应予以考虑。

3）权益法的会计核算

企业应当在"长期股权投资"账户下设置"投资成本""损益调整""其他综合收益""其他权益变动"等明细账，分别反映长期股权投资的初始投资成本以及因被投资单位所有者权益发生增减变动而对长期股权投资账面价值进行调整的金额。

（1）对初始投资成本的调整。

① 如果长期股权投资的初始投资成本大于或等于取得投资时应享有被投资单位可辨认净资产公允价值的份额，不调整已确认的初始投资成本，按该初始投资成本，借记"长期股权投资——投资成本"科目，贷记"银行存款"等科目。上述差额从本质上说是投资企业在取得投资过程中通过购买作价体现出的与所取得股权份额相对应的商誉及被投资单位不符合确认条件的资产价值。

② 如果长期股权投资的初始投资成本小于投资时应享有被投资单位可辨认净资产公允价值的份额，应按投资时应享有被投资单位可辨认净资产公允价值份额，借记"长期股权投资——投资成本"科目，贷记"银行存款"等科目，按其差额贷记"营业外收入"科目。该差额本质上是双方在交易作价过程中转让方的让步，因此作为投资方的"廉价购买利得"计入当期损益。

【例7-10】20×9年1月2日，甲公司购买乙公司发行的500万股股票准备长期持有，占乙公司股份的30%。每股买入价为7元，另外，购买该股票时发生的有关税费50万元已由银行存款支付。20×8年12月31日，乙公司的所有者权益的账面价值为10 000万元。乙公司各项可辨认资产、负债的公允价值与其账面价值相同。

在本例中，长期股权投资的初始投资成本3 550万元大于投资时应享有被投资单位可辨认净资产公允价值份额3 000万元（10 000×30%），差额550万元不调整已确认的初始投资成本。甲公司应作如下会计处理：

借：长期股权投资——投资成本　　　　　　　　　　　　　　　35 500 000

　　贷：银行存款　　　　　　　　　　　　　　　　　　　　　　　35 500 000

如果20×8年12月31日乙公司所有者权益的账面价值为12 000万元，长期股权投资的初始投资成本3 550万元小于投资时应享有被投资单位可辨认净资产公允价值份额3 600万元（12 000×30%），差额50万元记入"营业外收入"科目。甲公司应作如下会计处理：

借：长期股权投资——投资成本　　　　　　　　　　　　　　　36 000 000

　　贷：银行存款　　　　　　　　　　　　　　　　　　　　　　　35 500 000

　　　营业外收入　　　　　　　　　　　　　　　　　　　　　　　　 500 000

（2）被投资单位净损益发生变化。

① 被投资单位实现净利润。

投资企业取得长期股权投资后，需按照应享有或应分担被投资单位实现净利润的份额，调整长期股权投资的账面价值，并确认为当期投资损益。进行的会计处理为借记"长期股权投资——损益调整"科目，贷记"投资收益"科目。

【例7-11】甲公司取得乙公司30%的股权，投资时乙公司的可辨认净资产的公允价值等于账面价值，甲公司与乙公司从未发生内部交易，当年乙公司实现净利润800万元。

甲公司的会计处理如下：

借：长期股权投资——损益调整　　　　　　　　　　　　　　　 2 400 000

　　贷：投资收益　　　　　　　　　　　　　　　　　　　　　　　 2 400 000

该例只是最简单的一种情况，其实在确认应享有或应分担被投资单位的净利润时，被投资单位账面净利润往往不能直接"拿来就用"，而需要考虑以下四个因素的影响进行调整：

Ⅰ.被投资单位采用的会计政策及会计期间与投资企业不一致的，应按投资企业的会计政策及会计期间对被投资单位的财务报表进行调整。

Ⅱ.按照法规或章程规定，将不属于投资企业的净损益予以剔除。例如，被投资单位发行了分类为权益的可累积优先股等类似的权益工具，无论被投资单位是否宣告分配优先股股利，投资方均应将归属于其他投资方的累积优先股股利予以剔除。

Ⅲ.以取得投资时被投资单位固定资产、无形资产的公允价值为基础计提的折旧额或摊销额，以及以投资企业取得投资时的公允价值为基础计算确定的资产减值准备金额等对被投资单位净利润存在影响。

被投资单位个别利润表中的净利润是以其持有的资产、负债账面价值为基础持续计算的，而投资企业在取得投资时，是以被投资单位有关资产、负债的公允价值为基础确定投资成本，并在备查簿中对该公允价值进行了记录。权益法下的投资收益代表的应是按投资日被投资单位资产、负债公允价值持续计量所得的净利润中归属于投资单位的部分。这就产生了对被投资单位账面净利润进行调整的需要。

【例7-12】20×9年1月2日，甲公司购入乙公司30%的股份，购买价款为2 000万元，并自取得股份之日起派人参与乙公司的生产经营决策。取得投资日，乙公司可辨认净资产公允价值为6 000万元，除表7-2所列项目外，其他资产、负债的公允价值与账面价值相同，假定不考虑所得税因素的影响。

表7-2　　　　　　　　　　　乙公司相关资产资料　　　　　　　　　单位：万元

项目	账面原价	已提折旧/摊销	公允价值	原预计使用年限	剩余使用年限
存货	500		700		
固定资产	1 000	200	1 200	20	16
无形资产	600	120	800	10	8
小计	2 100	320	2 700		

假定乙公司20×9年实现净利润600万元，本年甲公司的500万元存货中有80%对外出售。

调整后的净利润=600-（700-500）×80%-（1 200÷16-1 000÷20）-（800÷8-600÷10）=375（万元）

甲公司享有份额=375×30%=112.5（万元）

借：长期股权投资——损益调整　　　　　　　　　　　　　　1 125 000

　　贷：投资收益　　　　　　　　　　　　　　　　　　　　　　　1 125 000

特别提示

投资企业根据备查簿中记录的被投资企业各项可辨认资产、负债在投资日的公允价值，对被投资企业的净利润进行调整，进行了权益法下的上述会计处理。被投资企业仍然按账面价值对资产、负债进行持续计量，并没有改变会计计量属性。

即应在考虑其他因素计算确定的投资损益基础上调整增加80万元（400×20%）。

Ⅳ.将被投资单位的净利润中包含的投资企业与联营企业及合营企业之间发生的未实现内部交易损益进行抵销。

投资企业与联营企业及合营企业之间的交易包括顺流交易和逆流交易。所谓顺流交易是投资企业向被投资企业出售资产；反之，则为逆流交易。

逆流交易中，被投资单位的账面净利润中包括该部分未实现内部交易损益，投资企业在采用权益法确认应享有被投资单位的投资损益时，应当抵销该未实现内部交易损益的影响。当投资企业自被投资企业购买资产时，在将该资产出售给外部独立的第三方之前，不应确认被投资单位因该交易产生的损益中投资企业应享有的部分。

【例7-13】20×7年1月甲企业取得乙公司20%有表决权的股份，能够对乙公司施加重大影响。假定甲企业取得该项投资时，乙公司各项可辨认资产、负债的公允价值与账面价值相同。20×7年8月，乙公司将其成本为600万元的商品以1 000万元的价格出售给甲企业，甲企业将取得的商品作为存货。至20×7年12月31日，甲企业仍未对外出售该存货。乙公司20×7年实现净利润3 200万元。假定不考虑所得税因素的影响。甲企业在按照权益法确认应享有的乙公司20×7年净损益时，应进行以下账务处理：

借：长期股权投资——损益调整（（32 000 000-4 000 000）×20%） 5 600 000

　　贷：投资收益 5 600 000

假定在20×8年，甲企业将该商品以1 200万元的价格向外部独立第三方出售，因该部分内部交易损益已经实现，甲企业在确认应享有的乙公司20×8年净损益时，应将原来未确认的该部分内部交易损益重新计入投资收益，假设20×8年乙公司的净利润为2 000万元，确认的投资收益为480万元（（2 000+400）×20%）。

特别提示

因逆流交易产生的未实现内部交易损益，在未对外部独立第三方出售之前，体现在投资企业持有资产的账面价值当中。如果投资企业另有子公司，需要编制合并财务报表，应在该合并财务报表中对长期股权投资及包含未实现内部交易损益的资产账面价值进行调整，抵销有关资产账面价值中包含的未实现内部交易损益，并相应调整对被投资单位的长期股权投资。甲公司应在合并财务报表中进行以下调整：

借：长期股权投资（（10 000 000-6 000 000）×20%） 800 000

　　贷：存货 800 000

顺流交易中，当投资企业向联营企业或合营企业出售资产，同时有关资产由联营企业或合营企业持有时，由于该未实现内部销售利润并不包含在被投资企业的账面利润中，这时似乎不需要进行抵销。但如果不抵销，就会高估被投资企业的资产，从而影响被投资企业的所有者权益，反过来又影响权益法核算的投资收益。因此，顺流交易下，未实现内部销售利润也需要抵销，从被投资企业账面利润中扣除。

【例7-14】甲企业持有乙公司20%有表决权股份，能够对乙公司的财务和生产经营决策施加重大影响。20×7年甲企业将其账面价值为600万元的商品以1 000万元的价格出售给乙公司。至20×7年12月31日，该批商品尚未对外部第三方出售。假定甲企业取得该项投资时，乙公司各项可辨认资产、负债的公允价值与账面价值相同，两者在以前期间未发生过内部交易。乙公司20×7年净利润为2 000万元。假定不考虑所得税因素的影响。

甲企业在该项顺流交易中实现毛利400万元，在采用权益法计算确认投资损益时应予抵销，甲企业应当进行的账务处理为：

借：长期股权投资——损益调整（（20 000 000-4 000 000）×20%） 3 200 000

　　贷：投资收益 3 200 000

特别提示

甲企业如有子公司需编制合并财务报表，在合并财务报表中对该未实现内部交易损益应在个别报表已确认投资损益的基础上进行以下调整：

借：营业收入（10 000 000×20%） 2 000 000

　　贷：营业成本（6 000 000×20%） 1 200 000

　　　　投资收益 800 000

上述顺、逆流内部交易以存货业务为例，若内部交易形成的是固定资产或无形资产，应如何进行处理？

对内部交易形成的固定资产和无形资产中未实现损益的抵销类似于存货交易的抵销。但是存货可以在以后年度通过对第三方销售实现该未实现损益，之前抵减过净利润的部分还可以再调整回来。而企业固定资产、无形资产的使用主要不是为了销售，因此该部分未实现损益一般不会通过销售实现，往往随着购买方计提折旧和摊销而逐年实现，因此在以后年度应该按折旧、摊销的进度，对长期股权投资和投资收益进行调整。

【例7-15】20×7年1月，甲企业取得乙公司20%有表决权的股份，能够对乙公司施加重大影响。甲企业取得该项投资时，乙公司各项可辨认资产、负债的公允价值与账面价值相同。20×7年12月，乙公司将其成本为600万元的商品以1 000万元的价格出售给甲企业，甲企业将取得的商品作为固定资产。该固定资产按年限平均法计提折旧，年限为10年，净残值为零。乙公司20×7年实现净利润3 200万元。假定不考虑所得税因素的影响。甲企业在按照权益法确认应享有乙公司20×7年净损益时，应进行以下账务处理：

借：长期股权投资——损益调整（（32 000 000-4 000 000）×20%） 5 600 000
　　贷：投资收益　　　　　　　　　　　　　　　　　　　　　　 5 600 000

20×8年，甲企业通过计提折旧，部分实现了上述未实现内部销售损益，因此应在考虑其他因素计算确定的投资收益基础上调整增加8万元（400÷10×20%）。

应当说明的是：

第一，投资企业与联营企业及合营企业之间发生的无论是顺流交易还是逆流交易产生的未实现内部交易损失，属于所转让资产发生减值损失的，有关未实现内部交易损失不应予以抵销。

【例7-16】甲公司拥有乙公司20%有表决权的股份，能够对乙公司施加重大影响。20×9年，甲公司将其账面价值为200万元的商品以160万元的价格出售给乙公司。至20×9年12月31日，该批商品尚未对外部第三方出售。假定甲公司取得该项投资时，乙公司各项可辨认资产、负债的公允价值与账面价值相同，两者在以前期间未发生过内部交易。乙公司20×9年实现的净利润为1 500万元。不考虑相关税费等其他因素影响。

甲公司在确认应享有乙公司20×9年净损益时，如果有证据表明该商品交易价格160万元与其账面价值200万元之间的差额为减值损失的，不应予以抵销，即不在净利润中加回，这其实体现了对收益低估的谨慎性。甲公司应当进行以下会计处理：

借：长期股权投资——损益调整（15 000 000×20%） 3 000 000
　　贷：投资收益　　　　　　　　　　　　　　　　　　 3 000 000

第二，投资方与联营企业及合营企业之间发生的投出或出售资产的交易构成业务的，应当按照《企业会计准则第20号——企业合并》《企业会计准则第33号——合并财务报表》的有关规定进行会计处理：联营、合营企业向投资方出售业务的，投资方应按《企业会计准则第20号——企业合并》的规定进行会计处理，投资方应全额确认与交易相关的利得或损失；投资方向联营、合营企业投出业务，并能对联营、合营企业实施重大影响或共同控制的，应以投出业务的公允价值作为新增长期股权投资的初始投资成本，初始投资成本与投出业务的账面价值之间的差额，全额计入当期损益。投资方向联营、合营企业出售业务，取得的对价与业务的账面价值之间的差额，全额计入当期损益。

在针对上述Ⅰ、Ⅱ、Ⅲ、Ⅳ四个因素对被投资单位实现的净利润进行调整时，应考虑重要性原则，不具重要性的项目可不予调整。符合下列条件之一的，投资企业可以直接以被投资单位的账面净利润为基础，计算确认投资损益，同时应在财务报表附注中说明不能按照准则规定进行核算的原因：

A.投资企业无法合理确定取得投资时被投资单位各项可辨认资产等的公允价值；

B.投资时被投资单位可辨认净资产的公允价值与其账面价值相比，两者之间的差额不具重要性的；

C.其他原因导致无法取得被投资单位的有关资料，不能按照准则中规定的原则对被投资单位的净损益进行调整的。

② 被投资单位发生净亏损。

被投资单位发生净亏损的时候，投资企业仍然需要考虑前文Ⅰ、Ⅱ、Ⅲ、Ⅳ四个因素，对被投资单位的净亏损进行调整。进行的会计处理为借记"投资收益"科目，贷记"长期股权投资——损益调整"科目。

【例7-17】甲企业持有乙公司20%有表决权股份，能够对乙公司的财务和生产经营决策施加重大影响。20×7年甲企业将其账面价值为600万元的商品以1 000万元的价格出售给乙公司。至20×7年12月31日，该批商品尚未对外部第三方出售。假定甲企业取得该项投资时，乙公司各项可辨认资产、负债的公允价值与账面价值相同，两者在以前期间未发生过内部交易。乙公司20×7年净亏损为2 000万元。假定不考虑所得税因素的影响。

甲企业在该项内部顺流交易中实现毛利400万元，在采用权益法计算确认投资损益时应予抵销，甲企业应当进行的账务处理为：

借：投资收益　　　　　　　　　　　　　　　　　　　　　　　4 800 000
　　贷：长期股权投资——损益调整（（20 000 000+4 000 000）×20%）　　4 800 000

但是当被投资单位存在超额亏损的情况时，投资企业确认应分担被投资单位发生的损失，可能会导致长期股权投资的账面价值冲减到零，这时应寻找企业是否存在其他实质上构成对被投资单位净投资的长期权益，比如企业对被投资单位的长期债权，该债权没有明确的清收计划且在可预见的未来期间不准备收回，实质上构成了对被投资单位的净投资。需要注意的是，投资企业与被投资单位之间因销售商品、提供劳务等日常活动产生的长期债权不属于上述实质上对被投资单位净投资的长期权益。

投资企业在确认应分担被投资单位发生的亏损时，具体应按照以下顺序处理：

首先，减记长期股权投资的账面价值。

其次，在长期股权投资的账面价值减记至零的情况下，对于未确认的投资损失，考虑除长期股权投资以外，账面上是否有其他实质上构成对被投资单位净投资的长期权益项目，如果有，则应以其他长期权益的账面价值为限，继续确认投资损失，冲减长期应收项目等的账面价值。

最后，经过上述处理，如按照投资合同或协议约定，投资企业仍需要承担额外损失弥补等义务的，应按预计将承担的义务金额确认预计负债，计入当期投资损失。

如果除上述情况外仍存在未确认的应分担被投资单位的损失，应在账外备查登记。

被投资单位发生超额损失时，应借记"投资收益"科目，贷记"长期股权投资——损益调整"科目。在长期股权投资的账面价值减记至零以后，考虑其他实质上构成对被投资单位净投资的长期权益，按继续确认的投资损失，借记"投资收益"科目，贷记"长期应收款"等科目；因投资合同或协议约定导致投资企业需要承担额外义务的，按照或有事项准则的规定，对于符合确认条件的义务，应确认为当期损失，同时确认预计负债，借记"投资收益"科目，贷记"预计负债"科目。

在确认了有关的投资损失以后，被投资单位于以后期间实现盈利的，应按以上相反顺序分别减记账外备查登记的金额、已确认的预计负债、恢复其他长期权益及长期股权投资的账面价值，同时确认投资收益，即应当按顺序分别借记"预计负债""长期应收款""长期股权投资"等科目，贷记"投资收益"科目。

【例7-18】甲公司持有乙公司40%的股权，20×8年12月31日该股权投资的账面价值为2 000万元。乙公司20×9年由于一项主要经营业务市场条件发生骤变，当年度发生亏损3 000万元。假定甲公司在取得投资时，乙公司各项可辨认资产、负债的公允价值与其账面价值相同，没有发生过内部交易，采用的会计政策和会计期间也相同，则甲公司20×9年应确认的投资损失为1 200万元。

借：投资收益   12 000 000

    贷：长期股权投资——损益调整   12 000 000

如果20×9年的亏损额为6 000万元，甲公司账上还有应收乙公司的长期应收款800万元（实质上构成对乙公司净投资）。

借：投资收益   24 000 000

    贷：长期股权投资——损益调整   20 000 000

        长期应收款   4 000 000

拓展阅读

权益法的分类

权益法分为不完全权益法和完全权益法，不完全权益法又分为简单权益法和复杂权益法。不同的方法对于投资收益的确认如下所示：

简单权益法：投资收益=A×D

复杂权益法：投资收益=（A±B）×D

完全权益法：投资收益=（A±B±C）×D

其中：A——账面净利润；

      B——投资时被投资单位可辨认资产公允价值与账面价值的差额；

      C——顺、逆流交易未实现损益；

      D——持股比例。

微课7.1 权益法的分类

由此可见，在确认投资收益时，除了简单权益法可以对被投资单位的账面净利润"拿来就用"，不需要作任何调整外，其余两种方法都需要进行调整。复杂权益法仅仅是在净利润基础上调整了被投资单位可辨认资产公允价值与账面价值的差额（B部分），并没有将影响损益的全部因素予以剔除，因此还属于不完全权益法。完全权益法则是一种考虑最全面的方法，它既需要调整B部分，又需要调整投资企业与被投资企业之间的顺、逆流交易产生的未实现损益（C部分）。其实在实务处理中，这才是一种最复杂的处理方法。

需要说明的是，上述三种权益法在我国的不同时期分别予以应用。2006年之前，我国《企业会计准则——投资》中使用的是简单权益法。2006年2月15日，财政部颁布的《企业会计准则第2号——长期股权投资》中采用的是复杂权益法。而2007年11月16日，财政部颁布的《企业会计准则解释第1号》中采用的则是完全权益法。也就是说，我国目前采用的权益法就是完全权益法。这也从一个侧面印证了我国会计准则在与国际财务报告持续趋同的进程中日趋完善。

（3）被投资单位进行利润分配。

按照权益法核算的长期股权投资，投资企业自被投资单位取得的现金股利或利润，应冲减长期股权投资的账面价值。在被投资单位宣告分派现金股利或利润时，借记"应收股利"科目，贷记"长期股权投资——损益调整"科目；自被投资单位取得的现金股利或利润超过已确认"损益调整"的部分，应视同"长期股权投资——投资成本"的收回。如果被投资单位分派的是股票股利，投资企业不作账务处理，但应于除权日注明所增加的股数，以反映股份的变化情况。

【例7-19】20×8年乙公司实现净利润1 000万元，甲公司按照持股比例确认投资收益300万元。20×9年5月15日，乙公司宣告发放现金股利，甲公司可以分得股利150万元，20×9年6月15日，甲公司收到现金股利。甲公司应作如下会计处理：

① 确认投资收益时：

借：长期股权投资——损益调整   3 000 000

 贷：投资收益   3 000 000

② 乙公司宣告发放现金股利时：

借：应收股利   1 500 000

 贷：长期股权投资——损益调整   1 500 000

③ 收到乙公司宣告发放的现金股利时：

借：银行存款   1 500 000

 贷：应收股利   1 500 000

（4）被投资单位其他综合收益发生变动。

在权益法核算下，被投资单位的其他综合收益发生变动，也会影响被投资单位的所有者权益总额，进而影响到投资企业应享有被投资单位所有者权益的份额。因此，投资企业应当按照归属于本企业的部分，相应调整长期股权投资的账面价值，同时增加或减少其他综合收益。

【例7-20】甲公司持有乙公司30%的股份，并能对乙公司施加重大影响。当期，乙公司将作为存货的房地产转换为以公允价值计量的投资性房地产，转换日公允价值大于账面价值1 500万元计入了其他综合收益。不考虑其他因素，甲公司当期按照权益法核算应确认的其他综合收益为450万元（1 500×30%）。

进行的会计处理如下：

借：长期股权投资——其他综合收益　　　　　　　　　　　　　　　　4 500 000

　　贷：其他综合收益　　　　　　　　　　　　　　　　　　　　　　　4 500 000

（5）被投资单位除净损益、利润分配、其他综合收益以外的所有者权益其他变动。

采用权益法核算时，如果被投资单位接受其他股东的资本性投入，被投资单位发行可分离交易的可转换公司债券中包含的权益成分，以权益结算的股份支付、其他股东对被投资单位增资导致投资方持股比例变动等事项，都会导致被投资单位的所有者权益发生变动。此时，投资企业也应按照持股比例计算被投资单位所有者权益的其他变动归属于本企业的部分，相应调整长期股权投资的账面价值，同时增加或减少资本公积（其他资本公积），并在备查簿中予以登记。

【例7-21】A企业持有B企业30%的股份，能够对B企业施加重大影响。B企业为上市公司，当期B企业的母公司给予B企业捐赠2 000万元，B企业将其计入资本公积（股本溢价）。不考虑其他因素，A企业确认应享有被投资单位所有者权益的其他变动为600万元（2 000×30%）。

A企业进行的会计处理为：

借：长期股权投资——其他权益变动　　　　　　　　　　　　　　　　6 000 000

　　贷：资本公积——其他资本公积　　　　　　　　　　　　　　　　　6 000 000

特别提示

当子公司出现经营亏损时，母公司为维持子公司正常经营，会给予子公司一定的补贴，该补贴不要求子公司在以后期间偿还。该补贴是单方的、无偿的，不要求子公司为此支付对价，因此，从形式上看属于捐赠，但从实质上看是母公司对子公司的资金投入，即资本性投入，因此该捐赠不应当计入当期营业外收入，而应计入所有者权益项目。

7.2.3　成本法与权益法的比较

表7-3总结和归纳了成本法和权益法的不同。

由于被投资单位的所有者权益变化主要有股本变动、资本公积变动、其他综合收益变动、未分配利润变动，而引起未分配利润变动的无非是由被投资单位的盈亏和利润分配事项造成。由此可以看出，权益法下的长期股权投资牢牢"钉住"了被投资单位的所有者权益项目，当被投资单位的所有者权益变动时，立即按持股比例调整长期股权投资的账面价值，这就是它被命名为"权益法"的内在原因。

项目	成本法	权益法
股权投资日投资成本与被投资单位可辨认净资产公允价值的份额	不比较，以投资成本入账	需比较，按两者孰高入账
被投资单位其他综合收益项目发生变动	不考虑	按持股比例调整
被投资单位其他所有者权益项目发生变化	不考虑	按持股比例调整
被投资单位实现净利润	不考虑	在将净利润调整后，调增账面价值
被投资单位发生净亏损	不考虑	在将净亏损调整后，调减账面价值
被投资单位分配股利或利润	作为投资收益	调减账面价值，当作撤资

表7-3　　　　　　　　　　　成本法和权益法的区别

7.2.4　长期股权投资减值

当长期股权投资在资产负债表日存在可能发生减值的迹象时，其可收回金额低于账面价值的，应当将该长期股权投资的账面价值减记至可收回金额，企业按应减记的金额，借记"资产减值损失"科目，贷记"长期股权投资减值准备"科目。长期股权投资减值准备一经确认，以后会计期间不得转回。

7.2.5　长期股权投资的处置

当投资企业处置全部长期股权投资时，按实际收到的金额，借记"银行存款"等科目，并应同时结转已计提的长期股权投资减值准备，借记"长期股权投资减值准备"科目，按该长期股权投资的账面余额，贷记"长期股权投资"科目，按尚未领取的现金股利或利润，贷记"应收股利"科目，按其差额，贷记或借记"投资收益"科目。同时，还应结转原计入其他综合收益和资本公积的相关金额，借记或贷记"其他综合收益"（可以结转损益的部分）、"资本公积——其他资本公积"科目，贷记或借记"投资收益"科目。对于其他综合收益中不能结转损益的部分，则转入留存收益，不计入损益，借记或贷记"其他综合收益"（不能结转损益的部分），贷记或借记"盈余公积""利润分配——未分配利润"。

当投资企业部分处置长期股权投资，导致对被投资单位的股权比例发生变动时，参照7.3节的具体规定。

【例7-22】20×3年1月5日，A公司将持有的B公司股票全部转让，收到的转让金额为3 000万元。A公司的长期股权投资中"投资成本"为借方2 412万元，"损益调整"为借方294.5万元，"其他权益变动"为借方125万元。

A公司进行的会计处理为：

借：银行存款　　　　　　　　　　　　　　　　　　　　　　　　30 000 000

```
            贷：长期股权投资——投资成本                              24 120 000
                          ——损益调整                               2 945 000
                          ——其他权益变动                           1 250 000
                投资收益                                           1 685 000
        借：资本公积——其他资本公积                     1 250 000
        贷：投资收益                                                1 250 000
```

7.3 投资比例变化时的会计处理

对被投资单位的股权投资比例变化时，会出现如图7-1所示的六种情形：（1）追加投资，由金融资产转变为权益法核算的长期股权投资；（2）追加投资，由权益法核算的长期股权投资转变为成本法核算的长期股权投资；（3）追加投资，由金融资产转变为成本法核算的长期股权投资；（4）减少投资，由成本法核算的长期股权投资转变为权益法核算的长期股权投资；（5）减少投资，由权益法核算的长期股权投资转变为金融资产；（6）减少投资，由成本法核算的长期股权投资转变为金融资产。

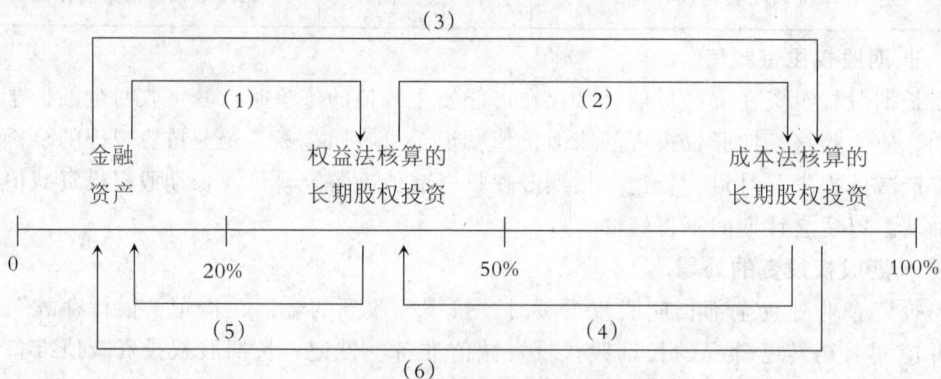

图7-1 股权比例变化图

7.3.1 追加投资，由金融资产转变为权益法核算的长期股权投资

当投资企业对原持有的被投资单位的股权不具有控制、共同控制或重大影响时，按照《企业会计准则第22号——金融工具确认和计量》的规定进行会计处理，因追加投资导致持股比例增加，使其能够对被投资单位实施共同控制或重大影响而转按权益法核算的长期股权投资时，应在转换日，按照原金融资产的公允价值加上为取得新增投资而支付对价的公允价值，作为改按权益法核算的长期股权投资的初始投资成本。在此基础上，比较初始投资成本与获得被投资单位可辨认净资产公允价值份额之间的差额，前者大于等于后者的，不调整长期股权投资的账面价值；前者小于后者的，差额调整长期股权投资的账面价值，并计入当期营业外收入。

由于金融资产与长期股权投资之间的转变，属于"跨越会计处理界限"的转变，因此伴随金融资产的终止确认，原持有的金融资产分类为以公允价值计量且其变动计入当期损益的金融资产，其公允价值与账面价值之间的差额应当转入当期损益；原持有的金融资产指定为以公允价值计量且其变动计入其他综合收益的非交易性权益工具投资的，其公允价值与账面价值之间的差额以及原计入其他综合收益的累计公允价值变动应当直接转入留存收益。

【例7-23】20×5年2月1日，甲公司以900万元取得乙公司10%股权，对乙公司不具有控制、共同控制和重大影响，甲公司将其作为以公允价值计量且其变动计入当期损益的金融资产。20×6年2月1日，甲公司又以1 800万元取得乙公司12%的股权，当日乙公司可辨认净资产公允价值总额为12 000万元。取得该部分股权后，按照乙公司章程的规定，甲公司能够派人参与乙公司的财务和生产经营决策，对该项长期股权投资转为采用权益法核算。20×6年2月1日，甲公司对乙公司原10%股权投资的公允价值为1 300万元，原计入公允价值变动为120万元。

本例中，20×6年2月1日，甲公司对乙公司投资原10%股权的公允价值为1 300万元，账面价值为1 020万元（900+120），差额280万元计入损益。

甲公司对乙公司股权增持后，持股比例为22%，初始投资成本为3 100万元（1 300+1 800），应享有乙公司可辨认净资产公允价值份额为2 640万元（12 000×22%），前者大于后者460万元，作为包含在长期股权投资中的商誉，不调整长期股权投资的账面价值。甲公司对上述交易的会计处理为：

借：长期股权投资——投资成本　　　　　　　　　　　31 000 000
　　贷：银行存款　　　　　　　　　　　　　　　　　　　18 000 000
　　　　交易性金融资产——成本　　　　　　　　　　　　9 000 000
　　　　　　　　　　　　——公允价值变动　　　　　　　1 200 000
　　　　投资收益　　　　　　　　　　　　　　　　　　　2 800 000

7.3.2 追加投资，由权益法核算的长期股权投资转变为成本法核算的长期股权投资

母公司对子公司的控制权，可以通过多次交易分步取得。因追加投资导致原对合营企业、联营企业施加重大影响、按照权益法核算的长期股权投资，形成了对子公司控制的、按照成本法核算的长期股权投资，需区分同一控制合并和非同一控制合并两种情况。

（1）同一控制下，应当以持股比例计算的合并日应享有被合并方在最终所有者合并财务报表中所有者权益账面价值的份额，作为该项投资的初始投资成本。初始投资成本与权益法核算下的长期股权投资的账面价值加上合并日为取得新的股份所支付对价的账面价值之和的差额，调整资本公积（资本溢价或股本溢价），资本公积不足冲减的，冲减留存收益。

（2）非同一控制下，应当以购买日之前原权益法下账面价值加上购买日新取得的股份所支付对价的公允价值之和，作为该项投资的初始投资成本。

如果合并日或购买日之前持有的长期股权投资涉及其他资本公积和其他综合收益，由于长期股权投资没有终止确认，因此合并日或购买日对这部分所有者权益项目不作处理，直到处置长期股权投资时，才将其转入当期损益或留存收益。

【例7-24】甲、乙公司都为丙公司的子公司。20×8年3月，甲公司以12 000万元取得乙公司22%的股权，并能对乙公司施加重大影响，采用权益法核算该项股权投资，当年确认对乙公司的投资收益为450万元。20×9年4月，甲公司又斥资15 000万元自母公司取

得乙公司另外30%的股权。甲公司除净利润外，无其他所有者权益变动。甲公司对该项长期股权投资未计提任何减值准备。在合并日，乙公司在丙公司合并财务报表中所有者权益账面价值为60 000万元。

追加投资后，长期股权投资的成本应为60 000万元的52%，即31 200万元，而按照权益法核算时长期股权投资的入账价值已经为12 450万元（12 000+450）。因此，新增的长期股权投资入账价值为18 750万元（31 200-12 450），与支付的对价15 000万元之间的差额调整资本公积。甲公司进行的账务处理为：

借：长期股权投资   187 500 000
　　贷：银行存款   150 000 000
　　　　资本公积——资本溢价   37 500 000

承前例，如果甲公司和丙公司不存在任何关联方关系，则在购买日，甲公司应进行以下账务处理：

借：长期股权投资   150 000 000
　　贷：银行存款   150 000 000

甲公司长期股权投资的账面价值=12 000+450+15 000=27 450（万元）

7.3.3 追加投资，由金融资产转变为成本法核算的长期股权投资

原持有的金融资产，因追加投资原因形成了对被投资单位施加控制的长期股权投资，也需区分同一控制合并和非同一控制合并两种情况。

（1）同一控制下，应当以持股比例计算的合并日应享有被合并方账面所有者权益份额，作为该项投资的初始投资成本。初始投资成本与其原金融资产账面价值加上合并日为取得新的股份所支付对价的账面价值之和的差额，调整资本公积（资本溢价或股本溢价），资本公积不足冲减的，冲减留存收益。

（2）非同一控制下，应当以购买日金融资产的公允价值加上购买日为取得新的股份所支付对价的公允价值之和，作为该项投资的初始投资成本。

此时金融资产与长期股权投资之间的转变，也属于"跨越会计处理界限"的转变，伴随金融资产的终止确认，原持有的金融资产分类为以公允价值计量且其变动计入当期损益的金融资产，其公允价值与账面价值之间的差额应当转入当期损益；原持有的金融资产指定为以公允价值计量且其变动计入其他综合收益的非交易性权益工具投资的，其公允价值与账面价值之间的差额以及原计入其他综合收益的累计公允价值变动应当直接转入留存收益。

【例7-25】20×8年3月，A公司以2 000万元取得B上市公司5%的股权，对B公司不具有重大影响，A公司将其按其他权益工具投资核算。20×9年4月1日，A公司又斥资25 000万元自C公司取得B公司另外50%的股权。假定A公司在取得对B公司的长期股权投资后，B公司未宣告发放现金股利。A公司原持有B公司5%的股权于20×9年3月31日的公允价值为2 500万元，累计计入其他综合收益的金额为500万元。A公司按10%提取法定盈余公积。A公司和C公司不存在任何关联方关系。账务处理如下：

借：长期股权投资   275 000 000
　　贷：其他权益工具投资——成本   20 000 000
　　　　　　　　　　　　——公允价值变动   5 000 000

银行存款	250 000 000
借：其他综合收益	5 000 000
贷：盈余公积	500 000
利润分配——未分配利润	4 500 000

7.3.4　减少投资，由成本法核算的长期股权投资转变为权益法核算的长期股权投资

　　因处置投资导致对被投资单位的影响力下降，由控制转为具有重大影响，或与其他投资方一起实施共同控制的情况下，首先应按处置或收回投资的比例结转应终止确认的长期股权投资成本。在此基础上，应当比较剩余的长期股权投资成本与按照剩余持股比例计算原投资时应享有被投资单位可辨认净资产公允价值的份额，属于投资作价中体现的商誉部分，不调整长期股权投资的账面价值；属于投资成本小于被投资单位可辨认净资产公允价值份额的，在调整长期股权投资成本的同时，应调整留存收益。对于原取得投资后至转变为权益法核算之间被投资单位实现的净损益中应享有的份额，一方面应调整长期股权投资的账面价值，同时对于原取得投资时至处置投资当期期初被投资单位实现的净损益（扣除已发放及已宣告发放的现金股利及利润）中应享有的份额，调整留存收益，对于处置投资当期期初至处置投资之日被投资单位实现的净损益中享有的份额，调整当期损益；其他原因导致被投资单位所有者权益变动中应享有的份额，在调整长期股权投资账面价值的同时，应当记入"其他综合收益"或"资本公积——其他资本公积"科目。

　　【例7-26】20×7年1月1日，甲公司支付600万元取得乙公司100%的股权，投资当时乙公司可辨认净资产的公允价值为500万元。20×7年1月1日至20×8年12月31日，乙公司的净资产增加了75万元，其中按购买日公允价值计算的净利润50万元，持有的其他权益工具投资的公允价值升值25万元。

　　20×9年1月8日，甲公司转让乙公司60%的股权，收取现金480万元存入银行，转让后甲公司对乙公司的持股比例为40%，能对其施加重大影响。20×9年1月8日，即甲公司丧失对乙公司的控制权日，乙公司剩余40%股权的公允价值为320万元。假定甲、乙公司提取盈余公积的比例均为10%。假定乙公司未分配现金股利，不考虑其他因素的影响。甲公司的处理如下：

　　（1）确认部分股权处置收益。

借：银行存款	4 800 000
贷：长期股权投资（6 000 000×60%）	3 600 000
投资收益	1 200 000

　　（2）对剩余股权改按权益法核算。

借：长期股权投资（750 000×40%）	300 000
贷：盈余公积（500 000×40%×10%）	20 000
利润分配（500 000×40%×90%）	180 000
其他综合收益（250 000×40%）	100 000

经过上述调整，剩余股权的账面价值为270万元（600×40%+30）。

投资方因其他投资方对其子公司增资而导致本投资方持股比例下降，从而丧失控制权

但能实施共同控制或施加重大影响的，投资方在个别财务报表中，应当对该项长期股权投资从成本法核算转为权益法核算。首先，按照新的持股比例确认本投资方应享有的原子公司因增资扩股而增加净资产的份额，与应结转持股比例下降部分所对应的长期股权投资原账面价值之间的差额计入当期损益；然后，按照新的持股比例视同自取得投资时即采用权益法核算进行调整。

【例7-27】20×7年1月1日，甲公司以3 000万元取得乙公司60%的股权，能够对乙公司实施控制。当日，乙公司可辨认净资产公允价值为4 500万元。20×9年10月1日，乙公司向非关联方丙公司定向增发新股，增资2 700万元，相关手续于当日完成，甲公司对乙公司持股比例下降为40%，对乙公司丧失控制权但仍有重大影响。20×7年1月1日至20×9年10月1日，乙公司实现净利润2 500万元，其中，20×7年1月1日至20×8年12月31日，乙公司实现净利润2 000万元。假定乙公司一直未进行利润分配，也未发生其他计入资本公积和其他综合收益的交易或事项。甲公司按照净利润的10%提取法定盈余公积，不考虑相关税费等其他因素影响。

20×9年10月1日，甲公司有关账务处理如下：

（1）按比例结转部分长期股权投资账面价值并确认相关损益80万元（2 700×40%-3 000×（60%-40%）÷60%）。

借：长期股权投资   800 000

  贷：投资收益   800 000

（2）对剩余股权视同自取得投资时即采用权益法核算进行调整。

借：长期股权投资——损益调整   10 000 000

  贷：盈余公积——法定盈余公积（20 000 000×40%×10%）   800 000

    利润分配——未分配利润（20 000 000×40%×90%）   7 200 000

    投资收益（（25 000 000-20 000 000）×40%）   2 000 000

7.3.5 减少投资，由权益法核算的长期股权投资转变为金融资产

投资企业原先对被投资单位股权投资按权益法核算，因部分处置等原因导致持股比例下降，丧失对被投资单位实施共同控制或重大影响时，应改按《企业会计准则第22号——金融工具确认和计量》的规定对剩余股权进行会计处理。对剩余股权在改按公允价值计量时，公允价值与其原账面价值之间的差额计入当期损益。同时，原采用权益法核算的有关其他综合收益（可以结转损益的部分）和其他资本公积项目，应当在终止确认长期股权投资时全部转入当期损益。对于不能结转损益的其他综合收益，转入留存收益，不计入当期损益。

【例7-28】甲公司持有乙公司30%股份，能够对乙公司施加重大影响，对该长期股权投资采用权益法核算。20×8年10月，甲公司将该项投资中的50%出售给非关联方，取得价款1 800万元，相关股权划转手续于当日完成。甲公司持有乙公司剩余15%股权，无法再对乙公司施加重大影响，转为以公允价值计量且其变动计入当期损益的金融资产。股权出售日，剩余股权的公允价值为1 800万元。

出售该股权时，长期股权投资的账面价值为3 200万元，其中，"投资成本"为2 600万元，"损益调整"为300万元，"其他综合收益"为200万元（均不得转入损益），"其他

权益变动"为100万元。不考虑相关税费等其他因素影响，甲公司按10%比例提取法定盈余公积，进行的会计处理如下：

（1）确认有关股权投资的处置损益。

借：银行存款 18 000 000
　　贷：长期股权投资——投资成本 13 000 000
　　　　　　　　　　——损益调整 1 500 000
　　　　　　　　　　——其他综合收益 1 000 000
　　　　　　　　　　——其他权益变动 500 000
　　　　投资收益 2 000 000

（2）由于终止确认长期股权投资，将原确认的不能结转损益的其他综合收益转入留存收益，原计入资本公积的全部转入当期损益。

借：其他综合收益 2 000 000
　　贷：盈余公积——法定盈余公积 200 000
　　　　利润分配——未分配利润 1 800 000
借：资本公积——其他资本公积 1 000 000
　　贷：投资收益 1 000 000

（3）将剩余长期股权投资转为交易性金融资产。

借：交易性金融资产——成本 18 000 000
　　贷：长期股权投资——投资成本 13 000 000
　　　　　　　　　　——损益调整 1 500 000
　　　　　　　　　　——其他综合收益 1 000 000
　　　　　　　　　　——其他权益变动 500 000
　　　　投资收益 2 000 000

7.3.6 减少投资，由成本法核算的长期股权投资转变为金融资产

投资企业原持有被投资单位的股份达到控制地位，其后因处置等原因导致持股比例下降，不能再对被投资单位实施控制、共同控制或重大影响的，应将剩余股权改按《企业会计准则第22号——金融工具确认和计量》的要求进行会计处理，并于丧失控制权日将剩余股权按公允价值重新计量，公允价值与其账面价值的差额计入当期损益。

【例7-29】甲公司持有乙公司60%股权并能控制乙公司，投资成本为1 200万元，按成本法核算。20×8年5月12日，甲公司出售所持乙公司股权的90%给非关联方，取得价款为1 800万元，剩余10%股权于丧失控制权日的公允价值为200万元，甲公司将其分类为以公允价值计量且其变动计入当期损益的金融资产。假定不考虑其他因素，甲公司于丧失控制权日的会计处理如下：

（1）出售股权。

借：银行存款 18 000 000
　　贷：长期股权投资（1 200 000×90%） 10 800 000
　　　　投资收益 7 200 000

（2）剩余股权的处理。

借：交易性金融资产——成本　　　　　　　　　　　　2 000 000

　　贷：长期股权投资（1 200 000×10%）　　　　　　　　　　　1 200 000

　　　　投资收益　　　　　　　　　　　　　　　　　　　　　　800 000

需要注意的是，对于前文归纳的第二、三种情况，企业通过多次交易分步取得同一控制下被投资单位的股权，最终形成企业合并的，应当判断多次交易是否属于"一揽子交易"。多次交易的条款、条件以及经济影响符合以下一种或多种情况，通常表明应将多次交易事项作为"一揽子交易"进行会计处理：①这些交易是同时或者在考虑了彼此影响的情况下订立的；②这些交易只有作为整体才能达成一项完整的商业结果；③一项交易的发生取决于其他至少一项交易的发生；④一项交易单独看是不经济的，但是和其他交易一并考虑时是经济的。

属于"一揽子交易"的，合并方应当将各项交易作为一项取得控制权的交易进行会计处理。不属于"一揽子交易"的，取得控制权日，应按照前文处理步骤进行会计处理。

对于前文归纳的第四、六种情况，企业通过多次交易分步处置对子公司股权投资直至丧失控制权，如果上述交易属于"一揽子交易"的，应当将各项交易作为一项处置子公司股权投资并丧失控制权的交易进行会计处理。但是，在丧失控制权之前每一次处置价款与所处置的股权对应的长期股权投资账面价值之间的差额，应当先确认为其他综合收益，到丧失控制权时再一并转入丧失控制权的当期留存收益。不属于"一揽子交易"的，应按照前文处理步骤进行会计处理。

本章小结与思维导图

本章主要阐述了长期股权投资的初始计量、后续计量、股权投资比例变动时的会计处理。

同一控制合并形成的长期股权投资按照合并日应享有被合并方相对于最终控制方而言的账面所有者权益的份额确定长期股权投资的成本，与放弃对价账面价值之间的差额影响所有者权益项目，不影响损益。

非同一控制合并形成的长期股权投资按照购买日确定的合并成本作为长期股权投资的成本。放弃对价的账面价值与公允价值之间的差额，记入相关的损益类科目。

长期股权投资的成本法后续计量，除了追加投资或收回投资，一般不影响长期股权投资的账面价值。

长期股权投资的权益法后续计量，随着被投资单位的所有者权益的变动，按照持股比例使长期股权投资的账面价值发生变动。目前我国应用的是完全权益法。

股权投资增减变动时，会导致企业在金融资产和长期股权投资中进行转换。只有"跨越会计处理界限"时，即只有当金融资产或长期股权投资终止确认时，与原终止确认资产有关的资本公积、其他综合收益转入投资收益或留存收益。

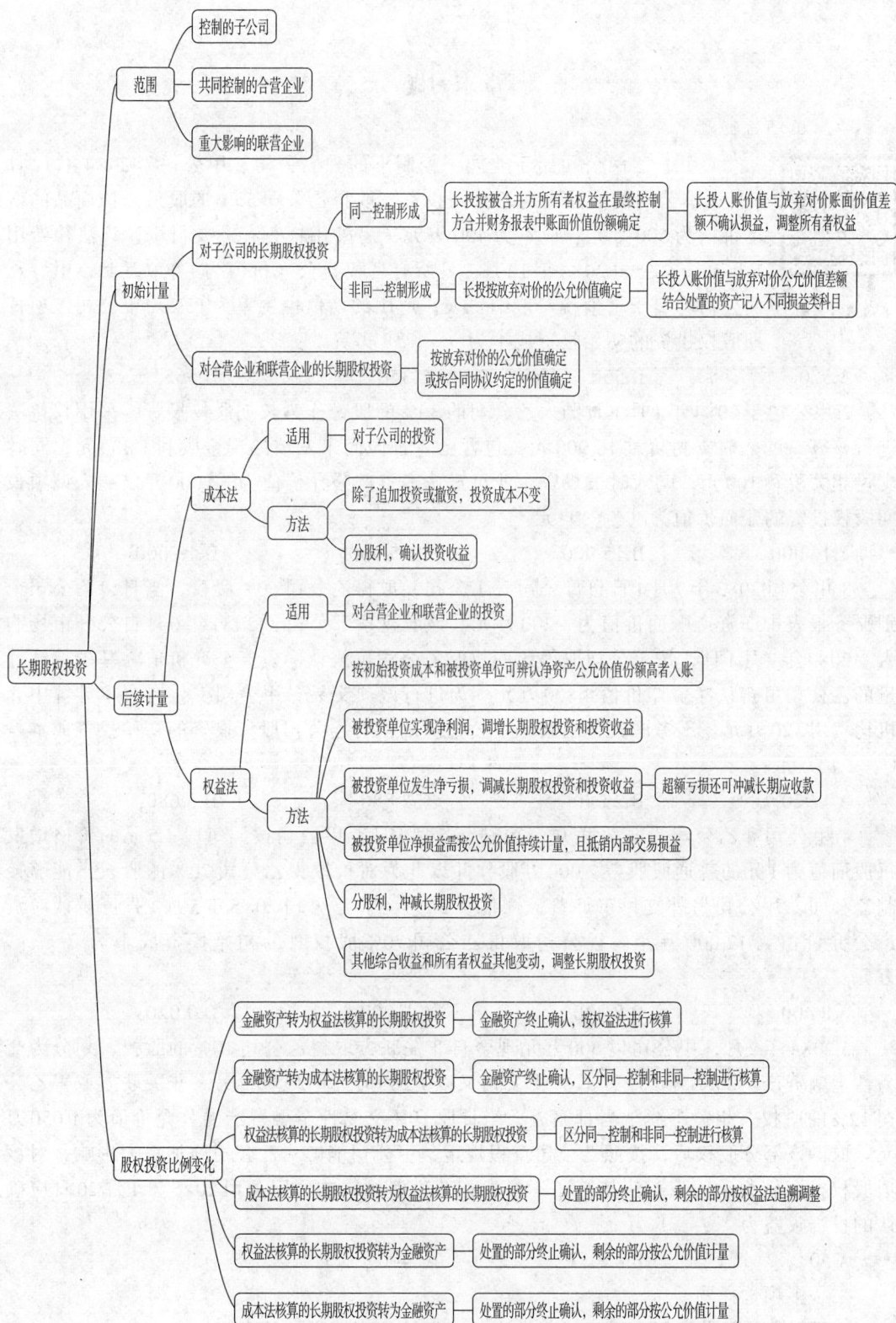

范围 ── 控制的子公司
├── 共同控制的合营企业
└── 重大影响的联营企业

初始计量
├── 对子公司的长期股权投资
│   ├── 同一控制形成 ── 长投按被合并方所有者权益在最终控制方合并财务报表中账面价值份额确定 ── 长投入账价值与放弃对价账面价值差额不确认损益，调整所有者权益
│   └── 非同一控制形成 ── 长投按放弃对价的公允价值确定 ── 长投入账价值与放弃对价公允价值差额结合处置的资产记入不同损益类科目
└── 对合营企业和联营企业的长期股权投资 ── 按放弃对价的公允价值确定或按合同协议约定的价值确定

长期股权投资

后续计量
├── 成本法
│   ├── 适用 ── 对子公司的投资
│   └── 方法 ── 除了追加投资或撤资，投资成本不变
│   └── 分股利，确认投资收益
└── 权益法
    ├── 适用 ── 对合营企业和联营企业的投资
    └── 方法
        ├── 按初始投资成本和被投资单位可辨认净资产公允价值份额高者入账
        ├── 被投资单位实现净利润，调增长期股权投资和投资收益
        ├── 被投资单位发生净亏损，调减长期股权投资和投资收益 ── 超额亏损还可冲减长期应收款
        ├── 被投资单位净损益需按公允价值持续计量，且抵销内部交易损益
        ├── 分股利，冲减长期股权投资
        └── 其他综合收益和所有者权益其他变动，调整长期股权投资

股权投资比例变化
├── 金融资产转为权益法核算的长期股权投资 ── 金融资产终止确认，按权益法进行核算
├── 金融资产转为成本法核算的长期股权投资 ── 金融资产终止确认，区分同一控制和非同一控制进行核算
├── 权益法核算的长期股权投资转为成本法核算的长期股权投资 ── 区分同一控制和非同一控制进行核算
├── 成本法核算的长期股权投资转为权益法核算的长期股权投资 ── 处置的部分终止确认，剩余的部分按权益法追溯调整
├── 权益法核算的长期股权投资转为金融资产 ── 处置的部分终止确认，剩余的部分按公允价值计量
└── 成本法核算的长期股权投资转为金融资产 ── 处置的部分终止确认，剩余的部分按公允价值计量

章末习题

一、单项选择题

1.甲、乙两公司属于非同一控制下的独立公司。甲公司于20×4年12月1日以本公司的商品 A 对乙公司投资，取得乙公司55%的股份。该商品的市场价格为500万元，成本为400万元，另外用银行存款支付审计、法律费用1万元。乙公司20×4年12月1日所有者权益公允价值为1 000万元，甲、乙两公司均属于增值税一般纳税人，适用的增值税税率为13%。甲公司该项长期股权投资的初始投资成本为（ ）万元。

微课7.2 第7章单项选择题第1题的讲解

A.520　　　　　B.550　　　　　C.350　　　　　D.565

2.甲公司于20×4年1月1日购入乙公司的30%的股份作为长期股权投资，采用权益法进行核算，购入时支付价款15 900元，包含已宣告但尚未发放的现金股利1 000元，同时支付相关税费100元，购入时被投资企业可辨认净资产公允价值为60 000元。购入该项长期股权投资的账面价值为（ ）元。

A.16 000　　　　B.15 900　　　　C.15 000　　　　D.18 000

3.甲公司20×3年7月1日自母公司（丁公司）取得乙公司60%股权，当日，乙公司个别财务报表中净资产账面价值为3 200万元。该股权系丁公司于20×1年6月自公开市场购入。20×3年7月1日，按丁公司取得该股权时乙公司可辨认净资产公允价值为基础持续计量的乙公司可辨认净资产价值4 800万元。为进行该项交易，甲公司支付有关审计等中介机构费用120万元。不考虑其他因素，甲公司应确认对乙公司股权投资的初始投资成本是（ ）万元。

A.1 920　　　　B.2 040　　　　C.2 880　　　　D.3 680

4.甲公司和乙公司为非关联方。20×5年5月1日，甲公司按照每股4.5元的价格增发每股面值为1元的普通股股票2 000万股，并以此为对价取得乙公司70%的股权，能够控制乙公司。甲公司另外支付审计费、评估费20万元。乙公司20×5年5月1日可辨认净资产公允价值为12 000万元。甲公司取得乙公司70%股权时的初始投资成本为（ ）万元。

A.8 400　　　　B.8 420　　　　C.9 000　　　　D.9 020

5.20×4年2月，甲公司以600万元现金自非关联方取得乙公司10%的股权，划分为交易性金融资产。20×5年1月20日，甲公司又以1 200万元的现金自另一非关联方取得乙公司12%的股权，相关手续于当日完成，当日原10%交易性金融资产的公允价值为1 050万元。取得该部分股权后，按照乙公司章程规定，甲公司能够对乙公司施加重大影响，对该项股权投资转为采用权益法核算。不考虑相关税费的影响，甲公司20×5年1月20日应确认的投资收益为（ ）万元。

A.50　　　　　B.450　　　　　C.400　　　　　D.0

二、多项选择题

1.下列各项交易费用中，应当于发生时直接计入当期损益的有（ ）。

A.与取得交易性金融资产相关的交易费用

B.同一控制下企业合并中发生的审计费用

C.取得一项债权投资发生的交易费用

D.非同一控制下企业合并中发生的资产评估费用

2.甲公司20×3年1月2日取得乙公司30%的股权，并与其他投资方共同控制乙公司，甲公司、乙公司20×3年发生的下列交易或事项中，会对甲公司20×3年个别财务报表中确认对乙公司投资收益产生影响的有（　　）。

A.乙公司股东大会通过发放股票股利的议案

B.甲公司将成本为50万元的商品以80万元出售给乙公司作为固定资产

C.投资时甲公司投资成本小于应享有乙公司可辨认净资产公允价值的份额

D.乙公司将账面价值200万元的专利权作价360万元出售给甲公司作为无形资产

3.20×7年1月2日，甲公司以货币资金取得乙公司30%的股权，初始投资成本为4 000万元；当日，乙公司可辨认净资产公允价值为14 000万元，与其账面价值相同。甲公司取得投资后即派人参与乙公司的生产经营决策，但未能对乙公司形成控制。乙公司20×7年实现净利润1 000万元。假定不考虑所得税等其他因素的影响，20×7年甲公司下列各项与该项投资相关的会计处理中，正确的有（　　）。

A.确认商誉200万元　　　　　　　　B.确认营业外收入200万元

C.确认投资收益300万元　　　　　　D.确认资本公积200万元

4.甲公司于20×3年1月1日投资A公司（非上市公司），取得A公司有表决权资本的80%。A公司于20×3年4月1日分配现金股利10万元，20×3年实现净利润40万元，20×4年4月1日分配现金股利10万元，下列说法中正确的有（　　）。

A.甲公司20×3年应确认投资收益0　　B.甲公司20×3年应确认投资收益8万元

C.甲公司20×4年应确认投资收益8万元　D.甲公司20×4年应确认投资收益16万元

5.关于长期股权投资按权益法核算，下列说法中正确的有（　　）。

A.长期股权投资的初始投资成本大于投资时应享有被投资单位可辨认净资产公允价值份额的，不调整长期股权投资的初始投资成本

B.长期股权投资的初始投资成本大于投资时应享有被投资单位可辨认净资产公允价值份额的，其差额确认为商誉

C.取得长期股权投资发生的相关费用应计入当期损益

D.长期股权投资的初始投资成本小于投资时应享有被投资方可辨认净资产公允价值份额的，其差额计入当期损益，同时调整长期股权投资的初始投资成本

微课7.3　第7章多项选择题第5题的讲解

三、业务题

甲公司20×7年3月1日至20×9年1月5日发生下列与长期股权投资有关的经济业务：

（1）甲公司20×7年3月1日从证券市场上购入乙公司发行在外30%的股份并准备长期持有，从而对乙公司能够施加重大影响，实际支付款项2 000万元（含已宣告但尚未发放的现金股利60万元），另支付相关税费10万元。20×7年3月1日，乙公司可辨认净资产公允价值为6 600万元。

（2）20×7年3月20日，收到现金股利。

（3）20×7年12月31日，乙公司其他权益工具投资的公允价值变动使其他综合收益增加了200万元。

（4）20×7年乙公司实现净利润510万元，其中1月份和2月份共实现净利润100万元，假定乙公司除一台设备外，其他资产的公允价值与账面价值相等。该设备20×7年3月1日的账面价值为400万元，公允价值为520万元，采用年限平均法计提折旧，预计尚可使用年限为10年。

（5）20×8年3月10日，乙公司宣告分派现金股利100万元。

（6）20×8年3月25日，收到现金股利。

（7）20×8年乙公司实现净利润612万元。

（8）20×9年1月5日，甲公司将持有乙公司5%的股份对外转让，收到款项390万元存入银行。转让后持有乙公司25%的股份，对乙公司仍具有重大影响。甲公司按净利润的10%提取法定盈余公积。

要求：（1）编制上述有关业务的会计分录。

（2）计算20×9年1月5日出售部分股份后长期股权投资的账面价值。

四、思考题

1.长期股权投资的核算内容包括哪些？

2.长期股权投资的后续计量有哪些方法？分别适用什么情况？

3.长期股权投资的权益法核算有哪些特点？

4.股权投资比例的转换有哪些情况？

5.长期股权投资的成本法和权益法转换分别如何进行会计处理？

第7章习题答案

第8章/
合并财务报表（上）——基本理论

学习目标：理解合并范围的确定；理解合并财务报表的定义和编制原则；掌握合并财务报表编制的前期准备事项及程序；熟悉工作底稿和合并财务报表的结构和格式；理解合并财务报表的合并理论。

▬ 引导案例

2015年8月11日，Google联合创始人拉里·佩奇在官方博客上宣布，Google将成为一家类似集团公司的企业，新的集团公司的名称叫作Alphabet，其英文含义是"字母表"，因为目前Google的项目名称已经涵盖了英文的26个字母。Alphabet将取代Google成为上市公司，所有Google股票将被兑换成Alphabet股票。

新Google成为Alphabet的全资子公司，专门负责互联网业务。原本Google旗下的互联网业务，比如YouTube、Android等，仍然属于新的Google公司；而原本Google旗下与互联网不怎么相关的业务，比如Calico、Google Ventures、Google X等，都将归到新成立的Alphabet旗下。

Google采用这种"伞形"架构，将Google旗下的业务梳理得更为清晰。在引入新的企业结构后，Google将能够把主要业务与未来长期投资项目区分开来。

什么是母公司？什么是子公司？二者有什么关系？本章将对上述内容进行探讨。

◤ 8.1 ◢ 合并财务报表概述

8.1.1 合并财务报表的概念

合并财务报表，是指反映母公司和其全部子公司形成的企业集团整体财务状况、经营成果和现金流量的财务报表。

与个别财务报表相比，合并财务报表具有以下特点：

第一，反映的对象是由母公司和全部子公司组成的会计主体。

第二，编制者是母公司。

第三，合并财务报表是站在企业集团主体的立场上，以纳入合并范围的企业个别财务报表为基础，根据其他有关资料，抵销母公司与子公司、子公司相互之间发生的内部交易，并在考虑了特殊交易事项对合并财务报表的影响后编制的，旨在反映企业集团整体的财务状况、经营成果和现金流量。

由此可见，合并财务报表的作用主要表现在两个方面：一是有助于向财务报告的使用者提供反映企业集团整体财务状况、经营成果和现金流量的会计信息，有助于财务报告的使用者作出经济决策。二是通过特殊的编制手段，避免了母公司利用控制关系人为粉饰财务报表情况的发生。

拓展阅读

合并财务报表的产生与发展

1886年，美国科尔顿石油托拉斯编制了世界上第一份合并财务报表。1888年，美国新泽西州《公司法》规定母子公司需编制合并财务报表。第一次世界大战期间，美国在《税法》中规定母子公司需合并纳税，从而使美国大部分控股公司都开始编制合并财务报表。1940年，美国证券交易委员会（SEC）规定上市公司必须编制和提供集团合并财务报表，编制合并财务报表成为上市公司的法定义务。由此，编制合并财务报表的企业越来越多。受美国合并财务报表的影响，一些发达资本主义国家在第二次世界大战后也逐步开始重视合并财务报表的编制。1948年，英国《公司法》规定，拥有子公司的企业必须在提供个别财务报表的基础上，对外报告企业集团报表。1965年，德国在《公共公司法》中规定企业编制集团财务报表。1971年，法国证券交易委员会要求公开发行债券的公司、股票上市公司以及所有公营企业编制合并财务报表。1977年，日本也要求编制和公布合并财务报表，并制定发布了相关的会计准则。

1992年，我国财政部颁布的《股份制试点企业会计制度》中要求在上海证券交易所和深圳证券交易所上市的股份有限公司于1992年开始编制合并财务报表。这是我国要求编制合并财务报表的最早的会计规范。1995年，财政部颁布了《合并会计报表暂行规定》，提高了我国上市公司编制合并财务报表的操作性。2006年，财政部发布的《企业会计准则第33号——合并财务报表》是我国会计准则体系中第一个正式的关于合并财务报表的会计准则。在与国际财务报告准则持续趋同的道路上，随着我国合并财务报表业务的日趋复杂，2014年财政部对合并财务报表准则进行了修订。

8.1.2 合并财务报表的组成

合并财务报表包括合并资产负债表、合并利润表、合并所有者权益（或股东权益）变动表、合并现金流量表和附注。

1）合并资产负债表

合并资产负债表是反映企业集团某一特定日期财务状况的报表。

2）合并利润表

合并利润表是反映企业集团整体在一定期间内经营成果的报表。

3）合并所有者权益（或股东权益）变动表

合并所有者权益（或股东权益）变动表是反映母公司在一定期间内，包括经营成果分配在内的所有者（或股东）权益增减变动情况的报表。它是从母公司的角度，站在母公司所有者的立场上反映企业所有者（或股东）在母公司中的权益增减变动情况的报表。

4）合并现金流量表

合并现金流量表是反映母公司和子公司所形成的企业集团在一定期间现金流入、流出量以及现金净增减变动情况的报表。

5）附注

附注是对在合并资产负债表、合并利润表、合并现金流量表和合并所有者权益（或股东权益）变动表等报表中列示项目的文字描述或明细资料，以及对未能在这些报表中列示项目的说明等。

8.2　合并范围的确定

合并财务报表的合并范围是纳入合并财务报表编制的子公司的范围，主要解决哪些被投资单位（或主体）应当纳入合并财务报表编报范围，哪些不应当被纳入的问题。合并财务报表的合并范围以控制为基础予以确定。

8.2.1　控制的定义和判断

控制，是指投资方拥有对被投资方的权力，通过参与被投资方的相关活动而享有可变回报，并且有能力运用对被投资方的权力影响其回报金额。

1）权力

（1）当投资方能够主导被投资单位的相关活动时，就称为投资方对被投资方拥有权力。

所谓相关活动是指对被投资方的回报产生重大影响的活动。对许多企业而言，财务和经营活动通常对其利润产生重大影响，进而影响到被投资方的回报，如商品或劳务的销售和购买、金融资产的管理、资产的购买和处置、研究与开发、确定资本结构和获取融资等活动。当然，不同企业的相关活动可能是不同的，即使是同一企业，在不同的环境和情况下，相关活动也可能有所不同，因此应当根据企业的行业特征、业务特点、发展阶段、市场环境等具体情况来进行判断。

投资方通常可以在以下方面对被投资方的相关活动作出决策：对被投资方的经营、融资等活动作出决策、编制预算等；任命被投资方的关键管理人员或服务提供商，并决定其报酬；终止与关键管理人员的劳务关系或终止与服务提供商的业务关系。

两个或两个以上投资方分别享有能够单方面主导被投资方不同相关活动的现时权利时，能够主导对被投资方回报产生最重大影响的活动的那一方才拥有对被投资方的权力。也就是说，控制只能是一方，不能是多方。

（2）权力是一种实质性权利，而不是保护性权利。

所谓实质性权利，是指持有人在对相关活动进行决策时，有实际能力行使的可执行权利。而保护性权利则是旨在保护持有这些权利的当事方的权益，并不赋予当事方对相关活动决策权的一项权利。比如，银行拥有限制借款方进行增大其信用风险，进而损害银行利益的活动的权利。这种仅持有保护性权利的投资方不能对被投资方实施控制，也不能阻止其他方对被投资方实施控制。

（3）权力的持有人应为主要责任人。

权力是能够主导被投资方相关活动的现时能力，权力是为自己行使的，此时行使人为主要责任人，而不是代其他方行使权力（此时行使人为代理人）。决策者在确定其是否为代理人时，应总体考虑自身、被投资方以及其他方之间的关系，尤其需综合考虑决策者对被投资方的决策权范围、其他方享有的实质性权利、决策者的薪酬水平、决策者因持有被投资方的其他权益而承担可变回报的风险这四项因素。除非某一方拥有罢免该决策者的实质性权利，且能够实现无理由罢免，否则应当全面分析评价这四项因素的影响。

（4）权力一般来源于表决权。

表决权是对被投资方经营计划、投资方案、年度财务预算方案和决算方案、利润分配方案和弥补亏损方案、内部管理机构的设置、聘任或解聘公司经理及确定其报酬、公司的基本管理制度等事项进行表决而持有的权力。表决权比例通常与其出资比例或持股比例是一致的，但公司章程另有规定的除外。

① 通过直接或间接持有半数以上表决权而拥有权力。

比如，P公司直接持有S公司60%的表决权，此时P公司对S公司拥有权力，能够对S公司实施控制。又如，P公司持有S1公司70%的表决权，S1公司又持有S2公司80%的表决权，在这种情况下，P公司通过对S1公司的控制，间接持有S2公司80%的表决权，因此也对S2公司拥有权力。再如，P公司持有S3公司90%的表决权，持有S4公司30%的表决权，S3又持有S4公司60%的表决权，在这种情况下，P公司不但控制S3公司，还因为S3公司间接持有S4公司60%的表决权，与其直接持有的30%表决权合计持有90%的表决权，从而也对S4公司拥有权力。

需要注意的是，在进行是否能够实施控制的分析时，投资方不仅需要考虑直接表决权，还要考虑其持有的潜在表决权以及其他方持有的潜在表决权的影响，以确定其对被投资方是否拥有权力。潜在表决权是获得被投资方表决权的权力，如可转换工具、认股权证、远期股权购买合同或期权所产生的权力。

② 直接或间接结合也只持有半数或半数以下表决权，但仍然可以通过表决权判断其拥有权力。

持有半数或半数以下表决权的投资方，或者虽持有半数以上表决权，但仅凭自身表决权比例仍不足以主导被投资方相关活动的投资方，应综合考虑下列情况，以判断是否拥有对被投资方的权力：

一是考虑投资方持有的表决权相对于其他投资方持有的表决权份额的大小，以及其他投资方持有表表决权的分散程度。如果与其他方持有的表决权比例相比，投资方持有的表决权比例越高，越有可能有现时能力主导被投资方相关活动。为否决投资方而需要联合一致的行动方越多，投资方越可能有现时能力主导被投资方相关活动。比如，P公司持有S公司40%的表决权，另外60%的表决权分散在全国1 000名投资者当中，且最多持有的表决权都不超过1%，没有任何股东与其他股东达成协议或能作出共同决策，此时可以认定P公司对S公司拥有权力。又如，P公司持有S公司45%的表决权，其他两位投资者各持有被投资者26%的表决权，剩余表决权由三位股东持有，各占1%，在这种情况下，只要其他两位投资者联合起来，就能阻止P公司主导被投资方的相关活动，所以根据这个条件认定P公司不能够控制S公司。

二是考虑与其他表决权持有人的协议。投资方自己持有的表决权不足，但通过与其他表决权持有人签订书面协议，受托管理被投资方相关活动的表决权，从而拥有对被投资方的权力。

三是考虑其他合同安排产生的权力。在某些情况下，某些主体的投资方对其拥有的权力并非来自表决权，被投资方的相关活动由一项或多项合同安排决定，例如证券化产品、资产支持融资工具、部分投资基金等结构化主体。所谓结构化主体，是指在确定其控制方时没有将表决权或类似权力作为决定因素而设计的主体。投资方在判断能否控制结构化主体时，还需要结合在设立被投资方时所作出的决策及投资方对其设立活动的参与度、其他相关合同安排、仅在特定情况或事项发生时开展的活动、投资方对被投资方作出的承诺等因素进行进一步的分析。

四是如果结合表决权和上述所列因素，仍不足以判断投资者能否控制被投资方，则还需要考虑是否存在其他事实或情况，能够证明投资方拥有主导被投资方相关活动的现时能力。例如，投资方能够任命或批准被投资方的关键管理人员，这些关键管理人员能够主导被投资方的相关活动；投资方能够出于自身利益决定或者否决被投资方的重大交易；投资方能够控制被投资方董事会等类似权力机构成员的任命程序，或者从其他表决权持有人手中获得代理投票权；投资方与被投资方的关键管理人员或董事会等类似权力机构中的多数成员存在关联关系；投资方与被投资方之间存在特殊关系，如被投资方的关键管理人员是投资方的现任或前任职工，被投资方的经营活动依赖于投资方，被投资方活动的重大部分有投资方参与其中或者是以投资方的名义进行，投资方自被投资方承担可变回报的风险或享有可变回报的收益的程度远超过其持有的表决权或其他类似权力的比例。

③虽然持有被投资方半数以上表决权但并无权力。

半数以上表决权通过，只是作出决策的通常做法，但在有些情况下，根据相关章程、协议或其他法律文件，主导相关活动的决策所要求的表决权比例高于持有半数以上表决权的一方持有的表决权比例。例如，被投资方的公司章程规定，与相关活动有关的决策必须由出席会议的投资方所持2/3以上的表决权通过。这种情况下，持有半数以上但不足2/3表决权的投资方，单就该条款不足以赋予投资方权力，应结合其他因素进行进一步的分析与判断。

有时被投资方陷入非常时期，相关活动被政府、法院、管理人、接管人、清算人或监管人等其他方主导时，那么尽管投资方持有被投资方半数以上的表决权，但也无法拥有对被投资方的权力。

如果投资方虽然持有被投资方半数以上表决权，但这些表决权并不是实质性权利时，则投资方并不拥有对被投资方的权力；当其他方拥有现时权利使其主导被投资方的相关活动，且该其他方不是投资方的代理人时，投资方也不拥有对被投资方的权力。

2）可变回报

投资方通过参与被投资方的活动享有的是可变回报。可变回报就是金额不固定且可能随着被投资方业绩变化而变化的回报，可以仅是正回报，仅是负回报，或者同时包括正回报和负回报。

可变回报的形式主要包括股利和被投资方经济利益的其他分配。例如，被投资方发行的债务工具产生的利息、投资方对被投资方投资的价值变动；因向被投资方的资产或负债提供服务而得到的报酬、因提供信用支持或流动性支持收取的费用或承担的损失、被投资方清算时在其剩余净资产中所享有的权益、税务利益、因参与被投资方而获得的未来流动性；其他利益持有方无法得到的回报，如投资方将自身资产与被投资方的资产整合以实现规模经济，达到节约成本的目的。

3）权力与可变回报之间的联系

只有当投资方不仅拥有对被投资方的权力，通过参与被投资方的相关活动而享有可变回报，而且有能力运用对被投资方的权力来影响其回报的金额时，投资方才控制被投资方。

8.2.2　母公司与子公司

1）母公司

母公司，是指控制一个或一个以上主体（含企业、被投资单位中可分割的部分，以及企业所控制的结构化主体等，下同）的主体。从母公司的定义可以看出，母公司应同时具备以下两个条件：

一是母公司可以只控制一个子公司，也可以同时控制多个子公司，但必须满足前文所述控制的要求。

二是母公司可以是企业，如《公司法》所规定的股份有限公司、有限责任公司以及外商投资企业，也可以是非企业形式的但形成会计主体的其他组织，如基金等。

2）子公司

子公司是指被母公司控制的主体。从子公司的定义可以看出，子公司也应同时具备两个条件：

一是作为子公司必须被母公司控制，并且只能被一个母公司控制，不可能也不允许被两个或多个母公司同时控制。被两个或多个公司共同控制的被投资单位是合营安排，而不是子公司。

二是子公司可以是企业，也可以是非企业形式的但形成会计主体的其他组织，如基金以及信托项目等主体。

不论子公司的规模大小、子公司向母公司转移资金的能力是否受到严格限制，也不论子公司的业务性质与母公司或企业集团内其他子公司是否有显著差别，只要是能够被母公司施加控制的，都应纳入合并范围。但是，已宣告被清理整顿的或已宣告破产的原子公司，不再是母公司的子公司，不纳入合并财务报表范围。

8.2.3　纳入合并范围的特殊情况——对被投资方可分割部分的控制

投资方通常应当对是否控制被投资方整体进行判断。但在少数情况下，如果有确凿证据表明同时满足下列条件并且符合相关法律法规规定的，投资方应当将被投资方的一部分视为被投资方可分割的部分，进而判断是否控制该可分割部分：

（1）该部分的资产是偿付该部分或该部分其他利益方负债的唯一来源，不能用于偿还该部分以外的被投资方的其他负债；

（2）除与该部分相关的各方外，其他方不享有与该部分资产相关的权利，也不享有与该部分资产剩余现金流量相关的权利。

例如，A公司为有限责任公司，专门从事房地产开发项目，其主要经营活动为在B地块上开发住宅和商业项目。B地块的开发分四期进行，每期的开发成本和销售收入分别进行核算，但与各期开发相关的开发支出均由A公司作为同一法人主体进行清偿，各期项目相关的税费也由A公司作为同一纳税主体进行统一申报和清算。各地块的相关经营决策相互独立，其经营损益分别归属于不同的权利人。在该例中，虽然各期开发项目独立进行核算管理，但并不足以说明其中一期开发项目的有关资产、负债和权益与其余各期的剩余部分相隔离。各期开发支出和相应税负仍以A公司作为单一主体进行清偿，这就表明某期资产并非仅承担与该期资产相关的负债，某期资产也并非是与该期开发相关的负债的唯一支付来源。因此，本例中的各期开发项目并非可分割的部分，不应被认定为可分割部分。

8.2.4　合并范围的豁免——投资性主体

投资性主体通常符合下列四个特征：一是拥有一个以上投资；二是拥有一个以上投资者；三是投资者不是该主体的关联方；四是该主体的所有者权益以股权或类似权益存在。上述特征仅仅是投资性主体的常见特征，当主体不完全具备上述四个特征时，需要审慎评估，判断是否有确凿证据证明虽然缺少其中一个或几个特征，但该主体仍然符合投资性主体的定义。

如果母公司是投资性主体，则只应将那些为投资性主体的投资活动提供相关服务的子公司纳入合并范围，其他子公司不应予以合并，而是按照公允价值计量且其变动计入当期损益的金融资产，即按照交易性金融资产进行管理。如果母公司不是投资性主体，则应当将其控制的全部子公司（包括母公司所控制的被投资单位可分割部分、结构化主体）和投资性主体以及通过投资性主体间接控制的主体，纳入合并财务报表范围。

当母公司同时满足以下三个条件时，该母公司属于投资性主体：一是该公司以向投资方提供投资管理服务为目的，从一个或多个投资者获取资金；二是该公司的唯一经营目的是通过资本增值、投资收益或两者兼有而让投资者获得回报；三是该公司按照公允价值对几乎所有投资的业绩进行计量和评价。

例如，A技术公司设立B高新技术基金，该基金专门投资于高新技术创业公司以获取资本增值。A技术公司持有B基金80%的权益并且控制该基金，该基金其余20%的权益由其他10个不相关投资者持有。A技术公司同时持有以公允价值购买B基金所持有投资的选择权，如果行使该选择权，A技术公司能从B基金所持被投资方开发的技术中受益。B基金没有明确的退出投资的计划，且B基金由该基金投资者代理人作为投资顾问进行管理。

本例中，即使B基金的经营目的是为资本增值而进行投资，并向其投资者提供投资管理服务，B基金也不是投资性主体，这是因为：（1）A技术公司持有购买B基金所持有投资的选择权，B基金被投资方开发的资产将使A技术公司受益，如此一来，除资本增值外，B基金还提供了其他利益；（2）B基金的投资计划不包括作为权益投资的投资退出战略，A技术公司持有的选择权并非由B基金控制，也不构成退出战略。

当母公司由非投资性主体转变为投资性主体时，除仅将为其投资活动提供相关服务的子公司纳入合并财务报表范围编制合并财务报表外，企业自转变日起对其他子公司不应予以合并。当母公司由投资性主体转变为非投资性主体时，应将原未纳入合并财务报表范围的子公司于转变日纳入合并财务报表范围。

8.2.5 控制的持续评估

实际工作中，投资方在判断能否控制被投资方时，应综合考虑所有相关事实和情况以判断是否满足控制的定义。这些相关事实和情况主要包括：（1）被投资方的设立目的和设计；（2）被投资方的相关活动以及如何对相关活动作出决策；（3）投资方享有的权力是否使其目前有能力主导被投资方的相关活动；（4）投资方是否通过参与被投资方的相关活动而享有可变回报；（5）投资方是否有能力运用对被投资方的权力影响其回报金额；（6）投资方与其他方的关系。

其中，对被投资方的设立目的和设计的分析，贯穿于判断控制的始终，也是分析上述其他事实和情况的基础。如果事实和情况表明上述控制要素中的一个或多个发生变化，投资方应重新评估对被投资方是否具有控制。

8.3 合并财务报表编制原则、前期准备事项及程序

8.3.1 合并财务报表的编制原则

合并财务报表作为财务报表，必须符合财务报表编制的一般原则和基本要求。这些基本要求包括真实可靠、内容完整。与个别财务报表相比，合并财务报表还应当遵循以下原则和要求：

1）以个别财务报表为基础编制

合并财务报表并不是直接根据母公司和子公司的账簿编制的，而是利用母公司和子公司编制的反映各自财务状况、经营成果和现金流量的财务报表提供的数据为基础，通过合并财务报表的特有方法进行编制。以纳入合并范围的个别财务报表为基础，可以说是客观性原则在合并财务报表编制时的具体体现。

2）一体性原则

合并财务报表反映的是企业集团的财务状况和经营成果，反映的是由多个法人企业组成的一个会计主体的财务情况，在编制合并财务报表时应当将母公司和所有子公司作为整体来看待，视为一个会计主体，母公司和子公司发生的经营活动都应当从企业集团这一整体的角度进行考虑。因此，在编制合并财务报表时，对于母公司与子公司、子公司相互之间发生的经济业务，应当视同同一会计主体内部业务处理，即同一会计主体之下的不同核算单位的内部业务。

3）重要性原则

与个别财务报表相比，合并财务报表涉及多个法人主体，涉及经营活动的范围很广，母公司与子公司的经营活动往往跨越不同行业界限，有时母公司与子公司的经营活动甚至相差很大。这样，合并财务报表要综合反映这样的会计主体的财务情况，必然要涉及重要性的判断问题，特别是在拥有众多子公司的情况下更是如此。一些项目对于个别企业具有重要性，但对于整个企业集团则不一定具有重要性，在这种情况下要根据重要性的要求对财务报表项目进行取舍。此外，母公司与子公司、子公司相互之间发生的经济业务，对整

个企业集团财务状况和经营成果的影响不重要时，为简化合并手续，可以不编制抵销分录而直接编制合并财务报表。

8.3.2 合并财务报表编制的前期准备事项

合并财务报表的编制涉及多个子公司，为了使编制的合并财务报表准确、全面反映企业集团的真实情况，必须做好一系列的前期准备事项。这些前期准备事项主要有：

1）统一母子公司的会计政策

统一母子公司的会计政策是保证母子公司财务报表各项目反映内容一致的基础。为此，在编制财务报表前，应当尽可能统一母公司和子公司的会计政策，统一要求子公司所采用会计政策与母公司保持一致。对一些境外子公司，由于所在国或地区法律、会计准则等方面的原因，确实无法使其采用的会计政策与母公司采用的会计政策保持一致，则应当要求其按照母公司采用的会计政策重新编报财务报表，也可以由母公司根据自身所采用的会计政策对境外子公司报送的财务报表进行调整，将调整过的境外子公司财务报表作为编制合并财务报表的基础。

2）统一母子公司的资产负债表日及会计期间

财务报表总是反映一定日期的财务状况和一定会计期间的经营成果，母公司和子公司的个别财务报表只有在反映财务状况的日期和反映经营成果的会计期间一致的情况下，才能进行合并。为了编制合并财务报表，必须统一企业集团内所有的子公司的资产负债表日和会计期间，以便子公司提供和母公司一致的资产负债表日和会计期间的财务报表。

对于境外子公司，由于当地法律限制确实不能与母公司资产负债表日和会计期间一致的，母公司应当按照自身的资产负债表日和会计期间对子公司的财务报表进行调整，以调整后的子公司财务报表为基础编制合并财务报表，也可以要求子公司按照母公司的资产负债表日和会计期间另行编制及报送其个别财务报表。

3）对子公司以外币表示的财务报表进行折算

对母公司和子公司的财务报表进行合并，其前提必须是母子公司个别财务报表所采用的货币计量单位一致。我国允许外币业务比较多的企业采用某一外币作为记账本位币，境外企业一般也是采用其所在国或地区的货币作为其记账本位币。在将这些企业的财务报表纳入合并时，则必须将其折算为母公司所采用的记账本位币表示的财务报表。我国外币财务报表折算采用的是现行汇率法，该折算方法在本书第1章"外币折算"中已作论述，在此不再重复。

4）收集编制合并财务报表的相关资料

合并财务报表以母公司及其子公司的财务报表和其他有关资料为依据，由母公司合并有关项目的数额进行编制。为编制合并财务报表，母公司应当要求子公司及时提供下列有关资料：

（1）子公司相应期间的财务报表；

（2）与母公司及与其他子公司之间发生的内部购销交易，债权债务，投资及其产生的现金流量和未实现内部销售损益的期初、期末余额及变动情况等资料；

（3）子公司所有者权益变动和利润分配的有关资料；

（4）编制合并财务报表所需要的其他资料，如非同一控制下企业合并购买日的公允价值资料。

8.3.3　合并财务报表的编制程序

合并财务报表的编制是一项极为复杂的工作，不仅涉及母公司会计业务和财务报表，而且涉及纳入合并范围的子公司的会计业务和财务报表。为了使合并财务报表的编制工作有条不紊，必须按照一定的程序有步骤地进行。合并财务报表编制程序大致如下：

（1）设置合并工作底稿。合并工作底稿的作用是为合并财务报表编制提供基础。在合并工作底稿中，对母公司和纳入合并范围的子公司的个别财务报表各项目的数额进行汇总、调整、抵销处理，最终计算得出合并财务报表各项目的合并数。合并工作底稿的基本格式见表8-1。

表8-1　　　　　　　　　合并工作底稿（局部）

项目	母公司	子公司	合计金额	调整、抵销分录		少数股东权益	合并金额
				借方	贷方		
（利润表项目）							
营业收入							
营业成本							
⋮							
净利润							
（所有者权益变动表项目）							
上年年末余额							
⋮							
本年年末余额							
（资产负债表项目）							
货币资金							
⋮							
短期借款							
⋮							
实收资本							
⋮							
未分配利润							
少数股东权益							
（现金流量表项目）							
⋮							

特别提示

1.调整和抵销分录与企业记账凭证上的分录并不完全相同。调整和抵销分录对应的是报表项目，而不是会计科目。我国的报表项目和会计科目并不完全一致。如"主营业务收入"会计科目，在利润表上对应的是"营业收入"项目。

2.工作底稿是编制合并财务报表时使用的一张"草稿"，它没有原始凭证的支撑，因此该底稿上的调整和抵销分录是不会被纳入个别企业的正式账簿记录的，意即母、子公司个别企业的账簿记录不受工作底稿中的调整、抵销分录的影响。

3.由于工作底稿中的调整、抵销分录没有影响到个别企业的账务处理，为了保证合并财务报表的钩稽关系，在连续编制合并财务报表时，需要将以前年度在工作底稿中编制的调整与抵销分录进行"复制"加"粘贴"，对分录中影响损益类的项目还要进行相应的"查找"并"替换"。

微课8.1 对合并工作底稿的讲解

（2）将母公司、纳入合并范围的子公司个别资产负债表、利润表、现金流量表及所有者权益变动表各项目的数据过入合并工作底稿，并在合并工作底稿中对母公司和子公司个别财务报表各项目的数据进行加总，计算得出个别资产负债表、个别利润表、个别现金流量表及个别所有者权益变动表各项目的合计数额。

（3）编制调整分录与抵销分录，将母公司与子公司、子公司相互之间发生的经济业务对个别财务报表有关项目的影响进行调整和抵销处理。编制调整分录与抵销分录，进行调整和抵销处理是合并财务报表编制的关键和主要内容，其目的在于将因会计政策及计量基础的差异而对个别财务报表的影响进行调整，以及将个别财务报表各项目的加总数据中重复的因素等予以抵销。

（4）计算合并财务报表各项目的合并数额，即在母公司和纳入合并范围的子公司个别财务报表各项目加总数额的基础上，分别计算财务报表中的资产类项目、负债类项目、所有者权益类项目、收入类项目和成本费用类项目的合并数。其计算方法如下：

①资产类项目，其合并数根据该项目的合计金额，加上该项目调整与抵销分录的借方发生额，减去该项目调整与抵销分录的贷方发生额计算确定。

②负债类项目和所有者权益类项目，其合并数根据该项目的合计金额，减去该项目调整与抵销分录的借方发生额，加上该项目调整与抵销分录的贷方发生额计算确定。

③有关收入类项目，其合并数根据该项目的合计金额，减去该项目调整与抵销分录的借方发生额，加上该项目调整与抵销分录的贷方发生额计算确定。

④有关成本费用类项目和有关利润分配的项目，其合并数根据该项目的合计金额，加上该项目调整与抵销分录的借方发生额，减去该项目调整与抵销分录的贷方发生额计算确定。

⑤填列合并财务报表，即根据合并工作底稿（表8-1）中计算出的资产、收入、成本费用类各项目的合并数，填列正式的合并财务报表。

8.3.4 合并财务报表的合并理论

1）所有权理论（proprietary theory）

该观点将子公司看作是所有者的一个延伸。子公司的资产、负债、收入和费用被当作所有者自己的。当应用于合并财务报表时，该观点导致了比例合并法，即母公司将非全资拥有的子公司的资产、负债、收入和费用按照其享有的股权比例进行合并。具体如下：

（1）对合并资产负债表中的资产、负债的计价，只按母公司取得股权时的公允价值计价，因此合并资产负债表中没有"少数股东权益"这个项目。

（2）合并商誉等于母公司投资成本与子公司净资产公允价值中母公司持有的份额之间的差额，即合并资产负债表中的商誉仅列示属于母公司的部分，不对少数股东分配商誉。

（3）不反映少数股东损益的信息，即在合并利润表中没有"少数股东损益"项目。

（4）对集团内部发生的交易形成的未实现损益，只按照母公司的股权比例抵销。

2）母公司理论（parent company theory）

对于现代企业和合并财务报表的编制来说，该理论比所有权理论更适合。母公司理论认为母公司有能力对非全资子公司的全部资产和负债进行有效控制，而不是仅仅按照持有股权的比例进行控制；认为合并资产负债表、合并利润表是对母公司资产负债表和利润表的修正或延伸，因此合并财务报表包括子公司全部的资产、负债、收入和费用。具体如下：

（1）母公司理论下编制的合并财务报表服务对象是现有的和潜在的母公司股东，合并财务报表有义务向其提供和反映母公司以及控制的子公司的会计信息，并不是为子公司的少数股东提供有用的会计信息。

（2）母公司理论强调的是企业集团中存在的法定控制关系，所以母公司将具有法定控制权的子公司纳入合并范围。

（3）子公司的净资产在合并财务报表中采用双重计价的方法，相当于母公司股权的部分，按母公司取得股权时的历史成本计价；相当于少数股权的部分，按其在子公司的账面价值计价。由此可以看出，合并资产负债表中是存在"少数股东权益"项目的。只不过在母公司理论下，并不将少数股东当作企业集团的股东，因此少数股东权益并不包括在企业集团的合并股东权益中，而是在合并资产负债表的负债和所有者权益的中间过渡地带列示。

（4）合并商誉等于母公司投资成本与子公司可辨认净资产公允价值份额中相当于母公司部分的差额，即在合并资产负债表中的商誉仅包括归属于母公司的部分。

（5）母公司理论将子公司本期净利润中相当于少数股权的部分即少数股东损益当作企业集团的整体费用，即少数股东损益并不是企业集团的净收益。合并利润表中的净收益仅仅包括母公司的净收益。

（6）对于母公司向子公司的顺销交易，抵销全部的未实现内部交易损益。对于子公司向母公司的逆销交易，按母公司持股比例抵销未实现内部交易损益。

3）实体理论（entity theory）

该理论强调的是合并主体的本身，将子公司的少数股东和母公司看作两个独立的群体，每个主体在合并主体中都拥有各自的净资产。相应地，非全资拥有的子公司的全部资产、负债、收入和费用都包括在合并财务报表中，对于母公司股东权益或少数股东权益都不采用任何特殊的处理。具体包括：

（1）该理论强调母公司与全部子公司组成的企业集团的经济一体性，合并财务报表的服务对象包括少数股东在内的企业集团全部股东的信息需求，所以合并财务报表应服务于企业集团的所有股东。

（2）子公司的净资产采用并购日的公允价值，即子公司中归属于母公司的净资产与归属于少数股东的净资产在合并财务报表中都按照公允价值计价，计量基础是相同的。

（3）合并商誉等于按照母公司所花费的代价推算出整个公司的公允价值（母公司支付的成本/母公司的持股比例）与子公司净资产的公允价值的差额确定，即在合并资产负债表中列示的商誉按子公司全部的公允价值计算。

（4）少数股东权益是企业集团合并权益的一部分，在合并资产负债表的股东权益部分单独列示。

（5）少数股东损益则是企业集团整体的合并净收益的组成部分，是企业集团合并净收益中分配给少数股东的部分。所以，合并利润表中的合并净收益既包括母公司自身获得的净收益，又包括母公司在子公司净收益中获得的份额，还包括少数股东在子公司净收益中获得的份额。

（6）集团内部交易形成的未实现损益全额抵销。

拓展阅读

少数股东权益与非控制性权益

少数股东权益（minority interests）是指既不直接也不间接归属于母公司的子公司权益，即子公司股东权益中不属于母公司所拥有的那部分股权。2011年5月，国际会计准则理事会（IASB）颁布的《国际财务报告准则第10号——合并财务报表》中，该术语已经更名为非控制性权益（non-controlling interests）。这是基于下列考虑所做的改变：因为在某些情况下，比如现在股权日益分散的股份有限公司，当在公司的管理机构中存在拥有巨大的少数表决权的股东，同时不存在具有重大表决权的其他方或联合组成的其他方时，持有少数股权的股东控制了该主体的经济利益，而拥有多数股权的股东反而无法控制该主体。因此，不是简单地依据形式上所有权比例的多少，而是放眼于实质上的"控制"与"非控制"，更有助于反映基本的经济和会计概念。2014年，我国修订的《企业会计准则第33号——合并财务报表》中对该术语依然称为少数股东权益，没有变为非控制性权益。

8.3.5 合并财务报表的格式

合并财务报表通常在个别财务报表的基础上增加下列项目：

1）合并资产负债表

（1）在无形资产项目下增加了"商誉"，用于反映非同一控制下企业合并中取得的商誉。

（2）在所有者权益项目下增加"归属于母公司所有者权益合计"，用于反映企业集团的所有者权益中归属于母公司所有者权益的部分，包括实收资本（或股本）、其他权益工具、资本公积、库存股、其他综合收益、盈余公积、一般风险准备、未分配利润等项目的金额。

（3）在所有者权益项目下，增加"少数股东权益"项目，用于反映非全资子公司的所有者权益中不属于母公司的份额。

合并资产负债表见表8-2。

表8-2 合并资产负债表

资产	期末余额	年初余额	负债和所有者权益 （或股东权益）	期末余额	年初余额
流动资产：			流动负债：		
货币资金			短期借款		
交易性金融资产			交易性金融负债		
衍生金融资产			衍生金融负债		
应收账款			应付账款		
预付款项			预收款项		
其他应收款			合同负债		
存货			应付职工薪酬		
合同资产			应交税费		
持有待售资产			其他应付款		
一年内到期的非流动资产			持有待售负债		
其他流动资产			一年内到期的非流动负债		
流动资产合计			其他流动负债		
非流动资产：			流动负债合计		
债权投资			非流动负债：		
其他债权投资			长期借款		
长期应收款			应付债券		
长期股权投资			其中：优先股		
其他权益工具投资			永续债		
其他非流动金融资产			长期应付款		
投资性房地产			预计负债		
固定资产			递延收益		
在建工程			递延所得税负债		
生产性生物资产			其他非流动负债		
油气资产			非流动负债合计		
无形资产			负债合计		
开发支出			所有者权益（或股东权益）：		
商誉			实收资本（或股本）		
长期待摊费用			其他权益工具		
递延所得税资产			其中：优先股		
其他非流动资产			永续债		
非流动资产合计			资本公积		
			减：库存股		
			其他综合收益		
			盈余公积		
			未分配利润		
			归属于母公司股东权益合计		
			少数股东权益		
			所有者权益（或股东权益）合计		
资产总计			负债和所有者权益总计		

2）合并利润表

（1）在"净利润"项目下增加"归属于母公司所有者的净利润"和"少数股东损益"两个项目，分别反映净利润中由母公司所有者享有的份额和非全资子公司当期实现的净利润中归属于少数股东的份额。同一控制下企业合并增加子公司的，当期合并利润表中还应在"净利润"项目下增加"其中：被合并方在合并前实现的净利润"项目，用于反映同一控制下企业合并中取得的被合并方在合并日前实现的净利润。

（2）在"综合收益总额"项目下增加"归属于母公司所有者的综合收益总额"和"归属于少数股东的综合收益总额"两个项目，分别反映综合收益总额中由母公司所有者享有的份额和非全资子公司当期综合收益总额中归属于少数股东的份额。

合并利润表见表8-3。

表8-3

合并利润表

项目	本年金额	上年金额
一、营业收入		
减：营业成本		
税金及附加		
销售费用		
管理费用		
研发费用		
财务费用		
其中：利息费用		
利息收入		
加：其他收益		
投资收益（损失以"-"号填列）		
其中：对联营企业和合并企业的投资收益		
净敞口套期收益（损失以"-"号填列）		
公允价值变动收益（损失以"-"号填列）		
信用减值损失（损失以"-"号填制）		
资产减值损失（损失以"-"号填制）		
资产处置收益（损失以"-"号填列）		
二、营业利润（亏损以"-"号填列）		
加：营业外收入		
减：营业外支出		
三、利润总额（亏损总额以"-"号填列）		
减：所得税费用		

项目	本年金额	上年金额
四、净利润（净亏损以"-"号填列）		
其中：被合并方在合并前实现的净利润		
归属于母公司股东的净利润		
少数股东损益		
（一）持续经营净利润（净亏损以"-"号填列）		
（二）终止经营净利润（净亏损以"-"号填列）		
五、其他综合收益的税后净额		
（一）不能重分类进损益的其他综合收益		
1.重新计量设定受益计划变动额		
2.权益法下不能转损益的其他综合收益		
3.其他权益工具投资公允价值变动		
4.企业自身信用风险公允价值变动		
（二）将重分类进损益的其他综合收益		
1.权益法下可转损益的其他综合收益		
2.其他债权投资公允价值变动		
3.金融资产重分类计入其他综合收益的金额		
4.其他债权投资信用减值准备		
5.现金流量套期储备		
6.外币财务报表折算差额		
六、综合收益总额		
归属于母公司股东的综合收益总额		
归属于少数股东的综合收益总额		
七、每股收益：		
（一）基本每股收益		
（二）稀释每股收益		

3）合并现金流量表

与个别企业编制的现金流量表格式基本相同。

4）合并所有者权益（或股东权益）变动表

增加"少数股东权益"栏目反映少数股东权益变动的情况，见表8-4。

表8-4

合并所有者权益（或股东权益）变动表

项目	本年金额											上年金额										
	归属于母公司股东权益									少数股东权益	股东权益合计	归属于母公司股东权益									少数股东权益	股东权益合计
	股本	其他权益工具	资本公积	减：库存股	其他综合收益	盈余公积	未分配利润	专项储备	其他			股本	其他权益工具	资本公积	减：库存股	其他综合收益	盈余公积	未分配利润	专项储备	其他		
一、上年年末余额																						
加：会计政策变更																						
前期差错更正																						
二、本年年初余额																						
三、本年增减变动																						
（一）综合收益总额																						
（二）所有者投入和减少资本																						
1.所有者投入的普通股																						
2.其他权益工具持有者投入资本																						
3.股份支付计入所有者权益的份额																						
4.其他																						

续表

项目	本年金额											上年金额										
	归属于母公司股东权益									少数股东权益	股东权益合计	归属于母公司股东权益									少数股东权益	股东权益合计
	股本	其他权益工具	资本公积	减：库存股	其他综合收益	盈余公积	未分配利润	专项储备	其他			股本	其他权益工具	资本公积	减：库存股	其他综合收益	盈余公积	未分配利润	专项储备	其他		
（三）利润分配																						
1.提取盈余公积																						
2.对所有者（或股东）的分配																						
3.其他																						
（四）所有者权益内部结转																						
1.资本公积转增资本（或股本）																						
2.盈余公积转增资本（或股本）																						
3.盈余公积弥补亏损																						
4.其他																						
四、本年年末余额																						

本章小结与思维导图

本章是合并财务报表编制的理论篇，论述了合并财务报表合并范围的确定以及合并财务报表的编制程序。

合并财务报表的合并范围应当以控制为基础加以确定。控制是指投资方拥有对被投资方的权力，通过参与被投资方的相关活动而享有可变回报，并且有能力运用对被投资方的权力影响其回报金额。

合并财务报表的编制有其特有的程序和步骤。以纳入合并范围的个别财务报表为基础，借助工作底稿中编制的调整、抵销分录，最后生成反映整个企业集团整体财务状况、经营成果、现金流量和股东权益变动的合并财务报表。

合并财务报表的编制理论有所有权理论、母公司理论、实体理论。每种理论都有各自的适用情况和特点。

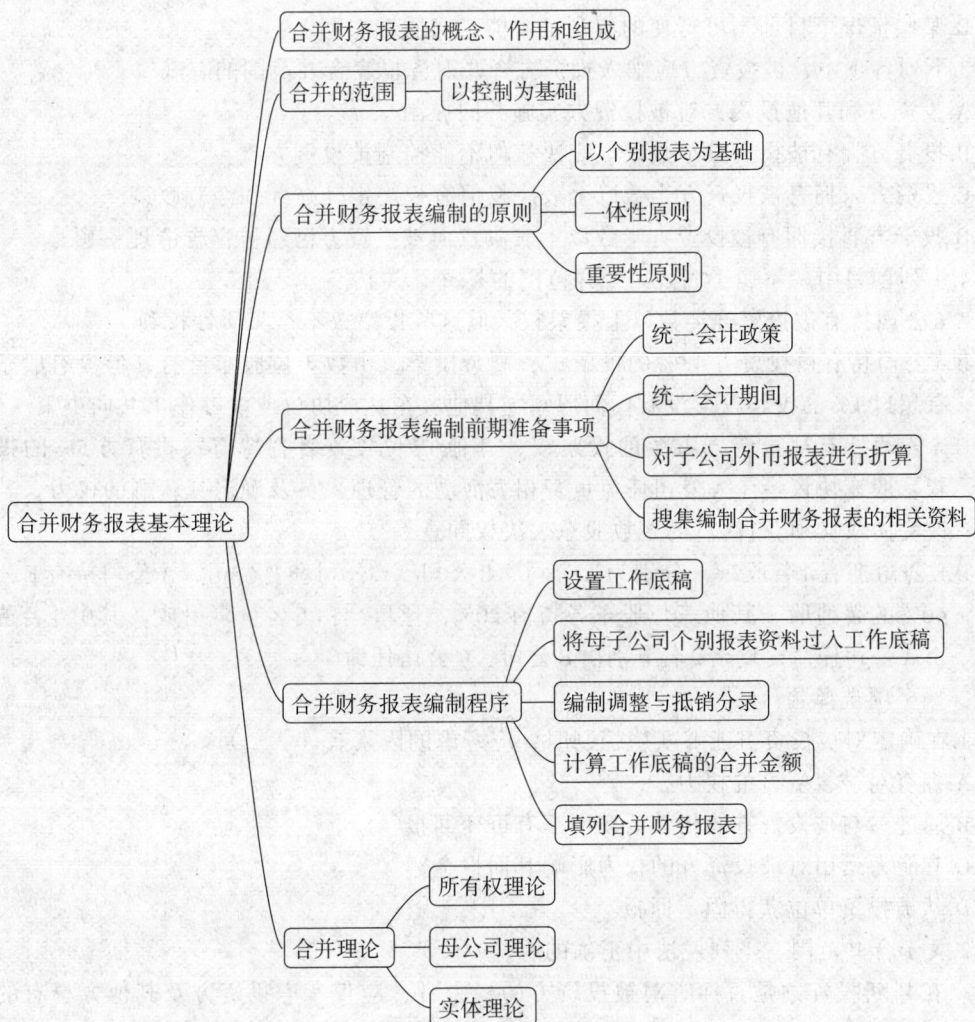

章末习题

一、单项选择题

1.在判断控制时，应识别被投资方的相关活动，下列说法中错误的是（　　　）。

A.相关活动包括商品或劳务的销售和购买

B.相关活动包括资产的购买和处置

C.相关活动包括对被投资方回报影响甚微或没有影响的行政活动

D.相关活动包括确定资本结构或获取融资

2.关于实质性权利，下列说法中错误的是（　　　）。

A.实质性权利是指持有人有实际能力行使的可执行的权利

B.实质性权利是在对相关活动进行决策时可执行的权利

C.实质性权利一定是当前可执行的权利

D.某些情况下目前不可行使的权利也可能是实质性权利

3.下列各项中，被投资方应纳入投资方合并财务报表合并范围的有（　　　）。

A.投资方和其他投资方对被投资方实施共同控制

B.投资方拥有被投资方半数以上表决权但不能控制被投资方

C.投资方未拥有被投资方半数以上表决权但有权决定其财务和经营政策

D.投资方直接拥有被投资方半数以上表决权但被投资方已经被宣告清理整顿

4.下列项目中，不属于A公司合并范围的是（　　　）。

A.A公司持有被投资方半数以上投票权，但这些投票权不是实质性权利

B.A公司持有被投资方48%的投票权，剩余投票权由数千位股东持有，但没有股东持有超过1%的投票权，没有任何股东与其他股东达成协议或能够作出共同决策

C.A公司持有被投资方40%的投票权，其他12位投资者各持有被投资方5%的投票权，股东协议授予A公司任免负责相关活动的管理人员及确定其薪酬的权力，若要改变协议，须获得2/3的多数股东表决权同意

D.E公司拥有4名股东，分别为A公司、B公司、C公司和D公司，A公司持有E公司40%的普通股，其他三位股东各持有20%，董事会由6名董事组成，其中4名董事由A公司任命，剩余2名分别由B公司、C公司任命

二、多项选择题

1.在确定对被投资方能够实施控制时，应考虑的因素有（　　　）。

A.拥有对被投资方的权力

B.通过参与被投资方的相关活动而享有可变回报

C.有能力运用对被投资方的权力影响其回报金额

D.从被投资单位获得固定回报

2.关于合并范围，下列说法中正确的有（　　　）。

A.在判断投资方是否拥有对被投资方的权力时，应仅考虑投资方及其他方享有的实质性权利

B.在判断投资方是否拥有对被投资方的权力时，应同时考虑投资方及其他方享有的实质性权利和保护性权利

C.投资方仅持有保护性权利不能对被投资方实施控制，也不能阻止其他方对被投资方实施控制

D.在判断投资方是否拥有对被投资方的权力时，应仅考虑投资方及其他方享有的保护性权利

3.下列各项中，属于投资性主体的特征的有（　　　）。

A.拥有一个以上投资

B.拥有一个以上投资者

C.投资者不是该主体的关联方

D.该主体的所有者权益以股权或类似权益存在

4.下列各项中，属于控制的基本要素的有（　　　）。

A.能够拥有被投资方半数以上表决权

B.因涉入被投资方而享有可变回报

C.拥有对被投资方的权力，并且有能力运用对被投资方的权力影响其回报金额

D.投资方对被投资方拥有实质性权利

三、思考题

1.母公司在编制个别报表的前提下，为什么还要编制合并财务报表？

2.如何确定合并范围？

3.工作底稿中的调整、抵销分录与个别企业编制的分录有什么区别？

第8章习题答案

学习目标：理解合并财务报表编制的"两调一抵"法的基本原理和步骤；掌握集团内部一般业务的调整和抵销处理；掌握集团内部递延所得税的处理。

■—— 引导案例

2015年7月21日，乐视网在公告中表示，2014年营业利润下降的主要原因是乐视TV超级电视销量大规模增长，导致乐视网运营"超级电视"产品的子公司"乐视致新"亏损较大，使得少数股东损益大幅下降。2014年，"乐视致新"的营业收入高达41.07亿元，但营业利润却亏损5.03亿元。

2007—2014年，合并财务报表中乐视网归属于上市公司普通股股东的净利润分别约为0.15亿元、0.3亿元、0.44亿元、0.7亿元、1.31亿元、1.94亿元、2.55亿元和3.64亿元，确实呈现上涨态势。但2014年乐视网净利润为1.29亿元，少数股东损益为-2.35亿元，其中1.87亿元来自"乐视致新"，归属于上市公司普通股股东的净利润约为3.64亿元，营业利润只有4 787万元，同比下滑近80%，比同期3.64亿元归属于上市公司普通股股东的净利润少了逾3亿元。

乐视网给出的解释是，在智能终端"超级电视"推出市场初期，通过战略性亏损的销售策略，快速获取用户，增加市场占有率，当前阶段并不依赖智能终端产品的销售产生利润。子公司向乐视网出售资产所发生的未实现内部交易损益，应当按照本公司对该子公司的分配比例在"归属于母公司所有者的净利润"和"少数股东损益"之间分配抵销。这是乐视网首度承认少数股东损益拖累其2014年营业利润。

耐人寻味的是，我国上市公司是从2014年7月1日开始施行新的《企业会计准则第33号——合并财务报表》，其中第三十六条第二款规定：子公司向母公司出售资产所发生的未实现内部交易损益，应当按照母公司对该子公司的分配比例在"归属于母公司所有者的净利润"和"少数股东损益"之间分配抵销。而之前的合并财务报表准则并没有规定将内部交易产生的损益分配给少数股东，不得不说乐视网的亏损来得真是"恰到时候"！

什么是集团内部交易？为什么要抵销？抵销的时候如何影响少数股东损益和归属于母公司所有者的净利润？本章将对上述问题进行探讨。

9.1 "两调一抵"的基本思路

通过阅读第8章8.3节的合并工作底内容，可以发现编制调整与抵销分录是编制合并财务报表的重中之重。正确地编制调整与抵销分录，是正确地编制企业集团合并财务报表的基础和前提。本章将按照"两调一抵"的步骤，对集团内部的一般业务进行调整和抵销。在第10章，将按照"一调一抵"的步骤，对集团内部特殊问题进行合并财务报表的编制。

所谓"两调一抵"，指的是在编制合并财务报表时，遵循"对子公司调整、对母公司调整、对母子公司抵销"的步骤进行合并财务报表的编制。

9.1.1 对子公司调整

非同一控制下取得的子公司，子公司各项可辨认资产、负债在合并财务报表中应当以公允价值列示。为此，母公司在购买日及日后连续编制的合并财务报表中，必须按照购买日子公司资产、负债的公允价值对其财务报表项目进行调整，即需要在工作底稿中将子公司个别报表中仍然按照原来账面价值计量的各项资产和负债，由账面价值调整到购买日的公允价值，并按该价值持续计量。这实际上相当于将子公司各项可辨认净资产、负债的公允价值变动"模拟入账"，以该公允价值为基础编制购买日及日后的合并财务报表。具体对子公司的调整处理见9.2节。

> **特别提示**
>
> 1.同一控制下取得的子公司，无须进行该步骤的调整。因为在同一控制下，子公司按照账面价值持续计量，并不考虑合并日的公允价值。
>
> 2.非同一控制下取得的子公司，只认可购买日这一个时点的各项可辨认资产、负债的公允价值，之后每个资产负债表日上述资产或负债的公允价值变动不再纳入考虑，因为合并财务报表的编制不能改变资产与负债的计量属性。

9.1.2 对母公司调整

在本教材第7章"长期股权投资"中，母公司对子公司的投资在母公司账簿中按照成本法进行核算。在编制合并财务报表时，为了使母公司对子公司的长期股权投资项目反映其在子公司所有者权益中的真实份额，以正确编制出后续的抵销分录（即9.4节的内容），需要在工作底稿中将该长期股权投资由成本法调整为权益法核算的结果，具体对母公司的调整处理见9.3节。

> **特别提示**
>
> 1.在同一控制的合并日和非同一控制的购买日编制的合并财务报表中，不需要对母公司的长期股权投资进行调整。
>
> 2.在2006年颁布的《企业会计准则第33号——合并财务报表》第十一条曾规定"合并财务报表按照权益法调整对子公司的长期股权投资后，由母公司编制"，但在2014年修订的《企业会计准则第33号——合并财务报表》中已经删除该表述，意味着不再强制企业按权益法对长期股权投资调整后编制合并财务报表。本教材第10章10.1节中将探讨在按成本法核算长期股权投资的情况下，直接编制合并财务报表的具体步骤。本章依然按照对母公司的长期股权投资按照权益法调整后进行合并财务报表的编制。

9.1.3 对母子公司抵销

合并财务报表的编制要遵循一体性原则，即合并财务报表反映的是企业集团整体的财务状况、经营成果和现金流量信息。母公司和子公司发生的经营活动都应当从企业集团这一整体的角度进行考虑，对于母公司与子公司、子公司相互之间发生的经济业务，应当视为同一会计主体内部业务处理，因此需要对在个别报表上反映的，但对于合并财务报表而言是重复的、不需要反映的事项进行抵销。在编制合并财务报表时主要对下列交易和事项进行抵销：

（1）母公司的长期股权投资与子公司的所有者权益项目的抵销；

（2）母公司投资收益与子公司利润分配的抵销；

（3）集团内部债权、债务事项的抵销；

（4）集团内部交易的抵销；

（5）集团内部所得税业务的调整与抵销；

（6）涉及现金流量表业务的抵销。

具体处理将在9.4节至9.11节进行讲解。

9.2 对子公司的调整处理

非同一控制取得的子公司，需要将子公司个别财务报表中按照账面价值计量的各项可辨认资产和负债调整为购买日的公允价值，以使子公司的个别财务报表反映为购买日按公允价值基础确定的上述资产和负债价值，为后续编制抵销分录奠定基础。而对于同一控制取得的子公司，则不需要按公允价值重新计量资产或负债。

9.2.1 购买日的调整处理

母公司根据对子公司设置的备查簿记录，以购买日子公司各项可辨认资产、负债的公允价值为基础，将原来个别报表中确认的账面价值调整到该日的公允价值。

假定子公司的存货、固定资产、无形资产存在公允价值与账面价值不一致，除此之外，子公司的可辨认资产和负债的公允价值与账面价值相等，则当公允价值高于账面价值时，编制的调整分录为：

借：存货

固定资产 ⎱（购买日公允价值－账面价值）

无形资产

贷：资本公积

如果上述资产的公允价值低于账面价值，则编制与上述调整分录相反的分录。

9.2.2 购买日后第一个资产负债表日的调整处理

正常情况下，合并财务报表的编制日都是资产负债表日。在取得非同一控制子公司的第一个资产负债表日，母公司应编制下列调整分录：

借：存货

固定资产 ⎱（购买日公允价值－账面价值）   ①

无形资产

　　贷：资本公积

　　借：营业成本（（购买日公允价值–账面价值）×本期销售比例）　　　②

　　　　贷：存货

　　借：管理费用$\left(\dfrac{公允价值-账面价值}{尚可使用寿命}\times\dfrac{购买日至年末的月份}{12}\right)$

　　　　贷：固定资产——累计折旧　　　　　　　　　　　　　　　　　　③

　　　　　　无形资产——累计摊销

　　上述第①笔分录是对购买日分录的"复制"加"粘贴"，这是由于工作底稿仅仅是编制合并财务报表的工具，工作底稿上的任何一笔调整、抵销分录都不纳入母、子公司的个别账簿，因此为了连续编制的合并财务报表的正确性，保证和购买日编制的合并财务报表的钩稽关系，因此需要在购买日第一年编制合并财务报表时，对购买日编制过的调整分录进行"复制"加"粘贴"。

　　上述第②笔分录是对子公司从购买日到资产负债表日期间内实现销售的存货的价值调整。如果存货没有实现销售，则不需要编制该调整分录。

　　上述第③笔分录是对子公司从购买日到资产负债表日期间内固定资产计提的折旧、无形资产进行摊销的调整，调整后的固定资产、无形资产的价值是按购买日子公司可辨认资产的公允价值持续计量的结果。

特别提示

　　由于合并资产负债表中并没有"累计折旧""累计摊销"报表项目，对累计折旧和累计摊销的抵销，就是对固定资产和无形资产账面价值的调整。为了便于理解，本章的抵销分录以"固定资产——累计折旧"和"无形资产——累计摊销"反映。

9.2.3　连续编制合并财务报表的调整处理

　　只要母公司对子公司存在控制权，母公司就需要在每个资产负债表日编制企业集团的合并财务报表。这就产生了连续编制合并财务报表的需要。

　　为了保证连续编制合并财务报表的正确性，保证和上年度编制的合并财务报表的钩稽关系，在连续编制合并财务报表时，不但需要对上期编制过的调整分录进行"复制"加"粘贴"，还要同时反映本期对子公司按公允价值持续计量的调整结果。

　　但需要注意的是，上期的调整分录中如果涉及了利润表的项目，由于利润表项目不能结转下年，且影响了上年损益类的项目，一定会影响上年的"年末未分配利润"，对本期而言就是影响了"年初未分配利润"，因此本期编制合并财务报表时应"查找"这样的损益类项目，用"年初未分配利润"项目进行"替换"。

　　借：存货

　　　　固定资产　　　（购买日公允价值–账面价值）　　　　　　　　①

　　　　无形资产

　　　　贷：资本公积

　　借：年初未分配利润（（购买日公允价值–账面价值）×上期销售比例）　②

　　　　贷：存货

借：年初未分配利润 ($\frac{公允价值-账面价值}{尚可使用寿命} \times \frac{购买日至年末的月份}{12}$) ③

　　贷：固定资产——累计折旧

　　　　无形资产——累计摊销

借：营业成本 ((购买日公允价值-账面价值)×本期销售比例) ④

　　贷：存货

借：管理费用 ($\frac{公允价值-账面价值}{尚可使用寿命}$) ⑤

　　贷：固定资产——累计折旧

　　　　无形资产——累计摊销

　　上述第①至第③笔分录是对购买日后第一个资产负债表日编制的调整分录的"复制"加"粘贴"，同时"查找"原有分录中的损益类项目，用"年初未分配利润"进行"替换"。第④和第⑤笔分录则是对本年度可辨认资产按公允价值持续计量对报表影响进行的调整处理。

　　【例9-1】20×5年4月1日，P公司对S公司进行控制，合并业务发生前，P公司和S公司不存在关联方关系。在购买日，S公司一项管理用固定资产账面价值为100万元，公允价值为200万元，采用年限平均法计提折旧，无残值，预计使用年限为10年。20×5年12月31日该固定资产的公允价值是260万元。

　　（1）20×5年4月1日，P公司编制的调整分录为：

借：固定资产　　　　　　　　　　　　　　　　　　　1 000 000

　　贷：资本公积　　　　　　　　　　　　　　　　　　　　　1 000 000

合并工作底稿（局部）见表9-1。

表9-1　　　　　　　　　　　合并工作底稿（局部）　　　　　　　单位：万元

项目	母公司	子公司	合计金额	调整、抵销分录		少数股东权益	合并金额
				借方	贷方		
（资产负债表项目）							
固定资产				100			
资本公积					100		

　　（2）20×5年12月31日，P公司编制的调整分录为：

借：固定资产　　　　　　　　　　　　　　　　　　　1 000 000

　　贷：资本公积　　　　　　　　　　　　　　　　　　　　　1 000 000

借：管理费用（1 000 000÷10×9÷12）　　　　　　　　　75 000

　　贷：固定资产——累计折旧　　　　　　　　　　　　　　　75 000

特别提示

　　该日的公允价值260万元并不予以考虑，合并财务报表编制只对购买日的公允价值进行"模拟入账"，并按该公允价值对资产进行持续计量，不再确认每个资产负债表日各资产公允价值的变化。

合并工作底稿（局部）见表9-2。

表9-2 合并工作底稿（局部） 单位：万元

项目	母公司	子公司	合计金额	调整、抵销分录		少数股东权益	合并金额
				借方	贷方		
（利润表项目）							
管理费用				7.5			
（资产负债表项目）							
固定资产				100	7.5		
资本公积					100		

（3）20×6年12月31日，P公司编制的调整分录为：

借：固定资产 1 000 000

　贷：资本公积 1 000 000

借：年初未分配利润 75 000

　贷：固定资产——累计折旧 75 000

借：管理费用 100 000

　贷：固定资产——累计折旧 100 000

当然，对固定资产累计折旧的连续调整也可以只编制下列一笔分录：

借：年初未分配利润 75 000

　　管理费用 100 000

　贷：固定资产——累计折旧 175 000

合并工作底稿（局部）见表9-3。

表9-3 合并工作底稿（局部） 单位：万元

项目	母公司	子公司	合计金额	调整、抵销分录		少数股东权益	合并金额
				借方	贷方		
（利润表项目）							
管理费用				10			
（所有者权益变动表项目）							
年初未分配利润				7.5			
（资产负债表项目）							
固定资产				100	17.5		
资本公积					100		

9.3 对母公司的调整处理

按照《企业会计准则第2号——长期股权投资》的规定，母公司在个别账簿中对子公司的长期股权投资按照成本法进行后续计量。为了使长期股权投资反映母公司在子公司所有者权益账面价值中的份额（同一控制），或子公司可辨认净资产公允价值的份额（非同一控制），使母子公司的抵销分录得以顺利编制，所以在工作底稿中需要将该长期股权投资调整成权益法核算的结果。

9.3.1 第一个合并财务报表编制日的调整处理

不论是同一控制合并还是非同一控制合并取得的子公司，在第一个合并财务报表编制日，母公司在工作底稿中应编制下列调整分录：

（1）当子公司盈利时，应当按照子公司当年实现的净利润中属于母公司享有的份额，调整增加对子公司长期股权投资的金额，并调整增加当年投资收益。

借：长期股权投资　　　　　　　　　　　　　　　　　　　　　　　　①
　　贷：投资收益

（2）当子公司亏损时，应当按照子公司当年发生的净亏损中属于母公司享有的份额，调整减少对子公司长期股权投资的金额，并调整减少当年投资收益。假设不考虑子公司超额亏损的情况。

借：投资收益　　　　　　　　　　　　　　　　　　　　　　　　　　②
　　贷：长期股权投资

（3）当子公司发生除净损益以外所有者权益的其他变动时，应当根据子公司计入资本公积或其他综合收益的金额中所享有的金额，对长期股权投资的金额进行调整。

借：长期股权投资
　　贷：资本公积　　　　　　　　　　　　　　　　　　　　　　　　③
　　　　或其他综合收益

若减少则进行相反的调整处理。

（4）当子公司分配股利时，对于母公司享有的股利份额，调整冲减长期股权投资的账面价值，同时调整减少原投资收益。

借：投资收益　　　　　　　　　　　　　　　　　　　　　　　　　　④
　　贷：长期股权投资

特别提示

1.上述的第①、第②和第③笔调整分录性质相同，均为成本法无从体现而权益法特有的处理，因此仅仅需要按照权益法的会计处理进行调整就可以。需要注意的是，在合并工作底稿中编制的调整分录，对应的是报表项目，因此无须出现长期股权投资的二级明细科目。第④笔分录则是成本法和权益法都会进行的会计处理，只是处理的结果不同。此笔分录为将成本法下分配股利的会计处理"扭转"为权益法分配股利时的会计处理。

2.权益法核算时，还需要对投资成本与被投资单位可辨认净资产公允价值的份额进行比较，并按二者孰高入账，在将母公司长期股权投资按权益法调整时，并不需要对该种情况进行处理。等到按照9.4节编制母子公司的抵销分录时，将使包含在长期股权投资价值中的商誉或廉价购买利得浮现。在合并日或购买日当天，造成成本法和权益法核算不同的事由（盈利、亏损、分配股利、所有者权益发生其他的变动）尚未发生，因此按成本法和权益法核算结果相同，合并日或购买日当天无须编制对母公司调整的分录。

微课9.1　对母公司调整分录原理的讲解

3.对于第①和第②笔分录中的金额，需要区分同一控制合并和非同一控制合并形成的子公司两种情况：同一控制合并形成的子公司，如果不存在内部交易损益，可以直接按账面净利润进行调整；非同一控制下形成的子公司，则需要考虑按照购买日公允价值持续计量的资产、负债对净利润的影响和内部交易损益的影响之后，再进行调整，即按完全权益法进行调整。

9.3.2　连续编制合并财务报表时的调整处理

在取得子公司长期股权投资的第二年，将成本法调整为权益法核算的结果时，需要在调整计算第一年按权益法核算的对子公司长期股权投资的金额的基础上，按第二年子公司实现的净利润或发生的净亏损、除净损益外所有者权益的其他变动、分配股利等事项对母公司的影响作出相应的调整处理。以后年度的调整比照上述做法进行调整处理。

1）上年编制的调整分录对本年的影响

由于合并财务报表编制的连续性，需要首先将上年编制的调整分录进行"复制"加"粘贴"，并对相应的损益类项目进行"查找"和"替换"。编制的调整分录为：

（1）当子公司上年盈利时。

借：长期股权投资　　　　　　　　　　　　　　　　　　①
　　贷：年初未分配利润

（2）当子公司上年亏损时。

借：年初未分配利润　　　　　　　　　　　　　　　　　②
　　贷：长期股权投资

（3）当子公司上年所有者权益发生增加的变动时。

借：长期股权投资　　　　　　　　　　　　　　　　　　③
　　贷：资本公积
　　　　或其他综合收益

若减少则编制相反的调整分录。

（4）当子公司上年分配股利时。

借：年初未分配利润　　　　　　　　　　　　　　　　　④
　　贷：长期股权投资

2）当年按权益法核算对母公司的调整

母公司按照本年子公司的盈利、亏损、所有者权益的变动、分配股利等事项，需编制和第1年第①～④相同的调整分录。

【例9-2】20×8年1月1日，P公司用银行存款3 000万元购得S公司80%的股份（假定P公司与S公司的企业合并属于非同一控制下的企业合并）。购买日，S公司有一办公楼，公允价值为700万元，账面价值为600万元，按年限平均法计提折旧，预计使用年限为20年，无残值。其他资产和负债的公允价值与账面价值相等。

20×8年，S公司实现净利润1 000万元，提取法定盈余公积100万元，分派现金股利600万元，未分配利润为300万元。S公司因持有的其他权益工具投资的公允价值变动计入其他综合收益的金额为100万元。

20×9年，S公司实现净利润1 200万元，提取法定盈余公积120万元，无其他所有者权益变动。

假定S公司的会计政策和会计期间与P公司一致，P公司与S公司之间没有发生内部交易。

（1）20×8年12月31日，P公司编制的调整分录为：

①S公司盈利。

S公司的固定资产在购买日的公允价值比账面价值高100万元，按照20年折旧，每年对净利润的影响为调减子公司净利润5万元，因此以S公司20×8年1月1日各项可辨认资产等的公允价值为基础，重新确定的S公司20×8年的净利润为995万元（1 000-5）。

借：长期股权投资（9 950 000×80%）   7 960 000

　　贷：投资收益   7 960 000

②S公司其他权益工具投资发生公允价值变动。

借：长期股权投资（1 000 000×80%）   800 000

　　贷：其他综合收益   800 000

③S公司分配股利。

借：投资收益（6 000 000×80%）   4 800 000

　　贷：长期股权投资   4 800 000

合并工作底稿（局部）见表9-4。

表9-4　　　　　　　　　　合并工作底稿（局部）　　　　　　　　　单位：万元

项目	母公司	子公司	合计金额	调整、抵销分录		少数股东权益	合并金额
				借方	贷方		
（利润表项目）							
投资收益				480	796		
（资产负债表项目）							
长期股权投资				796 80	480		
其他综合收益					80		

（2）20×9年12月31日，P公司编制的调整分录为：

①对 20×8 年编制的调整分录进行"复制"加"粘贴"，"查找"损益类项目进行"替换"。

借：长期股权投资　　　　　　　　　　　　　　　　　　3 960 000

贷：年初未分配利润　　　　　　　　　　　　　　　　　　　3 160 000

其他综合收益　　　　　　　　　　　　　　　　　　　　800 000

②20×9 年 S 公司盈利。

依然需要对 S 公司 20×9 年的盈利按照购买日公允价值持续计量确定净利润，调整后的净利润为 1 195 万元（1 200-5）。

借：长期股权投资（11 950 000×80%）　　　　　　　　　9 560 000

贷：投资收益　　　　　　　　　　　　　　　　　　　　9 560 000

合并工作底稿（局部）见表 9-5。

表 9-5　　　　　　　　　　　合并工作底稿（局部）　　　　　　　　　单位：万元

项目	母公司	子公司	合计金额	调整、抵销分录		少数股东权益	合并金额
				借方	贷方		
（利润表项目）							
投资收益					956		
（所有者权益变动表项目）							
年初未分配利润					316		
（资产负债表项目）							
长期股权投资				396 956			
其他综合收益					80		

9.4　母公司的长期股权投资与子公司所有者权益项目的抵销

9.4.1　抵销的原理

当母公司对子公司进行投资时，在母公司个别账簿中表现为长期股权投资的增加，支付的银行存款等交易对价减少；对于子公司而言，则表现为银行存款等资产的增加，同时作为实收资本或股本等所有者权益项目的增加。从企业整体来看，母公司对子公司进行的长期股权投资实际上相当于母公司将资金拨付下属核算单位，仅仅是资金的流动，不应增加企业集团整体的资产与所有者权益项目。由于编制合并财务报表时，需要首先对母子公司的个别财务报表进行加总，这就需要在调整、抵销分录栏编制抵销分录，剔除上述重复计算的事项，将母公司的长期股权投资和子公司的所有者权益项目进行抵销。

微课 9.2　为什么抵销母公司的长期股权投资与子公司的所有者权益

通过一个简单的例子，可以使上文的原理更加明显。假设 P 公司有 1 000 万元货币资金，用其中的 100 万元创立了 S 公司。P 公司和 S 公司资产负债表（简表）分别见表 9-6 和表 9-7。

表9-6   P公司资产负债表（简表）   单位：万元

项目	期末数	项目	期末数
货币资金	900		
长期股权投资	100	实收资本	1 000
合计	1 000	合计	1 000

表9-7   S公司资产负债表（简表）   单位：万元

项目	期末数	项目	期末数
货币资金	100	实收资本	100
合计	100	合计	100

在编制合并财务报表时，将上述P公司、S公司的个别财务报表过入合并工作底稿（见表9-8）中，如果不进行抵销，企业集团合并财务报表中"货币资金"1 000万元，"长期股权投资"100万元，"实收资本"1 100万元。

表9-8   合并工作底稿（局部）   单位：万元

项目	母公司	子公司	合计金额	调整、抵销分录		少数股东权益	合并金额
				借方	贷方		
（资产负债表项目）							
货币资金	900	100	1 000				1 000
长期股权投资	100		100				100
实收资本	1 000	100	1 100				1 100

企业集团的资产和所有者权益总额凭空增加100万元，其中母公司的"长期股权投资"和子公司的"实收资本"是重复计算因素，为了编制正确的合并财务报表（见表9-9），应当编制下列抵销分录：

借：实收资本   1 000 000
   贷：长期股权投资   1 000 000

表9-9   合并工作底稿（局部）   单位：万元

项目	母公司	子公司	合计金额	调整、抵销分录		少数股东权益	合并金额
				借方	贷方		
（资产负债表项目）							
货币资金	900	100	1 000				1 000
长期股权投资	100		100		100		0
实收资本	1 000	100	1 100	100			1 000

9.4.2　同一控制下的抵销处理

1）合并日的抵销

（1）当子公司为全资子公司时，编制的抵销分录为：

借：实收资本（或股本）
　　资本公积
　　其他综合收益　　　　（合并日子公司资产负债表中金额）　　　①
　　盈余公积
　　未分配利润
　贷：长期股权投资（母公司个别报表中的金额）

（2）当子公司为非全资子公司，编制的抵销分录为：

借：实收资本（或股本）
　　资本公积
　　其他综合收益　　　　（合并日子公司资产负债表中金额）　　　②
　　盈余公积
　　未分配利润
　贷：长期股权投资（母公司个别报表中的金额）
　　　少数股东权益（子公司合并日所有者权益金额×少数股东持股比例）

特别提示

1.对于第①笔和第②笔分录中贷方的长期股权投资金额，是母公司个别财务报表中按成本法核算的长期股权投资的金额，因为对于合并日这个时点，成本法和权益法核算结果相同。

2.对于第②笔分录中贷方出现的少数股东权益，是因为借方将子公司的全部所有者权益予以抵销时，将归属于少数股东的那部分权益同时抵销，此时应"恢复"少数股东在企业集团中享有的权益，因此应该在贷方体现出该部分权益。又由于同一控制合并下按账面价值持续计量，所以可以直接按照子公司在合并日资产负债表中列示的金额计算分配给少数股东的这部分权益。分录贷方的少数股东权益并不是抵销的含义，而是"恢复确认"。

2）合并日后第一个资产负债表日的抵销

在同一控制合并后第一个资产负债表日，母公司继续对个别报表中的长期股权投资和子公司的所有者权益项目进行抵销，如果是非全资子公司，同时应"恢复确认"少数股东按持股比例享有的子公司所有者权益的份额。

和上述第①、②两笔分录不同的是，贷方的长期股权投资由于在工作底稿中按照"对母公司的调整"步骤进行了调整处理，即已经将长期股权投资由个别财务报表中的成本法核算调整为权益法核算，所以此时抵销分录的金额是按权益法调整之后的金额。

3）日后连续编制合并财务报表时的抵销

日后在连续编制合并财务报表时，对母公司的长期股权投资和子公司的所有者权益要连续抵销。方法同合并日后第一个资产负债表日的抵销处理，即：子公司所有者权益项目依然按照资产负债表日的金额抵销，少数股东权益按少数股东持股比例确认（全资子公司则无该项目），母公司的长期股权投资按权益法核算持续计量调整后的累计金额抵销。

【例9-3】20×8年1月1日，P公司用银行存款3 000万元购得S公司80%的股份（假定P公司与S公司的企业合并属于同一控制下的企业合并）。20×7年12月31日，P公司的所有者权益构成为：股本6 000万元，资本公积2 200万元。

20×8年1月1日，S公司所有者权益总额为3 500万元，其中股本为2 000万元，资本公积为1 500万元。20×8年，S公司实现净利润1 000万元，提取法定盈余公积100万元，分派现金股利600万元，未分配利润为300万元。S公司因持有的其他权益工具投资的公允价值变动计入当期其他综合收益的金额为100万元。

20×9年S公司实现净利润1 200万元，提取法定盈余公积120万元，无其他所有者权益变动。

（1）20×8年1月1日，P公司编制的抵销分录为：

借：股本　　　　　　　　　　　　　　　　　　　　　20 000 000
　　资本公积　　　　　　　　　　　　　　　　　　　　15 000 000
　　贷：长期股权投资　　　　　　　　　　　　　　　　　　　28 000 000
　　　　少数股东权益（35 000 000×20%）　　　　　　　　　　7 000 000

合并工作底稿（局部）见表9-10。

表9-10　　　　　　　　　　　　合并工作底稿（局部）　　　　　　　　　　单位：万元

项目	母公司	子公司	合计金额	调整、抵销分录		少数股东权益	合并金额
				借方	贷方		
（资产负债表项目）							
长期股权投资	2 800		2 800		2 800		0
股本	6 000	2 000	8 000	2 000			6 000
资本公积	2 000*	1 500	3 500	1 500			2 000
少数股东权益					700	700	700

注：*合并日，P公司个别财务报表中进行的会计处理为：

借：长期股权投资　　　　　　　　　　　　　　　　　　28 000 000
　　资本公积　　　　　　　　　　　　　　　　　　　　 2 000 000
　　贷：银行存款　　　　　　　　　　　　　　　　　　　　30 000 000

因此，P公司原来的资本公积由2 200万元降为2 000万元。

（2）20×8年12月31日，P公司编制的调整、抵销分录为：

在合并日后第一个资产负债表日，在对母公司按照权益法调整时，在合并工作底稿中首先进行下列调整处理：

借：长期股权投资（10 000 000×80%）　　　　　　　　 8 000 000
　　贷：投资收益　　　　　　　　　　　　　　　　　　　　 8 000 000

借：长期股权投资（1 000 000×80%）　　　　　　　　　　　　800 000
　　贷：其他综合收益　　　　　　　　　　　　　　　　　　　　　800 000
借：投资收益（6 000 000×80%）　　　　　　　　　　　　　4 800 000
　　贷：长期股权投资　　　　　　　　　　　　　　　　　　　　4 800 000

所以经过调整后，长期股权投资的金额不再是个别报表中按成本法核算的2 800万元，而是3 200万元（2 800+800+80-480）。

借：股本　　　　　　　　　　　　　　　　　　　　　　　20 000 000
　　资本公积　　　　　　　　　　　　　　　　　　　　　15 000 000
　　其他综合收益　　　　　　　　　　　　　　　　　　　　1 000 000
　　盈余公积　　　　　　　　　　　　　　　　　　　　　　1 000 000
　　未分配利润　　　　　　　　　　　　　　　　　　　　　3 000 000
　　贷：长期股权投资　　　　　　　　　　　　　　　　　　　32 000 000
　　　　少数股东权益（40 000 000×20%）　　　　　　　　　　8 000 000

合并工作底稿（局部）见表9-11。

表9-11　　　　　　　　　　　合并工作底稿（局部）　　　　　　　　单位：万元

项目	母公司	子公司	合计金额	调整、抵销分录		少数股东权益	合并金额
				借方	贷方		
（利润表项目）							
投资收益	—	—	—	480	800		—
（资产负债表项目）							
长期股权投资	2 800		2 800	800 80	480 3 200		0
股本	6 000	2 000	8 000	2 000			6 000
资本公积	2 000	1 500	3 500	1 500			2 000
其他综合收益	100	100	100	80			80
盈余公积	100	100	100				0
未分配利润	300	300	300				0
少数股东权益				800	800		800

注：暂不考虑投资收益在合并工作底稿中的合并金额。

（3）20×9年12月31日，P公司编制的调整、抵销分录为：

日后连续编制合并财务报表时，对母公司按照权益法持续计量调整，编制的调整分录为：

借：长期股权投资　　　　　　　　　　　　　　　　　　　4 000 000
　　贷：年初未分配利润　　　　　　　　　　　　　　　　　　3 200 000
　　　　其他综合收益　　　　　　　　　　　　　　　　　　　　800 000

借：长期股权投资（12 000 000×80%）　　　　　　　　　　9 600 000

　　贷：投资收益　　　　　　　　　　　　　　　　　　　　　　　9 600 000

所以经过调整后，长期股权投资的金额也不再是个别财务报表中按成本法核算的2 800万元，而是4 160万元（2 800+400+960）。

借：股本　　　　　　　　　　　　　　　　　　　20 000 000

　　资本公积　　　　　　　　　　　　　　　　　15 000 000

　　其他综合收益　　　　　　　　　　　　　　　 1 000 000

　　盈余公积　　　　　　　　　　　　　　　　　 2 200 000

　　未分配利润　　　　　　　　　　　　　　　　13 800 000

　　贷：长期股权投资　　　　　　　　　　　　　　　　41 600 000

　　　　少数股东权益（52 000 000×20%）　　　　　　10 400 000

合并工作底稿（局部）见表9-12。

表9-12　　　　　　　　　　　合并工作底稿（局部）　　　　　　　　　单位：万元

项目	母公司	子公司	合计金额	调整、抵销分录		少数股东权益	合并金额
				借方	贷方		
（利润表项目）							
投资收益	—	—	—		960		—
（所有者权益变动表项目）							
年初未分配利润	—	—	—		320		—
（资产负债表项目）							
长期股权投资	2 800		2 800	400 960	4 160		0
股本	6 000	2 000	8 000	2 000			6 000
资本公积	2 000	1 500	3 500	1 500			2 000
其他综合收益	100	100	100	100	80		80
盈余公积	220	220	220	220			0
未分配利润	1 380	1 380	1 380	1 380			0
少数股东权益					1 040	1 040	1 040

注意：暂不考虑投资收益和年初未分配利润在合并工作底稿中的合并金额。

9.4.3 非同一控制下抵销处理

1）购买日的抵销

（1）当子公司为全资子公司时，编制的抵销分录为：

借：实收资本（或股本）⎫
　　资本公积　　　　　⎪
　　其他综合收益　　　⎬（购买日子公司按公允价值调整后的价值）　　　　①
　　盈余公积　　　　　⎪
　　未分配利润　　　　⎪
　　商誉（倒挤）　　　⎭
　　贷：长期股权投资（母公司个别报表中的金额）
　　　　或营业外收入（倒挤）

（2）当子公司为非全资子公司时，编制的抵销分录为：

借：实收资本（或股本）⎫
　　资本公积　　　　　⎪
　　其他综合收益　　　⎬（购买日子公司按公允价值调整后的价值）　　　　②
　　盈余公积　　　　　⎪
　　未分配利润　　　　⎪
　　商誉（倒挤）　　　⎭
　　贷：长期股权投资（母公司个别报表中的金额）
　　　　少数股东权益（子公司在购买日所有者权益的公允价值×少数股东持股比例）
　　　　或营业外收入（倒挤）

特别提示

非同一控制合并下购买日与前文同一控制下的合并日的处理，有以下三点不同：

1. 对子公司的所有者权益项目按照公允价值进行抵销，而非个别财务报表列示的账面价值。这是因为在非同一控制下，首先需要对子公司的可辨认资产、负债进行调整，从账面价值调整到购买日的公允价值（即9.2节"对子公司的调整处理"中进行的处理），因此此时的抵销处理必然为对子公司净资产按公允价值调整后的金额。

2. 抵销分录的借方出现了"商誉"。该项目为合并财务报表中的项目，金额为使分录借贷平衡的轧差数。该金额也等于购买日投资成本大于子公司可辨认净资产公允价值份额的差额。

3. 抵销分录的贷方出现了"营业外收入"。其本质为非同一控制时的"廉价购买利得"，金额为使抵销分录借贷平衡的轧差数。其金额等于购买日投资成本小于子公司可辨认净资产公允价值份额的差额。

2）购买日后第一个资产负债表日的抵销

在非同一控制合并后第一个资产负债表日，继续对母公司的长期股权投资与子公司的所有者权益项目进行抵销。

其中对子公司的所有者权益项目按购买日的公允价值持续计量，即不是按照子公司资产负债表日个别报表的数据直接抵销，而要结合9.2节"对子公司调整处理"步骤调整之后的结果处理进行抵销。

对母公司的长期股权投资是结合9.3节"对母公司调整处理"步骤调整之后的结果进行抵销，即长期股权投资不是按照个别报表中成本法的金额抵销，而是按照调整为权益法之后的金额进行抵销。

如果是非全资子公司，同时应"恢复确认"少数股东按持股比例享有的子公司所有者权益公允价值的份额。

抵销分录中通过"商誉"（借方）或"营业外收入"（贷方）项目平衡分录的借贷方差额。

3）日后连续编制合并财务报表的抵销

日后在连续编制合并财务报表时，对母公司的长期股权投资和子公司的所有者权益要连续抵销，方法同购买日后第一个资产负债表日的抵销处理。唯一不同的是，在连续编制合并财务报表时，如果购买日确认的是贷方差额，即确认了相当于"廉价购买利得"的"营业外收入"项目，由于涉及损益类项目，所以需要用"年初未分配利润"项目替代。

【例9-4】20×8年1月1日，P公司用银行存款3 000万元购得S公司80%的股份（假定P公司与S公司的企业合并属于非同一控制下的企业合并）。20×7年12月31日，P公司的所有者权益构成为：股本6 000万元，资本公积2 200万元。

20×8年1月1日，S公司所有者权益总额为3 500万元，其中股本为2 000万元，资本公积为1 500万元。购买日可辨认净资产的公允价值等于账面价值。20×8年，S公司实现净利润1 000万元，提取法定盈余公积100万元，分派现金股利600万元，未分配利润为300万元。S公司因持有的其他权益工具投资的公允价值变动计入当期其他综合收益的金额为100万元。

20×9年S公司实现净利润1 200万元，提取法定盈余公积120万元，无其他所有者权益变动。P公司与S公司之间没有发生内部交易。

（1）20×8年1月1日，P公司编制的抵销分录为：

借：股本　　　　　　　　　　　　　　　　　　　　　20 000 000

　　资本公积　　　　　　　　　　　　　　　　　　　　15 000 000

　　商誉（倒挤）　　　　　　　　　　　　　　　　　　 2 000 000

　　贷：长期股权投资　　　　　　　　　　　　　　　　　　　30 000 000

　　　　少数股东权益（35 000 000×20%）　　　　　　　　　 7 000 000

商誉的金额200万元等于母公司的投资成本3 000万元（购买日支付的对价）与享有的S公司可辨认净资产的份额2 800万元（3 500×80%）之间的差额。在合并抵销时，该商誉将随着母公司的长期股权投资和子公司所有者权益项目的抵销，作为分录的借贷方平衡数，"浮现"在合并财务报表中。

合并工作底稿（局部）见表9-13。

（2）20×8年12月31日，P公司编制的调整、抵销分录为：

在购买日后第一个资产负债表日，在对母公司按照权益法调整时，在合并工作底稿中首先进行下列调整处理：

借：长期股权投资（10 000 000×80%）　　　　　　　　 8 000 000

　　贷：投资收益　　　　　　　　　　　　　　　　　　　　 8 000 000

表9-13 　　　　　　　　　　**合并工作底稿（局部）**　　　　　　　　单位：万元

项目	母公司	子公司	合计金额	调整、抵销分录		少数股东权益	合并金额
				借方	贷方		
（资产负债表项目）							
长期股权投资	3 000		3 000		3 000		0
商誉				200			200
股本	6 000	2 000	8 000	2 000			6 000
资本公积	2 200	1 500	3 700	1 500			2 200
少数股东权益					700	700	700

借：长期股权投资（1 000 000×80%）　　　　　　　　　　　800 000
　　贷：其他综合收益　　　　　　　　　　　　　　　　　　　　800 000
借：投资收益（6 000 000×80%）　　　　　　　　　　　　4 800 000
　　贷：长期股权投资　　　　　　　　　　　　　　　　　　　4 800 000

所以经过调整后，长期股权投资的金额不再是个别财务报表中按成本法核算的3 000万元，而是3 400万元（3000+800+80-480）。在工作底稿中编制的抵销分录为：

借：股本　　　　　　　　　　　　　　　　　　　　　20 000 000
　　资本公积　　　　　　　　　　　　　　　　　　　15 000 000
　　其他综合收益　　　　　　　　　　　　　　　　　　1 000 000
　　盈余公积　　　　　　　　　　　　　　　　　　　　1 000 000
　　未分配利润　　　　　　　　　　　　　　　　　　　3 000 000
　　商誉　　　　　　　　　　　　　　　　　　　　　　2 000 000
　　贷：长期股权投资　　　　　　　　　　　　　　　　　34 000 000
　　　　少数股东权益（40 000 000×20%）　　　　　　　　8 000 000

合并工作底稿（局部）见表9-14。

（3）20×9年12月31日，P公司编制的调整、抵销分录为：

日后连续编制合并财务报表时，对母公司按照权益法持续计量调整，编制的调整分录为：

借：长期股权投资　　　　　　　　　　　　　　　　　4 000 000
　　贷：年初未分配利润　　　　　　　　　　　　　　　　3 200 000
　　　　其他综合收益　　　　　　　　　　　　　　　　　800 000
借：长期股权投资（12 000 000×80%）　　　　　　　　9 600 000
　　贷：投资收益　　　　　　　　　　　　　　　　　　　9 600 000

所以经过调整后，长期股权投资的金额也不再是个别财务报表中按成本法核算的3 000万元，而是4 360万元（3 000+400+960）。在工作底稿中编制的抵销分录为：

表9-14 　　　　　　　　　　合并工作底稿（局部）　　　　　　　　　　单位：万元

项目	母公司	子公司	合计金额	调整、抵销分录		少数股东权益	合并金额
				借方	贷方		
（利润表项目）							
投资收益	—	—	—	480	800		—
（资产负债表项目）							
长期股权投资	3 000		3 000	800 80	480 3 400		0
商誉				200			200
股本	6 000	2 000	8 000	2 000			6 000
资本公积	2 200	1 500	3 700	1 500			2 200
其他综合收益		100	100	100	80		80
盈余公积		100	100	100			0
未分配利润		300	300	300			0
少数股东权益					800	800	800

注意：暂不考虑投资收益在合并工作底稿中的合并金额。

借：股本　　　　　　　　　　　　　　　　　　20 000 000
　　资本公积　　　　　　　　　　　　　　　　15 000 000
　　其他综合收益　　　　　　　　　　　　　　 1 000 000
　　盈余公积　　　　　　　　　　　　　　　　 2 200 000
　　未分配利润　　　　　　　　　　　　　　　13 800 000
　　商誉　　　　　　　　　　　　　　　　　　 2 000 000
　　贷：长期股权投资　　　　　　　　　　　　　　　　43 600 000
　　　　少数股东权益（52 000 000×20%）　　　　　　　10 400 000
合并工作底稿（局部）见表9-15。

表9-15 　　　　　　　　　　合并工作底稿（局部）　　　　　　　　　　单位：万元

项目	母公司	子公司	合计金额	调整、抵销分录		少数股东权益	合并金额
				借方	贷方		
（利润表项目）							
投资收益	—	—	—		960		—
（所有者权益变动表项目）							
年初未分配利润	—	—	—		320		—

续表

项目	母公司	子公司	合计金额	调整、抵销分录		少数股东权益	合并金额
				借方	贷方		
（资产负债表项目）							
长期股权投资	3 000		3 000	400 960	4 360		0
商誉				200			200
股本	6 000	2 000	8 000	2 000			6 000
资本公积	2 200	1 500	3 700	1 500			2 200
其他综合收益		100	100	100	80		80
盈余公积		220	220	220			0
未分配利润		1 380	1 380	1 380			0
少数股东权益					1 040	1 040	1 040

注意：暂不考虑投资收益和年初未分配利润在合并工作底稿中的合并金额。

特别提示

1.在第二个资产负债表日商誉的金额仍然为200万元，根据《企业会计准则第8号——资产减值》的规定，商誉不需要摊销，而是在发生减值迹象时进行减值测试，以确定是否发生减值。由于本例中没有发生引起商誉减值的迹象，因此商誉的金额不变。

2.长期股权投资在母公司个别财务报表中按照成本法核算，在工作底稿中进行了权益法的调整，这一调整使得长期股权投资能够反映出在子公司所有者权益账面价值中的份额（同一控制），或子公司可辨认净资产公允价值的份额（非同一控制），这就使得本节所进行的抵销处理得以顺利进行。

9.5 母公司投资收益与子公司利润分配的抵销

9.5.1 抵销的原理

在本教材第8章8.1节中介绍的合并所有者权益（或股东权益）变动表，是站在母公司所有者的立场，只反映母公司在一定期间内，包括经营成果分配在内的所有者（或股东）权益增减变动情况的报表。由于在合并财务报表编制过程中，母、子公司的个别所有者权益（或股东权益）变动表都过入工作底稿，进行了合计加总，因此只有将子公司的利润分配事项进行抵销，才能正确地编制出企业所有者（或股东）在母公司中的权益增减变动情况的报表。

根据9.3节"对母公司的调整处理"，在工作底稿中对母公司持有的长期股权投资由成本法调整成权益法，根据子公司当期账面净利润按完全权益法进行调整后与母公司持股比例相乘的结果，在调整了长期股权投资的同时确认了投资收益。如果子公司为全资子公司，母公司对某一子公司投资收益实质上就是该子公司当期实现的全部净利润（或经调整的净利润）。而在编制合并利润表时，由于已经将子公司的营业收入、营业成本和各项费用纳入工作底稿，与母公司相应的项目进行合并，因此应将母公司确认的投资收益抵销。如果子公司为非全资子公司，子公司进行利润分配时，会按照少数股东的持股比例对少数股东进行利润分配，对于企业集团而言，少数股东享有的子公司的净损益是企业集团的少数股东损益，应在合并利润表中予以确认。

9.5.2 抵销分录的编制

母公司在工作底稿中应该编制下列抵销分录：

借：投资收益（子公司净利润或经调整后的净利润×母公司持股比例）

　　少数股东损益（子公司净利润或经调整后的净利润×少数股东持股比例）

　　年初未分配利润

贷：提取盈余公积　　｝（子公司所有者权益变动表金额）

　　对股东的分配

　　年末未分配利润（子公司所有者权益变动表金额或经调整后的年末未分配利润）

▅ 特别提示

1.当子公司为同一控制合并方式取得时，不考虑子公司合并日的公允价值，因此子公司个别利润表中确认的净利润在不存在母子公司之间的内部交易事项下，不需要做任何调整处理；当子公司为非同一控制合并方式取得时，不但需要考虑集团内部交易的损益，还需要将子公司可辨认资产和负债调整为购买日的公允价值，从而需要对子公司按账面价值结转成本、确认费用实现的净利润调整为按公允价值持续计量实现的净利润。

2.该分录的借方可以看作是子公司利润分配的来源。因为子公司可供分配利润=年初未分配利润+本期净利润。本期净利润（或经调整后的净利润）按照母公司和少数股东的持股比例进行分配，就是母公司的投资收益和少数股东的少数股东损益。

3.该分录的贷方可以看作是子公司利润分配的去向。企业利润分配有三个去向，即提取盈余公积、对股东进行利润分配，其余的则形成了企业的年末未分配利润。

4.由于利润分配的来源必然等于利润分配的去向，2中的等式保证了本分录借贷方的平衡。

【例9-5】20×8年1月1日，P公司用银行存款3 000万元购得S公司80%的股份（假定P公司与S公司的企业合并属于同一控制下的企业合并）。20×8年1月1日，S公司股东权益总额为3 500万元，其中股本为2 000万元、资本公积为1 500万元。

20×8年，S公司实现净利润1 000万元，提取法定盈余公积100万元，分派现金股利600万元，未分配利润为300万元。S公司因持有的其他权益工具投资的公允价值变动计入当期其他综合收益的金额为100万元。

20×9年S公司实现净利润1 200万元，提取法定盈余公积120万元，无其他所有者权益变动。

假设P公司与S公司未发生集团内部交易事项。

由于S公司为同一控制合并取得，且未发生集团内部交易事项，因此子公司的净利润和年末未分配利润都不需要进行调整。

（1）20×8年12月31日，P公司编制的抵销分录为：

借：投资收益（10 000 000×80%）　　　　　　　　　　　　　　　8 000 000

　　少数股东损益（10 000 000×20%）　　　　　　　　　　　　　2 000 000

　　年初未分配利润　　　　　　　　　　　　　　　　　　　　　　　　0

　　贷：提取盈余公积　　　　　　　　　　　　　　　　　　　　　1 000 000

　　　　对股东的分配　　　　　　　　　　　　　　　　　　　　　6 000 000

　　　　年末未分配利润　　　　　　　　　　　　　　　　　　　　3 000 000

合并工作底稿（局部）见表9-16。

表9-16　　　　　　　　　　　　合并工作底稿（局部）　　　　　　　　　单位：万元

项目	母公司	子公司	合计金额	调整、抵销分录		少数股东权益	合并金额
				借方	贷方		
（利润表项目）							
投资收益				800			
少数股东损益				200		200	
（所有者权益变动表项目）							
年初未分配利润				0			
提取盈余公积					100		
对股东的分配					600		
年末未分配利润					300		

（2）20×9年12月31日，P公司编制的抵销分录为：

借：投资收益（12 000 000×80%）　　　　　　　　　　　　　　　9 600 000

　　少数股东损益（12 000 000×20%）　　　　　　　　　　　　　2 400 000

　　年初未分配利润（上年的年末未分配利润）　　　　　　　　　　3 000 000

　　贷：提取盈余公积　　　　　　　　　　　　　　　　　　　　　1 200 000

　　　　对股东的分配　　　　　　　　　　　　　　　　　　　　　　　　0

　　　　年末未分配利润　　　　　　　　　　　　　　　　　　　　13 800 000

合并工作底稿（局部）见表9-17。

表9-17 合并工作底稿（局部） 单位：万元

项目	母公司	子公司	合计金额	调整、抵销分录		少数股东权益	合并金额
				借方	贷方		
（利润表项目）							
投资收益				960			
少数股东损益				240		240	
（所有者权益变动表项目）							
年初未分配利润				300			
提取盈余公积					120		
对股东的分配					0		
年末未分配利润					1 380		

【例9-6】20×8年1月1日，P公司用银行存款3 000万元购得S公司80%的股份（假定P公司与S公司的企业合并属于非同一控制下的企业合并）。购买日，S公司有一办公楼，公允价值为700万元，账面价值为600万元，按年限平均法计提折旧，预计使用年限为20年，无残值。其他资产和负债的公允价值与其账面价值相等。

20×8年1月1日，S公司股东权益总额为3 500万元，其中股本2 000万元、资本公积1 500万元。

20×8年，S公司实现净利润1 000万元，提取法定盈余公积100万元，分派现金股利600万元，未分配利润为300万元。S公司因持有的其他权益工具投资的公允价值变动计入当期其他综合收益的金额为100万元。

20×9年S公司实现净利润1 200万元，提取法定盈余公积120万元，无其他所有者权益变动。

假设P公司与S公司未发生集团内部交易事项。

（1）20×8年12月31日，P公司编制的抵销分录为：

由于S公司为非同一控制合并方式取得，购买日S公司的固定资产公允价值比账面价值高100万元，该固定资产按20年折旧，因此按公允价值持续计量的折旧费用应调增5万元，对20×8年净利润的影响为调减净利润5万元，即995万元（1 000-5）。

借：投资收益（9 950 000×80%）　　　　　　　7 960 000
　　少数股东损益（9 950 000×20%）　　　　　1 990 000
　　年初未分配利润　　　　　　　　　　　　　　　　　0
　贷：提取盈余公积　　　　　　　　　　　　　　1 000 000
　　　对股东的分配　　　　　　　　　　　　　　6 000 000
　　　年末未分配利润　　　　　　　　　　　　　2 950 000

合并工作底稿（局部）见表9-18。

表9-18　　　　　　　　　　　合并工作底稿（局部）　　　　　　　　　　单位：万元

项目	母公司	子公司	合计金额	调整、抵销分录		少数股东权益	合并金额
				借方	贷方		
（利润表项目）							
投资收益				796			
少数股东损益				199		199	
（所有者权益变动表项目）							
年初未分配利润				0			
提取盈余公积					100		
对股东的分配					600		
年末未分配利润					295		

（2）20×9年12月31日，P公司编制的抵销分录为：

对购买日公允价值与账面价值不相等的固定资产，本期仍然需要对其按照公允价值持续计量，折旧调增5万元，对净利润的影响为调减5万元，即1 195万元（1 200-5）。

借：投资收益（11 950 000×80%）　　　　　　　　　　　　　9 560 000
　　少数股东损益（11 950 000×20%）　　　　　　　　　　　 2 390 000
　　年初未分配利润（上年的年末未分配利润）　　　　　　　 2 950 000
　　贷：提取盈余公积　　　　　　　　　　　　　　　　　　　　　1 200 000
　　　　对股东的分配　　　　　　　　　　　　　　　　　　　　　　　　0
　　　　年末未分配利润　　　　　　　　　　　　　　　　　　　 13 700 000

合并工作底稿（局部）见表9-19。

表9-19　　　　　　　　　　　合并工作底稿（局部）　　　　　　　　　　单位：万元

项目	母公司	子公司	合计金额	调整、抵销分录		少数股东权益	合并金额
				借方	贷方		
（利润表项目）							
投资收益				956			
少数股东损益				239		239	
（所有者权益变动表项目）							
年初未分配利润				295			
提取盈余公积					120		
对股东的分配					0		
年末未分配利润					1 370		

特别提示

1.20×8年S公司个别所有者权益变动表中年末未分配利润为300万元，按照公允价值对固定资产持续计量时提取的折旧对20×8年末未分配利润的影响为5万元，因此分录中的金额为295万元。

2.20×9年S公司个别所有者权益变动表中的年末未分配利润为1 380万元，即年初未分配利润300+本年净利润1 200-提取盈余公积120=1 380（万元）。按照公允价值持续计量的固定资产的折旧对20×9年末未分配利润的累计影响为10万元，因此该年抵销分录的年末未分配利润为1 370万元。

3.由该例可以看出，在连续编制合并财务报表时，对母公司当年的投资收益与子公司当年的利润分配直接抵销，并没有对去年所作的分录进行"复制"。这是因为投资收益是合并利润表中的项目，利润分配是合并所有者权益变动表中的项目，这两张合并财务报表都是反映一定期间的流量信息，并不结转下年，因此每年只需要结合当年个别报表和工作底稿中的信息进行抵销即可。即便进行"复制"，借方出现的"年初未分配利润"与贷方出现的"年初未分配利润"金额相等，相互抵销，也相当于没有进行"复制"。

9.6 集团内部债权债务的抵销

9.6.1 抵销的原理

母公司与子公司、子公司相互之间的债权债务，一方在其个别资产负债表中反映为资产，另一方则反映为负债。但站在企业集团整体的角度，这只是集团内部的资金运动，既不能增加企业集团的资产，也不能增加负债，因此，在编制合并财务报表时应将内部债权债务项目抵销。常见的集团内部债权、债务主要包括以下几类：

（1）应收票据与应付票据；应收账款与应付账款；

（2）预付款项与合同负债；

（3）其他应收款（包括应收利息、应收股利）与其他应付款（包括应付利息、应付股利）；

（4）长期应收款与长期应付款；

（5）债权投资（其他债权投资）与应付债券。

9.6.2 抵销分录的编制

1）对债权债务的抵销

母公司每年在编制工作底稿时，应当根据当年集团内部债务的金额编制抵销分录。由于集团内部的债权债务与集团外部的债权债务在个别企业的财务报表中以整体金额出现，因此往往需要借助母子公司、子公司内部交易形成的债权债务的备查记录分析得出。编制的抵销分录为：

借：债务类报表项目

贷：债权类报表项目

【例9-7】P公司是S1、S2公司的母公司。20×7年，P公司应收S1公司的账款1 600万元（没有计提坏账准备），预付S2公司的账款为500万元。S2公司按面值发行的长期债券1 200万元全部被S1公司购买，作为债权投资管理。根据上述经济事项，P公司编制的抵销分录为：

（1）借：应付账款　　　　　　　　　　　　　　　　16 000 000

　　　　　贷：应收账款　　　　　　　　　　　　　　　　　16 000 000

（2）借：合同负债　　　　　　　　　　　　　　　　　5 000 000

　　　　　贷：预付款项　　　　　　　　　　　　　　　　　　5 000 000

（3）借：应付债券　　　　　　　　　　　　　　　　12 000 000

　　　　　贷：债权投资　　　　　　　　　　　　　　　　　12 000 000

在某些情况下，企业持有的集团内部债券并不是从发行债券的企业直接购进的，而是在证券市场上购进的。对于该种特殊情况的抵销处理，将在本教材第10章10.2节进行深入探讨。

2）对投资收益与财务费用的抵销

当企业集团一方发行债券，另一方持有该债券时，发行债券方计付的利息费用通常作为财务费用处理；而持有债券的企业，当期获得的利息收入则作为投资收益处理。编制合并财务报表时，随着应付债券和债权投资等内部债权债务本金的抵销，还应将该内部债权债务产生的利息费用和利息收入抵销。应编制的抵销分录为：

借：投资收益

　　贷：财务费用

【例9-8】承【例9-7】，20×7年，S2公司发行的应付债券确认的利息总额为120万元。

借：投资收益　　　　　　　　　　　　　　　　　　1 200 000

　　贷：财务费用　　　　　　　　　　　　　　　　　　　1 200 000

3）对内部债权计提的坏账准备的抵销

在编制合并财务报表时，随着内部债权的抵销，依附于内部债权提取的坏账准备也应一并抵销。由于资产负债表中并没有"坏账准备"报表项目，对坏账准备的抵销，就是对应收账款账面价值的调整。

（1）第一年编制合并财务报表时的抵销处理。

因为个别报表中对该内部债权计提的坏账准备的会计处理为：

借：信用减值损失

　　贷：坏账准备

所以在合并财务报表中应进行和个别财务报表相反的处理，以抵销该内部债权的坏账准备，编制的抵销分录为：

借：应收账款　　　　　　　　　　　　　　　　　　　　　　　①

　　贷：信用减值损失

（2）连续编制合并财务报表的抵销处理。

①如果第二年内部债权没有发生变化，内部债权形成的坏账准备也没有发生变化时：

上期编制的抵销分录中对信用减值损失进行了抵销，该抵销处理影响了上年的年末未分配利润，结转至本期，则对本年的年初未分配利润造成了影响，因此应在第二年连续编制合并财务报表时，将该影响继续抵销。编制的抵销分录为：

借：应收账款　　　　　　　　　　　　　　　　　　　　　　　②
　　贷：年初未分配利润

该笔分录实质上是对第①笔分录进行复制，并用"年初未分配利润""替换"原分录中的损益类项目。

②第二年内部债权增加，从而个别企业补提了内部债权形成的坏账准备时：

第一步，应对上期编制的分录中对信用减值损失的抵销产生的对本年年初未分配利润造成的影响进行抵销，编制的分录同第②笔。

借：应收账款　　　　　　　　　　　　　　　　　　　　　　　②
　　贷：年初未分配利润

第二步，将个别企业本期补提的坏账准备继续抵销。

个别企业在账簿中对于补充提取坏账准备时进行的会计处理为：

借：信用减值损失
　　贷：坏账准备

由于内部债权债务被抵销，所以对于个别企业补提的上述坏账准备也应进行抵销，工作底稿中编制和个别企业账簿中相反的分录，所编制的抵销分录为：

借：应收账款　　　　　　　　　　　　　　　　　　　　　　　③
　　贷：信用减值损失

③第二年内部债权减少，从而个别企业冲销了内部债权形成的坏账准备时：

第一步，应对上期编制的分录中对信用减值损失的抵销产生的对本年年初未分配利润造成的影响进行抵销，编制的分录同第②笔。

借：应收账款　　　　　　　　　　　　　　　　　　　　　　　②
　　贷：年初未分配利润

第二步，将个别企业本期冲销的坏账准备继续抵销。

个别企业在账簿中冲销坏账准备时进行的会计处理为：

借：坏账准备
　　贷：信用减值损失

由于内部债权债务被抵销，所以对于依附于内部债权的坏账准备也应当抵销，个别企业冲销的坏账准备从企业集团的角度也是不认可的，所以应当将上述个别企业账簿中进行的会计处理予以抵销，编制的抵销分录为：

借：信用减值损失　　　　　　　　　　　　　　　　　　　　　③
　　贷：应收账款

其实对于内部债权提取的坏账准备的连续抵销，不但可以按照前文所述的"两步骤"法进行抵销，即先抵销上期的分录对本期的影响，再抵销今年增加或减少的坏账准备对企业集团的影响（如果没有变化，则不需要），还可以采取下列"一步骤"的分录进行一次性抵销：

借：应收账款（资产负债表日个别企业内部债权的坏账准备余额）
　　贷：年初未分配利润（上期的信用减值损失金额）
　　　　信用减值损失（倒挤，可能出现在借方）

下列举例将用两种方法分别进行抵销处理。

【例9-9】P公司为S公司的母公司。经分析，20×7年12月31日，P公司本期个别资产负债表"应付账款"项目中有600万元是应支付给S公司的货款。S公司对该债权提取了30万元的坏账准备。当20×8年12月31日：

（1）S公司的内部应收账款仍然为600万元，坏账准备的累计金额仍然为30万元时；

（2）S公司的内部应收账款增加到800万元，坏账准备的累计金额为40万元时；

（3）S公司的内部应收账款减少到200万元，坏账准备的累计金额为10万元时。

内部债权、债务及坏账准备的抵销见表9-20。

表9-20 　　　　　　　　　　内部债权、债务及坏账准备的抵销 　　　　　　　　　　单位：万元

年份	对债权债务的抵销	对坏账准备的抵销	
		两步骤法	一步骤法
20×7	借：应付账款　600 　贷：应收账款　　600	借：应收账款　30 　贷：信用减值损失　30	借：应收账款　30 　贷：信用减值损失　30
20×8	借：应付账款　600 　贷：应收账款　　600	借：应收账款　30 　贷：年初未分配利润　30	借：应收账款　30 　贷：年初未分配利润　30
20×8	借：应付账款　800 　贷：应收账款　　800	I.借：应收账款　30 　贷：年初未分配利润　30 II.借：应收账款　10 　贷：信用减值损失　10	借：应收账款　40 　贷：年初未分配利润　30 　　信用减值损失　10
20×8	借：应付账款　200 　贷：应收账款　　200	I.借：应收账款　30 　贷：年初未分配利润　30 II.借：信用减值损失　20 　贷：应收账款　20	借：应收账款　10 　　信用减值损失　20 　贷：年初未分配利润　30

―― 特别提示

2019年5月，财政部发布《关于修订印发2019年度一般企业财务报表格式的通知》（财会〔2019〕6号），其中一个变化是将原来个别报表中的"应收票据与应收账款""应付票据与应付账款"项目又拆分回"应收票据""应收账款""应付票据""应付账款"。但根据财政部《关于修订印发2018年度合并财务报表格式的通知》（财会〔2019〕1号），合并财务报表中上述项目还是以"应收票据与应收账款""应付票据与应付账款"列示。考虑到政策发布的衔接性，本教材此处不按合并财务报表的项目编制抵销分录，而是以个别财务报表的项目进行编制。

9.7 集团内部交易的抵销（1）——存货

9.7.1 集团内部存货交易概述

存货交易是企业集团内部交易中最常见的一种形式。集团内部的存货交易按照销售方向不同区分为顺流交易、逆流交易和平流交易。所谓顺流交易指母公司向子公司出售存

货；逆流交易，则是子公司向母公司出售存货；子公司与子公司之间的存货交易则为平流交易。存货的销售方向不同，进行的抵销处理也不相同。

9.7.2 顺流交易的抵销

1）当期发生的存货顺流交易

（1）子公司购入的存货当期全部向集团外部实现销售。

在这种情况下，母公司与子公司都在个别利润表中确认了收入，结转了销售成本。但从企业集团整体看，这一购销业务只是实现了一次对外销售，即最终向集团外部实现的销售，母公司向子公司销售存货实现的收入属于集团内部销售收入，子公司向企业集团外部销售该存货的销售成本也属于集团内部销售成本。因此，在编制合并财务报表时，必须将重复反映的内部销售收入与内部销售成本予以抵销。编制的抵销分录为：借记"营业收入"项目，贷记"营业成本"项目。

（2）子公司购入的存货当期全部未实现销售。

在这种情况下，母公司在个别利润表中确认了销售收入、销售成本和销售毛利。子公司按照母公司销售价格确认存货的成本，即存货的价值中包含了该内部销售毛利。由于子公司购入的存货并没有实现销售，从企业集团角度来看，该顺流交易只是使存货的存放地点发生了变动，并不应确认销售收入、销售成本和销售毛利，也不应增加存货的价值。因此，在编制合并财务报表时，需要将母公司确认的内部销售收入、内部销售成本以及子公司存货中包含的未实现内部销售损益予以抵销。编制的抵销分录为：借记"营业收入"项目，贷记"营业成本""存货"项目。

（3）子公司购入的存货当期部分实现对集团外部销售。

该种情况可以将顺流交易形成的存货分成两部分，一部分是当期购进全部实现对外销售，另一部分是当期购进但全部未实现销售而形成了期末存货，即前文两种情况的结合，按前文的处理编制抵销分录即可。

其实对于上述三种情况，可以由下列一笔统一的分录进行抵销：

借：营业收入（母公司内部销售收入）

  贷：营业成本（倒挤）

    存货（子公司期末存货中包含的母公司未实现内部销售损益）

▎ 特别提示

1.贷方存货的金额为子公司内部购入存货中包含的母公司未实现内部销售损益，它可以由下列两个公式计算得出：

公式 I：子公司期末存货×母公司的销售毛利率

公式 II：母公司的内部销售损益×（1-存货销售百分比）

2.如果当期存货全部实现对外销售，贷方存货的金额为零。

【例9-10】P公司是S公司的母公司。20×7年P公司向S公司销售商品5 000万元，销售成本为3 500万元，销售毛利率是30%，S公司本期将该批内部购入存货对集团外部实现销售60%，销售收入为3 750万元，销售成本为3 000万元。

在本例中，P公司对S公司的内部销售收入是在集团角度应抵销的收入，而S公司对集团外部实现的销售收入是合并财务报表应反映的收入，不需要抵销。

借：营业收入　　　　　　　　　　　　　　　　　　50 000 000

　　贷：营业成本　　　　　　　　　　　　　　　　　　　44 000 000

　　　　存货（（50 000 000-35 000 000）×（1-60%））　　6 000 000

特别提示

　　上述存货的价值是根据公式II得出，若按照公式I，期末存货的价值=期初存货+本期购入存货－本期销货成本=0+5 000-3 000=2 000（万元），存货中包含的未实现内部销售损益=2 000×30%=600（万元）。

合并工作底稿（局部）见表9-21。

表9-21　　　　　　　　　　　　**合并工作底稿（局部）**　　　　　　　　　　单位：万元

项目	母公司	子公司	合计金额	调整、抵销分录		少数股东权益	合并金额
				借方	贷方		
（利润表项目）							
营业收入				5 000			
营业成本					4 400		
（资产负债表项目）							
存货					600		

　　2）存货顺流交易的连续抵销

　　在连续编制合并财务报表时，首先将上期抵销的存货价值中包含的未实现内部销售损益对本期年初未分配利润的影响进行抵销。上期编制的抵销分录中抵销了上期的营业收入和营业成本项目，该损益类项目对本期的影响就是减少"年初未分配利润"。上期顺流交易形成的存货本期可能全部实现销售，可能依然未对外实现销售，也可能部分销售部分形成存货。为了简化抵销处理，一律按本期全部实现销售情况处理，即贷方抵销"营业成本"项目。编制的抵销分录为：

　　借：年初未分配利润（上期抵销分录中营业收入-营业成本）　　　　　①

　　　　贷：营业成本

　　其次，对于本期发生的存货顺流交易，继续抵销本期内部销售收入和期末存货中包含的未实现内部销售损益，将二者的差额调整营业成本。编制的抵销分录为：

　　借：营业收入（本期母公司内部销售收入）　　　　　　　　　　　　②

　　　　贷：营业成本（倒挤）

　　　　　　存货（子公司期末存货中包含的母公司未实现内部销售损益）

　　【例9-11】承【例9-10】，20×8年P公司又向S公司销售商品6 000万元，销售成本为4 200万元。S公司本期将从P公司购入的存货对外销售收入为5 625万元，销售成本为4 500万元。

（1）抵销上期内部销售业务对本期的影响。

借：年初未分配利润   6 000 000

    贷：营业成本   6 000 000

（2）抵销本期顺流交易的影响。

借：营业收入   60 000 000

    贷：营业成本   49 500 000

        存货（35 000 000×30%）   10 500 000

特别提示

抵销存货包含的未实现内部销售损益可以由前文中的两个公式计算得出：

按照公式 I，期末存货的价值＝期初存货＋本期购入存货－本期销货成本＝2 000＋6 000－4 500＝3 500（万元），与母公司销售毛利率相乘得出 1 050 万元（3 500×30%）。

按照公式 II，当期母公司的未实现内部销售损益＝6 000－4 200＝1 800（万元），子公司当期销售的存货 4 500 万元，按照先进先出法的假设，本期购入的存货销售 2 500 万元，销售百分比为 2 500÷6 000×100%＝41.67%，所以，1 800×（1－41.67%）＝1 050（万元）。

合并工作底稿（局部）见表 9-22。

表 9-22   **合并工作底稿（局部）**   单位：万元

项目	母公司	子公司	合计金额	调整、抵销分录		少数股东权益	合并金额
				借方	贷方		
（利润表项目）							
营业收入				6 000			
营业成本					600 4 950		
（所有者权益变动表项目）							
年初未分配利润				600			
（资产负债表项目）							
存货					1 050		

9.7.3 逆流交易的抵销

子公司向母公司逆流销售存货时，未实现的内部销售损益保留在子公司当中，如果子公司为非全资子公司，即存在少数股东权益时，该未实现内部销售损益不但影响母公司确认的净利润，还会影响少数股东损益。如果子公司为全资子公司，由于不存在少数股东权益，存货逆流交易编制的分录与顺流交易完全相同，编制的抵销分录为：

借：营业收入（子公司内部销售收入）   ①

    贷：营业成本（倒挤）

        存货（母公司期末存货中包含的子公司未实现内部销售损益）

　　2014年，财政部修订的《企业会计准则第33号——合并财务报表》要求子公司向母公司出售资产所发生的未实现内部交易损益，应当按照母公司对该子公司的分配比例在"归属于母公司所有者的净利润"和"少数股东损益"之间分配抵销。

　　当子公司为非全资子公司时，在计算归属于少数股东损益的时候，有两种处理方法：一种是在调整子公司盈亏时考虑逆流交易未实现的内部交易损益，在编制抵销分录时确定的少数股东损益中含有少数股东相关的未实现内部交易损益；另一种方法是，在调整子公司盈亏时不考虑未实现内部交易损益，单独编制分录调整少数股东权益和少数股东损益。两种会计处理的方法结果相同。本教材采用第二种方法。编制的抵销分录为：

　　借：少数股东权益（子公司当期未实现内部销售损益×少数股东持股比例）　　　②

　　　　贷：少数股东损益

　　1）当期发生的存货逆流交易

　　【例9-12】P公司拥有S公司80%的股权。20×4年S公司向P公司销售商品，销售收入2 000万元，销售成本1 400万元。当年P公司全部未实现销售。20×4年P公司编制的抵销分录为：

　　借：营业收入　　　　　　　　　　　　　　　　　20 000 000

　　　　贷：营业成本　　　　　　　　　　　　　　　　　　　　　　14 000 000①

　　　　　　存货　　　　　　　　　　　　　　　　　　　　　　　　6 000 000

　　该笔抵销分录与顺流交易的抵销处理完全相同。由于逆流交易抵销了子公司的未实现内部销售损益600万元，应将该抵销的损益在母公司和少数股东之间分配。另外需要编制的抵销分录为：

　　借：少数股东权益（6 000 000×20%）　　　　　　　1 200 000

　　　　贷：少数股东损益　　　　　　　　　　　　　　　　　　　　1 200 000②

　　合并工作底稿（局部）见表9-23。

表9-23　　　　　　　　　　　　　　合并工作底稿（局部）　　　　　　　　　　　单位：万元

项目	母公司	子公司	合计金额	调整、抵销分录		少数股东权益	合并金额
				借方	贷方		
（利润表项目）							
营业收入				2 000			
营业成本					1 400		
少数股东损益					120	120	
（资产负债表项目）							
存货					600		
少数股东权益				120		120	

2）存货逆流交易的连续抵销

同顺流交易连续抵销唯一不同的是，在逆流交易的连续抵销时，需要对上年影响过的少数股东权益和少数股东损益连续抵销。编制的抵销分录为：

借：年初未分配利润（上期抵销分录中营业收入-营业成本）　　　　　①
　　贷：营业成本

借：营业收入（本期子公司内部销售收入）　　　　　②
　　贷：营业成本（倒挤）
　　　　存货（母公司期末存货中包含的子公司未实现内部销售损益）

借：少数股东权益　　　　　③
　　贷：年初未分配利润（上期少数股东损益的金额）

【例9-13】承【例9-12】，20×5年P公司以3 000万元将该批商品全部销售给集团外部企业。

对【例9-12】分录①的连续抵销分录为：

借：年初未分配利润　　　　　6 000 000　　③
　　贷：营业成本　　　　　6 000 000

对【例9-12】分录②的连续抵销分录为：

借：少数股东权益　　　　　1 200 000　　④
　　贷：年初未分配利润　　　　　1 200 000

由于少数股东损益项目为合并利润表项目，在连续编制合并财务报表时，由"年初未分配利润""替换"。上述第③和第④笔分录综合起来，可以由编制下列一笔抵销分录来完成：

借：年初未分配利润　　　　　4 800 000
　　少数股东权益　　　　　1 200 000
　　贷：营业成本　　　　　6 000 000

合并工作底稿（局部）见表9-24。

表9-24　　　　　　　　合并工作底稿（局部）　　　　　　　　单位：万元

项目	母公司	子公司	合计金额	调整、抵销分录		少数股东权益	合并金额
				借方	贷方		
（利润表项目）							
营业成本					600		
（所有者权益变动表项目）							
年初未分配利润				480			
（资产负债表项目）							
少数股东权益				120		120	

特别提示

2014年，财政部对《企业会计准则第33号——合并财务报表》的修订，使得归属于母公司和少数股东的利润都是基于子公司真正实现的利润基础上确认的，子公司的净利润除了要对股权投资日可辨认净资产公允价值进行调整之外，还要考虑对未实现内部交易损益进行调整。实质上就是按照完全权益法对子公司的净利润进行调整，分配给母公司和少数股东，使合并利润表中列示的项目之间更具可比性。从实务操作角度而言，只要正确计算出少数股东损益的全额，从合并净利润中扣除，就可以得出归属于母公司所有者的净利润，因此，未实现内部交易损益的分配问题实质上就转化为少数股东损益金额的确定问题。

9.7.4 平流交易的抵销

在平流交易中，只有非全资子公司作为销售方，才会影响到子公司的少数股东权益。此时非全资子公司作为销售方的平销与逆销的抵销原理完全相同。

【例9-14】P公司拥有S1公司80%的股权、S2公司70%的股权。20×4年S2公司向S1公司销售商品，销售收入2 000万元，销售成本1 400万元。当年S1公司全部未实现销售。20×5年S1公司以3 000万元将该批商品全部销售给集团外部企业。

（1）20×4年12月31日，P公司编制的抵销分录为：

借：营业收入　　　　　　　　　　　　　　　　　　　20 000 000
　　贷：营业成本　　　　　　　　　　　　　　　　　　　　14 000 000
　　　　存货　　　　　　　　　　　　　　　　　　　　　　 6 000 000
借：少数股东权益（6 000 000×30%）　　　　　　　　　 1 800 000
　　贷：少数股东损益　　　　　　　　　　　　　　　　　　 1 800 000

在该例中，发生内部销售子公司的少数股东权益所占比例为30%，因此应该调整少数股东权益和少数股东损益180万元。

合并工作底稿（局部）见表9-25。

表9-25　　　　　　　　　　　　**合并工作底稿（局部）**　　　　　　　　　单位：万元

项目	母公司	子公司	合计金额	调整、抵销分录		少数股东权益	合并金额
				借方	贷方		
（利润表项目）							
营业收入				2 000			
营业成本					1 400		
少数股东损益					180	180	
（资产负债表项目）							
存货					600		
少数股东权益				180		180	

（2）20×5年12月31日，P公司编制的抵销分录为：

借：年初未分配利润 6 000 000

　　贷：营业成本 6 000 000

借：少数股东权益 1 800 000

　　贷：年初未分配利润 1 800 000

上述分录若合二为一则为：

借：年初未分配利润 4 200 000

　　少数股东权益 1 800 000

　　贷：营业成本 6 000 000

合并工作底稿（局部）见表9-26。

表9-26　　　　　　　　　　　　　合并工作底稿（局部）　　　　　　　　　　　单位：万元

项目	母公司	子公司	合计金额	调整、抵销分录		少数股东权益	合并金额
				借方	贷方		
（利润表项目）							
营业成本					600		
（所有者权益变动表项目）							
年初未分配利润				420			
（资产负债表项目）							
少数股东权益				180		180	

9.7.5　存货跌价准备的抵销

　　根据《企业会计准则第1号——存货》的规定，企业必须定期或者至少于年度终了时，对存货进行全面清查，采用成本与可变现净值孰低法进行期末计价，按单个存货项目计提存货跌价准备。计提跌价准备的存货不仅包括从企业集团外部购进的，也包括从企业集团内部购进形成的部分。编制合并财务报表时对存货跌价准备的抵销，是站在整个企业集团的角度，对因内部购进存货形成的跌价准备中不合理的部分予以抵销。

微课9.3　存货跌价准备的抵销

　　1）首次编制合并财务报表对存货跌价准备的抵销

　　企业账簿中"存货跌价准备"账户的期末贷方余额反映的是期末存货的成本高于可变现净值的金额。存货的可变现净值受存货的毁损或陈旧、过时等原因影响，不论是对持有存货的个别企业，还是对整个企业集团都是唯一的。而存货的成本，站在不同的会计主体角度会有不同的价值。对于持有存货的个别企业而言，成本包括了内部销售方的未实现内部销售损益；而对于整个企业集团而言，存货的成本仅仅是最初的成本，即内部销售方的生产成本。

　　因此，在比较存货的成本与可变现净值的过程中会出现以下三种情况，即可变现净值高于持有存货企业的成本，可变现净值低于对企业集团而言的成本，可变现净值介于前两种情况之间。在这三种不同的情况下，编制合并财务报表时对存货跌价准备中不合理部分的抵销处理是不同的。

例如，某企业内部购进存货的价值为150万元，销售方的销售成本为100万元，当可变现净值分别是180万元、120万元、80万元时：

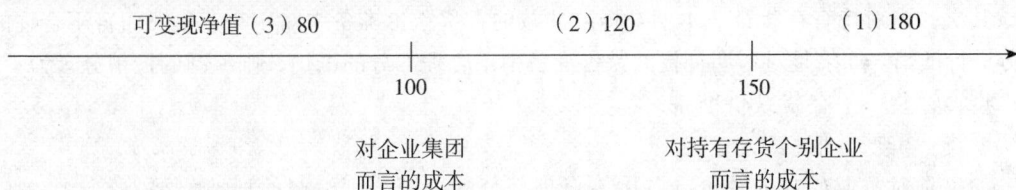

可变现净值（3）80 　　　　　　　　　（2）120 　　　　　　　　　（1）180

100 　　　　　　　　　 150

对企业集团 　　　　　　　　　　　对持有存货个别企业
而言的成本 　　　　　　　　　　　而言的成本

对于第一种情况，持有存货的个别企业的成本150万元已然低于可变现净值180万元，该企业不会计提存货跌价准备，企业集团更无须计提，因此不存在对跌价准备中不合理部分的抵销问题。

对于第二种情况，持有存货的个别企业会按成本与可变现净值的差额30万元（150-120）计提存货跌价准备，但对于整个企业集团而言，存货的成本100万元依然低于可变现净值，因此不应存在该跌价准备，因此应将30万元全部作为不合理的部分进行抵销。由于资产负债表中并没有"存货跌价准备"报表项目，对存货跌价准备的抵销，就是对存货账面价值的调整。为了便于理解，下文的抵销分录以"存货——存货跌价准备"反映对存货跌价准备的抵销。编制的抵销分录为：

借：存货——存货跌价准备 　　　　　　　　　　　　　　　　　　　300 000
　　贷：资产减值损失 　　　　　　　　　　　　　　　　　　　　　　　300 000

对于第三种情况，持有存货的个别企业会按成本与可变现净值的差额70万元（150-80）计提存货跌价准备，此时对于整个企业集团而言，可变现净值仅低于成本20万元（100-80），因此应仅体现20万元的存货跌价准备，对于持有存货的个别企业多计提的50万元（70-20）作为不合理的部分进行抵销。编制的抵销分录为：

借：存货——存货跌价准备 　　　　　　　　　　　　　　　　　　　500 000
　　贷：资产减值损失 　　　　　　　　　　　　　　　　　　　　　　　500 000

通过上述三种情况的示例，可以得出一个结论：企业集团在首次编制合并财务报表时对存货跌价准备的抵销不是必然发生的，若抵销也仅是对因内部购进存货计提的跌价准备中对于整个企业集团而言不合理的部分。当存货的可变现净值介于对集团而言和对持有存货个别企业而言的成本之间时，如上文第二种情况，则抵销的不合理部分是个别企业当期计提的全部跌价准备；当存货的可变现净值低于对集团而言的成本时，如上文第三种情况，则抵销的不合理部分是存货中的未实现内部销售损益。因此当期对存货跌价准备的抵销分录应为：

借：存货——存货跌价准备（个别企业实际提取的跌价准备–企业集团应有的跌价准备）
　　贷：资产减值损失

2）连续编制合并财务报表对存货跌价准备的抵销

如果企业集团上期编制合并财务报表时，涉及对存货跌价准备的抵销，导致上期资产减值损失的减少，进而增加了上期的年末未分配利润，结转到本期就是增加了年初未分配利润，因此在连续编制合并财务报表时，应首先按上期的抵销数额反映出该影响数，分录为：

借：存货——存货跌价准备

贷：年初未分配利润

其次，需对持有存货企业本期补提或冲减的存货跌价准备中对于企业集团而言不合理的部分进行抵销。如果是对本期补提的跌价准备中不合理部分的抵销，则编制的抵销分录为：

借：存货——存货跌价准备

贷：资产减值损失

如果是对本期冲减的跌价准备中不合理部分的抵销，则编制的抵销分录为：

借：资产减值损失

贷：存货——存货跌价准备

与9.6节对坏账准备的连续抵销可以编制一笔分录的原理相同，上述对存货跌价准备的连续抵销也可以综合为以下一笔分录进行抵销：

借：存货——存货跌价准备（个别企业实际提取的跌价准备-企业集团应有的跌价准备）

贷：年初未分配利润（上年抵销分录中"资产减值损失"的金额）

资产减值损失（倒挤得出，可能在借方）

该抵销分录借方出现的存货跌价准备，实际上就是对存货跌价准备中对于整个企业集团而言不合理部分的抵销；贷方的年初未分配利润体现的是上期抵销资产减值损失对本期的影响；资产减值损失是为平衡分录的倒挤金额，可能在借方，也可能在贷方。

【例9-15】P公司为S公司的母公司。20×3年，P公司向S公司销售商品10 000万元，销售成本为8 000万元，S公司当期未实现对外销售，期末的可变现净值为9 200万元。20×4年，S公司将期初存货全部实现销售，又从P公司购入存货15 000万元，P公司销售成本为12 000万元，期末实现销售40%，剩余存货的期末可变现净值为6 500万元。

（1）20×3年

S公司提取的存货跌价准备为成本与可变现净值的差额800万元（10 000-9 200），由于该存货对于企业集团而言的成本8 000万元低于可变现净值9 200万元，无须计提跌价准备，即对集团而言的存货跌价准备的金额为零，所以编制的抵销分录为：

借：存货——存货跌价准备（8 000 000-0）　　　　　　　　8 000 000

贷：资产减值损失　　　　　　　　　　　　　　　　　　　　　　8 000 000

合并工作底稿（局部）见表9-27。

（2）20×4年

期末S公司存货成本9 000万元（15 000×60%），对企业集团而言的存货成本7 200万元（12 000×60%），这二者均高于当日的存货可变现净值6 500万元，因此对S公司和企业集团而言的跌价准备应分别为2 500万元（9 000-6 500）和700万元（7 200-6 500）。编制的抵销分录为：

借：存货——存货跌价准备（25 000 000-7 000 000）　　　　18 000 000

贷：年初未分配利润　　　　　　　　　　　　　　　　　　　　　8 000 000

资产减值损失（倒挤）　　　　　　　　　　　　　　　　　　10 000 000

表9-27　　　　　　　　　　　　　合并工作底稿（局部）　　　　　　　　　单位：万元

| 项目 | 母公司 | 子公司 | 合计金额 | 调整、抵销分录 | | 少数股东权益 | 合并金额 |
				借方	贷方		
（利润表项目）							
资产减值损失					800		
（资产负债表项目）							
存货				800			

合并工作底稿（局部）见表9-28。

表9-28　　　　　　　　　　　　　合并工作底稿（局部）　　　　　　　　　单位：万元

| 项目 | 母公司 | 子公司 | 合计金额 | 调整、抵销分录 | | 少数股东权益 | 合并金额 |
				借方	贷方		
（利润表项目）							
资产减值损失					1 000		
（所有者权益变动表项目）							
年初未分配利润					800		
（资产负债表项目）							
存货				1 800			

9.8　集团内部交易的抵销（2）——固定资产

9.8.1　集团内部固定资产交易概述

固定资产交易是企业集团内部交易中另外一种常见的形式。企业集团内部发生的固定资产交易主要有以下三种类型：第一种是企业将生产的产品销售给集团内其他企业作为固定资产使用；第二种是企业将使用的固定资产变卖给集团内其他企业作为固定资产使用；第三种是企业将使用的固定资产变卖给集团内其他企业作为存货使用。由于第三种类型的固定资产交易在企业集团内部发生的极少，本教材不作探讨。

同集团内部存货交易的销售方向相同，固定资产交易也分为顺流交易、逆流交易和平流交易。

9.8.2　当期对顺流交易形成的固定资产的抵销

1）母公司向子公司销售商品，子公司作为固定资产管理

假设内部销售形成的固定资产中包含的毛利大于零，即内部销售收入大于内部销售成本。在这种情况下，母公司在个别利润表中确认了销售收入、销售成本和销售毛利。子公司按照母公司销售价格确认固定资产的成本，即固定资产的价值中包含了未实现的内部销售毛利。由于购入的固定资产在子公司持续使用，因此从企业集团角度来看，该顺流交易只是使母公司生产的商品存放地点发生了变动，并不应确认销售收入、销售成本和销售毛利，也不应增加固定资产的价值。因此，在编制合并财务报表时，需要将母公司确认的内

部销售收入、内部销售成本以及子公司固定资产中包含的未实现内部销售损益抵销。编制的抵销分录为：

借：营业收入（母公司内部销售收入）

贷：营业成本（母公司内部销售成本）　　　　　　　　　　　　　　　①

固定资产（母公司未实现内部销售损益）

　　　　不难发现该抵销分录与存货的顺流交易中，子公司当期存货全部未实现销售的抵销原理完全相同。但是和存货交易不同的是，该固定资产投入使用后，往往要跨越若干个会计期间，通过计提折旧的方式将价值逐渐转移到生产的商品成本或各会计期间的费用中去。随着第①笔分录对固定资产历史成本中包含的未实现内部销售损益的抵销，固定资产由此多计提的累计折旧也应进行抵销。假设固定资产是管理部门使用，还应编制下列抵销分录：

微课9.4 对固定资产折旧月数的讲解

借：固定资产——累计折旧 $\left(\dfrac{\text{未实现内部销售损益}}{\text{年限}}\times\dfrac{\text{当期应折旧的月份}}{12}\right)$　　　②

　　贷：管理费用

【例9-16】P公司是S公司的母公司。20×1年6月，P公司将自己生产的产品销售给S公司作为管理部门的固定资产使用。P公司销售该产品的销售收入为1 680万元，销售成本为1 200万元。该固定资产不需要安装，当月投入使用，其折旧年限为3年，预计净残值为0。P公司编制合并财务报表时，应当进行如下抵销处理：

（1）抵销当期内部销售收入、销售成本和固定资产中包含的未实现内部销售损益。

借：营业收入　　　　　　　　　　　　　　　　16 800 000

贷：营业成本　　　　　　　　　　　　　　　　　　　　12 000 000

固定资产　　　　　　　　　　　　　　　　　　　　4 800 000

（2）抵销当期计提的累计折旧中包含的未实现内部销售损益。

借：固定资产——累计折旧（4 800 000÷3×6÷12）　　　800 000

贷：管理费用　　　　　　　　　　　　　　　　　　　　800 000

合并工作底稿（局部）见表9-29。

表9-29　　　　　　　　　　　合并工作底稿（局部）　　　　　　　　　　单位：万元

项目	母公司	子公司	合计金额	调整、抵销分录		少数股东权益	合并金额
				借方	贷方		
（利润表项目）							
营业收入				1 680			
营业成本					1 200		
管理费用					80		
（资产负债表项目）							
固定资产				80	480		

2）母公司将自身使用的固定资产变卖给子公司作为固定资产使用

母公司在处置自身使用的固定资产时，在个别财务报表中确认了资产处置利得或损失，体现在个别利润表的"资产处置收益"项目中。由于站在企业集团的角度，上述处置只是固定资产转移了地理位置继续使用，不应使资产的价值发生变动，也不应确认处置利得或损失，因此母公司在编制合并财务报表时，应编制下列抵销分录：

借：资产处置收益（母公司内部处置固定资产的利得）
　　贷：固定资产
或：借：固定资产
　　贷：资产处置收益（母公司内部处置固定资产的损失）

由于上述分录对子公司固定资产的历史成本进行了调整，因此还要对本期计提的累计折旧中包含的未实现内部处置利得或损失进行抵销，编制的抵销分录为：

借：固定资产——累计折旧（母公司内部处置利得对子公司本期折旧的影响）
　　贷：管理费用
或：借：管理费用
　　贷：固定资产——累计折旧（母公司内部处置损失对子公司本期折旧的影响）

【例9-17】 P公司是S公司的母公司。20×7年6月，P公司将其净值为1 280万元的厂房，以1 500万元的价格变卖给S公司作为固定资产使用。P公司因该内部固定资产交易实现处置利得220万元，S公司按1 500万元将该厂房作为固定资产入账，按年限平均法计提折旧，残值为0，预计使用年限11年。P公司编制的抵销分录为：

借：资产处置收益　　　　　　　　　　　　　　　　　　2 200 000
　　贷：固定资产　　　　　　　　　　　　　　　　　　　　　2 200 000
借：固定资产——累计折旧（2 200 000÷11×6÷12）　　100 000
　　贷：管理费用　　　　　　　　　　　　　　　　　　　　　100 000

特别提示

固定资产按处置方式的不同，分别适用不同的处理方法：

（1）因已丧失使用功能或因自然灾害等原因而报废清理产生的利得或损失记入"营业外收入"或"营业外支出"。

（2）因出售、转让等原因产生的固定资产处置利得或损失记入"资产处置损益"。利润表中该科目的列报项目为"资产处置收益"。

合并工作底稿（局部）见表9-30。

表9-30　　　　　　　　　　　合并工作底稿（局部）　　　　　　　　　　单位：万元

项目	母公司	子公司	合计金额	调整、抵销分录		少数股东权益	合并金额
				借方	贷方		
（利润表项目）							
管理费用					10		
资产处置收益				220			
（资产负债表项目）							
固定资产				10	220		

9.8.3 顺流交易下形成固定资产持续使用时的抵销

不论是按照上述第一种方式还是第二种方式形成的子公司固定资产，在该固定资产持续使用的过程中，母公司编制的抵销分录是完全一致的。

首先，需要将该内部交易形成的固定资产原价中包含的未实现内部销售损益或内部处置利得进行抵销，并调整"年初未分配利润"。编制的抵销分录为：

借：年初未分配利润（固定资产原价中包含的未实现内部销售损益） ①
　　贷：固定资产

其次，将该内部交易形成的固定资产中多计提的折旧进行连续抵销，分录为：

借：固定资产——累计折旧（至本年末该固定资产累计折旧的调整总额） ②
　　贷：年初未分配利润（对以前年度累计折旧的调整）
　　　　管理费用（对当年累计折旧的调整）

如果是对内部处置损失和形成的固定资产少计提的折旧的抵销，则编制和上述分录借贷相反的分录即可。

【例9-18】承【例9-16】，20×2、20×3年 P 公司编制合并财务报表时，应当编制如下抵销分录：

（1）20×2年

借：年初未分配利润　　　　　　　　　　　　　　　　　　4 800 000
　　贷：固定资产　　　　　　　　　　　　　　　　　　　　　　4 800 000
借：固定资产——累计折旧（800 000+1 600 000）　　　　2 400 000
　　贷：年初未分配利润　　　　　　　　　　　　　　　　　　　800 000
　　　　管理费用（4 800 000÷3）　　　　　　　　　　　　　1 600 000

合并工作底稿（局部）见表9-31。

表9-31　　　　　　　　　　　　合并工作底稿（局部）　　　　　　　　　　单位：万元

项目	母公司	子公司	合计金额	调整、抵销分录		少数股东权益	合并金额
				借方	贷方		
（利润表项目）							
管理费用					160		
（所有者权益变动表项目）							
年初未分配利润				480	80		
（资产负债表项目）							
固定资产				240	480		

（2）20×3年

借：年初未分配利润　　　　　　　　　　　　　　　　　　4 800 000
　　贷：固定资产　　　　　　　　　　　　　　　　　　　　　　4 800 000
借：固定资产——累计折旧　　　　　　　　　　　　　　　4 000 000

贷：年初未分配利润 2 400 000

　　管理费用 1 600 000

合并工作底稿（局部）见表9-32。

表9-32　　　　　　　　　　　合并工作底稿（局部）　　　　　　　　　　单位：万元

| 项目 | 母公司 | 子公司 | 合计金额 | 调整、抵销分录 | | 少数股东权益 | 合并金额 |
				借方	贷方		
（利润表项目）							
管理费用					160		
（所有者权益变动表项目）							
年初未分配利润				480	240		
（资产负债表项目）							
固定资产				400	480		

9.8.4　顺流交易形成固定资产清理期间的抵销

顺流交易形成的固定资产在清理期间可能出现三种情况：（1）提前清理；（2）到期清理；（3）超期清理。应当根据不同情况进行抵销处理。（下文假定固定资产均为报废清理）

1）提前清理

在这种情况下，子公司从母公司购入固定资产的实体已不复存在，即子公司个别报表中已没有该固定资产的信息，因此不存在对包含了未实现内部销售损益的固定资产的原价与累计折旧的连续抵销。但是如果当初固定资产的原价和累计折旧中没有包含该未实现内部销售损益，子公司对该固定资产清理时产生的利得或损失应有所不同，因此应该对站在企业集团角度的处置利得或损失进行调整。编制的抵销分录为：

借：年初未分配利润（固定资产原价中包含的未实现内部销售损益）

　　贷：营业外收入/营业外支出 ①

借：营业外收入/营业外支出（至固定资产清理日该固定资产累计折旧的调整金额）

　　贷：年初未分配利润（对以前年度累计折旧的调整）

　　　　管理费用（对当年累计折旧的调整） ②

微课9.5　固定资产清理的抵销处理

=== **特别提示**

1.上述分录其实与该固定资产连续使用时编制的抵销分录原理相同，只不过随着固定资产的清理，报表中已没有该固定资产项目，无须对固定资产进行调整，而转变为对固定资产清理时的利得进行调整。

2.在不考虑固定资产清理期间发生的相关税费和固定资产减值准备的情况下，固定资产清理时确认的利得=固定资产的处置价款-（固定资产的历史成本-固定资产的累计折旧）。由该公式可以看出，固定资产的历史成本越小，清理时确认的利得越大，因此站在企业集团的角度，如果抵销了固定资产历史成本中包含的未实现内部销售损益，固定资产清理时确认的利得理应更大，因此分录①中"营业外收入"的贷方发生额意味着调高了站在企业集团角度的处置利得。

3.从该公式中还可以看出，固定资产的累计折旧越小，固定资产的清理时确认的利得越小，因此站在企业集团的角度，如果抵销了固定资产累计折旧中包含的未实现内部销售损益，固定资产清理时确认的利得理应变小，因此分录②中"营业外收入"借方发生额意味着调低了站在企业集团角度的处置利得。

4.如果子公司清理固定资产在个别报表中确认的是损失，与上述相同的原理，用"营业外支出"替换"营业外收入"即可。

【例9-19】承【例9-16】、【例9-18】，S公司的固定资产在20×4年3月进行清理。在清理过程中确认的利得为3万元。

借：年初未分配利润 4 800 000
　　贷：营业外收入 4 800 000
借：营业外收入 4 400 000
　　贷：年初未分配利润（800 000+1 600 000+1 600 000） 4 000 000
　　　　管理费用（4 800 000÷3×3÷12） 400 000

合并工作底稿（局部）见表9-33。

表9-33　　　　　　　　　　合并工作底稿（局部）　　　　　　　　　单位：万元

项目	母公司	子公司	合计金额	调整、抵销分录		少数股东权益	合并金额
				借方	贷方		
（利润表项目）							
管理费用					40		
营业外收入				440	480		
（所有者权益变动表项目）							
年初未分配利润				480	400		

2）到期清理

顺流交易形成的固定资产到期清理，在子公司个别报表中已不存在该固定资产，因此和提前清理的原理相同，不对固定资产的原价和累计折旧进行连续抵销，而是站在企业集团的角度对清理时确认的利得或损失进行调整。编制的抵销分录和提前清理相同。唯一不同的是，该内部交易形成的固定资产到期清理，该固定资产已经提足折旧，因此累计折旧中包含的未实现内部交易损益全部实现，全部转变为真正实现的利得或损失。

【例9-20】承【例9-16】、【例9-18】，S公司的固定资产在20×4年6月进行清理。在清理过程中确认的利得为3万元。

借：年初未分配利润 4 800 000
　　贷：营业外收入 4 800 000

借：营业外收入　　　　　　　　　　　　　　　　　　　　　　　　　4 800 000
　　贷：年初未分配利润（800 000+1 600 000+1 600 000）　　　　　　　　　　4 000 000
　　　　管理费用（4 800 000÷3×6÷12）　　　　　　　　　　　　　　　　　　　800 000

合并工作底稿（局部）见表9-34。

表9-34　　　　　　　　　　　　　　　**合并工作底稿（局部）**　　　　　　　　　　单位：万元

项目	母公司	子公司	合计金额	调整、抵销分录		少数股东权益	合并金额
				借方	贷方		
（利润表项目）							
管理费用					80		
营业外收入				480	480		
（所有者权益变动表项目）							
年初未分配利润				480	400		

3）超期清理

对于超期使用后再进行清理的固定资产，由于清理当期实物已不存在，不存在固定资产原价中包含未实现内部销售损益的抵销问题；同时，该固定资产累计折旧也随着固定资产清理而转销，也不存在固定资产使用多计提折旧的抵销问题。即当内部交易固定资产超期使用进行清理的情况下，其固定资产原价和累计折旧中包含的未实现内部销售损益均全部实现，因此在编制该固定资产清理期间的合并财务报表时，不再需要进行任何抵销处理。

【例9-21】承【例9-16】、【例9-18】、【例9-20】，S公司的固定资产在20×5年12月进行清理，在清理过程中确认的利得为3万元，则20×4年、20×5年的抵销处理分别为：

（1）20×4年

借：年初未分配利润　　　　　　　　　　　　　　　　　　　　　　　4 800 000
　　贷：固定资产　　　　　　　　　　　　　　　　　　　　　　　　　　4 800 000

借：固定资产——累计折旧　　　　　　　　　　　　　　　　　　　　4 800 000
　　贷：年初未分配利润　　　　　　　　　　　　　　　　　　　　　　　4 000 000
　　　　管理费用　　　　　　　　　　　　　　　　　　　　　　　　　　　800 000

合并工作底稿（局部）见表9-35。

（2）20×5年

借：年初未分配利润　　　　　　　　　　　　　　　　　　　　　　　4 800 000
　　贷：固定资产　　　　　　　　　　　　　　　　　　　　　　　　　　4 800 000

借：固定资产——累计折旧　　　　　　　　　　　　　　　　　　　　4 800 000
　　贷：年初未分配利润（800 000+1 600 000+1 600 000+800 000）　　　　　4 800 000

由上可见，编制上述两笔抵销分录与不作任何处理的结果是相同的，所以在超期清理时，不再需要进行任何抵销处理。

表9-35 　　　　　　　　　合并工作底稿（局部）　　　　　　　单位：万元

项目	母公司	子公司	合计金额	调整、抵销分录借方	调整、抵销分录贷方	少数股东权益	合并金额
（利润表项目）							
管理费用					80		
（所有者权益变动表项目）							
年初未分配利润				480	400		
（资产负债表项目）							
固定资产				480	480		

合并工作底稿（局部）见表9-36。

表9-36 　　　　　　　　　合并工作底稿（局部）　　　　　　　单位：万元

项目	母公司	子公司	合计金额	调整、抵销分录借方	调整、抵销分录贷方	少数股东权益	合并金额
（所有者权益变动表项目）							
年初未分配利润				480	480		
（资产负债表项目）							
固定资产				480	480		

9.8.5 逆流交易和平流交易形成的固定资产的抵销

对集团内部逆流交易和平流交易形成的固定资产的抵销，原理同逆流交易和平流交易形成的存货交易的抵销。不同点在于：（1）固定资产需要对包含未实现内部销售损益的累计折旧进行抵销。（2）在考虑对少数股东损益的影响时，存货只要对集团外部实现销售，未实现的内部交易损益便实现，因此可以全额转回，而固定资产是通过折旧的计提分期实现未实现内部交易损益，因此需要按照折旧的进度按比例转回。

【例9-22】P公司拥有S公司80%的股权。20×4年12月1日，S公司将生产成本为12 000万元的商品以14 000万元销售给P公司作为管理用固定资产，使用年限为10年，残值为0，则20×4年和20×5年的抵销处理为：

（1）20×4年

借：营业收入　　　　　　　　　　　　　　　　　　140 000 000

　　贷：营业成本　　　　　　　　　　　　　　　　　　　120 000 000

　　　　固定资产　　　　　　　　　　　　　　　　　　　　20 000 000

借：少数股东权益（20 000 000×20%）　　　　　　　4 000 000

　　贷：少数股东损益　　　　　　　　　　　　　　　　　　4 000 000

合并工作底稿（局部）见表9-37。

表9-37			合并工作底稿（局部）				单位：万元
项目	母公司	子公司	合计金额	调整、抵销分录		少数股东权益	合并金额
				借方	贷方		
（利润表项目）							
营业收入				14 000			
营业成本					12 000		
少数股东损益					400	400	
（资产负债表项目）							
固定资产					2 000		
少数股东权益				400		400	

（2）20×5年

借：年初未分配利润　　　　　　　　　　　　　20 000 000　　　①
　　贷：固定资产　　　　　　　　　　　　　　　　　　　20 000 000
借：少数股东权益　　　　　　　　　　　　　　4 000 000　　　②
　　贷：年初未分配利润　　　　　　　　　　　　　　　4 000 000
借：固定资产——累计折旧（20 000 000÷10）　2 000 000　　　③
　　贷：管理费用　　　　　　　　　　　　　　　　　　2 000 000
借：少数股东损益（2 000 000×20%）　　　　　400 000　　　④
　　贷：少数股东权益　　　　　　　　　　　　　　　　400 000

特别提示

　　上述第①和第②笔分录是对20×4年编制的抵销分录的"复制"加"粘贴"，并用"年初未分配利润""替换"原有分录中的损益类项目。第③笔分录是对当年累计折旧中包含的未实现销售损益的抵销。第④笔分录是对通过折旧方式当期实现的未实现损益转回调整增加少数股东权益。结合第②笔和第④笔分录，第二年，该逆流交易对少数股东权益的影响为减少360万元，即未实现内部销售损益1 800万元（2 000-200）分配给少数股东的部分。

合并工作底稿（局部）见表9-38。

表9-38			合并工作底稿（局部）				单位：万元
项目	母公司	子公司	合计金额	调整、抵销分录		少数股东权益	合并金额
				借方	贷方		
（利润表项目）							
管理费用					200		
少数股东损益				40		40	

项目	母公司	子公司	合计金额	调整、抵销分录 借方	调整、抵销分录 贷方	少数股东权益	合并金额
（所有者权益变动表项目）							
年初未分配利润				2 000	400		
（资产负债表项目）							
固定资产				200	2 000		
少数股东权益				400	40	360	

【例9-23】P公司拥有S1公司90%的股份、S2公司80%的股份。S1公司于20×4年1月1日将某项商品以18 800万元销售给S2公司，生产成本为14 000万元。S2公司作为管理用固定资产使用，使用年限为10年，残值为0，不考虑相关税费的影响，则20×4年和20×5年的抵销处理为：

（1）20×4年

借：营业收入　　　　　　　　　　　　　　　　　　　　188 000 000

　　贷：营业成本　　　　　　　　　　　　　　　　　　　140 000 000

　　　　固定资产　　　　　　　　　　　　　　　　　　　48 000 000

借：固定资产——累计折旧（（48 000 000÷10×11÷12））　4 400 000

　　贷：管理费用　　　　　　　　　　　　　　　　　　　4 400 000

借：少数股东权益（（48 000 000-4 400 000）×10%）　4 360 000

　　贷：少数股东损益　　　　　　　　　　　　　　　　　4 360 000

合并工作底稿（局部）见表9-39。

表9-39　　　　　　　　　　　　合并工作底稿（局部）　　　　　　　　单位：万元

项目	母公司	子公司	合计金额	调整、抵销分录 借方	调整、抵销分录 贷方	少数股东权益	合并金额
（利润表项目）							
营业收入				18 800			
营业成本					14 000		
管理费用					440		
少数股东损益					436	436	
（资产负债表项目）							
固定资产				440	4 800		
少数股东权益				436		436	

（2）20×5年

借：年初未分配利润 48 000 000

　贷：固定资产 48 000 000

借：固定资产——累计折旧 9 200 000

　贷：年初未分配利润 4 400 000

　　管理费用 4 800 000

借：少数股东权益 4 360 000

　　贷：年初未分配利润 4 360 000

借：少数股东损益（4 800 000×10%） 480 000

　　贷：少数股东权益 480 000

合并工作底稿（局部）见表9-40。

表9-40　　　　　　　　　　　　　合并工作底稿（局部）　　　　　　　　　　　单位：万元

项目	母公司	子公司	合计金额	调整、抵销分录		少数股东权益	合并金额
				借方	贷方		
（利润表项目）							
管理费用					480		
少数股东损益				48		48	
（所有者权益变动表项目）							
年初未分配利润				4 800	440 436		
（资产负债表项目）							
固定资产				920	4 800		
少数股东权益				436	48	388	

9.9　集团内部交易的抵销（3）——无形资产

9.9.1　集团内部无形资产交易概述

企业集团内部发生无形资产交易时，往往是由集团内一方将自身拥有的专利权、专有技术等转让出售给另一方作为无形资产继续使用，而不可能是一方生产的实物商品销售给对方作为无形资产使用。因此处置无形资产的一方在个别利润表中确认的处置利得或损失，购买无形资产的一方在个别资产负债表"无形资产"的价值中包含了该内部处置利得或损失的金额，对于企业集团而言应该予以抵销。同时与固定资产的交易类似，随着无形资产价值的摊销，无形资产价值中包含的未实现内部处置利得或损失也随之计入当期费用，因此也必须对无形资产摊销计入相关费用进行抵销处理。

同集团内部固定资产交易的销售方向相同，无形资产交易也分为顺流交易、逆流交易和平流交易。

9.9.2 顺流交易形成无形资产的抵销处理

1）当期发生的抵销处理

在进行合并抵销时，如果母公司处置无形资产时确认的是利得，则应按照该利得的金额，编制如下的抵销分录：

借：资产处置收益
　　贷：无形资产

同时按本期该无形资产摊销额中包含的未实现内部处置利得的数额，抵销累计摊销的金额。编制的抵销分录为：

借：无形资产——累计摊销
　　贷：管理费用

如果母公司处置无形资产时确认的是损失，则应按照该损失的金额，借记"无形资产"科目，贷记"资产处置收益"科目；同时对累计摊销进行抵销，借记"管理费用"科目，贷记"无形资产——累计摊销"科目。

【例9-24】P公司是S公司的母公司。20×1年1月5日，P公司向S公司转让一项无形资产，转让价格为840万元。P公司购买该无形资产的历史成本为800万元，按直线法摊销，预计使用年限为8年，已经使用了两年。不考虑相关税费的影响。

P公司处置该无形资产的利得=840-（800-800÷8×2）=840-600=240（万元）

对于企业集团来说并不认可该利得，编制的抵销分录为：

借：资产处置收益　　　　　　　　　　　　　　　　　　　　　　　2 400 000
　　贷：无形资产　　　　　　　　　　　　　　　　　　　　　　　　　2 400 000

20×1年，该无形资产在S公司按照840万元的购入成本进行摊销，而企业集团应按照600万元摊销，则对无形资产的摊销编制的抵销分录为：

借：无形资产——累计摊销（2 400 000÷6）　　　　　　　　　　　400 000
　　贷：管理费用　　　　　　　　　　　　　　　　　　　　　　　　　400 000

合并工作底稿（局部）见表9-41。

表9-41　　　　　　　　　　　　合并工作底稿（局部）　　　　　　　　　　单位：万元

项目	母公司	子公司	合计金额	调整、抵销分录		少数股东权益	合并金额
				借方	贷方		
（利润表项目）							
管理费用					40		
资产处置收益				240			
（资产负债表项目）							
无形资产				40	240		

2）持有期间的抵销处理

在子公司拥有无形资产的期间，母公司首先需要将内部交易形成的无形资产的原价中包含的未实现内部处置利得进行抵销，并调整"年初未分配利润"。编制的抵销分录为：

借：年初未分配利润（母公司内部处置无形资产的利得）　　　　　　　　①

　　贷：无形资产

其次将该内部交易形成的无形资产中多计提的摊销进行连续抵销。

借：无形资产——累计摊销（对至本年末该无形资产累计摊销的调整总额）　②

　　贷：年初未分配利润（对以前年度累计摊销的调整）

　　　　管理费用（对当年累计摊销的调整）

如果母公司当期处置无形资产确认的是损失，则编制和上述分录借贷相反的分录即可。

【例9-25】承【例9-24】，P公司在编制20×2—20×6年合并财务报表时，分别编制如下的抵销分录：

（1）20×2年

借：年初未分配利润　　　　　　　　　　　　　　　　　　　　　　　2 400 000

　　贷：无形资产　　　　　　　　　　　　　　　　　　　　　　　　　　2 400 000

借：无形资产——累计摊销　　　　　　　　　　　　　　　　　　　　800 000

　　贷：年初未分配利润　　　　　　　　　　　　　　　　　　　　　　　400 000

　　　　管理费用　　　　　　　　　　　　　　　　　　　　　　　　　　400 000

合并工作底稿（局部）见表9-42。

表9-42　　　　　　　　　　　　合并工作底稿（局部）　　　　　　　　　单位：万元

项目	母公司	子公司	合计金额	调整、抵销分录		少数股东权益	合并金额
				借方	贷方		
（利润表项目）							
管理费用					40		
（所有者权益变动表项目）							
年初未分配利润				240	40		
（资产负债表项目）							
无形资产				80	240		

（2）20×3年

借：年初未分配利润　　　　　　　　　　　　　　　　　　　　　　　2 400 000

　　贷：无形资产　　　　　　　　　　　　　　　　　　　　　　　　　　2 400 000

借：无形资产——累计摊销　　　　　　　　　　　　　　　　　　　1 200 000

　　贷：年初未分配利润　　　　　　　　　　　　　　　　　　　　　　　800 000

　　　　管理费用　　　　　　　　　　　　　　　　　　　　　　　　　　400 000

合并工作底稿（局部）见表9-43。

（3）20×4年

借：年初未分配利润　　　　　　　　　　　　　　　　　　　　　　　2 400 000

　　贷：无形资产　　　　　　　　　　　　　　　　　　　　　　　　　　2 400 000

表 9-43　　　　　　　　　　　　合并工作底稿（局部）　　　　　　　　　　单位：万元

项目	母公司	子公司	合计金额	调整、抵销分录		少数股东权益	合并金额
				借方	贷方		
（利润表项目）							
管理费用					40		
（所有者权益变动表项目）							
年初未分配利润				240	80		
（资产负债表项目）							
无形资产				120	240		

借：无形资产——累计摊销　　　　　　　　　　　　　　1 600 000
　　贷：年初未分配利润　　　　　　　　　　　　　　　　　　1 200 000
　　　　管理费用　　　　　　　　　　　　　　　　　　　　　　400 000

合并工作底稿（局部）见表 9-44。

表 9-44　　　　　　　　　　　　合并工作底稿（局部）　　　　　　　　　　单位：万元

项目	母公司	子公司	合计金额	调整、抵销分录		少数股东权益	合并金额
				借方	贷方		
（利润表项目）							
管理费用					40		
（所有者权益变动表项目）							
年初未分配利润				240	120		
（资产负债表项目）							
无形资产				160	240		

（4）20×5 年

借：年初未分配利润　　　　　　　　　　　　　　　　2 400 000
　　贷：无形资产　　　　　　　　　　　　　　　　　　　　　2 400 000
借：无形资产——累计摊销　　　　　　　　　　　　　　2 000 000
　　贷：年初未分配利润　　　　　　　　　　　　　　　　　　1 600 000
　　　　管理费用　　　　　　　　　　　　　　　　　　　　　　400 000

合并工作底稿（局部）见表 9-45。

（5）20×6 年

借：年初未分配利润　　　　　　　　　　　　　　　　2 400 000
　　贷：无形资产　　　　　　　　　　　　　　　　　　　　　2 400 000

表9-45 合并工作底稿（局部） 单位：万元

项目	母公司	子公司	合计金额	调整、抵销分录		少数股东权益	合并金额
				借方	贷方		
（利润表项目）							
管理费用					40		
（所有者权益变动表项目）							
年初未分配利润				240	160		
（资产负债表项目）							
无形资产				200	240		

借：无形资产——累计摊销　　　　　　　　　　　2 400 000

　　贷：年初未分配利润　　　　　　　　　　　　　　　　2 000 000

　　　　管理费用　　　　　　　　　　　　　　　　　　　400 000

合并工作底稿（局部）见表9-46。

表9-46 合并工作底稿（局部） 单位：万元

项目	母公司	子公司	合计金额	调整、抵销分录		少数股东权益	合并金额
				借方	贷方		
（利润表项目）							
管理费用					40		
（所有者权益变动表项目）							
年初未分配利润				240	200		
（资产负债表项目）							
无形资产				240	240		

至此，该无形资产已经全部摊销完毕，包含在无形资产原价和累计摊销中的未实现销售损益全部实现，以后无须再编制抵销分录。

9.9.3 逆流和平流交易形成的无形资产的抵销

逆流交易和平流交易形成的无形资产的抵销原理完全相同，本节仅以平流交易举例。

【例9-26】P公司拥有S1公司90%的股份、S2公司80%的股份。S1公司于20×4年1月1日将某项专利权以14 000万元销售给S2公司，该专利权是3年前S1公司以18 000万元从集团外部购入，使用年限为10年，残值为0，不考虑相关税费的影响。

（1）20×4年

①对无形资产原价中包含的未实现内部处置利得的抵销。

20×4年1月1日该无形资产在S1公司的账面价值=18 000−18 000÷10×3=12 600（万元）

处置时S1公司确认的资产处置收益=14 000−12 600=1 400（万元）

借：资产处置收益　　　　　　　　　　　　　　　　　　14 000 000

　　贷：无形资产　　　　　　　　　　　　　　　　　　　　　　14 000 000

②对累计摊销中包含的未实现销售损益的抵销。

借：无形资产——累计摊销（14 000 000÷7）　　　　　2 000 000

　　贷：管理费用　　　　　　　　　　　　　　　　　　　　　　2 000 000

③对该平流交易影响的少数股东权益的抵销。

借：少数股东权益（（14 000 000-2 000 000）×10%）　1 200 000

　　贷：少数股东损益　　　　　　　　　　　　　　　　　　　　1 200 000

合并工作底稿（局部）见表9-47。

表9-47　　　　　　　　　　　　　合并工作底稿（局部）　　　　　　　　　　单位：万元

| 项目 | 母公司 | 子公司 | 合计金额 | 调整、抵销分录 | | 少数股东权益 | 合并金额 |
				借方	贷方		
（利润表项目）							
资产处置收益				1 400			
管理费用					200		
少数股东损益					120	120	
（资产负债表项目）							
无形资产				200	1 400		
少数股东权益				120		120	

（2）20×5年

①对年初未分配利润的抵销。

借：年初未分配利润　　　　　　　　　　　　　　　　　14 000 000

　　贷：无形资产　　　　　　　　　　　　　　　　　　　　　　14 000 000

②对累计摊销的连续抵销。

借：无形资产——累计摊销　　　　　　　　　　　　　　4 000 000

　　贷：年初未分配利润　　　　　　　　　　　　　　　　　　　2 000 000

　　　　管理费用　　　　　　　　　　　　　　　　　　　　　　2 000 000

③对上年少数股东权益的连续抵销。

借：少数股东权益　　　　　　　　　　　　　　　　　　1 200 000

　　贷：年初未分配利润　　　　　　　　　　　　　　　　　　　1 200 000

④对本年累计摊销影响的少数股东权益的抵销。

借：少数股东损益（2 000 000×10%）　　　　　　　　　200 000

　　贷：少数股东权益　　　　　　　　　　　　　　　　　　　　200 000

合并工作底稿（局部）见表9-48。

表9-48   合并工作底稿（局部）   单位：万元

项目	母公司	子公司	合计金额	调整、抵销分录		少数股东权益	合并金额
				借方	贷方		
（利润表项目）							
管理费用					200		
少数股东损益				20		20	
（所有者权益变动表项目）							
年初未分配利润				1 400	200 120		
（资产负债表项目）							
无形资产				400	1 400		
少数股东权益				120	20	100	

9.10 递延所得税事项的抵销和确认

9.10.1 合并财务报表中对所得税事项的抵销和确认的原理

在之前的章节中，探讨的都是在不涉及所得税情况下的调整与抵销处理。本节将结合所得税的因素，进行合并财务报表的编制。本教材第3章"所得税会计"中论述过，资产负债表债务法下核算的所得税需要从应交税费和递延所得税两个角度进行考虑。美国税法规定"当母公司持有子公司80%以上股份时，可以选择母子公司合并缴纳所得税或单独缴纳所得税。"但我国的《企业所得税法》规定，企业所得税是以独立的法人实体为对象计征，企业之间不得合并缴纳企业所得税。这意味着编制合并财务报表不会影响母公司、子公司缴纳的所得税，也就不影响企业集团的应交税费总额，因此，合并财务报表中涉及的所得税只有递延所得税。按照对递延所得税的影响，可以分为以下两大类：

1）在合并财务报表中抵销递延所得税

在工作底稿上进行的调整和抵销处理，使得个别财务报表中的暂时性差异在合并财务报表中"消失"了，因此在合并财务报表中需要抵销由该暂时性差异产生的递延所得税资产或递延所得税负债，本质上属于"从有到无"的处理。

2）在合并财务报表中确认递延所得税

在工作底稿上进行的调整和抵销处理，使得个别财务报表中没有体现的暂时性差异在合并财务报表中"产生"了，因此在合并财务报表中需要确认由该暂时性差异产生的递延所得税资产或递延所得税负债，本质上属于"从无到有"的处理。

9.10.2 递延所得税事项的抵销

1）因对坏账准备的抵销引起对递延所得税资产的抵销

在编制合并财务报表时，随着集团内部债权债务的抵销，对内部债权计提的坏账准备

◆高级财务会计◆

也予以抵销。通过该抵销处理后，合并财务报表中内部债权账面价值与计税基础之间的差异已不存在。因此，个别报表中依据该可抵扣暂时性差异确认的递延所得税资产在编制合并财务报表时也将予以抵销。

【例9-27】P公司是S公司的母公司。20×6年P公司个别资产负债表"应收账款"中有5 100万元为应收S公司账款，该应收账款账面余额为5 400万元，P公司当年对其计提坏账准备300万元。P公司和S公司适用的所得税税率均为25%。

P公司在编制合并财务报表时，进行的抵销处理如下：

（1）抵销集团内部的债权债务。

借：应付账款 54 000 000
　　贷：应收账款 54 000 000

（2）抵销对内部债权计提的坏账准备。

借：应收账款 3 000 000
　　贷：信用减值损失 3 000 000

（3）抵销个别企业确认的递延所得税资产。

本例中，P公司计提坏账准备300万元，应收账款的账面价值调整为5 100万元，税法对于未发生实质性毁损的资产减值损失不允许税前抵扣，因此该应收账款的计税基础仍为5 400万元，形成当年可抵扣暂时性差异300万元，对此P公司在个别报表中确认了递延所得税资产75万元（300×25%）。由于编制的上述第（2）笔抵销分录使得该暂时性差异不复存在，因此在编制合并财务报表时应将个别企业确认的递延所得税资产予以抵销。编制的抵销分录为：

借：所得税费用 750 000
　　贷：递延所得税资产 750 000

合并工作底稿（局部）见表9-49。

表9-49　　　　　　　　　　　　合并工作底稿（局部）　　　　　　　　　　单位：万元

项目	母公司	子公司	合计金额	调整、抵销分录 借方	调整、抵销分录 贷方	少数股东权益	合并金额
（利润表项目）							
信用减值损失					300		
所得税费用				75			
（资产负债表项目）							
应收账款				300	5 400		
递延所得税资产					75		
应付账款				5 400			

【例9-28】承【例9-27】，20×7年P公司对S公司应收账款为10 800万元，当期坏账准备的余额为600万元，P公司和S公司适用的所得税税率均为25%。

· 252 ·

P公司在连续编制合并财务报表时，进行的抵销处理如下：

（1）抵销本期集团内部的债权债务。

借：应付账款　　　　　　　　　　　　　　　　　　　　108 000 000

　　贷：应收账款　　　　　　　　　　　　　　　　　　　　108 000 000

（2）连续抵销内部债权提取的坏账准备。

借：应收账款　　　　　　　　　　　　　　　　　　　　　6 000 000

　　贷：年初未分配利润　　　　　　　　　　　　　　　　　3 000 000

　　　　信用减值损失　　　　　　　　　　　　　　　　　　3 000 000

（3）连续抵销个别企业确认的递延所得税资产。

本例中，P公司账簿中对应收S公司账款计提的坏账准备余额达到600万元，因此个别财务报表中递延所得税资产的期末余额为150万元（600×25%）。随着对内部债权提取的坏账准备的连续抵销，递延所得税资产也将予以抵销，编制的抵销分录为：

借：年初未分配利润（上年的所得税费用金额）　　　　　　750 000

　　所得税费用（倒挤）　　　　　　　　　　　　　　　　　750 000

　　贷：递延所得税资产　　　　　　　　　　　　　　　　1 500 000

合并工作底稿（局部）见表9-50。

表9-50　　　　　　　　　　　合并工作底稿（局部）　　　　　　　　　单位：万元

项目	母公司	子公司	合计金额	调整、抵销分录		少数股东权益	合并金额
				借方	贷方		
（利润表项目）							
信用减值损失					300		
所得税费用				75			
（所有者权益变动表项目）							
年初未分配利润				75	300		
（资产负债表项目）							
应收账款				600	10 800		
递延所得税资产					150		
应付账款				10 800			

2）因对存货跌价准备的抵销引起对递延所得税资产的抵销

在编制合并财务报表时，需要对集团内部交易形成的存货提取的存货跌价准备中，针对企业集团而言不合理的部分进行抵销。个别企业计提的存货跌价准备会导致存货项目的账面价值与计税基础不一致，进而在个别财务报表中确认了递延所得税资产。随着存货跌价准备的抵销，引起存货账面价值与计税基础不一致的可抵扣暂时性差异已经消除，所以需要在合并财务报表中对个别财务报表确认的递延所得税资产进行抵销。

【例9-29】P公司是S公司的母公司。20×3年P公司向S公司销售商品20 000万元，销

售成本为 16 000 万元，S 公司当期未实现对外销售，期末的可变现净值为 18 400 万元。P
公司和 S 公司适用的所得税税率均为 25％。

P 公司在编制合并财务报表时，进行的抵销处理如下：

（1）抵销集团内部的存货交易。

借：营业收入   200 000 000

  贷：营业成本   160 000 000

     存货   40 000 000

（2）抵销存货跌价准备。

该存货对于持有存货的 S 公司而言的成本是 20 000 万元，可变现净值为 18 400 万元，
S 公司提取的存货跌价准备为 1 600 万元。该存货对于企业集团而言的成本是销售方 P 公司
的销售成本 16 000 万元，由于目前尚低于可变现净值，所以对于企业集团而言无须计提存
货跌价准备，编制的抵销分录为：

借：存货——存货跌价准备   16 000 000

  贷：资产减值损失   16 000 000

（3）抵销递延所得税资产。

上述第（2）笔抵销分录使得因计提存货跌价准备引起的存货账面价值与计税基础不
一致的根源消除，由此确认的递延所得税资产也应予以抵销，针对该事项编制的抵销分
录为：

借：所得税费用（16 000 000×25％）   4 000 000

  贷：递延所得税资产   4 000 000

合并工作底稿（局部）见表 9-51。

表 9-51   合并工作底稿（局部）   单位：万元

项目	母公司	子公司	合计金额	调整、抵销分录		少数股东权益	合并金额
				借方	贷方		
（利润表项目）							
营业收入				20 000			
营业成本					16 000		
资产减值损失					1 600		
所得税费用				400			
（资产负债表项目）							
存货				1 600	4 000		
递延所得税资产					400		

【例 9-30】承【例 9-29】，20×4 年 S 公司上期从 P 公司购入的存货依然没有变卖出去，
期末的可变现净值为 12 000 万元。P 公司和 S 公司适用的所得税税率均为 25％。

P 公司在连续编制合并财务报表时，进行的抵销处理如下：

（1）连续抵销上期的内部销售对本期的影响。

借：年初未分配利润 40 000 000

 贷：营业成本 40 000 000

（2）连续抵销存货跌价准备。

本期S公司个别账簿中反映的存货跌价准备的余额是8 000万元（20 000-12 000），企业集团只需反映存货跌价准备4 000万元（16 000-12 000）即可，因此编制的连续抵销分录为：

借：存货——存货跌价准备（80 000 000-40 000 000） 40 000 000

 贷：年初未分配利润（上期的资产减值损失） 16 000 000

  资产减值损失（倒挤） 24 000 000

（3）连续抵销递延所得税资产。

本例中，在S公司个别财务报表中，根据存货跌价准备的期末余额8 000万元确认的递延所得税资产期末余额应为2 000万元（8 000×25%）。由于本期抵销4 000万元存货跌价准备，所以进而抵销递延所得税资产1 000万元（4 000×25%）。编制的抵销分录为：

借：年初未分配利润（上年的所得税费用金额） 4 000 000

 所得税费用（倒挤） 6 000 000

 贷：递延所得税资产 10 000 000

如此一来，企业集团的合并财务报表中还有递延所得税资产1 000万元（2 000-1 000），对应企业集团应提取的4 000万元存货跌价准备确认的递延所得税资产。

合并工作底稿（局部）见表9-52。

表9-52   **合并工作底稿（局部）**   单位：万元

项目	母公司	子公司	合计金额	调整、抵销分录		少数股东权益	合并金额
				借方	贷方		
（利润表项目）							
营业成本					4 000		
资产减值损失					2 400		
所得税费用				600			
（所有者权益变动表项目）							
年初未分配利润				4 000 400	1 600		
（资产负债表项目）							
存货				4 000			
递延所得税资产					1 000		

9.10.3 递延所得税事项的确认

1）对存货交易抵销引起的递延所得税确认

在不考虑存货跌价准备的因素下，对于集团内部商品交易形成的存货，从持有存货的个别企业角度而言，取得成本就是该资产的历史成本，其中包括销售企业未实现的内部销售损益，这一取得成本也是从合并财务报表角度认可的存货的计税基础。但在编制合并财务报表时，应当将纳入合并范围的内部商品交易形成的存货价值中包含的未实现内部销售损益抵销，如此一来，合并资产负债表所反映的存货价值是以内部销售企业的销售成本列示的，不包含未实现内部销售损益。由此导致在合并资产负债表所列示的存货的账面价值与计税基础不一致，产生了暂时性差异。因此在合并财务报表中，应进而确认递延所得税资产或递延所得税负债。

【例9-31】P公司是S公司的母公司。20×1年，P公司利润表列示的营业收入中有7 500万元是当年向S公司销售产品取得，销售成本为4 500万元。20×1年年末，S公司该批内部购进商品全部未实现对外销售。P公司和S公司适用的企业所得税税率均为25%。

P公司在编制合并财务报表时，进行的处理如下：

（1）抵销内部交易的影响。

借：营业收入　　　　　　　　　　　　　　　　　　　75 000 000

　　贷：营业成本　　　　　　　　　　　　　　　　　　　　　45 000 000

　　　　存货　　　　　　　　　　　　　　　　　　　　　　　30 000 000

（2）确认递延所得税资产。

本例中，从集团公司角度来说，通过上述抵销处理，合并资产负债表中该存货的价值即账面价值为4 500万元，而计税基础仍然是S公司购入存货的历史成本7 500万元，因此产生了可抵扣暂时性差异3 000万元，在编制合并财务报表时应确认递延所得税资产750万元（3 000×25%），编制的调整分录为：

借：递延所得税资产　　　　　　　　　　　　　　　　　7 500 000

　　贷：所得税费用　　　　　　　　　　　　　　　　　　　　7 500 000

合并工作底稿（局部）见表9-53。

表9-53　　　　　　　　　　　　　合并工作底稿（局部）　　　　　　　　单位：万元

项目	母公司	子公司	合计金额	调整、抵销分录		少数股东权益	合并金额
				借方	贷方		
（利润表项目）							
营业收入				7 500			
营业成本					4 500		
所得税费用					750		
（资产负债表项目）							
存货					3 000		
递延所得税资产				750			

【例9-32】承【例9-31】，20×2年，P公司又向S公司销售产品，取得销售收入6 000万元，销售成本为3 600万元。本年S公司将内部购进商品全部实现对外销售。P公司和S

公司适用的企业所得税税率均为25%。

P公司在编制合并财务报表时，进行的处理如下：

（1）抵销上期交易对本期的影响。

借：年初未分配利润　　　　　　　　　　　　　　　30 000 000

　　贷：营业成本　　　　　　　　　　　　　　　　　　　　30 000 000

（2）抵销本期的内部交易。

借：营业收入　　　　　　　　　　　　　　　　　　60 000 000

　　贷：营业成本　　　　　　　　　　　　　　　　　　　　60 000 000

（3）连续确认递延所得税资产。

由于本期未对存货中包含的未实现内部销售损益进行抵销，所以没有产生新的暂时性差异，但需要对上期确认的递延所得税资产在本期合并财务报表中连续确认。编制的调整分录为：

借：递延所得税资产　　　　　　　　　　　　　　　7 500 000

　　贷：年初未分配利润　　　　　　　　　　　　　　　　　7 500 000

合并工作底稿（局部）见表9-54。

表9-54　　　　　　　　　　　　合并工作底稿（局部）　　　　　　　　　单位：万元

项目	母公司	子公司	合计金额	调整、抵销分录		少数股东权益	合并金额
				借方	贷方		
（利润表项目）							
营业收入				6 000			
营业成本					3 000 6 000		
（所有者权益变动表项目）							
年初未分配利润				3 000	750		
（资产负债表项目）							
递延所得税资产				750			

2）对固定资产交易抵销引起的递延所得税确认

对于内部交易形成的固定资产，对持有该固定资产的企业来说，取得成本就是该固定资产的历史成本，其中包括销售企业未实现的内部销售损益，在不考虑计提固定资产减值准备的情况下，个别企业按历史成本计提折旧进行持续计量，在个别财务报表中反映的价值即为计税基础。但在编制合并财务报表时，随着内部交易形成的固定资产和累计折旧中包含的未实现内部销售损益的抵销，导致在合并资产负债表中列示的固定资产价值与计税基础不同，产生了暂时性差异。因此在编制合并财务报表时，需要确认相应的递延所得税资产或递延所得税负债。

【例9-33】P公司是S公司的母公司。20×1年1月1日，P公司将自己生产的产品销售给S公司作为管理用固定资产，销售收入为3 360万元，销售成本为2 400万元。按年限平均法计提折旧，折旧年限为4年，预计净残值为0。S公司对该固定资产确定的折旧年限和预计净残值与税法规定一致。P公司和S公司适用的企业所得税税率均为25%。

P公司在编制合并财务报表时，应当进行如下处理：

（1）抵销内部交易的影响。

借：营业收入   33 600 000

  贷：营业成本   24 000 000

    固定资产   9 600 000

（2）抵销累计折旧中包含的未实现内部销售损益。

借：固定资产——累计折旧（9 600 000÷4×11÷12） 2 200 000

  贷：管理费用   2 200 000

（3）确认递延所得税资产。

本例中，合并资产负债表中该固定资产的账面价值为1 850万元（3 360-960-2 400÷4×11÷12），而计税基础为在S公司个别财务报表中的账面价值2 590万元（3 360-3 360÷4×11÷12），形成了可抵扣暂时性差异740万元，应在编制合并财务报表时确认递延所得税资产185万元（740×25%）。编制的调整分录如下：

借：递延所得税资产   1 850 000

  贷：所得税费用   1 850 000

其实不计算固定资产的账面价值和计税基础，也可以得出递延所得税资产的金额。上述第（1）、（2）笔分录对固定资产调低了740万元（960-220），这就产生了资产账面价值小于计税基础的可抵扣暂时性差异，需要进而确认递延所得税资产。

合并工作底稿（局部）见表9-55。

表9-55   合并工作底稿（局部）   单位：万元

项目	母公司	子公司	合计金额	调整、抵销分录		少数股东权益	合并金额
				借方	贷方		
（利润表项目）							
营业收入				3 360			
营业成本					2 400		
管理费用					220		
所得税费用					185		
（资产负债表项目）							
固定资产				220	960		
递延所得税资产				185	·		

【例9-34】承【例9-33】，20×2年P公司在连续编制合并财务报表时，应当进行如下处理：

（1）抵销上期交易对本期的影响。

借：年初未分配利润   9 600 000

  贷：固定资产   9 600 000

（2）连续抵销累计折旧中包含的未实现内部销售损益。

借：固定资产——累计折旧   4 600 000

  贷：年初未分配利润   2 200 000

    管理费用（9 600 000÷4）   2 400 000

（3）连续确认递延所得税资产。

通过本期编制的上述两笔抵销分录，固定资产的账面价值调低了500万元（960-460），因此形成了可抵扣暂时性差异500万元，本年末递延所得税资产余额应为125万元（500×25%），结合上期对递延所得税的确认，编制的调整分录为：

借：递延所得税资产   1 250 000

    所得税费用   600 000

  贷：年初未分配利润   1 850 000

合并工作底稿（局部）见表9-56。

表9-56　　　　　　　　　　合并工作底稿（局部）　　　　　　　　单位：万元

项目	母公司	子公司	合计金额	调整、抵销分录 借方	调整、抵销分录 贷方	少数股东权益	合并金额
（利润表项目）							
管理费用					240		
所得税费用				60			
（所有者权益变动表项目）							
年初未分配利润				960	220 185		
（资产负债表项目）							
固定资产				460	960		
递延所得税资产				125			

3）控股合并取得的子公司存在暂时性差异需要确认递延所得税事项

我国《企业会计准则第20号——企业合并》将企业合并分为同一控制合并和非同一控制合并两种情况，根据该准则确定了同一控制和非同一控制子公司在合并财务报表中的账面价值。而财政部、国家税务总局《关于企业重组业务企业所得税处理若干问题的通知》规定"企业重组的税务处理区分不同条件分别适用一般性税务处理规定和特殊性税务处理规定。"其中，一般性税务处理规定指的是应税合并，是指被合并企业应视为按公允价值转让，依法缴纳所得税，意味着应税合并取得的子公司按公允价值确认计税基础；而特殊性税务处理规定指的是免税合并，是指被合并企业不确认全部资产的转让所得或损失，不计算缴纳所得税，意味着免税合并取得的子公司按原有的账面价值确认计税基础。根据会计和税务的不同分类，对控股合并取得子公司产生的暂时性影响，见表9-57。

表9-57　　　　　　　　　控股合并取得的子公司产生的暂时性差异分类

项目	同一控制合并	非同一控制合并
应税合并	会计上按账面价值，税务上按公允价值，产生了暂时性差异	会计上按公允价值，税务上按公允价值，不产生暂时性差异
免税合并	会计上按账面价值，税务上按账面价值，不产生暂时性差异	会计上按公允价值，税务上按账面价值，产生了暂时性差异

由此可见，"会计上按同一控制合并，税务上按应税合并处理"和"会计上按非同一控制合并，税务上按免税合并处理"两种情况，都会产生账面价值与计税基础不一致的暂时性差异，应在合并财务报表中确认相关递延所得税资产或递延所得税负债。

【例9-35】20×2年1月1日，P公司购买S公司80%的股份，该合并为非同一控制合并，符合免税合并的条件。购买日，S公司可辨认资产、负债的公允价值与账面价值仅存在一项差异，即甲办公楼账面价值7 500万元，公允价值8 000万元，预计使用年限20年，按年限平均法折旧，无残值。P公司和S公司的所得税税率均为25%。

P公司在编制合并财务报表时，应当进行如下处理：

（1）购买日对S公司的固定资产进行调整。

借：固定资产　　　　　　　　　　　　　　　　　　　　　　　5 000 000

　贷：资本公积　　　　　　　　　　　　　　　　　　　　　　　　5 000 000

（2）确认递延所得税事项。

上述调整分录使子公司固定资产的账面价值升高，而计税基础仍为原先子公司个别报表中的历史成本，因此产生了应纳税暂时性差异，确认的递延所得税事项也对应计入资本公积，而非计入所得税费用。

借：资本公积　　　　　　　　　　　　　　　　　　　　　　　1 250 000

　贷：递延所得税负债　　　　　　　　　　　　　　　　　　　　　1 250 000

（3）调整固定资产按公允价值计提的累计折旧。

借：管理费用（5 000 000÷20）　　　　　　　　　　　　　　　　250 000

　贷：固定资产——累计折旧　　　　　　　　　　　　　　　　　　250 000

（4）确认对累计折旧调整产生的递延所得税。

对固定资产累计折旧的调整，使得固定资产的账面价值与计税基础再次发生了背离，形成了账面价值低于计税基础的可抵扣暂时性差异，进而要在合并财务报表中确认递延所得税资产。

借：递延所得税资产（250 000×25%）　　　　　　　　　　　　　62 500

　贷：所得税费用　　　　　　　　　　　　　　　　　　　　　　　62 500

合并工作底稿（局部）见表9-58。

项目	母公司	子公司	合计金额	调整、抵销分录 借方	调整、抵销分录 贷方	少数股东权益	合并金额
（利润表项目）							
管理费用				25			
所得税费用					6.25		
（资产负债表项目）							
固定资产				500	25		
递延所得税资产				6.25			
递延所得税负债					125		
资本公积				125	500		

表9-58　　　　　　　　　合并工作底稿（局部）　　　　　　　单位：万元

【例9-36】承【例9-35】，20×3年P公司编制合并财务报表时应进行的处理为：

（1）对S公司的固定资产持续调整。

借：固定资产　　　　　　　　　　　　　　　　　　　5 000 000

　　贷：资本公积　　　　　　　　　　　　　　　　　　　　5 000 000

（2）连续调整因公允价值变化引起的递延所得税负债。

借：资本公积　　　　　　　　　　　　　　　　　　　1 250 000

　　贷：递延所得税负债　　　　　　　　　　　　　　　　　1 250 000

（3）连续调整固定资产按公允价值计提的累计折旧。

借：管理费用　　　　　　　　　　　　　　　　　　　　250 000

　　年初未分配利润　　　　　　　　　　　　　　　　　　250 000

　　贷：固定资产——累计折旧　　　　　　　　　　　　　　500 000

（4）连续调整因按公允价值提取折旧引起的递延所得税资产。

借：递延所得税资产（500 000×25%）　　　　　　　　　12 5000

　　贷：所得税费用　　　　　　　　　　　　　　　　　　　62 500

　　　　年初未分配利润　　　　　　　　　　　　　　　　　62 500

合并工作底稿（局部）见表9-59。

对于"会计上按同一控制合并，税务上按应税合并处理"产生的暂时性差异确认的递延所得税资产或递延所得税负债，由于同一控制合并不产生商誉，因此不能对应商誉科目，所以应和"会计上按非同一控制合并，税务上按免税合并处理"情况相同，分别记入"资本公积"和"所得税费用"科目，不再赘述。

综上所述，在合并财务报表中对递延所得税进行处理的根本原因是合并财务报表中的资产、负债的账面价值和计税基础产生了不同，这需要区分"暂时性差异消失"和"暂时性差异产生"两种不同情形，从而对递延所得税事项进行抵销和确认处理。同时还需要注意，在连续编制合并财务报表时，需结合上期的抵销和调整处理，才能正确进行本期的会计处理。

表9-59　　　　　　　　　合并工作底稿（局部）　　　　　　　　单位：万元

项目	母公司	子公司	合计金额	调整、抵销分录		少数股东权益	合并金额
				借方	贷方		
（利润表项目）							
管理费用				25			
所得税费用					6.25		
（所有者权益变动表项目）							
年初未分配利润				25	6.25		
（资产负债表项目）							
固定资产				500	50		
递延所得税资产				12.5			
递延所得税负债					125		
资本公积				125	500		

9.11 合并现金流量表的编制

9.11.1 合并现金流量表概述

合并现金流量表是综合反映母公司及其子公司组成的企业集团在一定会计期间现金流入、现金流出数量以及增减变动情况的财务报表。合并现金流量表以母公司和子公司的现金流量表为基础，在抵销母公司和子公司、子公司相互之间发生的内部交易对合并现金流量表的影响后，由母公司编制。

9.11.2 编制合并现金流量表需要抵销的项目

在以母公司和子公司个别现金流量表为基础编制合并现金流量表时，需要进行抵销的内容主要有：

（1）母公司与子公司、子公司相互之间当期以现金投资或收购股权增加的投资所产生的现金流量应当抵销。

当母公司从子公司购买其持有的其他企业的股票时，由此所产生的现金流量，在购买股权方的母公司的个别现金流量表中，表现为"投资活动产生的现金流量"中的"投资支付的现金"的增加，而在出售股权方的子公司的个别现金流量表中则表现为"投资活动产生的现金流量"中的"收回投资收到的现金"的增加。编制的抵销分录为：

借：投资活动产生的现金流量——投资支付的现金

贷：投资活动产生的现金流量——收回投资收到的现金

在母公司对子公司投资的情况下，其所产生的现金流量，在母公司的个别现金流量表中表现为"投资活动产生的现金流量"中的"投资支付的现金"的增加，而在接受投资的子公司个别现金流量表中则表现为"筹资活动产生的现金流量"中的"吸收投资收到的现金"的增加，因此，编制合并现金流量表时将其予以抵销。编制的抵销分录为：

借：投资活动产生的现金流量——投资支付的现金

　　贷：筹资活动产生的现金流量——吸收投资收到的现金

（2）母公司与子公司、子公司相互之间当期取得投资收益收到的现金，应当与分配股利、利润或偿付利息支付的现金相互抵销。

母公司对子公司投资以及子公司之间进行投资分配现金股利或利润时，由此所产生的现金流量，在股利或利润支付方的个别现金流量表中表现为"筹资活动产生的现金流量"中的"分配股利、利润或偿付利息支付的现金"的增加，而在收到股利或利润方的个别现金流量表中则表现为"投资活动产生的现金流量"中的"取得投资收益收到的现金"的增加，为此，在编制合并现金流量表时必须将其予以抵销。编制的抵销分录为：

借：筹资活动产生的现金流量——分配股利、利润或偿付利息支付的现金

　　贷：投资活动产生的现金流量——取得投资收益收到的现金

（3）母公司与子公司、子公司相互之间以现金结算债权与债务所产生的现金流量应当抵销。

在现金结算的债权与债务属于内部往来的情况下，在债权方的个别现金流量表中表现为"收到的其他与经营活动有关的现金"的增加，在债务方的个别现金流量表中表现为"支付的其他与经营活动有关的现金"的增加，在编制合并现金流量表时必须将其予以抵销。编制的抵销分录为：

借：经营活动产生的现金流量——支付的其他与经营活动有关的现金

　　贷：经营活动产生的现金流量——收到的其他与经营活动有关的现金

（4）母公司与子公司、子公司相互之间销售商品所产生的现金流量应当抵销。

母公司与子公司、子公司相互之间销售商品没有形成固定资产、在建工程、无形资产等资产的情况下，该内部销售商品所产生的现金流量，在销售方的个别现金流量表中表现为"销售商品、提供劳务收到的现金"的增加，而在购买方的个别现金流量表中则表现为"购买商品、接受劳务支付的现金"的增加。编制的抵销分录为：

借：经营活动产生的现金流量——购买商品、接受劳务支付的现金

　　贷：经营活动产生的现金流量——销售商品、提供劳务收到的现金

在母公司与子公司、子公司相互之间销售商品形成固定资产、工程物资、在建工程、无形资产等资产的情况下，该内部销售商品所产生的现金流量，在购买方的个别现金流量表中表现为"购建固定资产、无形资产和其他长期资产所支付的现金"的增加。为此，在编制合并现金流量表时必须将由此所产生的现金流量予以抵销。编制的抵销分录为：

借：投资活动产生的现金流量——购建固定资产、无形资产和其他长期资产所支付的现金

　　贷：经营活动产生的现金流量——销售商品、提供劳务收到的现金

（5）母公司与子公司、子公司相互之间处置固定资产、无形资产和其他长期资产收回的现金净额，应当与购建固定资产、无形资产和其他长期资产支付的现金相互抵销。

内部处置固定资产时，由于处置固定资产等所产生的现金流量，对于处置方个别现金流量表来说，表现为"处置固定资产、无形资产和其他长期资产收回的现金净额"的增加；对于购置该资产的接受方来说，在其个别现金流量表中表现为"购置固定资产、无形

资产和其他长期资产支付的现金"的增加。因此在编制合并现金流量表时必须将由此所产生的现金流量予以抵销。编制的抵销分录为：

借：投资活动产生的现金流量——购置固定资产、无形资产和其他长期资产支付的现金

贷：投资活动产生的现金流量——处置固定资产、无形资产和其他长期资产收回的现金净额

9.11.3　合并现金流量表中有关少数股东权益项目的反映

编制合并现金流量表与个别现金流量表相比，一个特殊的问题就是在子公司为非全资子公司的情况下，涉及子公司与其少数股东之间的现金流入和现金流出的处理问题。

母公司与子公司、子公司之间的现金流量属于内部现金流量，在编制合并现金流量表时应予抵销。而子公司与少数股东之间发生的现金流入或现金流出，从整个企业集团看，影响其整体的现金流入和现金流出，因此不属于内部现金流量，不应予以抵销，要在合并现金流量表中予以反映。

子公司与少数股东之间发生的影响现金流入和现金流出的经济业务包括：少数股东对子公司增加权益性投资、少数股东依法从子公司中抽回权益性投资、子公司向其少数股东支付现金股利或利润等。为了便于企业集团合并财务报表使用者了解和掌握企业集团现金流量的情况，有必要将与子公司少数股东之间的现金流入和现金流出的情况单独反映。

对于子公司的少数股东增加在子公司中的权益性投资，在合并现金流量表中应当在"筹资活动产生的现金流量"之下的"吸收投资收到的现金"项目下"其中：子公司吸收少数股东投资收到的现金"项目反映。

对于子公司向少数股东支付现金股利或利润，在合并现金流量表中应当在"筹资活动产生的现金流量"之下的"分配股利、利润或偿付利息支付的现金"项目下"其中：子公司支付给少数股东的股利、利润"项目反映。

对于子公司的少数股东依法抽回在子公司中的权益性投资，在合并现金流量表中"筹资活动产生的现金流量"之下的"支付其他与筹资活动有关的现金"项目反映。

需要说明的是，在企业合并当期，母公司购买子公司及其他营业单位支付对价中以现金支付的部分与子公司及其他营业单位在购买日持有的现金和现金等价物应当相互抵销，区别以下两种情况分别处理：

（1）子公司及其他营业单位在购买日持有的现金和现金等价物小于母公司支付对价中以现金支付的部分，按减去子公司及其他营业单位在购买日持有的现金和现金等价物后的净额在"取得子公司及其他营业单位支付的现金净额"项目反映，应编制的抵销分录为：

借：取得子公司及其他营业单位支付的现金净额

贷：年初现金及现金等价物余额

（2）子公司及其他营业单位在购买日持有的现金和现金等价物大于母公司支付对价中以现金支付的部分，按减去子公司及其他营业单位在购买日持有的现金和现金等价物后的净额在"收到其他与投资活动有关的现金"项目反映，应编制的抵销分录为：

借：取得子公司及其他营业单位支付的现金净额

　　收到其他与投资活动有关的现金

贷：年初现金及现金等价物余额

本章小结与思维导图

本章主要论述了如何利用"两调一抵"法对一般业务发生时进行合并财务报表的编制。

所谓"两调一抵"法，指的是在编制合并财务报表时，遵循"对子公司调整、对母公司调整、对母子公司抵销"的步骤进行合并财务报表的编制。

对于非同一控制取得的子公司，需要在工作底稿中将子公司的可辨认资产、负债由账面价值调整为购买日的公允价值，并按该公允价值对子公司的账面净利润持续调整。

在工作底稿中，将母公司的长期股权投资由成本法调整为权益法核算。

在对母子公司进行抵销时，需要将母公司的长期股权投资与子公司的所有者权益项目、母公司的投资收益与子公司的利润分配、集团内部的债权债务、集团内部的存货、固定资产和无形资产交易，以及集团内部现金流量进行抵销。

在对集团内部交易进行抵销时，需要区分顺流交易、逆流交易和平流交易不同情况。其中，逆流交易和平流交易会对少数股东损益和少数股东权益造成影响，需要予以正确反映和抵销。

对于集团内部的递延所得税，需要区分"暂时性差异消失"和"暂时性差异产生"两种不同情形，从而对递延所得税进行抵销和确认处理。

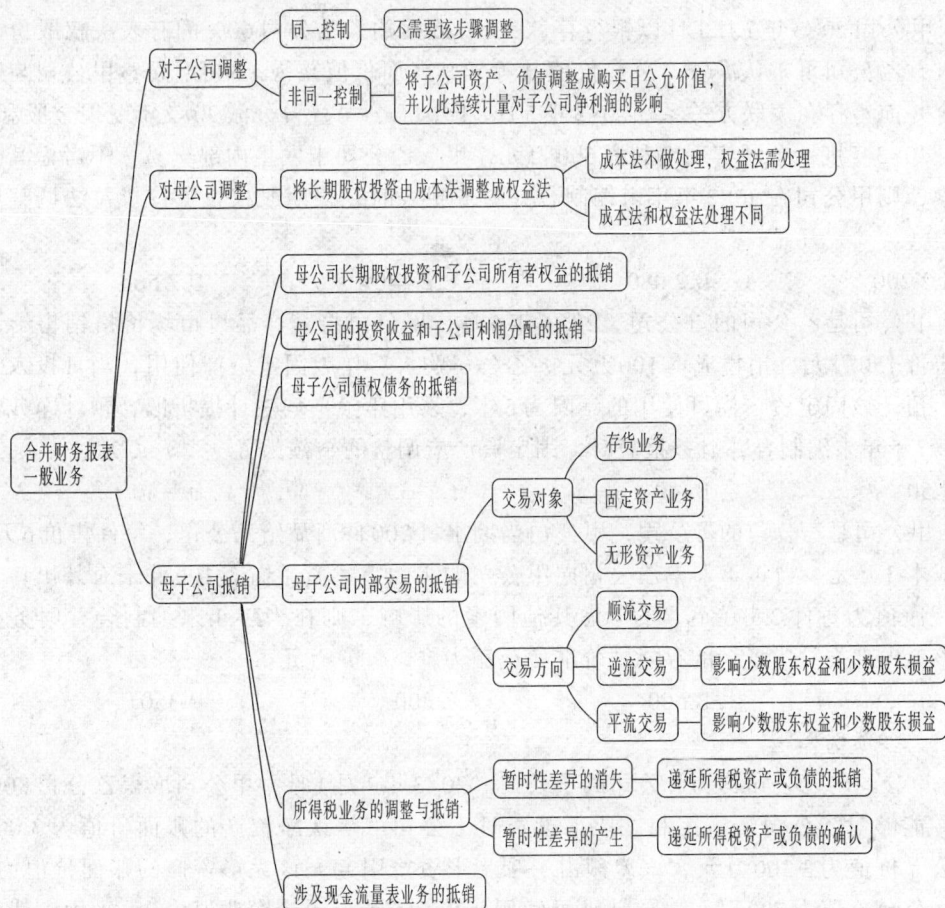

章末习题

一、单项选择题

1.20×5年3月，母公司以1 000万元的价格（不含增值税）将其生产的设备销售给其全资子公司作为管理用固定资产，款项已收到。母公司该设备的生产成本为600万元。子公司购入该设备后立即投入使用，并对其采用年限平均法计提折旧，该设备预计使用年限为10年，预计净残值为0。假定不考虑所得税等其他因素的影响，则编制20×5年合并财务报表时，因该设备相关的未实现内部销售利润的抵销而影响合并净利润的金额为（　　）万元。

微课9.6 第9章单项选择题第1题的讲解

A.30　　　　　　　B.370　　　　　　　C.400　　　　　　　D.360

2.20×2年10月12日，甲公司向其子公司乙公司销售一批商品，不含增值税的销售价格为3 000万元，增值税税额为390万元，款项尚未收到；该批商品成本为2 200万元，至当年12月31日，乙公司已将该批商品对外销售80%，不考虑其他因素的影响。甲公司在编制20×2年12月31日合并资产负债表时，"存货"项目应抵销的金额为（　　）万元。

A.160　　　　　　　B.440　　　　　　　C.600　　　　　　　D.640

3.甲公司20×3年1月1日以银行存款2 200万元购入乙公司60%的有表决权股份，合并当日，乙公司可辨认净资产公允价值（等于其账面价值）为3 300万元，甲公司与乙公司在合并前不存在关联方关系。20×3年5月8日，乙公司宣告分派20×2年度现金股利200万元。20×3年度乙公司实现净利润600万元，甲、乙公司未发生内部交易。不考虑其他影响因素，则甲公司在20×3年年末编制合并财务报表时，长期股权投资按权益法调整后的金额为（　　）万元。

A.2 200　　　　　　B.2 080　　　　　　C.2 440　　　　　　D.2 560

4.甲公司是乙公司的母公司，20×6年6月，甲公司将其产品以市场价格销售给乙公司，售价150万元，销售成本100万元。乙公司购入后作为固定资产使用，当日投入管理部门。预计该固定资产尚可使用的年限为5年，采用年限平均法计提折旧，预计净残值为0。20×7年年末编制合并财务报表时，固定资产应调整的金额为（　　）万元。

A.50　　　　　　　B.10　　　　　　　C. -35　　　　　　　D. -40

5.甲公司是乙公司的母公司，甲公司当期出售200件商品给乙公司，每件售价6万元，每件成本3万元。当年年末，乙公司向甲公司购买的上述商品尚有100件未对外出售，其可变现净值为每件2.5万元。不考虑其他因素的影响，则在当年年末编制合并财务报表时，该项内部交易应抵销的存货跌价准备金额为（　　）万元。

A.0　　　　　　　B.600　　　　　　　C.300　　　　　　　D.350

二、多项选择题

1.甲公司与乙公司均为A公司的子公司。20×3年1月1日，甲公司取得乙公司80%的股权，能够对乙公司实施控制。取得投资时乙公司可辨认净资产的账面价值为3 000万元，公允价值为3 200万元，该差额由一项无形资产引起，该无形资产的账面价值为500万元，公允价值为700万元，预计尚可使用年限为5年，预计净残值为0，采用直线法摊销。假设甲公司与乙公司所采用的会计政策和会计期间一致，20×3年度甲公司与乙公司之间未发生内部交易，不考虑其他因素的影响。下列说法中，不正确的有（   ）。

A.20×3年1月1日，甲公司在编制合并财务报表时，应以乙公司的个别财务报表为基础，不需要进行调整

B.20×3年1月1日，甲公司在编制合并财务报表时，应对乙公司的个别财务报表进行调整，使乙公司的个别财务报表反映为在购买日的公允价值

C.20×3年1月1日，甲公司在编制合并财务报表时，应将乙公司的无形资产调整为公允价值，借记"无形资产"，贷记"资本公积"

D.20×3年12月31日，甲公司在编制合并财务报表时，应调增乙公司个别财务报表中无形资产的价值160万元

2.下列说法中正确的有（   ）。

A.在子公司为全资子公司的情况下，母公司对子公司长期股权投资的金额和子公司所有者权益各项目的金额应当全额抵销

B.在子公司为非全资子公司的情况下，应当将母公司对子公司长期股权投资和少数股东权益的金额与子公司所有者权益相抵销

C.同一控制下的企业合并，不会产生新的商誉

D.子公司所有者权益中不属于母公司的份额，即子公司所有者权益中抵销母公司所享有的份额后的余额，在合并财务报表中作为资本公积处理

3.编制合并现金流量表时，下列不应予以抵销的项目有（   ）。

A.子公司的少数股东依法从子公司抽回权益性投资

B.子公司向其少数股东支付的现金股利

C.子公司吸收母公司投资收到的现金

D.子公司吸收少数股东投资收到的现金

4.A公司为B公司的母公司。20×2年年末，A公司应收B公司账款为100万元，坏账准备5万元；20×3年年末，A公司应收B公司账款为200万元，坏账准备10万元。假定不考虑所得税的影响，A公司编制20×3年合并财务报表时，应编制的抵销分录有（   ）。

A.借：应付账款　　　　　　　　　　　　　　　200
　　贷：应收账款　　　　　　　　　　　　　　　　　200

B.借：应收账款　　　　　　　　　　　　　　　　5
　　贷：信用减值损失　　　　　　　　　　　　　　　　5

C.借：信用减值损失　　　　　　　　　　　　　　5
　　贷：应收账款　　　　　　　　　　　　　　　　　　5

D.借：应收账款　　　　　　　　　　　　　　　　5
　　贷：年初未分配利润　　　　　　　　　　　　　　　5

5.下列各项中，企业编制合并财务报表时，需要进行抵销的有（   ）。

A.母公司对子公司的长期股权投资与子公司的所有者权益

B.母公司向子公司转让无形资产中包含的未实现内部销售损益

C.子公司向母公司销售商品价款中包含的未实现内部销售利润

D.母公司和子公司之间的债权债务

三、业务题

新华公司于20×2年1月1日以银行存款6 600万元取得大海公司80%的股权，从而能够对大海公司实施控制。新华公司和大海公司在合并前不存在任何关联方关系，均按净利润的10%提取法定盈余公积。假定新华公司的会计政策和会计期间与大海公司一致。有关资料如下：

（1）20×2年1月1日，大海公司账面股东权益总额为7 700万元，其中股本为5 000万元、资本公积为700万元、盈余公积为200万元、未分配利润为1 800万元。可辨认净资产的公允价值为8 000万元。20×2年1月1日，大海公司除一项管理用固定资产和一项管理用无形资产的公允价值和账面价值不同外，其他可辨认资产和负债的公允价值与账面价值均相同。购买日，该项固定资产的公允价值为500万元，账面价值为300万元，预计尚可使用年限为10年，采用年限平均法计提折旧，预计净残值为0；该项无形资产购买日的公允价值为300万元，账面价值为200万元，预计尚可使用年限为5年，采用直线法摊销，无残值。

（2）20×2年，新华公司向大海公司销售A产品100台，每台不含税售价为7.5万元，价款已收存银行。每台成本为4.5万元，未计提存货跌价准备。当年大海公司购入的A产品对外售出40台，其余部分形成期末存货，期末大海公司未对剩余A产品计提存货跌价准备。

（3）20×2年，大海公司实现净利润620万元，宣告并分派20×1年现金股利100万元；大海公司因持有其他权益工具投资使得其他综合收益增加200万元。

（4）20×3年，大海公司又对外售出A产品30台，其余部分形成期末存货，期末未发生减值。

（5）20×3年，大海公司实现净利润450万元，宣告并分派20×2年现金股利200万元；大海公司对外出售上期持有的其他权益工具投资使得其他综合收益减少200万元。

（6）其他相关资料：

①新华公司、大海公司均系增值税一般纳税人，适用的增值税税率均为13%。

②不考虑与合并现金流量表相关的抵销调整分录。

③不考虑除增值税外的其他相关税费。

要求：（1）编制新华公司20×2年合并财务报表的相关调整、抵销分录。

（2）编制新华公司20×3年合并财务报表的相关调整、抵销分录。

微课9.7 第9章业务题中完全权益法的讲解

四、思考题

1.为什么在编制合并财务报表时需要将母公司的长期股权投资调整成权益法核算？

2.为什么需要将子公司的利润分配项目进行抵销？

3.如何进行内部债权、债务的抵销？

4.如何对集团内部交易形成的存货计提的存货跌价准备进行抵销？

5.集团内部的逆流交易和平流交易如何影响少数股东权益？应如何进行反映？

6.如何对集团内部形成的固定资产进行抵销？

7.编制合并财务报表时如何对递延所得税进行抵销和确认？

第9章习题答案

合并财务报表（下）——特殊业务

学习目标：理解成本法直接编制合并财务报表的原理和步骤；理解企业集团内部债券业务的抵销处理；掌握间接控制和交叉持股时复杂股权结构的合并抵销处理；理解优先股的合并抵销处理；理解母公司股权比例变动时的抵销处理；理解下推会计的含义和核算。

引导案例

2010年4月7日，德国汽车制造商戴姆勒公司与雷诺－日产联盟宣布建立大战略联盟。戴姆勒将公司3.1%的股权转给雷诺－日产联盟，换得后者3.1%的股权。雷诺－日产联盟表示，与戴姆勒的合作产生的协同效应将帮助日产获得10亿欧元的净成本节约，而雷诺未来五年与戴姆勒结盟的协同效应的净现值至少有20亿欧元。显然，基于交叉控股的战略合作已经为双方逐步取得共赢的效果。

其实，汽车制造行业的交叉持股并不少见。2009年底，欧洲最大的汽车制造商大众和铃木就曾宣布交叉持股并展开合作，大众以25亿美元的价格收购铃木19.9%的股份，而铃木把售股所得至多一半的资金用来购买大众股份，以巩固双方的联盟。另外，雷诺曾经在1999年获得了濒临破产的日产的控股权。双方的交叉持股也加强了二者长达11年的合作。雷诺目前持有日产44%的股份，后者则拥有这家法国汽车制造商15%的股份。

因为汽车行业巨大，全球竞争压力也比较大，从市场竞争角度出发的行业整合，一种是兼并收购，另一种便是交叉持股的合作。兼并收购是一个公司控制另一个公司的方式，而交叉持股更像是一种基于关系管理的紧密协作。过去汽车行业由于战略、核心能力、文化等不同，兼并收购失败多、成功少，并且在控制与被控制的模式下，企业的财务成本与风险也更高，所以现在汽车行业中有更多公司选择交叉持股的方式。这种方式的好处在于浅度合作，双方都保持自己的战略定位、核心产品、基本运营模式，在资源方面实现协同和规模效应，但是在消费者看得见的角度依旧保持竞争，独立发展。因此，目前汽车行业较多出现这种交叉持股的现象。

交叉持股的存在将使合并财务报表的编制更具挑战性。本章将对包括交叉持股在内的特殊问题的合并财务报表编制进行探讨。

10.1 "一调一抵"的基本思路——成本法编制合并财务报表

在第9章探讨的合并财务报表编制中，遵循的是"两调一抵"的思路，即按照"对子公司调整、对母公司调整、对母子公司抵销"的步骤进行合并财务报表的编制。其中"对母公司调整"需要将母公司的长期股权投资由成本法调整为权益法，并在随后的"对母子公司抵销"中将调整后的长期股权投资抵销。既然调整之后再被抵销，那么不经过权益法的调整，直接将按成本法核算的长期股权投资进行抵销具备实务上的可行性。如此一来，"两调一抵"的合并财务报表编制思路简化为"一调一抵"（对子公司调整、对母子公司抵销）的思路。

10.1.1 成本法直接编制合并财务报表的可行性

2011年5月12日，IASB发布的《国际财务报告准则第10号——合并财务报表》应用指南第86段中，规定了"合并财务报表应将母公司和其子公司的资产、负债、权益、收益、费用、现金流量的相同项目加以合并，抵销母公司对子公司投资的账面金额与其在各子公司中所占的权益份额"，并未规定必须将长期股权投资由成本法调整为权益法才能编制合并财务报表。

根据美国会计研究公告第51号《合并财务报表》和FASB第94号准则《全资控股子公司的合并》，母公司甚至可以在其个别账簿中自由选择采用成本法还是权益法核算纳入合并范围的子公司的投资。因为母公司的投资账户余额、母公司来自子公司的收益和其他内容在编制合并财务报表时都会予以抵销，编制的合并财务报表是一致的。

我国曾在《企业会计准则第33号——合并财务报表》中规定，企业对子公司投资采用成本法核算，编制合并财务报表时调整为权益法。但同时准则又允许母公司在采用成本法的基础上直接编制合并财务报表，只要生成的合并财务报表符合准则的相关规定。2014年我国修订了该准则，删除了"长期股权投资调整为权益法再进行合并财务报表编制"的规定。

10.1.2 成本法直接编制合并财务报表的步骤

第一步，将子公司的资产、负债由账面价值调整为股权投资日的公允价值，并按该公允价值持续计量，对净利润进行调整。

第二步，将股权投资日的子公司所有者权益与母公司的长期股权投资抵销，并确认少数股东权益金额。

第三步，将股权投资日后子公司所有者权益变动的金额，按照少数股东持股比例分配给少数股东，追加确认少数股东权益。

第四步，抵销子公司的利润分配。

第五步，抵销集团内部交易和事项的影响。

上述步骤中第一步和第五步与"两调一抵"编制合并财务报表的处理相同。第三步则是利用成本法直接编制合并财务报表的关键。

由于引起子公司所有者权益变动的事项主要有盈利、亏损、分配股利以及发生的其他权益变动等，因此：

$$\begin{aligned}少数股东\\权益\end{aligned} = \begin{aligned}股权投资日可辨认\\净资产公允价值\end{aligned} \times \begin{aligned}少数\\股权\end{aligned} + \begin{aligned}基于股权投资日可辨认净资产\\公允价值计算子公司净利润(净亏损)\end{aligned} \times \begin{aligned}少数\\股权\end{aligned} - \begin{aligned}子公司分配\\的股利\end{aligned} \times$$

$$\begin{aligned}少数\\股权\end{aligned} \ {}^{+/-} \ \begin{aligned}子公司其他\\权益的变动\end{aligned} \times \begin{aligned}少数\\股权\end{aligned}$$

只要正确确定了少数股东权益，采用成本法直接编制的合并财务报表一定等于采用权益法编制的合并财务报表。

10.1.3 两种方法编制合并财务报表的比较

【例 10-1】20×2 年 1 月 1 日，A 公司用银行存款 6 000 万元购得 B 公司 80% 的股份（假定 A 公司与 B 公司的合并属于非同一控制下的企业合并）。B 公司办公楼的公允价值为 1 400 万元，账面价值为 1 200 万元，按年限平均法计提折旧，预计使用年限为 20 年，无残值。其他资产和负债的公允价值与账面价值相等。

20×2 年 1 月 1 日，B 公司股东权益总额为 7 000 万元，其中股本 4 000 万元、资本公积 3 000 万元。20×2 年，B 公司实现净利润 2 000 万元，提取法定盈余公积 200 万元，分派现金股利 1 200 万元，未分配利润为 600 万元。B 公司因持有其他权益工具投资的公允价值变动计入当期其他综合收益的金额为 200 万元。

在 A 公司个别财务报表中，按照成本法进行如下的会计处理：

借：长期股权投资　　　　　　　　　　　　　　　　　　　　60 000 000
　　贷：银行存款　　　　　　　　　　　　　　　　　　　　　　　　60 000 000
借：银行存款　　　　　　　　　　　　　　　　　　　　　　9 600 000
　　贷：投资收益　　　　　　　　　　　　　　　　　　　　　　　　9 600 000

由于股权投资日编制的合并财务报表尚不涉及两种方法的差异，因此本节不作涉及。

（1）年末按权益法编制合并财务报表时。

①将 B 公司固定资产账面价值调整成股权投资日的公允价值，并按公允价值与账面价值的差额对折旧进行调整。（"对子公司的调整"）

借：固定资产　　　　　　　　　　　　　　　　　　　　　　2 000 000
　　贷：资本公积　　　　　　　　　　　　　　　　　　　　　　　　2 000 000
借：管理费用　　　　　　　　　　　　　　　　　　　　　　100 000
　　贷：固定资产——累计折旧　　　　　　　　　　　　　　　　　　100 000

②将母公司的长期股权投资由成本法调整为权益法。（"对母公司的调整"）

以 B 公司 20×2 年 1 月 1 日各项可辨认资产的公允价值为基础，重新确定 B 公司 20×2 年的净利润为 1 990 万元（2 000-10）。

借：长期股权投资（19 900 000×80%）　　　　　　　　　　15 920 000
　　贷：投资收益　　　　　　　　　　　　　　　　　　　　　　　15 920 000
借：投资收益（12 000 000×80%）　　　　　　　　　　　　9 600 000
　　贷：长期股权投资　　　　　　　　　　　　　　　　　　　　　9 600 000
借：长期股权投资（2 000 000×80%）　　　　　　　　　　　1 600 000
　　贷：其他综合收益　　　　　　　　　　　　　　　　　　　　　1 600 000

③对母公司长期股权投资与子公司的所有者权益，以及母公司的投资收益与子公司的利润分配进行抵销。（"对母子公司抵销"）

借：股本	40 000 000	
资本公积	32 000 000	
其他综合收益	2 000 000	
盈余公积	2 000 000	
年末未分配利润	5 900 000	
商誉（60 000 000-72 000 000×80%）	2 400 000	
贷：长期股权投资		67 920 000
少数股东权益		16 380 000
借：投资收益（19 900 000×80%）	15 920 000	
少数股东损益（19 900 000×20%）	3 980 000	
年初未分配利润	0	
贷：提取盈余公积		2 000 000
对股东的分配		12 000 000
年末未分配利润		5 900 000

（2）年末按成本法直接编制合并财务报表时。

①对子公司固定资产的原价及折旧按照股权投资日公允价值进行调整。（"对子公司的调整"）

借：固定资产	2 000 000	
贷：资本公积		2 000 000
借：管理费用	100 000	
贷：固定资产——累计折旧		100 000

②对股权投资日母公司的长期股权投资与子公司所有者权益，以及母公司的投资收益与子公司股利分配进行抵销。（"对母子公司抵销"）

借：股本	40 000 000	
资本公积	32 000 000	
商誉	2 400 000	
贷：长期股权投资		60 000 000
少数股东权益（（40 000 000+32 000 000）×20%）		14 400 000
借：投资收益	9 600 000	
贷：对股东的分配		9 600 000

③将调整后的净利润分配给少数股东，并抵销子公司利润分配中属于少数股东的部分。

借：少数股东损益（19 900 000×20%）	3 980 000	
贷：对股东的分配（12 000 000×20%）		2 400 000
少数股东权益		1 580 000

④将子公司的其他权益变动分配给少数股东。

借：其他综合收益（2 000 000×20%）　　　　　　　　　　　　　　　　　　400 000

　　贷：少数股东权益　　　　　　　　　　　　　　　　　　　　　　　　　　　　400 000

⑤抵销子公司利润分配中提取的盈余公积。

借：盈余公积　　　　　　　　　　　　　　　　　　　　　　　　　　　　2 000 000

　　贷：提取盈余公积　　　　　　　　　　　　　　　　　　　　　　　　　　　2 000 000

经过编制上述调整与抵销分录，两种方法得到的结果完全相同，具体见表10-1。

表10-1　　　　　　　　　　权益法和成本法编制合并财务报表比较　　　　　　　　　单位：万元

项目	权益法编制	成本法编制
长期股权投资	6 000+1 592−960+160−6 792=0	6 000−6 000=0
投资收益	960+1 592−960−1 592=0	960−960=0
商誉	240	240
股本	4 000−4 000=0	4 000−4 000=0
资本公积	3 000+200−3 200=0	3 000+200−3 200=−0
其他综合收益	160−200=−40	−40
盈余公积	200−200=0	200−200=0
年初未分配利润	0	0
年末未分配利润	590−590=0	没有涉及，因此也是0
少数股东权益	1 638	1 440+158+40=1 638
少数股东损益	−398	−398
提取盈余公积	−200	−200
对股东的分配	−1 200	−960−240=−1 200

10.1.4　成本法下合并财务报表的连续编制

【例10-2】承【例10-1】，假设20×3年B公司实现净利润2 400万元，提取法定盈余公积240万元，无其他所有者权益变动，则由成本法直接编制合并财务报表，需要编制下列调整、抵销分录：

（1）连续调整子公司固定资产及累计折旧。

借：固定资产　　　　　　　　　　　　　　　　　　　　　　　　　　　　2 000 000

　　贷：资本公积　　　　　　　　　　　　　　　　　　　　　　　　　　　　2 000 000

借：年初未分配利润　　　　　　　　　　　　　　　　　　　　　　　　　　100 000

　　管理费用　　　　　　　　　　　　　　　　　　　　　　　　　　　　　100 000

　　贷：固定资产——累计折旧　　　　　　　　　　　　　　　　　　　　　　200 000

（2）依然对股权投资日子公司的所有者权益与母公司长期股权投资进行抵销。

借：股本　　　　　　　　　　　　　　　　　　　　　　　　　　　　　40 000 000

　　资本公积　　　　　　　　　　　　　　　　　　　　　　　　　　　32 000 000

　　商誉　　　　　　　　　　　　　　　　　　　　　　　　　　　　　2 400 000

　　贷：长期股权投资　　　　　　　　　　　　　　　　　　　60 000 000
　　　　少数股东权益　　　　　　　　　　　　　　　　　　　14 400 000

（3）确认累计净利润中归属于少数股东的权益，本年的金额为478万元（（2 400-
10）×20%），去年的158万元通过"年初未分配利润"调整。

　　借：少数股东损益　　　　　　　　　　　　　　　　　　　4 780 000
　　　　年初未分配利润　　　　　　　　　　　　　　　　　　1 580 000
　　　　贷：少数股东权益　　　　　　　　　　　　　　　　　　　6 360 000

（4）连续调整其他综合收益归属于少数股东的权益。

　　借：其他综合收益　　　　　　　　　　　　　　　　　　　400 000
　　　　贷：少数股东权益　　　　　　　　　　　　　　　　　　　400 000

（5）连续抵销子公司利润分配中提取的盈余公积，当年的通过"提取盈余公积"抵
销，去年的通过"年初未分配利润"抵销。

　　借：盈余公积　　　　　　　　　　　　　　　　　　　　　4 400 000
　　　　贷：提取盈余公积　　　　　　　　　　　　　　　　　　　2 400 000
　　　　　　年初未分配利润　　　　　　　　　　　　　　　　　　2 000 000

　　通过上例可以看出，股权投资日母公司的长期股权投资与子公司所有者权益的抵销分录，不管是股权投资日还是日后连续编制的情况下，编制的分录始终是相同的，每年只需要简单复制即可，省却了每年按照子公司年末的所有者权益进行抵销的过程。

　　在按照权益法编制合并财务报表时，子公司的"未分配利润"在抵销分录中通过一借一贷的处理，相当于没有对其进行抵销，纯粹是为了平衡分录而出现，没有实际意义。而在采用成本法编制合并财务报表时，完全不出现该项目，反而有利于把握抵销的实质。

　　综上所述，由权益法编制下的"两调一抵"转变为成本法编制下的"一调一抵"，更加直观，并且大大简化了合并财务报表的编制过程，因此本章的合并抵销处理都将遵循成本法直接编制合并财务报表的步骤进行合并财务报表的编制。

10.2　企业集团内部债券业务的合并抵销处理

　　随着资本市场的发展，利用债券融资的方式越来越被企业接受，集团内部的企业持有彼此发行的债券也变得日益常见。债券有私募发行和公募发行两种方式，不同的发行方式下债券业务的抵销处理是不同的。

10.2.1　私募发行方式下的抵销处理

　　私募发行无须经过证券公司等中介机构，直接面向少数特定的投资者发行债券，手续比较简便。集团内部的企业通过该方式发行债券时，母公司可以凭借其控制地位，促使投资者直接让渡资金给债券发行方，从而提高集团内部借贷的效率和灵活度，此时债券业务的抵销与集团内部其他债权债务的抵销原理相同。

　　由于私募发行的债券无法上市交易，不存在公开活跃的市场，债券持有方不应按"其他债权投资"或"交易性金融资产"核算，一般按"债权投资"进行核算，因此抵销分录通常为以下三笔：

（1）借：应付债券
　　　贷：债权投资
（2）借：投资收益
　　　贷：财务费用
（3）借：应付利息
　　　贷：应收利息

本教材第9章9.6节已对该问题进行了探讨。

10.2.2　公募发行方式下的抵销处理

1）公募发行产生的债券推定赎回

公募发行是委托证券公司等中介机构承销，公开向广泛不特定的投资者发行债券。当集团内一方通过公募方式发行债券时，投资者可以通过代理银行或证券交易所购入债券，无法从债券发行方直接购入。此时从发债主体的角度看，债券尚未到期仍在市场流通；但从企业集团的角度看，从债券被集团内其他企业购回的那个时点起就认为该债券被赎回，即产生了推定赎回。

2）债券推定赎回利得或损失的确认和分配

由于市场利率的变动，投资者从公开市场上购入债券的价值和债券的发行价格已经背离。当发债企业债券的账面价值（面值+未摊销溢价–未摊销折价+发行成本）–债券投资方取得债券的成本大于0时，产生推定赎回利得；反之，则为推定赎回损失。由于债券不是真正的赎回，因此在个别财务报表中并没有体现该利得或损失，只能在合并财务报表层面予以确认。

债券推定赎回利得或损失的分配有四种方法：

（1）全部分配给母公司；

（2）由发债企业和投资企业共同承担；

（3）全部分配给投资企业；

（4）全部分配给发债企业。

不同的方法对合并财务报表中推定赎回利得或损失的总额不产生影响，但对非全资子公司少数股东权益的计算有差异。国际上流行的是第四种方法，即代理观的应用，认为投资企业只是代理发债企业赎回了自身发行的债券，因此将推定赎回产生的利得或损失分配给发债企业更具合理性。

3）企业集团内部债券业务的抵销处理

同集团内部发生交易的方向相同，集团内部的债券业务也有三种情况：子公司发行债券，母公司购回（债券的逆流）；母公司发行债券，子公司购回（债券的顺流）；一家子公司发行债券，另一家子公司购回（债券的平流）。

（1）子公司发行债券，母公司购回。

【例10-3】P公司拥有S公司80%的股本。20×1年1月1日，S公司以10.6万元溢价发行债券，票面价值10万元，票面利率12%，期限3年，每年12月30日支付债券利息。20×1年12月31日，P公司通过证券市场以9.6万元购买该债券，准备持有至到期。为简化处理，本节债券的溢折价都按照直线法摊销。20×1年末至20×3年末个别报表中有关科目金额见表10-2。

表10-2   个别报表有关科目金额   单位：元

个别报表项目	20×1.12.31	20×2.12.31	20×3.12.31
应付债券	104 000	102 000	100 000
债权投资	96 000	98 000	100 000
投资收益	0	14 000①	14 000
财务费用	10 000②	10 000	10 000

注：①=100 000×12%+4 000÷2=14 000（元）

②=100 000×12%-6 000÷3=10 000（元）

① 20×1年的抵销分录为：

借：应付债券   104 000

　　贷：债权投资   96 000

　　　　投资收益   8 000

当年产生的债券推定赎回利得为8 000元，实质上也等于债券投资时双方未摊销的溢价和折价之和（即债券的未摊销溢价4 000+债券的未摊销折价4 000）。由于子公司是发行债券的公司，根据代理观，该推定赎回利得归属于子公司的股东，即应该在母公司和少数股东之间按照持股比例进行分配，因此当年少数股东损益受该事项的影响额为1 600元（8 000×20%）。

由于20×1年12月31日发生债券推定赎回业务，所以个别企业20×1年确认的财务费用为企业集团的财务费用，不需要抵销。

特别提示

> 关于债券推定赎回利得或损失应记入的科目，有的学者认为应该记入"营业外收入"或"营业外支出"，但是根据FASB 2002年发布的Statement No.145的规定："2002年3月15日之后的财政年度，公司只有当债务清偿满足APB No.30界定的'罕见与非频繁'标准时，才被认为是非常项目"，因此大多数的债务清偿产生的利得或损失实质上是正常的利得或损失。本教材认同该观点，将推定赎回利得或损失记入"投资收益"科目。

② 20×2年的抵销分录为：

借：应付债券   102 000

　　投资收益   14 000

　　贷：债权投资   98 000

　　　　财务费用   10 000

　　　　年初未分配利润（8 000×80%）   6 400

　　　　少数股东权益（8 000×20%）   1 600

由此可以看出，8 000元债券推定赎回利得在20×2年合并财务报表中不再出现。但由于上期确认的投资收益影响了合并利润表，所以在连续编制合并财务报表的情况下，按母公司持股比例调整年初未分配利润，按少数股东持股比例调整少数股东权益。只有这样，才能保证合并留存收益和少数股东权益的期初金额不会被低估。

分录中投资收益与财务费用的差额 4 000 元，是通过当期债券溢折价的摊销实现了的推定赎回利得。由于已经在个别财务报表上予以确认，所以在计算分配给少数股东的净利润金额中应予以扣除。受此影响，少数股东损益减少 800 元（4 000×20%）。综合影响下，20×2 年少数股东权益增加额为 800 元（1 600-800）。

③ 20×3 年的抵销分录则为：

借：应付债券   100 000

    投资收益   14 000

  贷：债权投资   100 000

    财务费用   10 000

    年初未分配利润（4 000×80%）   3 200

    少数股东权益（4 000×20%）   800

（2）母公司发行债券，子公司购回。

【例 10-4】20×1 年 1 月 1 日，P 公司以 10.6 万元溢价发行债券，20×1 年 12 月 31 日 S 公司从证券市场以 9.6 万元购买该债券。其他条件同【例 10-3】。

① 20×1 年编制合并财务报表时的抵销分录为：

借：应付债券   104 000

  贷：债权投资   96 000

    投资收益   8 000

② 20×2 年抵销分录为：

借：应付债券   102 000

    投资收益   14 000

  贷：债权投资   98 000

    财务费用   10 000

    年初未分配利润   8 000

③ 20×3 年抵销分录为：

借：应付债券   100 000

    投资收益   14 000

  贷：债权投资   100 000

    财务费用   10 000

    年初未分配利润   4 000

可以看出，和第一种情况不同的是，推定赎回利得在连续编制合并财务报表的情况下只影响母公司的年初未分配利润，并不影响少数股东权益，因为推定赎回利得在该种情况下只分配给发行债券的企业即母公司。

（3）一家子公司发行债券，另一家子公司购回。

【例 10-5】P 公司拥有 S1 公司 70% 的股份、S2 公司 80% 的股份。20×1 年 1 月 1 日，S1

公司以10.6万元溢价发行债券。20×1年12月31日，S2公司从证券市场以9.6万元购买该债券，其他条件同【例10-3】。

① 20×1年的抵销分录为：

借：应付债券　　　　　　　　　　　　　　　　　104 000
　　贷：债权投资　　　　　　　　　　　　　　　　　96 000
　　　　投资收益　　　　　　　　　　　　　　　　　8 000

② 20×2年的抵销分录为：

借：应付债券　　　　　　　　　　　　　　　　　102 000
　　投资收益　　　　　　　　　　　　　　　　　　14 000
　　贷：债权投资　　　　　　　　　　　　　　　　　98 000
　　　　财务费用　　　　　　　　　　　　　　　　　10 000
　　　　年初未分配利润（8 000×70%）　　　　　　　5 600
　　　　少数股东权益（8 000×30%）　　　　　　　　2 400

③ 20×3年的抵销分录为：

借：应付债券　　　　　　　　　　　　　　　　　100 000
　　投资收益　　　　　　　　　　　　　　　　　　14 000
　　贷：债权投资　　　　　　　　　　　　　　　　　100 000
　　　　财务费用　　　　　　　　　　　　　　　　　10 000
　　　　年初未分配利润（4 000×70%）　　　　　　　2 800
　　　　少数股东权益（4 000×30%）　　　　　　　　1 200

子公司之间购买债券业务的抵销与母公司购买子公司债券业务的抵销原理完全相同，只要在连续编制合并财务报表的情况下，分清发债子公司的少数股东持股比例，正确计算少数股东权益的金额即可。

4）特殊情况下的抵销处理

和私募发行债券不同，公募发行的债券存在活跃公开的市场，因此债券持有方可以按照"其他债权投资"或"交易性金融资产"进行核算。此时的抵销处理除了需要将分录中的"债权投资"替换为"其他债权投资"或"交易性金融资产"外，还需要将其他债权投资公允价值变动产生的其他综合收益一并抵销，其余处理与前文基本一致。虽然2014年我国修订的《企业会计准则第33号——合并财务报表》第三十四条未提及对交易性金融资产产生的公允价值变动损益进行抵销，但由于交易性金融资产往往是为了近期出售而持有，短期内债券的公允价值变动一般不会重大，从重要性程度上考虑，不涉及公允价值变动损益的抵销也是合乎常理的。

【例10-6】P公司拥有S公司80%的股本。20×1年1月1日，S公司以10.6万元溢价发行债券，票面价值10万元，票面利率12%，期限3年。该债券每年12月30日支付利息。20×1年12月31日，P公司通过证券市场以11万元购买该债券，作为其他债权投资管理。20×2年末该债券的公允价值为10.9万元。假定不考虑所得税的影响。个别财务报表项目资料见表10-3。

表10-3	个别财务报表各项目资料	单位：元
个别报表项目	20×1.12.31	20×2.12.31
应付债券	104 000	102 000
其他债权投资	110 000	109 000
投资收益	0	7 000①
财务费用	10 000	10 000
其他综合收益	0	4 000②

注：①=100 000×12%-10 000÷2=7 000

②=109 000-（110 000-5 000）=4 000

① 20×1年抵销处理为：

借：应付债券   104 000

  投资收益   6 000

   贷：其他债权投资   110 000

② 20×2年抵销处理为：

借：应付债券   102 000

  年初未分配利润（6 000×80%）   4 800

  少数股东权益（6 000×20%）   1 200

  投资收益   7 000

  其他综合收益   4 000

   贷：其他债权投资   109 000

     财务费用   10 000

综上所述，公募方式发行的债券比私募方式在抵销时的处理难度明显加大。但只要牢牢把握住债券推定赎回利得或损失只是当期合并财务报表上应列示的信息，在连续编制报表时应结合债券发行方的股权结构，相应转换为母公司的年初未分配利润或少数股东权益，同时将个别财务报表中确认的和债券业务有关的资产、负债、收益和费用金额通过多借多贷的复合分录进行抵销，问题就可迎刃而解。

10.3 母公司间接控制下的合并抵销处理

随着我国资本市场的发展，企业间的购并越来越频繁，股权结构也变得日益复杂。在复杂的股权关系中，母公司通过一个或多个中间层级公司实现对子公司的间接控制，或通过直接加间接的混合方式实现对子公司的控制。与母公司直接控制子公司不同，上述两种方式即为本节探讨的母公司间接控制。

10.3.1 间接控制的形式

1）母-子-孙结构

如图10-1所示，P公司直接拥有S公司80%的股份，S公司又直接拥有T公司70%的股份。就P公司而言，虽未直接拥有T公司股份，却可以通过S公司间接拥有T公司56%

（80%×70%）的股份，从而对T公司实现间接控制。在编制合并财务报表时，P公司需要将S公司和T公司都纳入合并范围。

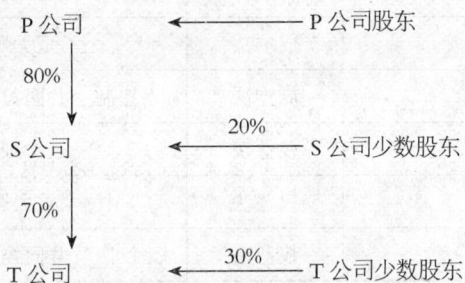

图10-1 母-子-孙结构

特别提示

此种结构下需要区分P公司对T公司的间接股权和投票权。所谓间接股权，是P公司对T公司的间接持股比例，即56%；投票权则是S公司对T公司的直接持股比例，即70%。由于合并财务报表的合并范围应当以控制为基础予以确定，按照实质重于形式的原则，即使P公司对T公司的间接股权不超过50%，但只要投票权超过50%，就可以对T公司进行控制。如果图10-1中S公司只拥有T公司60%股份，则P公司在T公司中虽然仅间接持有48%（80%×60%）的股份，但由于P公司通过控制S公司，享有在T公司中60%的投票权，从而能够控制T公司，因此仍需将T公司纳入合并范围。

2）母-子-子结构

图10-2中P公司通过持有S公司80%的股份，对S公司进行控制。另外，P公司直接持有T公司20%股份，未达到半数以上，但通过其子公司S公司持有的40%股份，间接拥有了T公司32%（80%×40%）的股份，累计共拥有T公司52%的股份，因此S公司和T公司都应纳入P公司的合并范围。

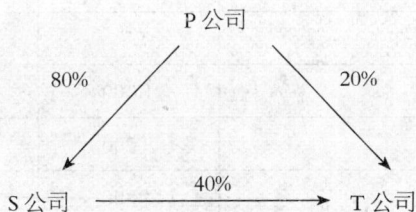

图10-2 母-子-子结构

由于2014年财政部修订的《企业会计准则第2号——长期股权投资》中将对被投资单位在重大影响之下的权益性投资剥离出长期股权投资的核算范围，改按金融资产核算，因此在该结构下会出现表10-4归纳的7种情况。

对于第1和第2种情况，属于P公司已经直接控制了T公司，S公司对T公司的持股，使P公司的控股比例"锦上添花"。对于第3至第7种情况，则属于P公司本身无法直接控制T公司，借助S公司对T公司持股比例的"雪中送炭"，方达到对T公司的间接控制。可以看出，表10-4不包括以下3种情况：（1）P公司和S公司同时对T公司控制，因为该情

表10-4 母-子-子投资的核算分类

	P对T的投资	核算方法	S对T的投资	核算方法
1	控制	成本法	重大影响	权益法
2	控制	成本法	无控制、共同控制、重大影响	金融资产
3	重大影响	权益法	控制	成本法
4	重大影响	权益法	重大影响	权益法
5	重大影响	权益法	无控制、共同控制、重大影响	金融资产
6	无控制、共同控制、重大影响	金融资产	控制	成本法
7	无控制、共同控制、重大影响	金融资产	重大影响	权益法

形不符合经济常识。（2）P公司和S公司对T公司共同控制，因为共同控制的合营企业不属于合并财务报表编制的范围。（3）P公司和S公司同时对T公司按金融资产核算，因为即使将持股比例累加，P公司也无法对T公司控制。

10.3.2 母-子-孙结构下合并财务报表的编制

【例10-7】如图10-1所示，20×1年1月1日，P公司取得S公司80%的股份。S公司20×1年无盈利，无其他所有者权益变动。20×2年1月1日，S公司取得T公司70%的股份，假定股权投资日，被投资单位可辨认净资产的公允价值均等于账面价值。20×2年S公司实现净利润100万元，分配股利60万元，T公司实现净利润80万元，分配股利40万元。20×2年1月1日相关账户资料见表10-5。

表10-5 相关账户资料 单位：万元

	P公司	S公司	T公司
其他资产合计	800	390	380
长期股权投资——S	400	—	—
长期股权投资——T	—	210	—
资产总计	1 200	600	380
负债	200	100	80
股本	800	380	200
留存收益	200	120	100
负债与股东权益合计	1 200	600	380

20×2年编制合并财务报表时：

（1）抵销股权投资日（20×1年1月1日）S公司所有者权益与P公司的长期股权投资，并确认少数股东权益的份额。

借：股本——S公司 3 800 000

留存收益——S公司 1 200 000

贷：长期股权投资——P公司	4 000 000
少数股东权益（5 000 000×20%）	1 000 000

（2）抵销S公司的股利分配与P公司确认的投资收益。

借：投资收益（600 000×80%）	480 000
贷：对股东的分配	480 000

（3）将S公司的净利润分配给S公司少数股东，确认少数股东拥有的部分。

借：少数股东损益（1 000 000×20%）	200 000
贷：对股东的分配（600 000×20%）	120 000
少数股东权益	80 000

（4）抵销股权投资日（20×2年1月1日）T公司所有者权益与S公司的长期股权投资，并确认少数股东权益的份额。

借：股本——T公司	2 000 000
留存收益——T公司	1 000 000
贷：长期股权投资——S公司	2 100 000
少数股东权益（3 000 000×30%）	900 000

（5）抵销T公司的股利分配与S公司确认的投资收益。

借：投资收益（400 000×70%）	280 000
贷：对股东的分配	280 000

（6）将T公司的净利润分配给少数股东，确认少数股东拥有的部分。

借：少数股东损益（800 000×44%）	352 000
贷：对股东的分配（400 000×30%）	120 000
少数股东权益	232 000

特别提示

1.T公司分配给少数股东损益的比例为44%。由于P公司间接持有T公司56%的股份，少数股东持股比例则为剩余的44%。该股份由直接拥有T公司30%股份的T公司少数股东和间接拥有T公司14%（（1-80%）×70%）股份的S公司少数股东共同持有。

2.合并资产负债表中少数股东权益的金额为221.2万元，该金额为S公司与T公司少数股东权益之和。和少数股东损益相同，该金额无须分别列示。这是因为合并财务报表主要使用者更关注的是合并股东权益中不属于P公司的权益是多少，而较不在意不属于P公司的权益究竟为何人所有。

10.3.3 母-子-子结构下合并财务报表的编制

【例10-8】如图10-2所示，20×1年1月1日，P公司以200万元取得S公司80%的股份，该日S公司的股权结构为：股本220万元，留存收益30万元。20×1年S公司无盈利，无股利分配。20×2年1月1日，P公司和S公司分别投资40万元和80万元取得T公司20%和40%的股份，该日T公司的股权结构为：股本100万元，留存收益50万元，可辨认净资产的公允价值等于账面价值。20×2年S公司实现净利润50万元，分配股利30万元，T公司实现净利润40万元，分配股利20万元。

20×2年编制合并财务报表时：

（1）P公司对S公司编制的抵销分录。

①抵销股权投资日（20×1年1月1日）S公司所有者权益与P公司的长期股权投资，并确认少数股东权益的份额。

借：股本——S公司　　　　　　　　　　　　　　　　　　2 200 000
　　留存收益——S公司　　　　　　　　　　　　　　　　　300 000
　　贷：长期股权投资——P公司　　　　　　　　　　　　　　2 000 000
　　　　少数股东权益　　　　　　　　　　　　　　　　　　　500 000

②抵销S公司的股利分配与P公司确认的投资收益。

借：投资收益（300 000×80%）　　　　　　　　　　　　　240 000
　　贷：对股东的分配　　　　　　　　　　　　　　　　　　240 000

③将S公司的净利润分配给S公司少数股东，确认少数股东拥有的部分。

借：少数股东损益（500 000×20%）　　　　　　　　　　　100 000
　　贷：对股东的分配（300 000×20%）　　　　　　　　　　60 000
　　　　少数股东权益　　　　　　　　　　　　　　　　　　　40 000

（2）P公司对T公司编制的抵销分录。

①抵销股权投资日（20×2年1月1日）T公司所有者权益与S公司的长期股权投资，并确认少数股东权益的份额。

借：股本——T公司　　　　　　　　　　　　　　　　　　1 000 000
　　留存收益——T公司　　　　　　　　　　　　　　　　　500 000
　　商誉　　　　　　　　　　　　　　　　　　　　　　　　300 000
　　贷：长期股权投资——P公司　　　　　　　　　　　　　　400 000
　　　　　　　　　　——S公司　　　　　　　　　　　　　　800 000
　　　　少数股东权益（1 500 000×40%）　　　　　　　　　600 000

商誉=长期股权投资成本−被投资单位可辨认净资产公允价值×持股比例
　　=（400 000+800 000）−1 500 000×60%
　　=300 000（元）

②抵销T公司的股利分配与S公司确认的投资收益，并调整长期股权投资的金额。

借：投资收益（400 000×60%）　　　　　　　　　　　　　240 000
　　贷：对股东的分配（200 000×60%）　　　　　　　　　　120 000
　　　　长期股权投资——P公司　　　　　　　　　　　　　　40 000
　　　　　　　　　　——S公司　　　　　　　　　　　　　　80 000

由于P公司与S公司对T公司的长期股权投资都按权益法核算，20×2年末余额分别为44万元（40+8−4）和88万元（80+16−8）。经过上述两笔分录将长期股权投资的余额都抵销完毕。

③将T公司的净利润分配给少数股东，确认少数股东拥有的部分。

借：少数股东损益（400 000×40%）　　　　　　　　　　　160 000

贷：对股东的分配（200 000 ×40%）   80 000

   少数股东权益   80 000

  本例中P公司与S公司都按权益法进行核算，对应表10-4中的第4种情况。对于其余6种情况，可以由下列抵销分录统一概括。为简化处理，假设P公司与S公司同时对T公司投资，投资日T公司可辨认净资产的公允价值等于账面价值，且不考虑集团内部购销业务。

  ①抵销股权投资日T公司所有者权益与对T公司投资的成本，并确认少数股东权益的份额。

  借：股本——T公司

   资本公积——T公司

   其他综合收益——T公司

   盈余公积——T公司

   未分配利润——T公司

   商誉（倒挤）

  贷：长期股权投资（股权投资日按成本法或权益法核算的投资成本）

    其他权益工具投资或交易性金融资产（股权投资日的成本）

    少数股东权益（股权投资日T公司股东权益合计×少数股东持股比例）

  ②抵销T公司的股利分配与P公司和S公司确认的投资收益，并调整长期股权投资余额。

  借：投资收益（T公司净利润×权益法持股比例+T公司分配股利×成本法持股比例+T公司分配股利×金融资产持股比例）

   贷：对股东的分配（T公司当期分配给P公司和S公司的股利）

    长期股权投资（（T公司净利润−T公司分配股利）×权益法持股比例）

  ③将T公司的净利润分配给少数股东，确认少数股东拥有的部分。

  借：少数股东损益（T公司净利润×少数股东持股比例）

   贷：对股东的分配（T公司当期分配给少数股东的股利）

    少数股东权益（（T公司净利润−T公司分配股利）×少数股东持股比例）

  ④调整金融资产期末公允价值的变动。

  若P公司、S公司将对T公司的股权投资按照金融资产核算，则还应根据期末与股权投资日相比金融资产公允价值的增加，编制下列调整分录：（若公允价值减少，则编制相反的分录）

  借：其他综合收益

   或公允价值变动损益

  贷：其他权益工具投资

    或交易性金融资产

  ⑤将T公司其他所有者权益的变动分配给少数股东。

  借：资本公积

   其他综合收益

  贷：少数股东权益（期末与股权投资日相比其他所有者权益的变动额×少数股东持股比例）

⑥抵销T公司利润分配中提取的盈余公积。

借：盈余公积

　　贷：提取盈余公积

10.3.4　相关问题的思考

1）间接控制下的合并主体

在间接控制的复杂股权关系下，合并主体可以是对孙公司直接控制的子公司，并逐级向上最终由母公司编制整个企业集团的合并财务报表，也可以由母公司编制所有纳入合并范围的子公司、孙公司的合并财务报表。本节运用的都是母公司为合并主体的一次合并法。由于旧的合并财务报表准则中规定"对子公司的长期股权投资按照成本法核算，编制合并财务报表时由成本法调整为权益法"，才导致母公司一次合并时的补充调整。如果按照本节探讨的运用成本法直接编制合并财务报表的步骤，可以使一次合并法的优势得到极大的发挥，因此在实务中应加以推广。

2）对合并商誉的探讨

在母-子-孙结构下，如果子公司取得孙公司的股权早于母公司取得子公司股权，在确定商誉时，除需要估计子公司净资产账面价值与公允价值不相等之外，还要评估孙公司净资产的公允价值。省略对孙公司净资产的评估步骤，则会影响合并财务报表中商誉金额的确认。在母-子-子结构下，P公司与S公司对T公司不同的投资时点、不同的持股比例也会影响合并商誉的计量，此时应借鉴多次交易分步合并中商誉的确定。2014年修订的《企业会计准则第33号——合并财务报表》中虽然涉及了合并商誉的确认、计量和列示等方面的要求，但间接控制情况下合并商誉的问题仍然处于真空状态。这不但给实务界在编制合并财务报表时带来了困扰，也增加了合并财务报表中商誉处理的随意性和报表粉饰的空间，因此准则应在该领域进行进一步的规范和明确。

10.4　交叉持股情况下的合并抵销处理

2014年修订的《企业会计准则第33号——合并财务报表》对交叉持股分为两种情况：子公司对母公司的交叉持股和子公司之间的交叉持股。这两种情况下合并财务报表的编制原理是不同的。

10.4.1　子公司对母公司的交叉持股

当子公司持有母公司股份时，不可能对母公司进行控制或者共同控制。如果是施加重大影响，则子公司持有的股份应在"长期股权投资"科目中核算，并且按照权益法进行后续计量。而如果没有控制、共同控制或重大影响，无论是否具有活跃市场，公允价值是否能可靠确定，按照2014年修订的《企业会计准则第2号——长期股权投资》的规定，都不再属于长期股权投资的核算范围，改按《企业会计准则第22号——金融工具确认和计量》的规定处理。因此，子公司持有的该部分股份应在"其他权益工具投资"科目中核算。

1）子公司持有母公司的股份作为"长期股权投资"核算

根据2014年《企业会计准则第33号——合并财务报表》第三十条的规定："子公司持有母公司的长期股权投资，应当视为企业集团的库存股，作为所有者权益的减项，在合并资产负债表中所有者权益项目下以'减：库存股'项目列示。"该方法实质就是国际上常用的库藏股法。

【例10-9】P公司为S公司母公司。20×4年1月1日，S公司支付7万元购买了P公司10%的股份，能够对P公司施加重大影响。P公司的股本为50万元，留存收益为20万元。20×4年12月31日，P公司净利润为5万元，分配股利3万元。

在S公司个别报表中的会计处理为：

（1）20×4年1月1日，确认投资成本。

借：长期股权投资——投资成本　　　　　　　　　　　　　70 000
　　贷：银行存款　　　　　　　　　　　　　　　　　　　　　　70 000

（2）20×4年12月31日，按照权益法确认投资收益。

借：长期股权投资——损益调整　　　　　　　　　　　　　5 000
　　贷：投资收益　　　　　　　　　　　　　　　　　　　　　　5 000

（3）收到股利。

借：银行存款　　　　　　　　　　　　　　　　　　　　　3 000
　　贷：长期股权投资——损益调整　　　　　　　　　　　　　　3 000

企业集团在编制合并财务报表时，对上述内部交叉持股进行的抵销处理为：

（1）确认库存股。

库存股的价值仅为S公司当初购买P公司股份时实际支付的成本，而不是"长期股权投资"按权益法计量的期末余额。

借：库存股　　　　　　　　　　　　　　　　　　　　　　70 000
　　贷：长期股权投资　　　　　　　　　　　　　　　　　　　　70 000

（2）抵销S公司确认的投资收益。

借：投资收益　　　　　　　　　　　　　　　　　　　　　5 000
　　贷：长期股权投资　　　　　　　　　　　　　　　　　　　　5 000

（3）抵销P公司的利润分配。

借：长期股权投资　　　　　　　　　　　　　　　　　　　3 000
　　贷：对股东的分配　　　　　　　　　　　　　　　　　　　　3 000

特别提示

对于母子公司之间的交叉持股，我国准则规定使用相对简单的库藏股法，而国际上还有另一种处理方法——惯例法（conventional method）。由于在惯例法下，子公司持有的母公司股份被认为是"推定收回"（constructive retirement），子公司持有的股份直接抵销母公司的各项股东权益，合并财务报表中列示的也是抵销后的母公司股东权益金额。由于我国是注册资本制，母公司的注册资本在没有发生实际减资的情况下，只因为合并财务报表编制过程中被"推定收回"而减少，与我国目前的法律不符，同时也不便于会计信息需求者评价企业整体的盈利及成长能力，因此我国不采用惯例法是合情合理的。

2）子公司持有母公司的股份作为"其他权益工具投资"核算

【例10-10】承【例10-9】，S公司支付7万元购买了P公司10%的股份，无法对P公司施加重大影响，按其他权益工具投资进行核算。20×4年12月31日，S公司持有的股份公允价值为8万元。

S公司的个别报表中的处理为：

（1）20×4年1月1日，确认资产成本。

| 借：其他权益工具投资——成本 | 70 000 |
| 贷：银行存款 | 70 000 |

（2）20×4年12月31日，确认公允价值变动。

| 借：其他权益工具投资——公允价值变动 | 10 000 |
| 贷：其他综合收益 | 10 000 |

（3）收到股利。

| 借：银行存款 | 3 000 |
| 贷：投资收益 | 3 000 |

编制合并财务报表时，对交叉持股涉及的抵销分录为：

（1）确认库存股。

| 借：库存股 | 70 000 |
| 贷：其他权益工具投资 | 70 000 |

（2）抵销S公司确认的公允价值变动。

| 借：其他综合收益 | 10 000 |
| 贷：其他权益工具投资 | 10 000 |

（3）抵销P公司的利润分配。

| 借：投资收益 | 3 000 |
| 贷：对股东的分配 | 3 000 |

特别提示

> 2014年修订的《企业会计准则第33号——合并财务报表》中没有涉及该种情况，这是准则修订过程中出现的衔接漏洞。第三十条的表述如改为"子公司持有母公司的股份，应当视为企业集团的库存股"，这样就能涵盖该种情况。

由上可见，库藏股法下子公司持有的母公司股份不论作为"长期股权投资"还是"其他权益工具投资"核算，在合并抵销的时候，都应按照当初购买的成本作为库存股成本。按照权益法后续计量或公允价值计量产生的价值变化需要在编制合并财务报表时单独抵销。

10.4.2 子公司之间的交叉持股

2014年修订的《企业会计准则第33号——合并财务报表》规定："子公司相互之间持有的长期股权投资，应当比照母公司对子公司的股权投资的抵销方法，将长期股权投资与其对应的子公司所有者权益中所享有的份额相互抵销。"准则在表述的时候同样遗漏了相互持股形成其他权益工具投资的情形。进一步细分，子公司之间交叉持股又可以分为以下三种情况：双方都按照"长期股权投资"核算；双方都按照"其他权益工具投资"核算；一方按照"长期股权投资"核算，另一方按照"其他权益工具投资"核算。

1) 双方都按照"长期股权投资"核算

【例10-11】S1公司和S2公司都是P公司的子公司。20×4年1月1日，P公司支付180万元取得S2公司90%的股份，S1公司支付20万元取得S2公司10%的股份，S2公司支付10万元取得S1公司10%的股份，都能对对方施加重大影响。其他资料见表10-6。

表10-6　　　　　　　　　　　　　S1、S2公司相关资料　　　　　　　　　　单位：万元

项目	S1公司	S2公司
20×4年1月1日股本	100	200
20×4年净利润（不包括投资收益）	20	40
20×4年分配股利	10	20

在S1公司的个别报表中，需要按权益法对该部分交叉持股进行计量。

（1）确认初始投资成本。

借：长期股权投资——投资成本　　　　　　　　　　　　　　　　　200 000

　　贷：银行存款　　　　　　　　　　　　　　　　　　　　　　　　　200 000

（2）确认投资收益。

由于S1公司和S2公司都按权益法进行计量，确认投资收益需要在对方完整净利润（包含了投资收益）的基础上进行，因此形成一种"你中有我，我中有你"的互为依赖情形，此时需要利用类似成本会计中对辅助生产费用的交互分配法得出。

假设　　X=包含投资收益的S1公司净利润

　　　　Y=包含投资收益的S2公司净利润

$$\begin{cases} X = 20 + 0.1 \times Y \\ Y = 40 + 0.1 \times X \end{cases}$$

计算得出：

$$\begin{cases} X = 24.24 \\ Y = 42.4 \end{cases}$$

S1公司确认的投资收益=42.4×10%=4.24（万元）

借：长期股权投资——损益调整　　　　　　　　　　　　　　　　　42 400

　　贷：投资收益　　　　　　　　　　　　　　　　　　　　　　　　　42 400

（3）收到股利。

借：银行存款　　　　　　　　　　　　　　　　　　　　　　　　　20 000

　　贷：长期股权投资——损益调整　　　　　　　　　　　　　　　　　20 000

特别提示

　　对于子公司之间的交叉持股，如果双方都采用权益法进行后续计量，在对投资收益采用交互分配的程序进行确定时，不可避免地带来各自利润的虚增。如【10-11】中，S1公司的投资收益4.24万元，其中4万元是按照S2公司40万元的净利润确定，另外0.24万元则是按照自身净利润24.24万元的10%确认了S2公司的投资收益后，再按10%分配回来的，属于自身利润的重复叠加。尽管在编制合并财务报表时该部分内部投资收益会被抵销，但是作为子公司报表的信息需求者需要格外注意，剔除重复因素，才能正确评价其真实的投资收益。

编制合并财务报表时，对S1公司交叉持股的抵销分录为：

（1）在抵销P公司长期股权投资和S2公司的所有者权益时，一并将S1公司内部交叉持股的部分进行抵销。

借：股本   2 000 000

  贷：长期股权投资（S1）   200 000

    长期股权投资（P）   1 800 000

需要注意的是，本笔分录是按照成本法直接编制合并财务报表的抵销分录。该方法能避免母公司的长期股权投资经过复杂的权益法调整，从而简化合并财务报表的编制工作。

（2）抵销S1公司确认的投资收益。

借：投资收益   42 400

  贷：长期股权投资   42 400

（3）抵销P公司的利润分配。

借：长期股权投资   20 000

  贷：对股东的分配   20 000

由于对S2公司的抵销处理与S1公司原理相同，本节不再赘述。

2）双方都按照"其他权益工具投资"核算

【例10-12】承【例10-11】，S1和S2都无法对对方施加重大影响，因此按照其他权益工具投资进行核算。20×4年12月31日，S1公司持有股份的公允价值为40万元。

S1公司个别报表的处理为：

（1）确认初始投资成本。

借：其他权益工具投资——成本   200 000

  贷：银行存款   200 000

（2）确认公允价值变动。

借：其他权益工具投资——公允价值变动   200 000

  贷：其他综合收益   200 000

（3）确认投资收益。

借：银行存款   20 000

  贷：投资收益   20 000

合并财务报表中对S1公司交叉持股的抵销处理为：

（1）在抵销P公司长期股权投资和S2公司的所有者权益时，一并将S1公司内部交叉持股部分进行抵销。

借：股本   2 000 000

  贷：其他权益工具投资   200 000

    长期股权投资   1 800 000

（2）抵销公允价值变动。

借：其他综合收益   200 000

  贷：其他权益工具投资   200 000

（3）抵销S2公司利润分配。

借：投资收益　　　　　　　　　　　　　　　　　　　　　　　　20 000
　　贷：对股东的分配　　　　　　　　　　　　　　　　　　　　　　　　20 000

3）一方按照"长期股权投资"核算，另一方按照"其他权益工具投资"核算

该情况是上述两种情况的结合，编制的抵销分录与前文一致。唯一不同的是，由于作为"其他权益工具投资"核算的投资方在确认投资收益时是按对方分配的股利确定，而不是在实现的净利润基础上确认自身的投资收益，所以不存在交互分配的问题，简化了处理。

由上可见，子公司之间的交叉持股与子公司对母公司的交叉持股，编制抵销分录的不同主要体现在是直接抵销子公司股东权益，还是以库存股形式冲减母公司股东权益，除此之外的抵销处理完全相同。

10.5　优先股的合并抵销处理

10.5.1　优先股概述

优先股是指依照《公司法》，在一般规定的普通种类股份之外，另行规定的其他种类股份，其股份持有人优先于普通股股东分配公司利润和剩余财产，但参与公司决策管理等权利受到限制。2013 年 12 月 9 日，证监会通过了《优先股试点管理办法》，于 2014 年 3 月 21 日公布。优先股主要有以下几种：

（1）累积优先股和非累积优先股。累积优先股是指在某个营业年度内，如果公司所获的盈利不足以分派规定的股利，日后优先股的股东对往年未给付的股息，有权要求如数分派。对于非累积的优先股，虽然对于公司当年所获得的利润有优先于普通股获得分派股息的权利，但如该年公司所获得的盈利不足以按规定的股利分配时，非累积优先股的股东不能要求公司在以后年度中予以补发。一般来讲，对投资者来说，累积优先股比非累积优先股具有更大的优越性。

（2）参与优先股与非参与优先股。当企业利润增加时，除享受既定比率的股利外，还可以跟普通股共同参与利润分配的优先股，称为"参与优先股"。除了既定股利外，不再参与利润分配的优先股，称为"非参与优先股"。一般来讲，参与优先股较非参与优先股对投资者更为有利。

（3）可转换优先股与不可转换优先股。可转换的优先股是指允许优先股持有人在特定条件下把优先股转换成为一定数额的普通股；否则，就是不可转换优先股。可转换优先股是日益流行的一种优先股。

（4）可收回优先股与不可收回优先股。可收回优先股是指允许发行该类股票的公司，按原来的价格再加上若干补偿金将已发生的优先股收回，当该公司认为能够以较低股利的股票来代替已发生的优先股时，就往往行使这种权利；反之，就是不可收回的优先股。

根据优先股发行的合同条款及其所反映的经济实质，它在初始确认时可以作为权益工具处理，也可以作为金融负债处理，且后续计量时能够在这两种分类之间进行重分类。毫无疑问，这一复杂的新生事物增加了本已复杂的合并财务报表的编制难度。本节将按照成本法直接编制合并财务报表的步骤进行优先股的抵销处理。

10.5.2 子公司发行的优先股作为权益工具

当子公司发行的优先股作为权益工具时，在"其他权益工具"科目中核算，分配的股利作为利润分配处理。

1）母公司未持有子公司的优先股

【例10-13】20×2年1月1日，P公司以39.6万元购入S公司90%的普通股。20×1年12月31日S公司股东权益合计50万元，分别为：1 000股面值100元、赎回价格105元、股利率10%的累积非参与优先股10万元，普通股20万元，资本公积4万元，留存收益16万元。股权投资日，S公司资产和负债的账面价值等于公允价值。至20×2年1月1日S公司没有积欠的优先股股息。20×2年，S公司报告的净利润为5万元，支付的股利为3万元，其中普通股股利2万元、优先股股利1万元。

（1）商誉的确定。

商誉等于支付的普通股投资成本与享有的普通股权益份额之间的差额。当存在优先股时，需要将被投资单位的股东权益首先分配给优先股股东，剩余的才归属于普通股股东。当优先股存在赎回或清偿价格时，需利用该价格计算分配给优先股股东的权益，如果累积优先股存在前期积欠的股利，也应包括在计算优先股股东权益之中。本例中20×2年1月1日S公司股东权益为50万元。

分配给优先股的权益=1 000×105=105 000（元）

普通股股东权益=500 000-105 000=395 000（元）

商誉=396 000-395 000×90%=40 500（元）

（2）少数股东损益的确定。

在存在优先股的情况下，普通股股东的损益为企业的净利润扣除优先股股利后的剩余收益。如果是累积优先股，本年分配给优先股的净收益就是当年优先股应得的股利，与子公司是否宣告股利无关；如果是非累积优先股，则只有当年宣告的股利才是分配给优先股的净收益。

本例中优先股股东的损益=100 000×10%=10 000（元）

普通股股东的损益=50 000-10 000=40 000（元）

少数股东损益=当期归属于集团外部优先股股东的损益+当期归属于少数普通股股东的损益

    =10 000+0.1×40 000=14 000（元）

（3）少数股东权益的确定。

20×2年12月31日S公司股东权益=500 000+50 000-30 000=520 000（元）

普通股股东权益=520 000-105 000=415 000（元）

少数股东权益=期末归属于集团外部优先股股东权益+期末归属于少数普通股股东权益

    =105 000+0.1×415 000=146 500（元）

编制的抵销分录为：

①对股权投资日子公司的普通股股东权益与母公司的长期股权投资进行抵销。

借：股本	200 000
资本公积	40 000
留存收益	160 000
商誉	40 500

贷：长期股权投资——普通股		396 000
少数股东权益（倒挤）		44 500

②抵销子公司的普通股股利分配。

借：投资收益		18 000
贷：对普通股股东的分配		18 000
借：少数股东损益（40 000×0.1）		4 000
贷：对普通股股东的分配（20 000×0.1）		2 000
少数股东权益		2 000

③将优先股转为少数股东权益。

借：其他权益工具		100 000
贷：少数股东权益		100 000

④抵销子公司的优先股股利分配。

借：少数股东损益		10 000
贷：对优先股股东的分配		10 000

【例10-14】承【例10-13】，20×3年S公司亏损40 000元，没有发放任何股利。

对于累积优先股，当年积欠的优先股股息将增加优先股股东权益，在编制合并财务报表时转化为少数股东权益。由于S公司亏损40 000元，扣除优先股的股息10 000元后为亏损50 000元，归属于普通股股东。

少数股东损益=当期归属于集团外部优先股股东的损益+当期归属于少数普通股股东的损益

$$=10\ 000+（-40\ 000-10\ 000）×0.1=5\ 000（元）$$

少数股东权益=期末归属于集团外部优先股股东权益+期末归属于少数普通股股东权益

$$=（105\ 000+10\ 000）+（520\ 000-40\ 000-115\ 000）×0.1=151\ 500（元）$$

编制的抵销分录为：

（1）依然对股权投资日子公司的普通股股东权益与母公司的长期股权投资进行抵销。

借：股本		200 000
资本公积		40 000
留存收益		160 000
商誉		40 500
贷：长期股权投资——普通股		396 000
少数股东权益		44 500

（2）将优先股转为少数股东权益。

借：其他权益工具		100 000
贷：少数股东权益		100 000

（3）确认积欠优先股的股利。

借：少数股东损益		10 000
贷：少数股东权益		10 000

（4）确认累计净利润中归属于少数股东的权益，本年的金额为-5 000元（（-40 000-10 000）×0.1）。去年的2 000元通过年初未分配利润调整。

借：少数股东损益	−5 000	
年初未分配利润	2 000	
贷：少数股东权益		−3 000

2）母公司持有子公司的优先股

【例10-15】承【例10-14】，20×4年1月1日，P公司以8万元购买了S公司80%发行在外的优先股800股，S公司当年实现净利润2万元，依然没有发放股利。

当母公司购入子公司发行的优先股时，形成了集团内部的优先股，站在合并财务报表的角度，相当于优先股的推定赎回。需要将母公司持有的优先股投资与子公司的其他权益工具抵销，两者的差额不确认为损益，而是作为权益性交易调整母公司的资本公积，如果资本公积不足以弥补该差额，将减少母公司的留存收益。20×4年1月1日，S公司优先股股东权益的账面价值为92 000元（（105 000+10 000）×0.8），与P公司购买成本80 000元的差额为12 000元，为个别报表中没有确认的推定利得，将通过每年编制合并财务报表时增加P公司的资本公积。

少数股东损益=当期归属于集团外部优先股股东的损益+当期归属于少数普通股股东的损益
=10 000×0.2+（20 000−10 000）×0.1=3 000（元）

少数股东权益=期末归属于集团外部优先股股东权益+期末归属于少数普通股股东权益
=（105 000+20 000）×0.2+（480 000+20 000−125 000）×0.1=62 500（元）

编制的抵销分录为：

（1）继续对股权投资日子公司的普通股股东权益与母公司的长期股权投资进行抵销。

借：股本	200 000	
资本公积	40 000	
留存收益	160 000	
商誉	40 500	
贷：长期股权投资——普通股		396 000
少数股东权益		44 500

（2）抵销母公司持有的子公司的优先股。

借：其他权益工具	100 000	
贷：长期股权投资——优先股		80 000
资本公积——P公司		12 000
少数股东权益（倒挤）		8 000

（3）确认积欠集团外部优先股股东的股息。

| 借：少数股东损益 | 2 000 | |
| 贷：少数股东权益 | | 2 000 |

（4）确认累计净利润中归属于少数股东的权益，本年的金额为1 000元（（20 000−10 000）×0.1）。以前年度的7 000元，即【例10-14】的第（3）和（4）笔分录的金额，通过年初未分配利润调整。

| 借：少数股东损益 | 1 000 | |
| 年初未分配利润 | 7 000 | |

　　贷：少数股东权益　　　　　　　　　　　　　　　　　　　　　　　　8 000

　　由上可见，当子公司发行的优先股作为权益工具时，母公司持有的优先股投资需与子公司的优先股权益抵销，并在合并财务报表中确认推定赎回利得或损失。被企业集团外部持有的优先股转作少数股东权益。子公司分配的优先股股息，只有分配给集团外部的份额才作为少数股东损益。

10.5.3　子公司发行的优先股作为金融负债

　　当子公司发行优先股的条款中规定了强制付息的条款时，将导致发行方承担交付现金的义务。此时优先股尽管名称中带"股"字，但按照经济实质应作为金融负债处理，在个别报表中按照"应付债券"进行核算，债务存续期间需计提利息并对账面的利息进行调整，按照摊余成本进行后续计量。

　　如果母公司没有购入优先股，则不需要对该部分优先股进行抵销处理，因为子公司的负债不能作为企业集团的少数股东权益，子公司的债务利息也不能作为企业集团的少数股东损益。但如果母公司购买了作为金融负债核算的优先股，应当与子公司对优先股属性的分类保持一致，作为"债权投资"核算。从子公司角度看，该负债尚未到期仍在市场流通；但从企业集团的角度看，从优先股被母公司购入的时点就产生了推定赎回。因此，在个别报表中没有体现的赎回利得或损失，只能在合并财务报表层面予以确认。

　　【例10-16】P公司拥有S公司90%的股份。20×2年1月1日，S公司以106万元发行优先股，票面价值100万元，票面利率12%，期限3年，每年12月31日支付利息。20×2年12月31日，P公司以102万元购买了全部的优先股，准备持有至到期。为简化处理，溢价按照直线法摊销。20×2年末至20×4年末个别财务报表中有关科目金额见表10-7。

表10-7　　　　　　　　　　　　个别财务报表有关科目余额　　　　　　　　单位：万元

个别报表项目	20×2.12.31	20×3.12.31	20×4.12.31
应付债券	104	102	100
债权投资	102	101	100
投资收益	0	11[②]	11
财务费用	10[①]	10	10

　　注：①=100×12%-6÷3=10（万元）

　　②=100×12%-2÷2=11（万元）

　　（1）20×2年的抵销分录为：

　　借：应付债券　　　　　　　　　　　　　　　　　　　　　　　1 040 000

　　　贷：债权投资　　　　　　　　　　　　　　　　　　　　　　　1 020 000

　　　　投资收益　　　　　　　　　　　　　　　　　　　　　　　　20 000

　　该优先股推定赎回利得为20 000元，归属于子公司的股东，母公司和少数股东之间按照持股比例进行分配。由于20×2年12月31日发生优先股推定赎回业务，所以子公司20×2年确认的优先股利息作为企业集团的财务费用，不需要抵销。

　　（2）20×3年的抵销分录为：

借：应付债券 1 020 000

  投资收益 110 000

 贷：债权投资 1 010 000

  财务费用 100 000

  年初未分配利润（20 000×90%） 18 000

  少数股东权益（20 000×10%） 2 000

优先股推定赎回利得20 000元在20×3年合并财务报表中不再出现。由于上期确认的投资收益影响了合并利润表，所以在连续编制合并财务报表的情况下，按母公司持股比例调整年初未分配利润，按少数股东持股比例调整少数股东权益。

（3）20×4年的抵销分录则为：

借：应付债券 1 000 000

  投资收益 110 000

 贷：债权投资 1 000 000

  财务费用 100 000

  年初未分配利润（10 000×90%） 9 000

  少数股东权益（10 000×10%） 1 000

由上可见，当子公司发行的优先股作为金融负债时，需要抵销个别财务报表中确认的和优先股业务有关的资产、负债、收益和费用，并在合并财务报表中确认优先股推定赎回利得或损失。在连续编制合并财务报表时，需结合子公司普通股的股权结构，将推定赎回利得或损失相应转换为母公司的年初未分配利润和少数股东权益。实质上，该种情况下的抵销处理与10.2节"企业集团内部债券业务的合并抵销处理"中公募发行债券的原理完全相同。

10.5.4　优先股其他特殊情况的抵销

当子公司发行的优先股为复合金融工具时，子公司需要将其进行拆分，按负债成分的公允价值计入"应付债券"，按实际收到的金额扣除负债成分的公允价值计入"其他权益工具"。当发行的优先股合同条款中规定了随着时间的推移或经济环境的改变发生变化时，可以对优先股进行重分类，即可以由原来归类为"其他权益工具"重分类为"应付债券"，也可以由"应付债券"重分类为"其他权益工具"。在期末编制合并财务报表时，按"其他权益工具"核算的优先股，根据本节第二部分归纳的情况进行抵销；按"应付债券"核算的优先股，根据本节第三部分归纳的情况进行抵销，就可以完成包含优先股事项的合并财务报表的编制工作。

10.6　母公司持股比例变化时合并财务报表的编制

本教材的以前章节都是探讨母公司对子公司持股比例不变时合并财务报表的编制。实务中，在保证母公司对子公司控制的前提下，母公司持股比例可以由于发生下列六类交易事项，使得母公司对子公司的持股比例发生变化：（1）母公司从少数股东购买股份；（2）母公司向少数股东出售股份；（3）子公司向母公司增发股份；（4）子公司从母公司回购股份；（5）子公司向少数股东增发股份；（6）子公司从少数股东回购股份。

权益性交易是指所有者以其所有者身份与主体之间，以及不同所有者之间的交易。权益性交易的一个显著特点是与交易有关的利得或损失不得确认损益，而应直接计入权益。上述第（1）和第（2）项属于不同所有者之间的交易，第（3）、（4）、（5）、（6）项则属于所有者以其所有者身份与主体之间的交易。显然，在不丧失母公司控制地位的前提下，引起母公司所有权比例变化的交易都属于权益性交易。本节都将按照成本法直接编制合并财务财务报表的步骤进行抵销处理。

10.6.1　母公司从少数股东购买股份

母公司从少数股东购买股份，会增强其在子公司的控制地位。母公司与少数股东之间的股份交易不会使子公司的股东权益总额发生变化，仅仅是股东名册的变更，但会引起归属于母公司股东和少数股东的权益发生变化。《企业会计准则第33号——合并财务报表》第四十七条规定："因购买少数股权新取得的长期股权投资与按照新增持股比例计算应享有子公司自购买日或合并日开始持续计算的净资产份额之间的差额，应当调整资本公积（资本溢价或股本溢价），资本公积不足冲减的，调整留存收益。"这体现了权益性交易的处理特点。

【例10-17】20×4年12月31日，P公司支付8 500万元取得S公司80%的股权，该日S公司的可辨认净资产公允价值等于账面价值。股东权益为：股本4 000万元，资本公积4 000万元，留存收益2 000万元，合计10 000万元。20×5年S公司盈利1 000万元，没有分配股利。20×5年12月31日，P公司又支付2 000万元从少数股东取得S公司15%的股权。P公司并购S公司属于非同一控制下的企业合并。

（1）按照购买日的长期股权投资与子公司股东权益进行抵销。

借：股本　　　　　　　　　　　　　　　　　　　　　　　　40 000 000
　　资本公积　　　　　　　　　　　　　　　　　　　　　　40 000 000
　　留存收益　　　　　　　　　　　　　　　　　　　　　　20 000 000
　　商誉　　　　　　　　　　　　　　　　　　　　　　　　 5 000 000
　　贷：长期股权投资　　　　　　　　　　　　　　　　　　　　　　85 000 000
　　　　少数股东权益（100 000 000×20%）　　　　　　　　　　　　20 000 000

（2）确认子公司的盈利对少数股东权益的影响。

借：少数股东损益（10 000 000×20%）　　　　　　　　　　　 2 000 000
　　贷：少数股东权益　　　　　　　　　　　　　　　　　　　　　　 2 000 000

（3）调整少数股东权益的账面价值。

处置前少数股东权益的金额为2 200万元（2 000+200），处置部分的账面价值是1 650万元（2 200÷0.2×0.15），收到的对价是2 000万元。这意味着在该交易中，是以损失母公司股东的权益为代价"补贴"了少数股东权益，因此应调减母公司的资本公积，如资本公积不足以冲减，应调整留存收益，编制的调整分录为：

借：少数股东权益　　　　　　　　　　　　　　　　　　　　16 500 000
　　资本公积/留存收益（P公司）　　　　　　　　　　　　　 3 500 000
　　贷：长期股权投资　　　　　　　　　　　　　　　　　　　　　　20 000 000

处置后少数股东权益为550万元（2 200-1 650），是20×5年12月31日S公司可辨认净资产公允价值11 000万元的5%。

10.6.2 母公司向少数股东出售股份

母公司向少数股东出售股份但并没有丧失控制地位的时候，母公司依然需要编制集团的合并财务报表。在母公司的个别财务报表中会确认和处置与股份有关的损益，但从合并财务报表的角度，该权益性交易不应确认损益，需要将个别财务报表中的损益进行抵销。《企业会计准则第33号——合并财务报表》第四十九条规定："母公司在不丧失控制权的情况下部分处置对子公司的长期股权投资，在合并财务报表中，处置价款与处置长期股权投资相对应享有子公司自购买日或合并日开始持续计算的净资产份额之间的差额，应当调整资本公积（资本溢价或股本溢价），资本公积不足冲减的，调整留存收益。"

【例10-18】承【例10-17】，20×5年12月31日，P公司向少数股东处置15%的股权，取得现金2 000万元。处置后P公司持股比例为65%，依然控制S公司。

（1）按照购买日的长期股权投资与子公司股东权益进行抵销。

借：股本   40 000 000

    资本公积   40 000 000

    留存收益   20 000 000

    商誉   5 000 000

    贷：长期股权投资   85 000 000

        少数股东权益   20 000 000

（2）确认子公司的盈利对少数股东权益的影响。

借：少数股东损益   2 000 000

    贷：少数股东权益   2 000 000

（3）调整少数股东权益的账面价值。

P公司处置的长期股权投资的账面价值为1 593.75万元（8 500÷0.8×0.15），在股权处置日该部分股份对应的净资产份额为1 650万元（11 000×15%），差额56.25万元作为母公司股东对少数股东的贡献，应调整母公司的资本公积或留存收益。

借：长期股权投资   15 937 500

    资本公积/留存收益（P公司）   562 500

    贷：少数股东权益   16 500 000

（4）调整母公司处置长期股权投资的收益。

P公司在其个别报表中将收到的对价2 000万元与处置部分的成本1 593.75万元之间的差额406.25万元作为投资收益处理，合并财务报表中需要将投资收益抵销并调整资本公积。

借：投资收益   4 062 500

    贷：资本公积   4 062 500

至此，少数股东权益的金额为3 850万元（2 000+200+1 650），是20×5年12月31日S公司可辨认净资产公允价值11 000万元的35%。

10.6.3　子公司向母公司增发股份

子公司向母公司增发股份时，增发的价格不同，对少数股东权益的影响是不同的。当增发股份的价格等于每股账面价值时，母公司增加的长期股权投资与子公司增加的所有者权益相同，因此少数股东权益不变；当增发股份的价格和每股账面价值不相等时，势必会导致母公司增加的长期股权投资与子公司增加的所有者权益不相同，该差额将影响少数股东权益的变化。

【例 10-19】20×5 年 1 月 1 日，P公司支付 1 800 万元获得 S 公司 800 万股股份，持股比例为 80%。该日 S 公司的可辨认净资产公允价值等于账面价值。股东权益为：股本 1 000 万元，资本公积 600 万元，留存收益 400 万元，合计 2 000 万元。假设 20×5 年 S 公司无盈利，无股利分配。20×5 年 12 月 31 日，S 公司分别以每股 2 元、3.5 元、1.5 元的价格向 P 公司增发股份 200 万股。P 公司并购 S 公司属于非同一控制下的企业合并。

购买日，P 公司支付的对价 1 800 万元与取得的 S 公司可辨认净资产公允价值的份额 1 600 万元之间的差额 200 万元为商誉，增发股份前每股账面价值为 2 元（2 000÷1 000）。不同的增发价格对少数股东权益的影响见表 10-8。

表 10-8 　　　　　　　　　**不同的增发价格对少数股东权益的影响**　　　　　　　　单位：万元

项目	增发之前	以每股 2 元增发股份	以每股 3.5 元增发股份	以每股 1.5 元增发股份
股本	1 000	1 200	1 200	1 200
资本公积	600	800	1 100	700
留存收益	400	400	400	400
S公司股东权益合计	2 000	2 400	2 700	2 300
P公司的持股比例	80%	$\frac{800+200}{1\,000+200}\times100\%=83.33\%$	83.33%	83.33%
少数股东的持股比例	20%	16.67%	16.67%	16.67%
少数股东在S公司的权益	400	400	450	383.41

（1）以每股 2 元增发股份时。

①按照购买日的长期股权投资与子公司股东权益进行抵销。

借：股本　　　　　　　　　　　　　　　　　　　　10 000 000
　　资本公积　　　　　　　　　　　　　　　　　　　6 000 000
　　留存收益　　　　　　　　　　　　　　　　　　　4 000 000
　　商誉　　　　　　　　　　　　　　　　　　　　　2 000 000
　　贷：长期股权投资　　　　　　　　　　　　　　　　　18 000 000
　　　　少数股东权益　　　　　　　　　　　　　　　　　　4 000 000

②抵销增发的股份。

借：股本　　　　　　　　　　　　　　　　　　　　2 000 000
　　资本公积　　　　　　　　　　　　　　　　　　　2 000 000
　　贷：长期股权投资　　　　　　　　　　　　　　　　　4 000 000

由于增发的股份是按照每股账面价值进行的，因此该交易不影响少数股东权益。期末的少数股东权益400万元等于S公司可辨认净资产公允价值2 400万元的16.67%。

（2）以每股3.5元增发股份时。

①按照购买日的长期股权投资与子公司股东权益进行抵销。

借：股本	10 000 000	
资本公积	6 000 000	
留存收益	4 000 000	
商誉	2 000 000	
贷：长期股权投资		18 000 000
少数股东权益		4 000 000

②抵销增发的股份。

借：股本	2 000 000	
资本公积	5 000 000	
贷：长期股权投资		7 000 000

③调整少数股东权益。

以高于每股账面价值的金额增发股份，母公司支付了700万元的对价，在S公司净资产中的份额由过去的1 600万元（2 000×80%）增至2 250万元（2 700×83.33%），即增加了650万元。该50万元差额是母公司股东对少数股东的贡献，使少数股东权益由400万元增至450万元，所以应调整母公司的资本公积或留存收益。

借：资本公积/留存收益（P公司）	500 000	
贷：少数股东权益		500 000

期末的少数股东权益450万元，等于S公司可辨认净资产公允价值2 700万元的16.67%。

（3）以每股1.5元增发股份时。

①按照购买日的长期股权投资与子公司股东权益进行抵销。

借：股本	10 000 000	
资本公积	6 000 000	
留存收益	4 000 000	
商誉	2 000 000	
贷：长期股权投资		18 000 000
少数股东权益		4 000 000

②抵销增发的股份。

借：股本	2 000 000	
资本公积	1 000 000	
贷：长期股权投资		3 000 000

③调整少数股东权益。

以低于每股账面价值的金额增发股份，母公司支付了300万元的对价，在S公司净资产中的份额由过去的1 600万元（2 000×80%）增至1 916.59万元（2 300×83.33%），即增加了316.59万元。该16.59万元差额作为少数股东对母公司股东的贡献，使少数股东权益由400万元降为383.41万元，同时调整母公司的资本公积。

借：少数股东权益　　　　　　　　　　　　　　　　　　　　165 900

　　贷：资本公积（P公司）　　　　　　　　　　　　　　　　　　　　165 900

期末的少数股东权益383.41万元，等于S公司可辨认净资产公允价值2 300万元的16.67%。

10.6.4　子公司从母公司回购股份

子公司从母公司回购的股份形成了子公司的库存股。母公司对处置股权在个别报表中确认的损益，需在合并财务报表中抵销。不同的回购股份价格对于少数股东权益的影响也会不同。

【例10-20】承【例10-19】，20×5年12月31日，S公司分别以每股2元、3.5元、1.5元从P公司购回40万股股份。不同的回购价格对少数股东权益的影响见表10-9。

表10-9　　　　　　　　　不同的回购价格对少数股东权益的影响　　　　　　　单位：万元

项目	回购之前	以每股2元回购股份	以每股3.5元回购股份	以每股1.5元回购股份
股本	1 000	1 000	1 000	1 000
资本公积	600	600	600	600
减：库存股		2×40=80	3.5×40=140	1.5×40=60
留存收益	400	400	400	400
S公司股东权益合计	2 000	1 920	1 860	1 940
P公司的持股比例	80%	$\frac{800-40}{1\,000-40}\times100\%=79.17\%$	79.17%	79.17%
少数股东的持股比例	20%	20.83%	20.83%	20.83%
少数股东在S公司的权益	400	400	387.44	404.1

（1）以每股2元回购股份。

①按照购买日的长期股权投资与子公司股东权益进行抵销。

借：股本　　　　　　　　　　　　　　　　　　　　　10 000 000

　　资本公积　　　　　　　　　　　　　　　　　　　　6 000 000

　　留存收益　　　　　　　　　　　　　　　　　　　　4 000 000

　　商誉　　　　　　　　　　　　　　　　　　　　　　2 000 000

　　贷：长期股权投资　　　　　　　　　　　　　　　　　　　18 000 000

　　　　少数股东权益　　　　　　　　　　　　　　　　　　　　4 000 000

②抵销回购的库存股。

借：长期股权投资　　　　　　　　　　　　　　　　　900 000

　　贷：库存股　　　　　　　　　　　　　　　　　　　　　　800 000

　　　　投资收益　　　　　　　　　　　　　　　　　　　　　100 000

在P公司的个别报表中，处置40万股时收到的对价80万元与处置部分的成本90万元（1 800÷800×40）之间的差额为投资损失10万元。但从合并财务报表的角度看，子公司从母公司回购股票是权益性交易，不应确认损益，因此需要抵销个别报表中确认的投资收益。由于按每股账面价值进行股份回购，少数股东在S公司账面价值份额不变，期末少数股东权益400万元等于S公司可辨认净资产公允价值1 920万元的20.83%。

（2）以每股3.5元回购股份。

①按照购买日的长期股权投资与子公司股东权益进行抵销。

借：股本　　　　　　　　　　　　　　　　　　　10 000 000
　　资本公积　　　　　　　　　　　　　　　　　　6 000 000
　　留存收益　　　　　　　　　　　　　　　　　　4 000 000
　　商誉　　　　　　　　　　　　　　　　　　　　2 000 000
　　贷：长期股权投资　　　　　　　　　　　　　　　　　18 000 000
　　　　少数股东权益　　　　　　　　　　　　　　　　　　4 000 000

②抵销回购的库存股。

借：长期股权投资　　　　　　　　　　　　　　　　900 000
　　投资收益　　　　　　　　　　　　　　　　　　500 000
　　贷：库存股　　　　　　　　　　　　　　　　　　　　1 400 000

③调整少数股东权益。

由于以高于每股账面价值进行股份回购，少数股东权益减少12.56万元（400-387.44），这是少数股东对母公司股东的贡献，因此在合并财务报表中调整子公司少数股东权益的同时，调整母公司的资本公积。

借：少数股东权益　　　　　　　　　　　　　　　　125 600
　　贷：资本公积（P公司）　　　　　　　　　　　　　　　125 600

期末少数股东权益为387.44万元，等于S公司可辨认净资产公允价值1 860万元的20.83%。

（3）以每股1.5元回购股份。

①按照购买日的长期股权投资与子公司股东权益进行抵销。

借：股本　　　　　　　　　　　　　　　　　　　10 000 000
　　资本公积　　　　　　　　　　　　　　　　　　6 000 000
　　留存收益　　　　　　　　　　　　　　　　　　4 000 000
　　商誉　　　　　　　　　　　　　　　　　　　　2 000 000
　　贷：长期股权投资　　　　　　　　　　　　　　　　　18 000 000
　　　　少数股东权益　　　　　　　　　　　　　　　　　　4 000 000

②抵销回购的库存股。

借：长期股权投资　　　　　　　　　　　　　　　　900 000
　　贷：库存股　　　　　　　　　　　　　　　　　　　　600 000
　　　　投资收益　　　　　　　　　　　　　　　　　　　300 000

③调整少数股东权益。

由于以低于每股账面价值进行股份回购，少数股东权益增加了4.1万元（404.1-400），这是以母公司股东的权益弥补了少数股东的权益，所以还应有下列调整分录：

借：资本公积/留存收益（P公司）   41 000
　　贷：少数股东权益   41 000

期末少数股东权益为404.1万元，等于S公司可辨认净资产公允价值1 940万元的20.83%。

10.6.5 子公司向少数股东增发股份

当子公司向少数股东增发股份时，会相应降低母公司的持股比例。少数股东增加持有股份，会在合并财务报表中增加少数股东权益的金额。虽然母公司没有参与增发股份，但是不同的增发价格，会影响母公司在子公司的权益份额。

【例10-21】承【例10-19】，20×5年12月31日，S公司分别以每股2元、3.5元、1.5元的价格向少数股东增发股份200万股。不同的增发价格对少数股东权益的影响见表10-10。

表10-10　　　　　　　　不同的增发价格对少数股东权益的影响　　　　　　　　单位：万元

项目	增发股份前	以每股2元增发股份	以每股3.5元增发股份	以每股1.5元增发股份
股本	1 000	1 200	1 200	1 200
资本公积	600	800	1 100	700
留存收益	400	400	400	400
S公司股东权益合计	2 000	2 400	2 700	2 300
P公司的股权比例	80%	$\frac{800}{1\,000+200} \times 100\%=66.67\%$	66.67%	66.67%
P公司在S公司的股东权益	1 600	1 600	1 800	1 533
少数股东在S公司的权益	400	800	900	767

（1）以每股2元增发股份时。

①按照购买日的长期股权投资与子公司股东权益进行抵销。

借：股本   10 000 000
　　资本公积   6 000 000
　　留存收益   4 000 000
　　商誉   2 000 000
　　贷：长期股权投资   18 000 000
　　　　少数股东权益   4 000 000

②将增发的股份确认为少数股东权益。

借：股本   2 000 000
　　资本公积   2 000 000
　　贷：少数股东权益   4 000 000

由于按照每股账面价值增发股份，母公司的权益份额没有变化。期末少数股东权益800万元为S公司可辨认净资产公允价值2 400万元的33.33%。

（2）以每股 3.5 元增发股份时。

①按照购买日的长期股权投资与子公司股东权益进行抵销。

借：股本   10 000 000

    资本公积   6 000 000

    留存收益   4 000 000

    商誉   2 000 000

    贷：长期股权投资   18 000 000

      少数股东权益   4 000 000

②将增发的股份确认为少数股东权益。

借：股本   2 000 000

    资本公积   5 000 000

    贷：少数股东权益   7 000 000

③调整少数股东权益。

子公司按照高于每股账面价值的金额增发股份，相当于少数股东对子公司的超额缴入，使得母公司的股权份额增加了 200 万元（1 800-1 600）。由于 P 公司的个别报表中长期股权投资按成本法核算，没有体现该交易对投资账面价值的影响，因此在编制合并财务报表时，通过对少数股东权益的调整，增加母公司的资本公积。编制的调整分录为：

借：少数股东权益   2 000 000

    贷：资本公积（P 公司）   2 000 000

期末少数股东权益 900 万元（400+700-200）等于 S 公司可辨认净资产公允价值 2 700 万元的 33.33%。

（3）以每股 1.5 元增发股份时。

①按照购买日的长期股权投资与子公司股东权益进行抵销。

借：股本   10 000 000

    资本公积   6 000 000

    留存收益   4 000 000

    商誉   2 000 000

    贷：长期股权投资   18 000 000

      少数股东权益   4 000 000

②将增发的股份确认为少数股东权益。

借：股本   2 000 000

    资本公积   1 000 000

    贷：少数股东权益   3 000 000

③调整少数股东权益。

子公司以低于每股账面价值的金额增发股份时，少数股东的"廉价"投资实质上损害了母公司股东的权益，因此差额 67 万元（1 600-1 533）应当调减母公司的资本公积，如果资本公积不足冲减，将调整留存收益。

借：资本公积/留存收益（P 公司）   670 000

贷：少数股东权益 670 000

期末少数股东权益767万元（400+300+67）等于S公司可辨认净资产公允价值2 300万元的33.33%。

10.6.6　子公司从少数股东回购股份

由于少数股东并不能对子公司施加控制，当子公司回购股份的价格高于每股账面价值时，少数股东是愿意进行该笔交易的，况且股份回购后母公司的持股比例相对提高，有利于巩固控制地位，因此母公司也乐意让子公司进行股份回购交易。少数股东减持股份，会减少合并财务报表中少数股东权益的金额，但是不同的回购价格对母公司的权益份额影响也会不同。

【例10-22】承【例10-19】，20×5年12月31日，S公司分别以每股2元、3.5元、1.5元的价格从少数股东回购40万股股份。不同的回购价格对少数股东权益的影响见表10-11。

表10-11　　　　　　不同的回购价格对少数股东权益的影响　　　　　　单位：万元

项目	回购之前	以每股2元回购股份	以每股3.5元回购股份	以每股1.5元回购股份
股本	1 000	1 000	1 000	1 000
资本公积	600	600	600	600
减：库存股		2×40=80	3.5×40=140	1.5×40=60
留存收益	400	400	400	400
S公司股东权益合计	2 000	1 920	1 860	1 940
P公司的持股比例	80%	$\frac{800}{1\,000-40}\times100\%=83.33\%$	83.33%	83.33%
P公司在S公司的股东权益	1 600	1 600	1 550	1 616.6
少数股东在S公司的权益	400	320	310	323.4

（1）以每股2元回购股份时。

①按照购买日的长期股权投资与子公司股东权益进行抵销。

借：股本 10 000 000

资本公积 6 000 000

留存收益 4 000 000

商誉 2 000 000

贷：长期股权投资 18 000 000

少数股东权益 4 000 000

②抵销回购的库存股。

借：少数股东权益 800 000

贷：库存股 800 000

按照每股账面价值的金额回购股份，虽然母公司的持股比例上升，但在S公司中的权益份额没有变化。期末少数股东权益为320万元，等于S公司可辨认净资产公允价值1 920

万元的 16.67%。

（2）以每股 3.5 元回购股份时。

①按照购买日的长期股权投资与子公司股东权益进行抵销。

借：股本	10 000 000	
资本公积	6 000 000	
留存收益	4 000 000	
商誉	2 000 000	
贷：长期股权投资		18 000 000
少数股东权益		4 000 000

②抵销回购的库存股。

| 借：少数股东权益 | 1 400 000 | |
| 贷：库存股 | | 1 400 000 |

③调整少数股东权益。

按照大于每股账面价值的金额回购股份，对少数股东的额外补偿损害了母公司在 S 公司的权益，母公司的股东权益下降了 50 万元（1 600−1 550），因此编制合并财务报表时，应编制下列调整分录：

| 借：资本公积/留存收益（P公司） | 500 000 | |
| 贷：少数股东权益 | | 500 000 |

期末少数股东权益为 310 万元（400−140+50），等于 S 公司可辨认净资产公允价值 1 860 万元的 16.67%。

（3）以每股 1.5 元回购股份时。

①按照购买日的长期股权投资与子公司股东权益进行抵销。

借：股本	10 000 000	
资本公积	6 000 000	
留存收益	4 000 000	
商誉	2 000 000	
贷：长期股权投资		18 000 000
少数股东权益		4 000 000

②抵销回购的库存股。

| 借：少数股东权益 | 600 000 | |
| 贷：库存股 | | 600 000 |

③调整少数股东权益。

由于按照低于每股账面价值的金额回购股份，相当于牺牲少数股东权益来增加母公司的股东权益，母公司的权益增加了 16.6 万元（1 616.6−1 600），因此编制合并财务报表时，编制下列调整分录：

| 借：少数股东权益 | 166 000 | |
| 贷：资本公积（P公司） | | 166 000 |

期末少数股东权益为 323.4 万元（400−60−16.6），等于 S 公司可辨认净资产公允价值

1 940万元的16.67%。

由此可见，交易越复杂，利用成本法直接编制合并财务报表的优势越明显，这也是2014年修订的《企业会计准则第33号——合并财务报表》取消按权益法调整之后才能进行合并财务报表编制的主要原因。综上所述，母公司持股比例发生变动时的合并财务报表编制存在以下三个要点：

首先，利用成本法编制合并财务报表时，购买日或合并日对长期股权投资与子公司股东权益的抵销是"以不变应万变"的分录，在不同权益性交易下都需进行该分录的编制，并且在连续编制合并财务报表时也只需简单复制即可。

其次，子公司盈利、亏损、分配股利、所有者权益发生变动等事项都会对少数股东权益的变动产生影响，只要正确计算期末少数股东权益的金额，就可以保证合并财务报表编制的正确性。

最后，需要秉承权益性交易不得确认损益的原则，将母公司和少数股东之间的权益转化为调整母公司的所有者权益项目。

10.7 "不调一抵"的思路——对下推会计的探讨

10.7.1 合并财务报表编制的路径选择

母公司在编制合并财务报表时，其实有三种路径选择：

第一种是"两调一抵"法，即在工作底稿中将子公司的账面价值调整为购买日的公允价值（同一控制下不需要该调整）；将母公司的长期股权投资由成本法调整为权益法；抵销母子公司内部的交易和事项。本教材第9章都是按照该方法编制合并财务报表的。

第二种是"一调一抵"法，即只需对子公司调整和对母子公司抵销，无须将母公司的长期股权投资进行调整，按照成本法直接编制合并财务报表。本章前5节都是按照该方法进行特殊业务的合并财务报表编制。

不论选择两种路径中的哪一种，母公司都需要在工作底稿中将子公司的账面价值调整为购买日的公允价值，而且以后连续编制合并财务报表时都需要进行这样的调整工作。为了进一步简化合并财务报表的编制，合并财务报表的编制还有第三种路径选择，即"不调一抵"法，也就是下推会计推行的理念。

下推会计，最早是在美国开始应用的，是指在合并日对被并购子公司的资产和负债在其账簿中进行价值重估的一种方法。由于该方法下母公司不必在工作底稿中对子公司的账面价值进行调整，将工作"下推"至子公司，母公司只需编制简单的抵销分录即可，可极大地简化合并财务报表的编制工作。

10.7.2 下推会计的例证

【例10-23】20×2年1月1日，P公司在公开市场上以3 960万元购买S公司90%的股份，当天S公司资料见表10-12。20×2年S公司实现净利润380万元，分配股利200万元。

重估价准备是股东权益的组成部分。它由三部分构成，即商誉、子公司可辨认净资产的重估价增值，以及购买日子公司留存收益的结转。表10-12中的重估价准备2 000万元尚不包括留存收益的结转。将留存收益结转是下推会计的一个显著特征，这也符合新起点法（fresh-start method）的特质，即除了要改变子公司的计量基础，将子公司的账面价值

表10-12   S公司资产负债表（简表）   单位：万元

项目	账面价值	公允价值	公允价值与账面价值差额
货币资金	100	100	0
应收账款	600	700	100
存货	800	1 000	200
固定资产	1 200	1 600	400
其他资产	200	200	0
商誉			1 300*
资产合计	2 900		2 000
负债	500	500	0
股本	2 000		
留存收益	400		
重估价准备			2 000
权益合计	2 900		2 000

注：*=S公司的整体价值-S公司账面净资产-下推给S公司资产和负债的公允价值

=3 960÷0.9-2 400-（100+200+400）=1 300（万元）

调整为公允价值以外，还要把原有的留存收益全部清空，使得以后年度的财务报表中仅仅包括购买日后新实现的留存收益，从而与购买日之前进行明确的分界。

（1）20×2年1月1日，S公司按资产与负债的公允价值进行调账并确认商誉：

借：应收账款　　　　　　　　　　　　　　　　1 000 000

　　存货　　　　　　　　　　　　　　　　　　2 000 000

　　固定资产　　　　　　　　　　　　　　　　4 000 000

　　商誉　　　　　　　　　　　　　　　　　　13 000 000

　　贷：重估价准备　　　　　　　　　　　　　　　　　20 000 000

（2）20×2年1月1日，S公司将留存收益结转：

借：留存收益　　　　　　　　　　　　　　　　4 000 000

　　贷：重估价准备　　　　　　　　　　　　　　　　　4 000 000

（3）20×2年1月1日，P公司编制购买日的抵销分录：

借：股本　　　　　　　　　　　　　　　　　　20 000 000

　　重估价准备　　　　　　　　　　　　　　　24 000 000

　　贷：长期股权投资　　　　　　　　　　　　　　　　39 600 000

　　　　少数股东权益（（20 000 000+24 000 000）×10%）　4 400 000

（4）20×2年12月31日，P公司编制的抵销分录：

①按照购买日S公司的股东权益与P公司的长期股权投资进行抵销

借：股本 20 000 000

重估价准备 24 000 000

贷：长期股权投资 39 600 000

少数股东权益 4 400 000

②抵销P公司的投资收益与S公司的利润分配

借：投资收益 1 800 000

贷：对股东的分配 1 800 000

③确认S公司净利润中归属于少数股东的部分

借：少数股东损益（3 800 000×10%） 380 000

贷：对股东的分配（2 000 000×10%） 200 000

少数股东权益 180 000

通过抵销确认的少数股东权益为458万元（440+18）。它也等于20×2年12月31日S公司个别报表中股东权益的10%，年末S公司的股东权益=股本2 000万元+重估价准备2 400元+留存收益180万元（380-200）=4 580（万元）。

通过上例可以清楚地看出，由于P公司将公允价值的调整下推给了S公司，因此在购买日的抵销分录只有简单的一笔，即分录（3）。而在购买日后连续编制合并财务报表时，也仅仅需要将购买日的分录简单复制即可，即分录（4）中的①。而分录（4）中的②和③则是按照成本法直接编制合并财务报表时的既定分录。总之，母公司在采用下推会计时，如果结合采用成本法直接编制合并财务报表，可以轻松实现"不调一抵"的效果，从而大大简化合并财务报表的编制工作。

10.7.3 对下推会计的相关思考

1）使用下推会计的门槛

美国证券交易委员会（SEC）多年来一直支持采用该方法，最早将下推会计的门槛限定在97%以上，也就是只有当母公司购买子公司97%以上的股份时才允许使用，同时要剔除子公司发行在外的债务和优先股对母公司施加控制作用的影响。后来又放宽了条件，即根据ASC（会计准则汇编）805-50-S99-2的规定，当收购多于95%的公司股份时，应当采用下推会计；当收购80%~95%的公司股份时，允许但不强制使用下推会计；当收购不足80%的股份时，则不允许使用下推会计。

我国目前的准则体系中尽管没有明确出现下推会计的条款，但其实早在1998年财政部颁布的财会字〔1998〕16号中，就透露出了下推会计的意味。当时的规定为："公司购买其他企业的全部股权时，被购买企业保留法人资格的，被购买企业应当按照评估确认的价值调账。"从2007年起，我国每年的注册会计师统一辅导教材——《会计》"企业合并"一章中都有这样一句表述："非同一控制下的企业合并中，被购买方在企业合并后仍持续经营的，如购买方取得被购买方100%的股权，被购买方可以按合并中确定的有关资产、负债的公允价值调账。"这表明我国将下推会计的门槛界定为最高的100%。

2）公允价值的运用

支持采用下推会计的观点除了认为它能简化合并财务报表的编制外，另外一个主要的原因是：在整个企业合并中，来源于讨价还价交易中的公允价值是最客观的成本，最能反映出被购买企业资产与负债的真实价值，以此为契机调整子公司的账簿记录，改变原有的历史成本计量基础，可使提供的信息更加相关。但是企业合并中的讨价还价得到的就一定是真正的公允价值吗？

2011年10月，惠普公司花费110亿美元收购英国Autonomy公司87%股权，仅仅一年之后惠普就宣称由于受到了Autonomy公司虚增收入、隐匿销售成本、人为调高毛利率等错弊的误导和欺诈，需对Autonomy的估值进行88亿美元的资产减记。对于该公司历史上金额第二大的一次收购，惠普事先也曾咨询过15家不同的金融、法律和会计公司，其中包括德勤会计公司，然后没有任何一家公司对Autonomy会计欺诈提出警告。经过了讨价还价以及市场评估的110亿美元的"公允价值"现在看来简直是一个笑柄。

不仅如此，鉴于历史上也曾经多次发生过欺诈丑闻，容易歪曲所谓的公允"成本"，因此和SEC积极的态度不同，FASB和IASB一直对下推会计持消极态度，GAAP长期以来不鼓励应用下推会计，在国际财务报告准则中下推会计也难觅踪影。

3）商誉的确认和计量

通过上面的例题可以看出，在使用下推会计时，子公司将公司市场价值超过账面净资产的价值，在分配给可辨认资产和负债后剩余的部分作为商誉登记入册。仅仅根据发生了企业合并这样一个交易事项，就将会计上多年来的禁区打破，即"自创商誉在任何状态下都不能被确认"。这样的做法是否符合稳健性原则？另外，S公司1 300万元商誉的计算遵循的是实体观理论，这也是目前IFRS推崇的一种理论。但是该商誉的计算具有明显的推理性质，S公司的整体价值4 400万元是根据P公司支付的对价3 960万元与取得的90%股份比例推导出来的，并不是公司真正的价值。因为P公司支付的价款中除了取得的90%的股份外，还包括为了取得控制地位而支付的"溢价"。而少数股东是不需要支付该部分"溢价"的，也就是说，少数股东根本不需要支付4 400万元的10%就可以取得该少数股份，因此商誉的计量本身含有水分。

综上所述，利用下推会计在编制合并财务报表时着实可以简化合并财务报表的编制工作，但是由于它的应用范围过于苛刻，加之不能回避的公允价值是否真正公允，将自创商誉贸然入账是否过于激进，以及自创商誉的计量是否稳健等缺陷，因此下推会计"看上去很美"，但距离广泛推广和应用还比较遥远。

本章小结与思维导图

本章主要论述了借助成本法直接编制合并财务报表对特殊业务的处理。

采用成本法直接编制合并财务报表时，不需要将母公司的长期股权投资进行权益法的调整，只要正确确定少数股东权益的金额，就可以正确编制合并财务报表。

企业集团内部涉及的公募方式发行债券时的抵销，需要在合并财务报表中确认债券的推定赎回利得或损失，并在连续编制合并财务报表时，结合债券发行方的股权结构，相应转换为母公司的年初未分配利润和少数股东权益。

　　母公司间接控制子公司时，需要区分"母-子-孙"结构和"母-子-子"两种结构，对于后一种结构要结合长期股权投资的类型进行不同的抵销处理。

　　交叉持股的合并抵销处理需要区分子公司对母公司的交叉持股和子公司之间的交叉持股两种情况，同时还要进一步细分持有的股份作为"长期股权投资"和"其他权益工具投资"两种情况进行抵销。

　　对涉及优先股业务的抵销，需区分优先股为权益工具和债务工具两种情况，进行不同的抵销处理。

　　在保证母公司对子公司控制的前提下，六类业务会使母公司持股比例发生变动，六类业务都是权益性交易，应按照权益性交易的特点进行相应的会计处理。

　　重估价准备是下推会计股东权益的组成部分。它由三部分构成，即商誉、子公司可辨认净资产的重估价增值，以及购买日子公司留存收益的结转。

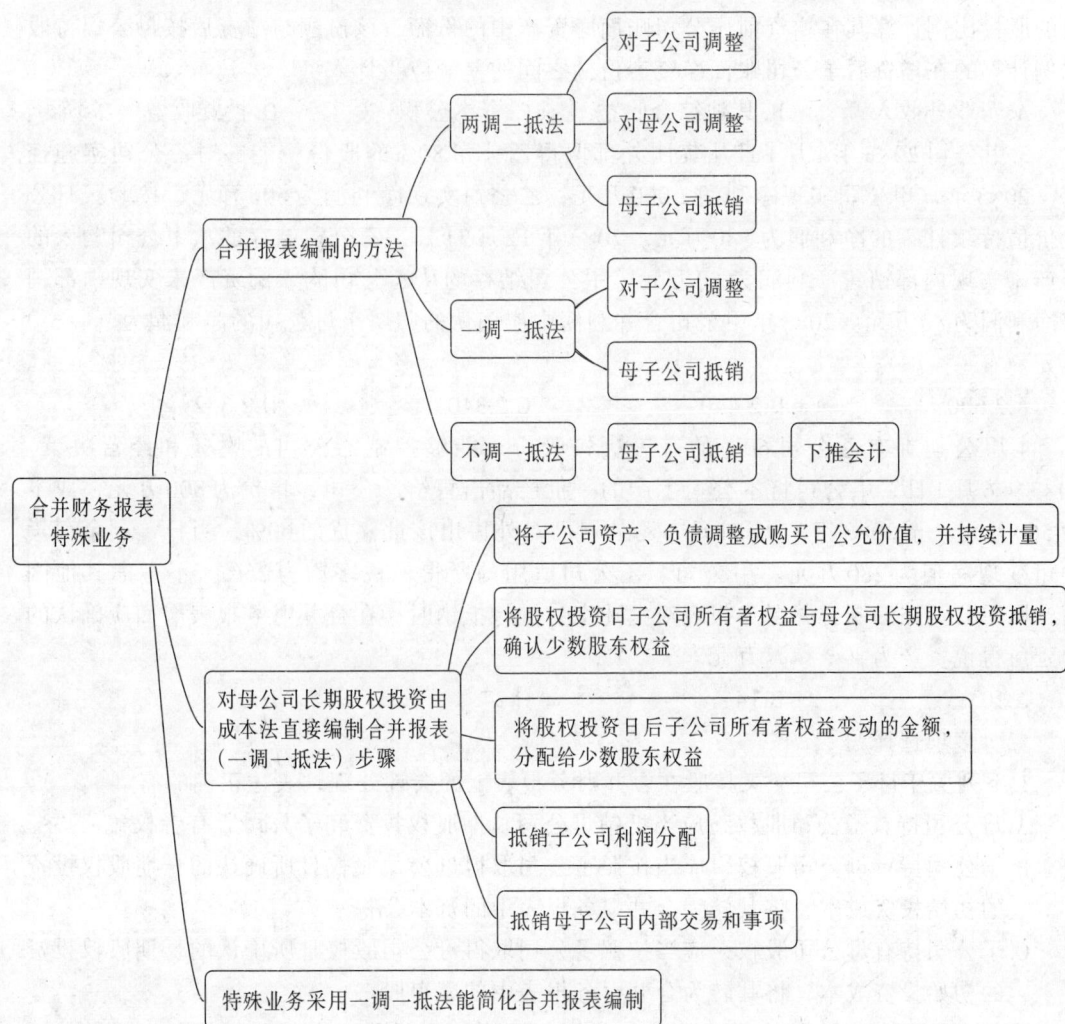

章末习题

一、单项选择题

1.A公司20×2年1月1日以100万元取得B公司60%的股权，能够对B公司实施控制，购买日B公司可辨认净资产公允价值为180万元；20×3年1月1日，A公司以银行存款15万元取得原少数股东持有的B公司5%的股权。当日B公司可辨认净资产公允价值为200万元，B公司自购买日开始持续计算的可辨认净资产公允价值为220万元，购买日A公司资本公积的余额为10万元，A公司和B公司无关联方关系。20×3年1月1日合并财务报表应确认的资本公积为（　　）万元。

A.4　　　　　　　　B.-4　　　　　　　　C.5　　　　　　　　D.-5

2.子公司的少数股东对子公司进行增资，导致母公司股权稀释，母公司应当按照增资前的股权比例计算其在增资前子公司账面净资产中的份额，该份额与增资后按母公司持股比例计算的在增资后子公司账面净资产份额之间的差额应当计入（　　）。

A.营业外收入　　　B.其他综合收益　　　C.资本公积　　　　D.投资收益

3.甲公司20×3年1月1日从集团外部取得乙公司80%的股份，能够对乙公司实施控制。20×3年，甲公司实现净利润2 000万元；乙公司实现净利润为600万元，按购买日公允价值持续计算的净利润为580万元。20×3年12月31日，乙公司结存的从甲公司购入的资产未实现内部销售净利润为60万元，甲公司结存的从乙公司购入的资产未实现内部销售净利润为80万元。20×3年甲公司合并利润中应确认的归属于母公司的净利润为（　　）万元。

A.2 600　　　　　　B.2 440　　　　　　C.2 340　　　　　　D.2 352

4.甲公司拥有乙公司60%的有表决权股份，能够控制乙公司的财务和经营决策。20×3年6月1日，甲公司将本公司生产的一批产品出售给乙公司，售价为800万元，成本为560万元。至20×3年12月31日，乙公司已对外售出该批存货的60%，当日，剩余存货的可变现净值为280万元。甲公司、乙公司适用的所得税税率均为25%。不考虑其他因素，则甲公司在编制合并财务报表对上述交易进行抵销时，在合并财务报表层面应确认的递延所得税资产为（　　）万元。

A.10　　　　　　　　B.14　　　　　　　　C.24　　　　　　　　D.0

二、多项选择题

1.下列关于母子公司交叉持股在合并财务报表上的会计处理，表述正确的有（　　）。

A.母公司持有子公司股权，应当抵销母公司长期股权投资和子公司所有者权益

B.子公司持有母公司股权，应当按照子公司取得母公司股权日所确认的长期股权投资的初始投资成本，将其转为合并财务报表中的资本公积

C.子公司持有母公司股权，应当按照子公司取得母公司股权日所确认的长期股权投资的初始投资成本，将其转为合并财务报表中的库存股

D.子公司相互之间持有的长期股权投资，应当比照母公司对子公司的股权投资的抵销方法，将长期股权投资与其对应的子公司所有者权益中所享有的份额相互抵销

2.下列说法中正确的有（　　　）。

A.在子公司为全资子公司的情况下，母公司对子公司长期股权投资的金额和子公司所有者权益各项目的金额应当全额抵销

B.在子公司为非全资子公司的情况下，应当将母公司对子公司长期股权投资和少数股东权益的金额与子公司所有者权益相抵销

C.同一控制下的企业合并，不会产生新的商誉

D.子公司所有者权益中不属于母公司的份额，即子公司所有者权益中抵销母公司所享有的份额后的余额，在合并财务报表中作为资本公积处理

3.下列关于一次处置子公司部分股权的表述中正确的有（　　　）。

A.处置子公司部分股权不丧失控制权的，个别财务报表和合并财务报表均不确认损益

B.处置子公司部分股权不丧失控制权的，处置日不减少合并财务报表商誉金额

C.处置子公司部分股权丧失控制权的，个别财务报表和合并财务报表均确认损益

D.处置子公司部分股权丧失控制权的，处置日不减少合并财务报表商誉金额

4.甲公司于20×2年12月31日取得乙公司60%的有表决权股份，能够对乙公司实施控制，形成合并商誉100万元，甲公司和乙公司无关联方关系。下列各项中不会引起合并财务报表商誉金额发生变化的有（　　　）。

A.20×3年12月31日购买乙公司40%有表决权股份，使其成为甲公司全资子公司

B.20×3年12月31日购买乙公司5%有表决权股份

C.20×3年12月31日处置乙公司20%有表决权股份，丧失控制权

D.20×3年12月31日处置乙公司5%有表决权股份，不丧失控制权

三、思考题

1.如何利用成本法直接编制合并财务报表？

2.影响少数股东权益的事项有哪些？

3.推定赎回利得或损失可以归属于哪个企业承担？

4.存在交叉持股的情况下，如何编制合并财务报表？

5.如何对优先股进行合并抵销？

6.在母公司控制地位不变的情况下，哪些交易能影响母公司的持股比例？

7.什么是下推会计？下推会计的应用前景如何？

第10章习题答案

主要参考文献

[1] 荣莉. 高级财务会计 [M]. 4版. 北京：中国财政经济出版社，2013.

[2] 周华. 高级财务会计 [M]. 北京：中国人民大学出版社，2013.

[3] 杨有红，欧阳爱平. 中级财务会计 [M]. 3版. 北京：北京大学出版社，2013.

[4] 李秀莲. 高级财务会计 [M]. 北京：清华大学出版社，2015.

[5] 牛运盈. 所得税会计精讲 [M]. 北京：中国纺织出版社，2015.

[6] 企业会计准则编审委员会. 企业会计准则案例讲解（2019年版）[M]. 上海：立信会计出版社，2019.

[7] 戴德明，林钢，赵西卜. 财务会计学 [M]. 11版. 北京：中国人民大学出版社，2018.

[8] 刘永泽，傅荣. 高级财务会计 [M]. 6版. 大连：东北财经大学出版社，2018.

[9] 刘永泽，陈立军. 中级财务会计 [M]. 6版. 大连：东北财经大学出版社，2018.

[10] 财政部会计资格评价中心. 中级会计实务 [M]. 北京：经济科学出版社，2019.

[11] 中国注册会计师协会. 2019年度注册会计师全国统一考试辅导教材——会计 [M]. 北京：中国财政经济出版社，2019.

[12] 李莉. 存货跌价准备在合并抵销时的会计处理 [J]. 财会月刊，2005（10）.

[13] 王赵亮. 权益结合法在我国的今生后世 [J]. 会计之友，2007（3）.

[14] 党红. 国际会计准则关于企业合并会计的最新进展 [J]. 会计之友，2008（11）.

[15] 张维宾，郑先弘，应华羚. 权益性交易的界定及其会计问题——主体观在权益性交易会计中的运用 [J]. 财务与会计，2009（7）.

[16] 牛延庆. 企业合并中会计核算与税务处理的差异探析 [J]. 财务与审计，2009（10）.

[17] 张艳萍. 从ST雅砻重组并购看反向购买的会计处理方法 [J]. 财会通讯，2010（25）.

[18] 张丽梅，张志凤. 采用成本法编制合并财务报表 [J]. 会计之友，2011（5）.

[19] 李莉. 成本法直接编制合并财务报表探讨 [J]. 财会通讯，2012（34）.

[20] 李莉. "其他资本公积"与"其他综合收益"辨析 [J]. 财会月刊，2013（1）.

[21] 李莉. "三个一"法在所得税会计教学中的运用探索 [J]. 商业会计，2013（1）.

[22] 李莉. 权益法顺逆流交易抵销探讨 [J]. 财会通讯，2013（1）.

[23] 林钢. 交叉持股投资收益确认问题的探讨 [J]. 财务与会计，2013（6）.

[24] 李莉. 少数股东权益之我见 [J]. 会计之友，2013（23）.

［25］降艳琴，刘洪锋，任伟峰. 同一控制下企业合并的递延所得税确认［J］. 财会月刊，2014（5）.

［26］高丽华. 上市公司债务重组典型案例［J］. 财会月刊，2014（11）.

［27］李莉. 顺流、逆流和平流交易在合并报表中的抵销［J］. 财会月刊，2015（1）.

［28］李莉. 合并报表编制中交叉持股账务处理探析［J］. 财会通讯，2015（10）.

［29］李莉. 企业集团内部债券业务的合并抵销处理［J］. 商业会计，2015（14）.

［30］李莉. 优先股合并抵销处理管见［J］. 财会月刊，2015（22）.

［31］李莉. 股权投资比例变化时的会计处理浅析［J］. 商业会计，2015（15）.

［32］张晶，李莉. 所得税税率变化对递延所得税的影响探讨［J］. 商业会计，2015（20）.

［33］李莉. 母公司持股比例变化对合并报表编制影响分析［J］. 财会通讯，2015（31）.

［34］李莉. 合并财务报表中递延所得税探讨［J］. 财会通讯，2016（1）.

［35］李莉. 复杂股权结构下合并财务报表编制探讨［J］. 财会通讯，2016（19）.

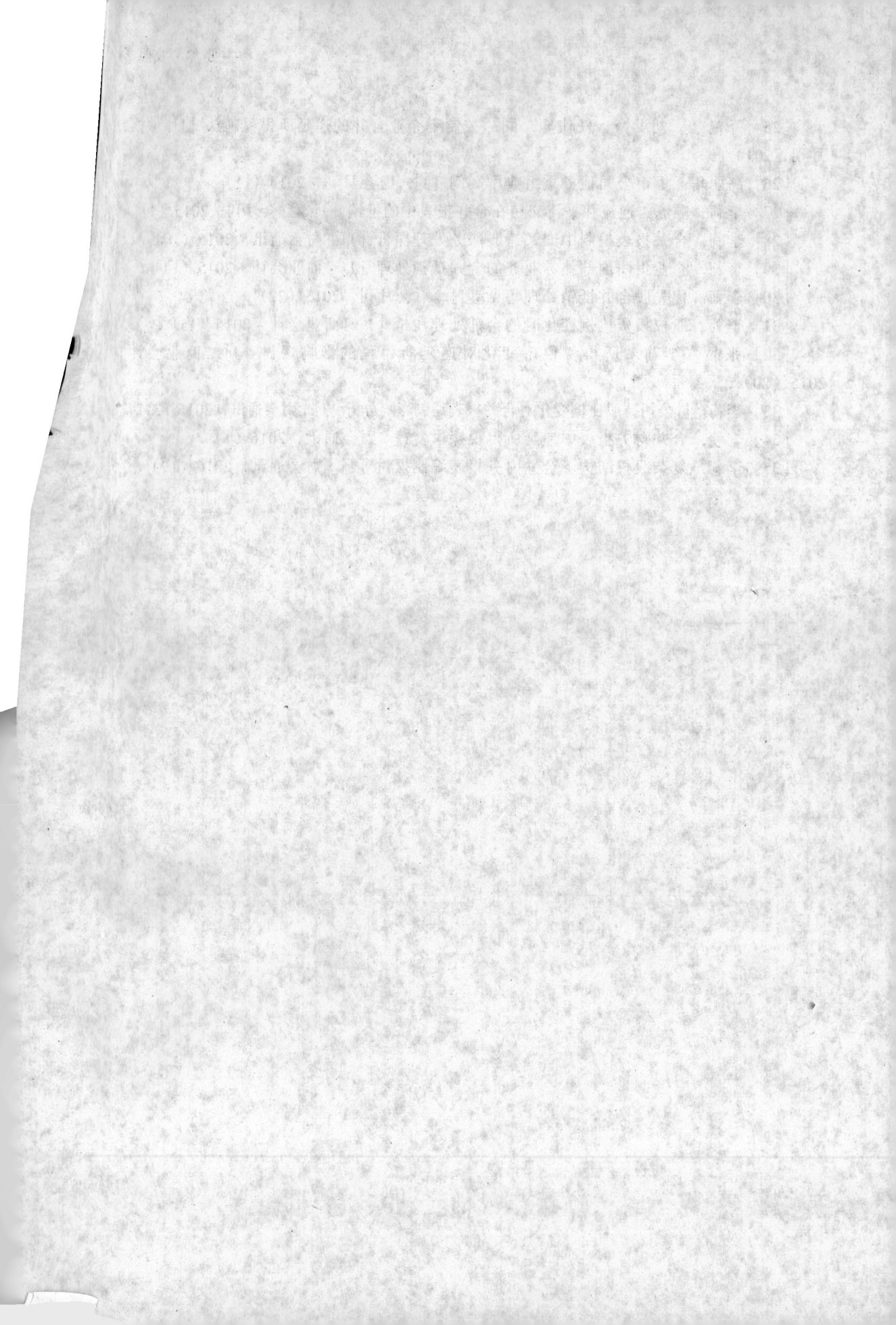